高等学校项目管理规划教材

PROJECT PLANNING

项目策划

（第3版）

卢长宝◎主编

电子工业出版社

Publishing House of Electronics Industry

北京·BEIJING

未经许可，不得以任何方式复制或抄袭本书之部分或全部内容。
版权所有，侵权必究。

图书在版编目（CIP）数据

项目策划 / 卢长宝主编. —3 版. —北京：电子工业出版社，2017.7
高等学校项目管理规划教材
ISBN 978-7-121-31824-5

Ⅰ. ①项⋯ Ⅱ. ①卢⋯ Ⅲ. ①企业管理－项目管理－高等学校－教材 Ⅳ. ①F273.1

中国版本图书馆 CIP 数据核字(2017)第 129525 号

策划编辑：姜淑晶
责任编辑：刘淑敏
印　　刷：北京虎彩文化传播有限公司
装　　订：北京虎彩文化传播有限公司
出版发行：电子工业出版社
　　　　　北京市海淀区万寿路 173 信箱　邮编 100036
开　　本：787×1092　1/16　印张：18.75　字数：394 千字
版　　次：2008 年 1 月第 1 版
　　　　　2017 年 7 月第 3 版
印　　次：2022 年 8 月第 9 次印刷
定　　价：49.00 元

凡所购买电子工业出版社图书有缺损问题，请向购买书店调换。若书店售缺，请与本社发行部联系，联系及邮购电话：(010) 88254888，88258888。
质量投诉请发邮件至 zlts@phei.com.cn，盗版侵权举报请发邮件至 dbqq@phei.com.cn。
本书咨询联系方式：(010) 88254199，sjb@phei.com.cn。

高等学校项目管理系列规划教材编委会

编委会主任：钱福培　国际项目管理协会（IPMA）副主席
中国（双法）项目管理研究委员会（PMRC）常务副主任
西北工业大学教授

（以下按姓氏笔画排序）

编委会副主任：	王守清	清华大学教授	乌云娜	华北电力大学教授
	白思俊	西北工业大学教授	张连营	天津大学教授
	邱菀华	北京航空航天大学教授	欧立雄	西北工业大学副教授
	戴大双	大连理工大学教授	魏法杰	北京航空航天大学教授
编委会委员：	丁荣贵	山东大学教授	乞建勋	华北电力大学教授
	于惊涛	大连理工大学副教授	丰景春	河海大学教授
	王祖和	山东科技大学教授	王瑶琪	中央财经大学教授
	卢向南	浙江大学教授	刘　欣	上海交通大学副教授
	刘荔娟	上海财经大学教授	孙　军	北京化工大学教授
	吴守荣	山东科技大学教授	吴秋明	福州大学教授
	李春好	吉林大学教授	杨　侃	天津理工大学副教授
	杨爱华	北京航空航天大学教授	汪道平	北京科技大学教授
	陈立文	河北工业大学教授	陈敬武	河北工业大学副教授
	周国华	西南交通大学教授	易　涛	华北电力大学副教授
	郑会颂	南京邮电大学教授	郝生跃	北京交通大学副教授
	骆　珣	北京理工大学教授	唐丽艳	大连理工大学副教授
	郭　波	国防科技大学教授	戚安邦	南开大学教授
	蒋国瑞	北京工业大学教授	韩传峰	同济大学教授
	窦文章	北京大学教授	詹　伟	中国科学院研究生院

项目管理学位教育呼唤高质量的项目管理教材 ——代序

"当今社会,一切都是项目,一切也都将成为项目。"这种泛项目化的发展趋势正逐渐改变着组织的管理方式,使项目管理成为各行各业的热门话题,受到前所未有的关注。项目管理学科的发展,无论是在国外还是国内,都达到了一个超乎寻常的发展速度。国际上两大权威机构即国际项目管理协会(IPMA)和美国项目管理协会(PMI)的项目管理知识体系越来越完善、专业资质认证越来越普及就是佐证之一,目前仅在美国就有100多所大学开设了项目管理专业或课程方案(Programme),进行学士、硕士或博士学位教育,其中有20多所大学的Programme得到了PMI全球项目管理认证中心(GAC)的认证。

在我国,有关项目管理的研究和项目管理学科的建设也正在积极进行中,大量项目管理书籍层出不穷,甚至有一些专家根据现代项目管理的广义性提出了创建"项目学"的倡议……这些都是项目管理学科逐渐走向成熟的标志。

特别值得一提的是我国项目管理学位教育的发展。目前,我国已经有200余所院校设立了工程管理本科专业,在教育部本科专业目录中其英文名称即Project Management(项目管理)。该专业分布在不同类型的院校之中。虽然其内涵和课程设置上仍偏重于工程项目管理,但由于各院校面向不同的行业领域,有着不同的培养方向,其行业覆盖面还是具有广泛性的。2004年,中央财经大学经国家教委批准,自主设置了项目管理本科专业并正式招生,标志着国内最早的真正意义上的项目管理本科学位教育的诞生。自2006年7月起,经全国自学考试办公室批准,福建省和天津市又分别开设了高等教育自学考试项目管理专业(独立本科段),分别由福州大学、厦门大学和天津理工大学担任主考学校并对合格者授予项目管理学士学位，使项目管理本科学位教育又向前迈进了一步。

早在世纪之交前后，我国许多高等院校就在管理学科与工程一级学科或其他学科下设置了项目管理方向，开始了硕士与博士研究生的培养。而从 2003 年国务院学位办和全国工程硕士专业学位教育指导委员会批准清华大学和北京航空航天大学试办、2004 年 72 所高校正式开办项目管理领域工程硕士专业学位教育（我国首个真正意义上的项目管理研究生学位教育）以来，我国项目管理学位教育发展更为迅猛。2010 年 10 月项目管理领域工程硕士的报考人数已达到 18 039 人，录取人数达到 9 278 人，均居全国 40 个工程硕士领域的第一位；目前全国已经有 161 所高校具有项目管理领域工程硕士培养权，发展形势令人鼓舞。这一方面表明了社会和市场对项目管理人才的旺盛需求，另一方面也说明了项目管理学科的价值，同时也给相关培养单位和教育工作者提出了更高的要求，即如何在社会需求旺盛的条件下提高培养质量，以保持项目管理学位教育的稳定和可持续发展。因此，各培养单位之间以及与国外同行之间就培养方案、课程设置、教学大纲和教学管理等的研讨和交流就显得非常重要，教材建设和师资培训更是重中之重。

提高教学质量，教材要先行。近几年来，国内项目管理领域的出版物增长极快，一年的出版量可以等于甚至超过过去十几年的出版总量，但真正适用于项目管理学位教育的教材还比较少，尤其是项目管理领域工程硕士专业学位教育仍处于起步但高速发展阶段，既涵盖项目管理知识体系又能满足项目管理应用实际要求的教材更为缺乏。针对这些问题，电子工业出版社策划和组织了本系列教材的编写，在组织编写之前还广泛征求了各方面的意见，并得到了积极的响应。参加本系列教材编写的专家来自不同的院校和不同的学科领域，提高了教材在不同院校、不同领域和不同培养方向上的广泛适用性，希望能够解目前项目管理学位教育师生的燃眉之急。

本系列教材共有 20 册，分为专业基础课、专业核心课和专业选修课三大类。在课程体系设计上既有反映项目管理共性知识的专业主干课程，也有面向不同培养方向的专业应用课程。

本系列教材最突出的特点是与国际项目管理专业资质认证（IPMP）的融合性。本系列教材依托目前我国唯一的跨行业项目管理专业学术组织——中国（双法）项目管理研究委员会（PMRC），并由 IPMA 副主席、PMRC 常务副主任、IPMP 中国首席认证师、西北工业大学钱福培教授担任编委会主任，编委会成员和作者大都是各高校项目管理学位教育负责人和教学一线的教师，同时又是 IPMP 培训师和评估师，因此本系列教材的内容更能体现 IPMP 培训与认证的思想和知识体系，更符合在与国际接轨的同时体现我国项目管理特色的内容，为项目管理工程硕士专业学位教育与专业资质认证的成功合作提供了有力的保证。

  编写项目管理学位教育系列教材是一个新课题，虽然编委会和电子工业出版社做出了很大的努力，但项目管理是一门新兴的并正在快速发展的学科，其理论、方法、体系和实践应用还在不断发展和完善之中，加之专业局限性和写作时间的限制，本系列教材肯定会有不尽如人意之处，衷心希望全国高等院校项目管理专业师生在教学实践中积极提出意见和建议，并及时反馈给出版社，以便对已经出版的教材不断修订、完善，与大家一起共同探讨我国项目管理学位教育的特点，不断提高教材质量，完善教材体系，为社会奉献更多、更好、更新、更切合我国项目管理教育的高质量的教材。

清华大学建设管理系暨清华大学国际工程项目管理研究院教授、博导、副院长

全国项目管理领域工程硕士教育协作组组长

中国（双法）项目管理研究委员会副主任

中国对外承包工程商会专家

中国建筑业协会工程项目管理委员会专家委员会副主任

美国项目管理协会（PMI）全球项目管理鉴定中心中国专家委员会副主席

前　言

　　策划无处不在，对那些需要开展"系统思考或价值创造"的事件、活动或项目来说，无论它们是一般性的还是极其重要的，都需要借助前瞻性的策划以支撑未来的决策。事实上，在当今充满变化的环境中，优秀的策划已成为各类组织或个人获得成功的必要条件之一。而策划时髦的背后，既凸显了各类组织或个人对创新与创意的巨大需求，也彰显了创造性思维与战略性规划的重要价值。鉴于策划在价值创造层面上的重要意义，这个年代的很多事情都会不自觉地与策划挂钩，因此出现"营销策划、旅游策划、房地产策划、活动策划、电视栏目策划"等诸多学科或新学问就不足为奇了。

　　与策划相似，项目已成为促进经济社会发展以及实现区域经济增长的焦点与重要抓手，项目管理也因此成为这个时代的另一个受到广泛关注的学问。众所周知，一个项目往往需要投入大量的人力、物力和财力。因此，如何有效地管理人、财、物等关键资源，并保证项目发起者能够获得最大的收益或社会价值，也就成为项目投资决策的关键。而策划作为一种能够提供前瞻性、创新性智慧的系统方法，在梳理项目管理与运营的操作性框架的同时，也为项目及项目管理的成功创造了条件。

　　一方面，项目策划从一个项目的前期准备、中期管理、后期评估及项目自身价值挖掘、主题提炼等诸多层面，对一个项目涉及的管理问题或风险进行了充分的分析和论证。另一方面，它还为项目的实施及未来运营提供了可付诸实施、可以达到、可以盈利的管理模式。尽管在当今社会上，项目的概念已变得非常宽泛，但这并不妨碍项目策划的实践。相反，这恰恰为项目策划提供了更为广阔的运用前景与实践动力。本书正是这个背景下的产物。

　　本书的创作既借鉴了前人大量的理论和实践思考，同时汇集了编者多年的咨询与教学经验。作为一本融合多种学科知识的教材，主要有以下两个方面的鲜明特点。

第一，视角新，体系新。为了充分反映策划学的发展现状，跳出项目策划就是"项目计划与风险评估"的藩篱，积极响应互联网+、大数据挖掘、知识化、信息化、全球化及合作共享等新的时代诉求，本书在综合考虑项目策划所包含的创意、谋略、计划、管理、营销、风险控制等知识体系的同时，吸纳了麦肯锡咨询公司的结构性分析方法，利用系统思考的研究成果，从战略、营销、项目管理等多个视角，围绕企业策划的实际需求，对项目策划的理论和知识体系开展了科学的设计。

第二，系统性，实战性。项目策划是一项系统工程，有其要解决的核心问题，以及要掌握的基本原理、分析方法、基本流程、操作手段、策划撰写等多种知识节点。为了满足学科建设的需要，本书在强调知识建构系统性的同时，增加了许多实战性的内容。本书所采用的大量的新鲜案例，从宏观、中观、微观三个层面，对不同形式的项目策划进行了充分的阐述，目的在于让策划人员对不同项目的特点有更为深刻的理解，并增强本书的吸引力。

为了充分体现本书的特色，领会项目策划的基本原理，教师在教学过程中，应强化案例讨论和实践教学的内容。在条件许可的情况下，可通过具体项目的策划与讨论，来提升学生的感性认识、领悟力和动手能力。作为一本具有很强实用性的书籍，本书既适合项目管理硕士及本科的教学，也适合从事项目策划的人员利用本书来完善自身的知识结构。

本书共9章，由卢长宝统一撰写和编订。在本书修订过程中，编者对自2013年开始发行的第2版教材所发现的一些错误进行了修订，并着重对全书的行文、关键概念和重要案例进行了梳理及更新。王传声、李杭同学参与了第2~8章文字整理和内容增减工作。此外，庄晓燕、胡佩珊、郭晓芳、熊君兰、苏小青等硕士生，以及彭静老师在本书修订时，为书稿的校对与案例整理做了大量工作，在此表示衷心的感谢！

在本书第1版写作与第2版、第3版修订的过程中，我们查阅、参考、借鉴了大量国内外著作（包括专著、论文、教材、调查报告及其他因特网资料）中的研究成果，还借鉴了因特网上大量的案例及公开资料。由于难以找到所有的作者，因此未能在书中一一列出，在此向上述著作以及所有案例的作者们表示衷心的感谢和歉意。

本书作为一本正在处于完善过程中的教材，虽然编者在第1版写作与第2版、第3版修订的过程中，投入了大量的精力试图将它编写好，但新编教材在内容和体系上的不成熟，似乎难以避免，再加上个人能力有限，书中讹误自然还有不少，在此热忱欢迎学界同人和广大读者批评指正（E-mail: lu8299@126.com）。

目　录

第1章　项目策划的关键概念、核心问题与根本出路 ... 1
引导案例 ... 1
本章学习目标 ... 2
1.1　项目与项目管理 ... 2
1.2　策划与项目策划 ... 17
本章小结 ... 25
复习思考题 ... 26
案例分析题 ... 27

第2章　项目策划的原理、流程与基本原则 ... 30
引导案例 ... 30
本章学习目标 ... 31
2.1　项目策划创新思维的特点与方法 ... 31
2.2　项目策划的基本原理 ... 40
2.3　项目策划的流程与诉求 ... 44
2.4　项目策划的基本原则 ... 49
本章小结 ... 58
复习思考题 ... 59
案例分析题 ... 59

第3章　项目策划的结构性分析方法 ... 63
引导案例 ... 63
本章学习目标 ... 64
3.1　系统思考与项目策划 ... 64
3.2　结构性分析方法 ... 69
3.3　结构性分析方法的基本框架 ... 72
3.4　项目策划的过程管理 ... 84
本章小结 ... 86
复习思考题 ... 87
案例分析题 ... 87

第4章　项目策划中的数据挖掘与环境分析 ... 91
引导案例 ... 91
本章学习目标 ... 92
4.1　项目策划中的数据挖掘 ... 92
4.2　项目宏观环境的PEST分析 ... 101
4.3　项目产业环境的作用力分析 ... 104

4.4 项目发起企业分析 109
4.5 项目自身条件分析 114
4.6 项目策划的 SWOT 分析 114
本章小结 117
复习思考题 118
案例分析题 118

第 5 章 项目策划中的市场细分、目标市场与市场定位 122

引导案例 122
本章学习目标 123
5.1 目标营销与 STP 分析框架 123
5.2 项目策划中的市场细分 128
5.3 项目策划中的目标市场选择 134
5.4 项目策划中的市场定位 138
本章小结 147
复习思考题 148
案例分析题 148

第 6 章 项目策划中的营销组合策略 152

引导案例 152
本章学习目标 153
6.1 营销组合与项目策划 153
6.2 项目策划中的产品策略 159
6.3 项目策划中的价格策略 166
6.4 项目策划中的渠道策略 171
6.5 项目策划中的传播策略 173
本章小结 180
复习思考题 181
案例分析题 181

第 7 章 项目策划中的组织结构设计与人力资源管理设计 185

引导案例 185
本章学习目标 186
7.1 项目策划与项目管理的对接 ... 186
7.2 项目管理中的组织结构设计 ... 190
7.3 项目策划中的人力资源管理设计 201
本章小结 216
复习思考题 217
案例分析题 218

第 8 章 项目策划中的财务管理与策划的实施控制 221

引导案例 221
本章学习目标 222
8.1 项目策划中的财务管理 222
8.2 项目策划的实施控制 246
本章小结 250
复习思考题 251
案例分析题 252

第 9 章 项目策划书的撰写与策划陈述 257

引导案例 257
本章学习目标 258
9.1 项目策划书的撰写要求 258
9.2 项目策划书的陈述 266
本章小结 274
复习思考题 274
案例分析题 275

参考文献 287

第1章

项目策划的关键概念、核心问题与根本出路

> 当今社会，一切都是项目，一切也将成为项目。
> ——Paul Grace

📖 引导案例　失败的铱星计划

　　铱星移动通信系统是摩托罗拉公司设计的全球性卫星移动通信系统，最大的技术特点就是通过卫星与卫星之间的接力来实现全球通信。该系统与静止轨道卫星通信系统相比有两大优势。其一是轨道低，传输速度快，信息损耗小，通信质量大大提高；其二是不需要专门的地面接收站，每部移动电话都与卫星直接连接，这就使地球上任意地区的通信都变得畅通无阻。铱星公司的主要业务包括移动电话和数据传输等服务。铱星计划总投资34亿美元，于1996年开始试验发射。从技术角度看，铱星公司已突破了星间链路等关键的技术问题，系统基本结构与规程也初步建成，系统研发的各个方面都取得了重要进展。在此期间，全世界有几十家公司参与了铱星计划的实施。应该说，铱星计划从初期的确立到后来的运筹和实施都是非常成功的。到1998年5月，铱星布星任务全部完成。同年11月1日，全球通信业务正式开通。然而，命运却和摩托罗拉公司开了一个大玩笑。此时，普通手机已完全占领市场。由于无法形成稳定、足量的客户群，公司亏损巨大。摩托罗拉公司不得不为铱星公司申请破产保护，并正式通知铱星用户：如果到1999年3月15日还没有买家收购铱星公司并追加投资，那么铱星服务将于美国东部时间3月17日23点59分终止。3月17日，铱星公司正

式宣布破产。

铱星计划的失败常常促使人们思考这样一个重要的问题，即它的失败究竟是由什么导致的。事实上，如果当时的项目策划足够严密，那么也不至于对市场做出如此重大的误判。历史教训是深刻的，而这也直接导致了人们进一步优化项目策划的想法。作为一门综合了"艺术"和"科学"的学科，项目策划既有常规性的操作模式，又需要创造性的灵感。然而在大多数项目发起者与管理者的眼里，项目仍然是一场"赌博"，有成功也就有失败。至于项目策划，只不过是这场赌博的"计划编制"或者"可行性研究与风险评估"。这些有失偏颇的理解往往使人误入迷途，进而难以精准地把握项目策划的内涵与基本结构。因此，要想避免类似铱星计划的失败，并且在项目策划的丛林中走得更远，直至成功，就有必要先了解项目策划所涉及的关键概念与核心问题。

📁 本章学习目标

- 了解项目、项目管理、策划和项目策划4个重要概念的内涵，明确项目策划与其他3个概念之间的关系，熟悉上述3个概念对理解项目策划的作用和意义。
- 掌握项目的定义，熟悉项目的作用、特征、要素、分类方法、一般结构和利益相关者。
- 了解项目管理的定义、发展历程和作用，重点掌握项目管理的知识体系。
- 了解策划的定义、历史发展和思维特点，重点掌握项目策划的定义及它与项目管理的关系，熟悉当今项目策划的误区及项目失败的原因，明确项目策划的核心问题是建立以市场为导向的策划理念，理解项目策划的根本出路在于与营销策略、企业战略、项目管理的对接。

1.1 项目与项目管理

优秀的项目策划既是连接"项目"和"项目管理"的桥梁，也是项目取得成功的关键因素之一。项目策划对项目决策和项目管理有着深刻的影响。因此，在很大程度上，准确理解项目、项目管理这两个概念的内涵，对掌握项目策划的动机与目的将会起到关键的作用。

1.1.1 项目

1. 组织的两类活动

任何组织[①]乃至整个人类社会，一直存在着两种重要的活动。一种是经常性、持续性、程式化的特定（具体）活动。其运行过程中，不确定性较小，一致性程度较高；其管理过程一般具备统一标准与依据，人们习惯称为"运营或者作业活动"（operation），如企业流水线的生产加工、政府部门工作人员的考勤等。另一种是临时性、一次性的特殊活动。这些活动往往带有很强的目的性，需要更多的创造性或创新性。其运行的过程中，不确定性程度较高，一致性程度较低；其管理过程不具备现成的标准或依据，人们习惯称为"项目"（project），如港珠澳大桥的修建、连城冠豸山景区 VR（虚拟现实）的开发、扬州瘦西湖风景区的扩建、财富中国庆典活动的举办或为福州大学提供的管理咨询等。

随着市场竞争、顾客需求、技术与环境变化的不断加剧，组织内部面临高不确定性和复杂管理的创新活动频繁发生，人们逐渐认识到，有必要把项目管理与运营管理区分开来。事实上，实践已经证明项目的管理与运营的管理有着不同的需求和实践框架。

2. 项目的作用与定义

在很多项目管理类书籍中，人们习惯将大型项目尤其工程类投资项目称为"项目"。然而，随着项目概念的不断泛化，项目已经逐渐演变成一种普遍的社会现象，以至于美国项目管理专业资质认证委员会主席 Paul Grace 曾断言，"当今社会，一切都是项目，一切也将成为项目"。事实上，只要有社会进步，有组织乃至个人的创新与创意活动，就会有项目存在。某种意义上，项目已经成为创意和创新的载体，成为许多活动的代名词。

项目对于人类社会和政治经济的进步与发展有着重要的作用。宏观上，项目的成功可以促进国家或区域竞争优势的构建。微观上，项目的成功可以提升组织的核心竞争能力。如今，"项目带动"[②]已成为各类组织提升自我、构建竞争优势的重要战略手段之一。项目的成功不仅意味着组织或社会创造了崭新的运作平台，而且意味着这个创新型平台的聚集和扩散作用为组织或社会创造更大的辉煌提供了条件。因此，对于政府官员和企

[①] 在企业管理类文献中，组织一般仅指企业。鉴于项目的发起者并不仅限于企业这一类组织，因此本书中用组织来代表各类项目的发起者或项目的实施主体。
[②] 项目带动已经成为我国很多地区通过招商引资、发展区域经济的重要策略之一。事实上，政府部门对项目带动作用的重视，也为项目策划提供了更为广阔的实践空间和发展机会。

业领导来说，"项目、投资、工程、管理"等名词，已转化为创造财富、获得收益、推动组织发展和社会进步的重要力量。项目开发则成为国家、地区、企业发展的重要途径与支柱。

尽管项目的重要作用已经为人们所熟知，但是在我国，关于项目尚无公认的定义。在不同的项目管理类书籍中，研究者出于不同的目的和需要，对项目有着不同的解释和界定。这些定义中，有三种很具有代表性。一是美国项目管理协会（Project Management Institute，PMI）给出的定义。它们认为，"项目是一种被承办的旨在创造某种特殊产品或服务的临时性努力"。二是世界银行给出的定义。它们认为，"项目是指在规定的期限内，为完成一项（或一组）开发目标而规划的投资、政策、机构及其他各方面的综合体"。三是英国项目管理协会（Association of Project Management，APM）给出的定义。它们认为，"项目是为了在规定的时间、费用和性能参数下满足特定目标而由一个人或组织所进行的具有规定的开始和结束日期、相互协调的独特的活动集合"。此定义目前已被国际标准化组织（International Standard Organization，ISO）采用。比较上述3个定义，可以看出，英国项目管理协会的定义更能体现项目活动的基本特征。因此，本书采用英国项目管理协会的定义来规范项目策划的研究对象。必须指出的是，虽然个人的活动也是项目的一个重要组成部分，但是本书主要将分析和研究的重点放在由各类组织发起的项目尤其是商业性（营利性）项目策划上。

3. 项目的基本特征

按照项目的定义，项目既可以是建设三峡水库、举办世博会、发展核武器这样庞大的社会公共项目，也可以是王菲举办唱游世界演唱会、加多宝赞助中国好声音、小米推出新一代手机等营利性项目。通过归纳，不难发现，上述项目都具有如下基本特征。

（1）目标性。目标性也称目的性。每一个项目发起者对项目都有一定的心理预期，尽管其结果可能是实体性产品或者无形的服务性产品。例如，举办个人音乐会就是要让消费者获得高度的音乐享受。然而，无论哪一种项目，其目标都会受到一定条件的约束。具体来说，这些约束包括3个层面，即性能规范、时间限制与资金预算。此外，项目的目标是多方面的、合目的性的。一方面，项目的目标由成果性目标和约束性目标构成，成果性目标体现为明确的交付标的物，约束性目标则体现为时间、质量、成本等可以量化的约束性条件。另一方面，项目要满足利益相关者的不同需要，这些需要既可以是成文的，也可以是隐含的。对于任何一个项目来说，都必须建立明确的目标。这既是项目管理的需要，也是项目实施目标管理（Management by Objects，MBO）的起点。项目目标的设计必须遵循SMART原则，即目标要明确具体（Specific）、要可测量（Measurable）、要可达到（Attainable）、要注重与全体参与人员利益相关（Relevant）、要注意在时间上的限制（Time-based）①。

（2）独特性。独特性也称唯一性。每个项目都是独一无二的，项目中必然包含先前所没有遇到或做过的事情，所以它是唯一的。事实上，尽管不同的产品或服务项目有很多的相似性，但是它仍然可以是唯一的。例如，上海市建造了成千上万座的办公楼，但每一座都是独特的。它们可能有着不同的开发商、不同的设计院、不同的地点、不同的建筑商等。再如，建设高速公路这一类项目，每条高速公路都有独特的地质条件，需要不同的设计方案，需要有相应的技术创新。因此，某些重复性因素的存在并不能改变项目的独特性特征。此外，项目的独特性还体现在项目的临时性或一次性上。每一个项目都有确定的时间起点和终点。当目标已实现，或已明确知道该项目目标不可能实现，或对项目需求已不复存在时，该项目就到达了它的终点。一次性并不意味着时间短，许多项目要经历好多年，甚至更长。但在任何情况下，项目都是有期限的，它不是一种持续的工作。项目的一次性凸显出项目是一次性的成本中心，项目经理是一次性得到授权的管理者，项目管理组织是一次性的组织，作业层由一次性的劳务构成。

（3）资源约束性。任何一个项目都需要足够的资源来完成。当然，这里所说的资源概念是宽泛的。它既包括项目所需要的人、财、物，也包括组织核心能力及组织外部各种社会关系等非物质资源②。例如，公共关系项目就需要动用很多组织外部关系资源。对于项目管理者来说，就是要在有限资源与能力约束的基础上，充分发挥资源的效率，创造出最好的结果。而从资源利用主体的角度来说，项目资源配置首先要考虑的因素应该是人的问题。鉴于不同的项目需要不同的专业人才，因此组织必须熟悉项目需要什么样的专业人力资源，只有这样才有可能充分发挥组织自身的能力，充分利用可用资源。再者，项目需要在规定的日程和预算之内完成，因此有限资源和计划需求的冲突是固有的，如何做到计划需求与可用资源恰好匹配非常困难。事实上，项目在实施过程中经常会出现资源需求和可用资源不再匹配等问题。例如，在建设某栋大楼的过程中，建设者突然发现，原先的地基设计存在问题，需要投入更多的钢材和混凝土，这也就使得整个建筑的可用资源安排出现了问题。

（4）整体性。整体性也称系统性。项目是一个独立的、开放的系统，是为了完成特定目标而展开的多项任务和资源的集合，是一系列活动的有机结合，是一个完整的过程。任何将项目内部不同部分割裂开来进行决策的做法都有可能导致决策失误，造成项目失

---

① 编者在多年咨询和教学过程中发现，缺乏目标管理是组织和个人最常见的问题。由于很多人不懂目标制定的 SMART 原则，因此在一些企业里，目标就成了难以达到、使人感到挫折的代名词。
② 能力在本质上也属于资源的范畴。例如，人的能力就是资源。而对于公共关系等项目策划来说，外部关系资源有时会比内部资源更重要。如今，关系已经被看作一种重要的社会资本。

败。彼得·圣吉在《第五项修炼》所举的"啤酒游戏"（beer game）[①]就是明证。这个游戏指出，啤酒生产企业应整体看待供应链上局部销售增长的情况，否则如果只看片面的数据，就会造成大量的啤酒库存与积压。事实上，"整体永远大于部分之和"，大象永远大于所有盲人摸到的总和。此外，任何项目的进程都可以看作有一个特定的生命周期，具体表现为启动、成长、成熟和终止4个阶段。一般来说，项目进展表现为慢开始（策划与论证）、快增长（实施与监控）和慢结束（总结与评估）的规律。因此，要看待一个项目的成功，不应该只看它的某一个阶段，而是要对整个生命周期进行分析。强调项目的整体性就是要强调项目的过程性与系统性。项目的整体性体现在过程与目标的有机统一上，就是时间和内容的完整一致。

4．项目的基本要素

要完成项目的预期目标，项目发起者必须认真考虑和把握制约项目进展的7个基本要素，即项目的范围、组织、质量、时间、成本、资源和环境。这些要素是一个相互关联的集合，其中任何一项的变化都会引起其他要素的连锁反应。为了保持项目的平衡发展，就必须保证7个基本要素的相互匹配。事实上，这也是项目策划人员需要重点关注的基本内容。

（1）项目的范围。项目的范围是对项目完成边界的陈述。一般来说，可通过界定项目的交付物或交付物标准来确定项目的范围。例如，在信息项目中，范围通常叫作"功能规范"。在工程项目中，范围通常叫作"工作说明"。除此之外，范围还被称为谅解文档、范围陈述、项目启动文档、项目需求表等。对项目策划者来说，项目范围的界定不仅明确了要做什么，同时给出了不要做什么的标准。事实上，所有随后的项目工作都是以项目范围为基础的。因此，范围界定的正确性非常重要。如果没有范围的界定，项目就可能永远做不完。所以，在承接某一项目的初期，一定要严格界定和控制项目的范围，否则会出现吃力不讨好的局面。

（2）项目的组织。项目的组织是对项目运行的人员配备、工作职责、组织结构、管理流程及组织文化的总称。项目作为独立运作的活动，需要一个相对独立的团队加以完

[①] 啤酒游戏是20世纪60年代MIT的Sloan管理学院所发展出来的一种策略游戏。游戏以一个销量颇固定的品牌——"情人啤酒"展开。该啤酒品牌因为某一个活动而导致零售商销售在某一个时点的突然增长，并最终蔓延为下游零售商、中游批发商、上游制造商，起初都严重缺货，最后却严重积货的状况。事实上，上述消费者需求的突然变动也只是一次而已！尽管Sloan管理学院的学生们具有不同的年龄、国籍、行业背景，其中有些人甚至早就经手这类的产/配销系统业务，然而每次玩这个游戏，相同的危机还是一再发生，其结果也几乎一样悲惨。这也说明了结构会影响系统的总体行为。具体可以参见彼得·圣吉的《第五项修炼》（三联书店2001年出版）。

成。项目发起者应根据项目的专业需求进行人员配备，按照项目管理的流程进行岗位和工作职责的设计。事实上，通过明确的分工，既可提高项目的实施效率，也可做到人尽其才、物尽其用。与此同时，项目管理者还必须根据管理需求构建相应团队的组织结构。此举不仅有利于项目的自身管理，而且有利于与项目发起者之间的关系协调。最后，为了创造更有利的工作环境，项目管理团队还需建立相应组织文化，凝聚力量，激发团队成员的创造性和工作积极性。

（3）项目的质量。项目的质量是对项目完成后是否达到项目发起者所要求性能的描述。换句话说，就是用来检验项目是否合格的标准。人们通常所说的项目质量，一般是指"性能质量"，它包括项目的主要特性及运用水平等。项目质量的界定一般会在界定项目范围交付物标准中加以明确，包括各种特性及达到这些特性得到满足时的具体要求界定。另外，有时还可能对项目的过程有明确要求。例如，规定过程应该遵循的规范和标准，并要求提供这些过程得以有效执行的证据。由于项目质量控制事关项目的成败，因此在设计和界定项目质量的时候，应考虑到完成标准所需要的能力和资源限制，以制定相应的项目质量控制体系。

（4）项目的时间。项目的时间规定主要体现在项目的进度控制和周期管理上。项目发起者通常会给出一个项目必须完成的时间框架或者最后期限。一定程度上，成本和时间成反比。完成项目的时间可以减少，但作为随之而来的结果，就是项目的成本将会增加。与项目时间相关的因素可以用进度计划加以描述。进度计划不仅说明了完成项目工作范围内所有工作所需要的时间，也规定了每个活动的具体开始和完成日期。项目中的活动根据工作范围确定，在确定活动的开始和结束时间时需要考虑相关因素之间的依赖关系。应该注意到，时间是一个不能被储存的一次性资源。项目管理的目的是尽量有效及高效率地使用分配给项目的将来时间。

（5）项目的成本。项目成本是衡量项目成功与否的一个重要变量。众所周知，成本是与费用紧密相连的一个词。每一个项目都有预先确定的预算，项目总成本以预算为基础，项目结束时的最终成本应控制在预算内。因此，对于项目管理者来说，他们必须进行费用控制来降低成本。这对于那些将其可交付成果用于商业销售或交付给外部客户的项目而言格外重要。在项目策划阶段，客户只能简单地提供项目花费的模糊数字。这一数字需要项目策划人员利用已有的资料，进行准确预测。项目策划者必须提供一份项目建议书。建议书将包含项目成本的总估算，甚至是一份项目报价。以工程项目为例，总估算主要包括人力成本、材料、工程费用和咨询费用等。

（6）项目的资源。项目的资源是项目发起者所拥有的诸如人、土地、资金和设备之类的资源总称。对于每一个项目发起者来说，资源数量都是有限的。但是对项目策划者来说，他们应该意识到，资源是可以被规划、被放大的。事实上，资源不仅可以从外部租用，而且可以通过各种融资手段获得。无论哪种情况，最重要的是，项目策划者必须知道项目活动及有序地完成项目的核心，究竟需要哪些资源、多少资源，以及获得这些资源的最佳途径。当然，不同的项目需要的资源是不一样的。例如，对软件研发、管理咨询等项目来说，人力资本是主要资源；对房地产、旅游开发项目来说，土地、资金则是必不可少的资源；而对潮汐能、风能、太阳能等新能源开发项目来说，则需要关注相应的自然资源。

（7）项目的环境。项目的环境是对项目所处的宏观环境、中观环境与微观环境的总称。其中，宏观环境主要包括经济、社会文化、技术、政治法律、自然环境等；中观环境主要是指项目所在行业内的特定环境，包括供应商、消费者、竞争者、替代品、政府管理部门、社会组织等；微观环境主要是指项目发起者自身所在组织的内部环境。综合来说，宏观环境和中观环境可视为项目的外部环境，微观环境则可被视为内部环境。对于项目策划者而言，注重内外环境的相互匹配，可让项目发起者充分发挥自身优势的同时，抓住市场机会，规避风险，克服劣势。

5. 项目的分类

不同项目有不同的特征及内在结构。有效的项目分类可让策划人员在较短时间内迅速把握此类项目的管理要点，并找到恰当的方法开展项目策划。因此，熟悉项目的性质与分类是必要的。有效的项目分类是项目策划人员认清项目差异的基础。此外，分类标准的差异会导致项目归类的不同，策划人员须用不同标准实现项目特征的组合分析。

（1）按项目所属主体划分。按所属主体差异，项目可分为私人项目与公共项目两大类。其中，私人项目主要包括各种营利性组织甚至个人开展的项目活动，如产品研发、电视剧策划、房地产开发、旅游项目规划等；公共项目主要包括由政府或者其他非营利性组织发起的项目活动，如城市中心广场建设、新型武器研发、关注残疾儿童健康活动等。与私人项目要求盈利不同，公共项目具有非竞争性、不可分割性及非排他性特点，它追求的是社会整体福利的增长。事实上，正视私人项目与公共项目的差异，可以正确判断任意一个项目策划的基本诉求。

（2）按项目所属规模划分。按规模大小差异，项目可分为宏观（特大或大型）、中观（中等）与微观（小型）3类。之所以选择规模作为划分标准，主要目的就是提醒策划者注意项目涉及的范围及影响层次，从而更有效地分析影响项目的具体因素，并考虑项目对未来的影响。例如，三峡大坝作为一个宏观项目，它涉及旅游、移民、气候、国家安全等诸多问题；某一省市的城市改造工程则可以看作中观项目，需要考虑对当地经济社会的影响及程度；至于一家企业的新产品推广项目，则可以看作微观项目，需要更多地关注企业自身的资源、能力及外部竞争环境等问题。

（3）按项目物理形态划分。按物理形态差异，项目可分为硬项目和软项目两大类。其中，硬项目主要是指工程类的项目，如水库、公路修建、房地产建设等；而软项目主要是指技术、文化、艺术类的项目，如开发一套商业软件，或与媒体、演艺、旅游、会展、体育、教育等有关的项目。硬项目和软项目的主要区别在于，硬项目由硬性指标来衡量其完成的质量；软项目则不同，对它的评价有时会取决于不同人的偏好，很难用刚性的指标来评价它的成功。

（4）按项目所含风险划分。按风险差异，项目可分为高风险项目、中度风险项目和低风险项目。例如，利用航天火箭为其他国家发送卫星就是高风险项目，而举办一场班级或学校音乐会则是低风险的项目。某种意义上，任何项目的实施都可能存在风险。以可口可乐公司赞助奥运会为例，它可能会面临百事可乐利用埋伏营销①混淆视听的风险。而项目策划者的任务就是要发现和分析风险，最后将风险置于一个可控的范围之内，降低风险发生的可能性，从而提高项目成功的可能性。

（5）按项目周期划分。按周期差异，项目可分为长周期项目和短周期项目。短周期项目可以短到1天或数天以内，长周期项目可以长到10~20年甚至更长。一般来说，复杂项目、大型复杂项目都有较长的周期。例如，一个房地产项目至少需要2年的时间，而修建一条高速铁路可能需要8~10年时间。项目周期越长，意味着项目所蕴含的风险越高，后续管理也越难。因此，项目策划人员应该懂得，如何在一个特定周期内综合考虑影响项目成败的关键因素。

（6）按项目成果划分。按成果差异，项目可分为有形产品和无形产品两种。其中，有形产品项目包括各种建设工程、仪器设备开发等；无形产品项目则包括技术服务或营销创意。从产品的有形性与无形性相互包容的现实来看，任何一个项目都不可能绝对地划分为有形的或无形的。例如，建设工程项目直接提供有形的产品，但同时提供无形产品，如服务、知识、信息、标准、技术、数据、商业模式、品牌等。对于项目策划人员来说，他们一方面要懂得有形产品和无形产品的差异，另一方面要了解如何通过无形产品来烘托有形产品的成功；反之亦然。

（7）按项目实施主体划分。按实施主体差异，项目可分为内控型、引进型与外包型等。例如，一家企业建造宿舍楼就可以看作内控型项目；某家移动通信运营商购买国外先进通信系统或利用一家网络公司开发的一套新型网管系统，则可以看作引进型项目；

---

① 因为赞助营销的效果严重依赖于消费者对赞助的记忆而形成对赞助商的好感，所以对那些不是赞助商的竞争对手而言，它们完全可以通过埋伏营销来混淆公众的视听（如赞助奥运会的新闻报道，冒充奥运会赞助商），使公众误认为自己是真正的赞助商，从而使真正赞助商无法获得有效的记忆。

某家公司把承揽工程中的一部分转包给另一家公司，则转包的部分可以看作外包型项目。这种划分的目的就是要让策划人员懂得，在实施主体不同的情形下，应该如何通过高效的管理与控制，确保项目完成的质量。

6. 项目的一般结构与内容层次

在项目定义中，人们习惯将项目解释为"努力"或"活动的集合"。而策划人员还有必要进一步了解努力或项目集合究竟由什么样的内容组成，以及这些内容之间的相互关系。只有这样，策划人员才能弄清项目策划的基本内容和结构。

首先，项目是由一系列需要人去完成的工作组成的。这是大多数人对项目的认识。然而，尽管项目需要有组织地实施，但项目并不是组织本身。事实上，任何人都不会将铱星计划与摩托罗拉公司等同起来。不仅如此，尽管项目结果可能是某种产品或服务，但项目也不是产品或服务本身。如果谈到一个"工程项目"，我们应当把它理解为包括"项目选定、设计、采购、施工、安装调试、移交用户"在内的整个工作过程，而不能仅仅把"工程项目"理解为将移交给用户的产品——地上建筑物。确切地说，产品只是项目的目的或结果。而从过程角度理解项目，可以让我们准确地把握项目实施的具体环节或者是它的内在结构[①]，并加强关键流程的管控。

其次，组成项目的所有工作不都是同样规模的工作。这些工作按照规模大小，可以分属于不同的层次，较大的工作由一些较小的工作所组成。因此，全部的项目工作形成一种树形层次的结构。按照这种结构，我们可以将项目的工作进行分解（WBS）。这里，我们用某家企业建设内部网站项目来展示这种树形层次结构，如图 1-1 所示。

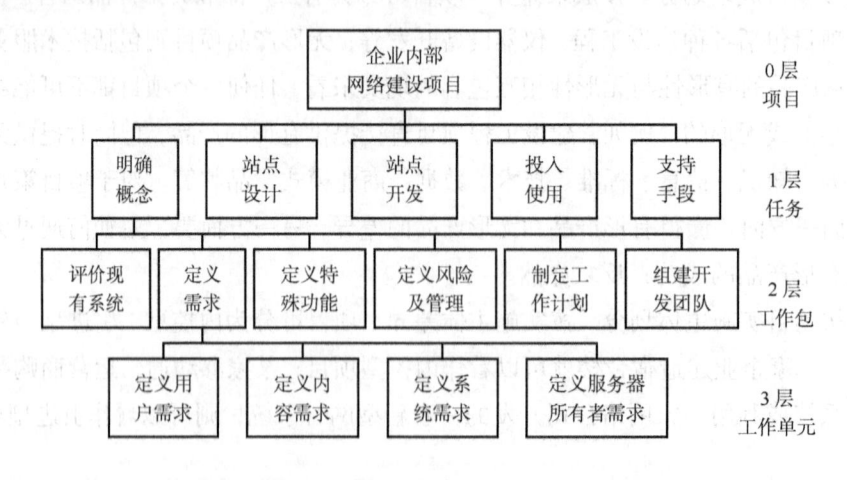

图 1-1 企业内部网络建设项目树形层次结构

---

① 结构是理解项目及策划的关键概念，具体阐释请参见本书第 3 章相关部分的叙述。

通过图 1-1 可以看出，项目树形层次结构是根据工作内容进行划分的。事实上，这里提到的工作层次实际上就是项目的内容层次。在具体分层过程中，项目首先被分解成任务或活动（task or activity），然后依次划分为工作包（work package）、工作单元（work unit）等。任何项目都可以依据上述层次进行分解。而图 1-1 中所展示的基本内容层次，则为管理者按照项目内容层次逐一防范执行风险提供了管理基础。对于策划者来说，项目策划本身也是一个项目执行的过程。因此，依照上述工作分解的树形层次图，策划者就可以对项目策划本身的工作内容进行分解。这与第 3 章要重点介绍的逻辑树分析方法有些近似，在此不做赘述。一些学者认为，按照项目的英文单词 project 的每一个字母，可将项目活动的内容分解成规划（planning）、研究（researching）、组织（organizing）、参与（joining）、激励（encouraging）、庆祝或检查（celebrating or checking）、培训（training）7 个部分。某种程度上，这种划分为策划人员整体思考项目策划所涉及的内容提供了基本依据。

7. 项目的利益相关者

所谓项目利益相关者（Stakeholders），是指能够影响项目，并与项目有特定关联的组织或个人。利益相关者分析作为一种评价影响某一事件相关主体或项目活动主体影响能力的重要工具，如今已被广泛地运用到企业管理与战略制定当中。事实上，在项目实施过程中，利益相关者的意见及影响力是项目策划者需要重点考虑的因素之一。尽管所有利益相关者不可能有相同的影响力，但是他们都或多或少地影响项目的进展与成功，而其中一些群体要比另一些群体的影响力更大。因此，在项目策划中，策划者必须掌握如何平衡各方利益的技巧，否则项目的实施将会受到那些被忽略的利益相关者的抵制，甚至可能导致失败。从某种程度上来说，铱星计划的失败就是因为忽略了其重要利益相关者——客户的基本需求。

应该看到，不同的项目有着并不相同的利益相关者群体[①]。而对于一般的商业项目（如房地产开发、新产品开发）来说，利益相关者具体包括项目的所有者或股东、供应商、购买者和顾客、管理人员、雇员、竞争对手、广告商、银行或其他债权人、政府部门、媒体、其他管制者、公众利益群体、政党、宗教群体、工会等。如果从管理角度来看，我们可将上述利益相关者分成核心和边缘相关者两大类。其中，核心相关者主要包括客户、股东、员工、供应商、竞争对手等，边缘相关者主要包括广告商、银行、政府

---

① 国内大多数项目管理书籍都将项目的利益相关者界定为"客户、项目委托人、发起人、项目经理、投资人、供应商、项目团队、项目支撑部门"等行为主体。而作为项目策划者，我们应有更广阔的视野。本书中，我们将项目利益相关者范围扩大，以方便策划人员在思考问题时可以综合考虑不同利益相关者的需要及作用。

部门、媒体、公众利益群体等。当然，在面对具体项目时，策划人员可通过绘制利益相关者图，分析它们在项目决策中的利益与影响力，借此识别它们将给项目带来的风险与机会。在此，我们借用宝利来新产品开发项目的利益相关者分析（见图1-2）做一演示。

从图1-2中可以看出，企业内部管理中的各种主体被置于核心层，而主要替代品及竞争对手、渠道、消费者、资本市场、股东、兼并集团也被放在明显的位置。事实上，这也是各类新产品项目都要重点考虑的问题。

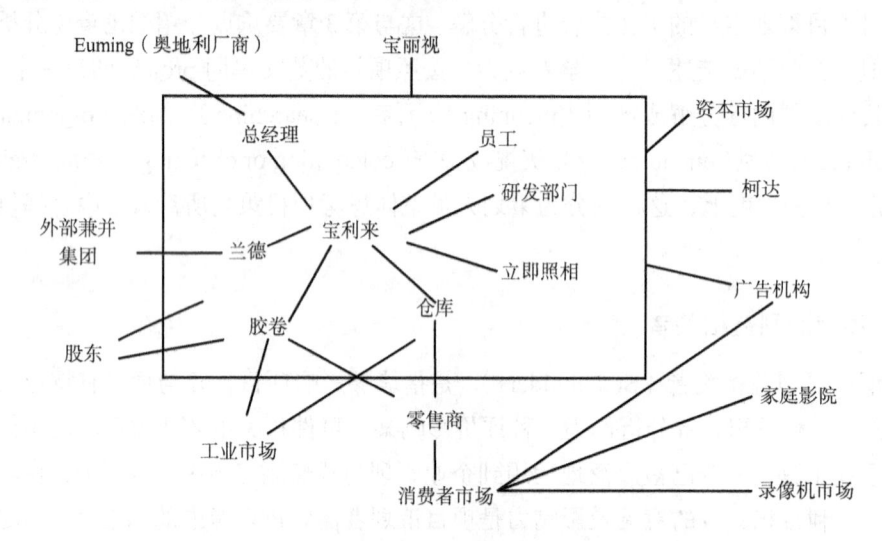

图 1-2　宝利来新产品开发项目的利益相关者分析

1.1.2　项目管理

1. 项目管理的定义

项目需要管理，对项目管理最直观的解释就是"对项目进行管理"。而随着项目管理实践与理论体系的不断发展，"项目管理"一词开始具有两种含义。一种是指有意识按照项目的特点和规律进行组织管理的活动，即实践活动。另一种是指一门管理学科，它是以项目管理活动为研究对象的一门学科，即理论体系。国内外有关项目管理的定义很多，这里我们采用美国项目管理协会的定义。这一定义认为："项目管理就是指把各种系统、方法和人员结合在一起，在规定的时间、预算和质量目标范围内完成项目的各项工作。有效的项目管理是指在规定用来实现具体目标和指标的时间内，对组织机构资源进行计划、引导和控制工作。"按美国项目管理协会的定义，项目管理就是"在项目活动中运用一系列的知识、技能、工具和技术，以满足或超过相关利益者对项目的要求"。事实上，项目管理是在有限的资源约束下，通过项目经理和项目组织的努力，运用系统理论和方法对项目所涉及的资源进行计划、组织、指挥、协调与控制，以实现项目特定目标的管理方法体系和管理过程。而作为一门学科，项目管理主要研究项目管理的知识体系、工作职能体系与工具方法体系。

2. 项目管理的历史发展进程

人类社会自形成以来，项目管理需求就已出现。万里长城、都江堰水利工程、埃及金字塔、古罗马尼姆水道、第二次世界大战时的美国曼哈顿计划、20 世纪 60 年代至 70 年代的阿波罗登月计划，以及近年来我国的长江三峡水利工程，都可称作人类历史上运作的大型复杂项目的范例。然而直到第二次世界大战爆发前，项目管理还未形成独立的科学体系。第二次世界大战期间，由于战争需要，各种军用项目接二连三地展开。这些项目不仅技术复杂，参与人员众多，而且时间非常紧迫。这就迫使人们不得不寻求切实有效的科学方法来实现既定的目标。"项目管理"这个词就这样应运而生，并开始被人们所接受。项目管理从古代走向现代，从经验走向科学，经历了漫长的过程。一般认为，项目管理的发展经历了传统项目管理、近代项目管理和现代项目管理 3 个阶段。

（1）传统项目管理阶段。这一阶段从远古时代到 20 世纪 30 年代，主要分为潜意识的传统项目管理和经验型的传统项目管理两个时期，主要代表行业为建筑业。这个阶段，项目管理还没有形成相对独立的体系和标准。虽然 20 世纪初出现了用于计划和控制项目的甘特图（又称横道图），但是甘特图并不能体现各种工作之间的逻辑关系。不仅如此，大型项目管理中也没有定量的计划和管理方法。项目管理主要依赖于个人的经验和智慧，缺乏科学性。

（2）近代项目管理阶段。这一阶段从 20 世纪 40 年代到 70 年代，主要代表行业是国防科技工业。这一阶段的项目管理非常注重时间、成本和质量 3 大目标的控制。项目管理开始强调技术、注重工具的开发和运用。在系统工程学科的影响下，计划系统和网络技术开始在工程项目中得到广泛的运用。20 世纪 50 年代，杜邦公司开发了关键路径法（Critical Path Method，CPM），这就是至今还在应用的著名时间管理技术。就在此方法发明一年后，美国海军开始研制北极星导弹。项目组织者为此开发出计划评审技术（Program Evaluation & Review Techniques，PERT），有效地解决了各工作环节在完成时间上的不确定性问题。此后，计算机模拟技术和风险评估技术也被充分运用到项目管理中。但我们也应该看到，近代项目管理往往忽视客户的重要性，过分关注管理工具和方法的运用，在项目选择方面重视不够，因此失败率较高。

（3）现代项目管理阶段。这一阶段从 20 世纪 70 年代末开始。这一阶段，人类社会和各类组织的内外环境发生了巨大的变化，项目管理的知识体系也逐渐完善。1987 年，美国项目管理协会推出了项目管理知识体系指南（Project Management Body of

Knowledge）。这个知识体系把项目管理归纳为范围管理、时间管理、成本管理、质量管理、人力资源管理、风险管理、采购管理、沟通管理、整合管理、干系人管理 10 大知识领域。不仅如此，项目管理也呈现出工程学、管理学、经济学及社会学多学科交叉的状态。在知识体系逐步完善的过程中，项目管理日趋现代化，主要表现在以下 3 个方面：一是管理思想现代化，体现出系统性、整体性和动态性的 3 大特点；二是管理组织现代化，体现出开放、柔性和注重环境 3 个特点；三是管理方法现代化，体现出软件技术、信息化和网络化应用 3 个特点。

3．项目管理的作用

项目管理顺应了压缩组织规模、实现组织结构扁平化、给一线员工授权，以及借助外部资源、提供跨职能部门解决方案、建立学习型柔性组织的现代管理潮流，在最大限度地利用组织内外资源、优化工作流程、提高组织运营效率的过程中，提高了组织核心竞争能力。作为一种有效的管理工具，项目管理与战略管理、营销管理一道成为组织成功的三大支柱，并且成为维系组织核心竞争力的纽带。实践表明，项目管理在组织中处于关键的地位。投资者需要懂得项目管理，否则会赔本。项目管理者需要懂得项目管理，否则将面临失败。信贷机构要懂得项目管理，否则会遭遇信贷风险。项目策划人员更要懂得项目管理，否则将无法明白策划在项目管理中的作用。总之，项目利益相关者都应该懂得项目管理。

实施项目管理给组织带来了明显的价值。美国项目管理协会商业调查中心对一百多位高级项目管理人员所做的调查显示，超过 94%被调查者表示项目管理提高了组织的价值。不仅如此，这些组织还依据财务标准、用户标准、项目和过程标准，以及学习和成长标准，证明了实施项目管理后的重要进步。调查还显示，被调查的组织平均改进按顺序排列为，财务绩效方面提升 54%，项目/过程执行改进 50%，用户满意提升 36%，雇员满意提升 30%。

此外，该中心还调查了对所在组织的项目管理实践及其组织业务成果有所掌握的高级项目管理人员。结果显示，由于率先实行项目管理，组织确有明显进步，主要表现在以下几个方面：一是有更好的工作能见度和更注重结果；二是对不同的工作任务可改进协调和控制；三是项目成员有较高的工作热情和较明确的任务方向；四是广泛的项目职责能够加速管理人员的成长；五是能够缩短产品开发时间；六是能够减少总计划费用，提高利润率；七是项目的安全控制较好。相比之下，那些不实行项目管理的组织则处于竞争劣势。

总之，项目管理是组织面对变化、提高竞争力与促进发展的关键，是成功的关键。项目管理已发展成为一门共性的、日臻完善与成熟的思想、知识与方法体系。项目管理具有重大的经济意义、社会意义、环境意义和商业价值。

4．项目管理的流程

按照不同的划分方法，项目管理过程可以被划分成不同的阶段。美国项目管理协会认为，项目管理包括需求确定、项目选择、项目计划、项目执行、项目控制、项目评价与项目收尾7个阶段。而大多数持模块化管理观点的研究者认为，项目管理可被分为5个过程组。一是启动过程组，即认定一个项目或者开始一个项目并保证去做。二是规划过程组，即为了实现承担项目所致力的商业需求或组织需求，而做出并维持一个可操作的系统性计划。三是执行过程组，即为了计划顺利执行而协调人和其他资源。四是监控过程组，即通过监测和测量进展，并在必要时采取纠正行动确保项目目标得以实现。五是收尾过程组，即项目有序结束的阶段。

从上述阶段划分的结果来看，传统项目管理偏重于项目执行过程中的控制技术，因此并没有给项目策划留下独立的位置。从策划的阶段性质来看，项目策划隐藏在需求确定、项目选择、项目计划等计划启动的阶段中。事实上，这也是一些人将项目策划视为项目评估、项目可行性研究的原因所在。越来越多的人已经看到，作为项目管理过程中的一个重要组成部分，项目策划正发挥着重要的作用。我们将在下文中详细介绍二者之间的内在关联和关系。

5．项目管理的知识体系

项目管理综合了艺术与科学的特征，掌握好项目管理的知识体系是取得成功的关键。在项目管理领域，"项目管理知识体系"是一个专有名词，由美国项目管理协会提出，并以模块化的方式加以完善。掌握项目管理的知识体系，对于确定项目策划基本内容，并实现策划与项目管理的对接有着重要的意义。总体来看，项目管理的知识体系可以归纳为3个层次：一是技术方法层，主要是指一些相对独立的技术和方法；二是系统方法层，主要是指综合集成型的方法和技术，注重相关性和整体性；三是哲理层，强调的是一种管理思想、管理理念和管理文化。在此，按照美国项目管理协会制定的标准体系，将项目管理的知识体系所包括的9个关键领域，整理如图1-3所示。

（1）项目范围管理。项目范围管理是为了实现项目目标，对项目工作内容进行确定和控制的管理过程，包括项目背景描述、项目分析与说明、目标确定、范围规划、范围定义、工作分解、工作排序、范围变更控制、范围核实与确认、绩效测量、项目资料与验收、项目交接与清算等工作。

（2）项目时间管理。项目时间管理是为了确保项目最终按时完成的一系列管理过程，包括活动界定、活动排序、活动时间估计、进度安排、项目进展报告、进度控制等工作。

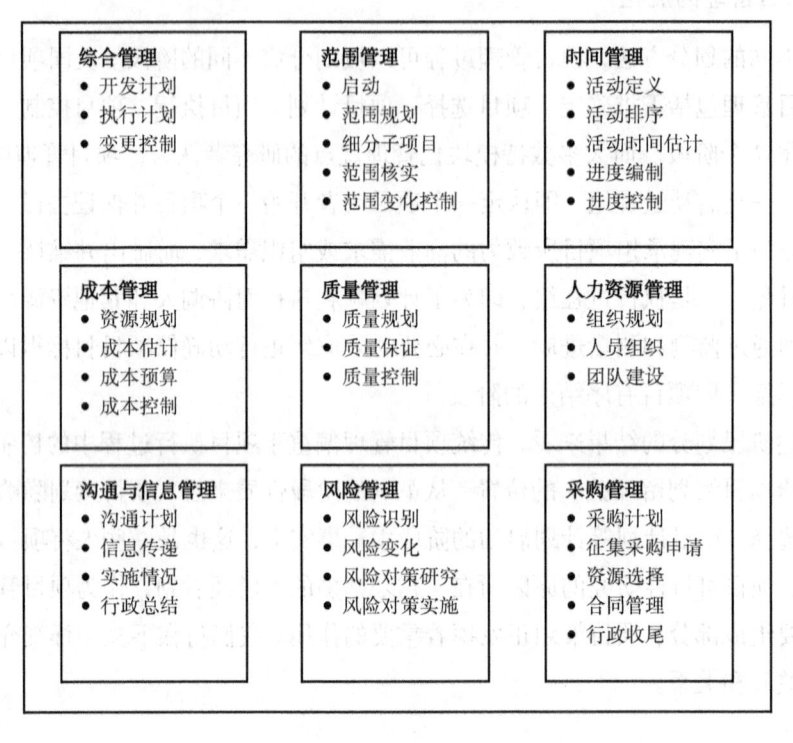

综合管理	范围管理	时间管理
• 开发计划 • 执行计划 • 变更控制	• 启动 • 范围规划 • 细分子项目 • 范围核实 • 范围变化控制	• 活动定义 • 活动排序 • 活动时间估计 • 进度编制 • 进度控制
成本管理	质量管理	人力资源管理
• 资源规划 • 成本估计 • 成本预算 • 成本控制	• 质量规划 • 质量保证 • 质量控制	• 组织规划 • 人员组织 • 团队建设
沟通与信息管理	风险管理	采购管理
• 沟通计划 • 信息传递 • 实施情况 • 行政总结	• 风险识别 • 风险变化 • 风险对策研究 • 风险对策实施	• 采购计划 • 征集采购申请 • 资源选择 • 合同管理 • 行政收尾

图 1-3 项目管理的知识体系

（3）项目成本管理。项目成本管理是为了保证项目实际成本、费用不超过预算成本的费用管理过程，包括资源规划、成本估计、成本预算、资源配置、成本控制、成本决算与审计等工作。

（4）项目质量管理。项目质量管理是为了确保项目达到客户所规定的质量要求所实施的一系列管理过程，包括质量规划、质量控制、质量保证和质量验收等工作。

（5）项目人力资源管理。项目人力资源管理是为了保证所有项目相关人员的能力和积极性都得到最有效的发挥和利用而实施的一系列管理措施，包括组织规划、团队建设、人员选聘与培训等一系列工作。项目人力资源管理存在临时性的特点，它涉及人从哪里来并到哪里去的问题。

（6）项目沟通与信息管理。项目沟通与信息管理是为了确保项目信息收集、传输、共享所需要的管理措施，涉及相关组织、技术、人员、管理之间等不同的界面，包括沟通规划、会议讨论、信息发布、信息管理、冲突管理等工作。有效的沟通能够架起一座桥梁，把具有不同文化和组织背景、不同技能水平、不同观点和利益的各类相关人员和利益相关者联系起来。

（7）项目风险管理。项目风险管理是为了控制涉及项目可能遇到的各种不确定性因素的管理过程，包括风险管理规划、风险识别、风险估计和量化、制定对策和风险监控等工作。

（8）项目采购管理。项目采购管理是为了从项目实施组织之外获得所需资源或服务所采取的一些管理措施，包括采购计划、招标与征购、资源选择、合同管理、合同履行与收尾等工作。

（9）项目整合管理。项目整合管理是指为确保项目各项工作能够有机地协调和配合所展开的综合性和全局性的项目管理工作和过程，包括项目安全计划、安全控制、生产要素管理、现场管理与环境保护、项目监理、行政监督、集成计划制订、项目综合计划实施、项目变动总体控制等工作。项目综合管理是项目管理全部内容的归结，是系统性思考的重要组成部分，也是对项目整体开展全局控制的具体体现。综合来看，在项目管理中，"整合"兼具统一、合并、沟通和集成的性质，对受控项目从执行到完成、成功管理利益相关者的期望和满足项目要求，都至关重要。

1.2 策划与项目策划

策划为项目成功提供了科学决策与行动的思维方式。项目策划是策划人员运用策划思维，在深入研究项目的基础上，提出经营、管理行动方案的过程。对于策划人员来说，要懂得如何进行项目策划，则必须先准确地理解策划与项目策划的本质及核心问题。

1.2.1 策划

1. 策划的定义

尽管策划已经成为一个重要的商业概念，但是直到现在，人们对它仍没有一个明晰的定义。多数场合下，策划似乎已成为耳熟能详的词汇而不需要解释。因此，很多词汇（如创意、创新、计划、规划、谋略等）都与策划挂上了钩，但是策划并不等同于这些词汇。

为了弄清楚策划的真正内涵，我们先解释一下什么是商业概念。在《牛津词典》里，"概念"一词被定义为"一个整体的观念"或"一个抽象的思想"。有趣的是，该词典关于商业概念这个词的解释更通俗，即"一个帮助销售或推广某件商品的思想或发明"。综合来看，这个定义适合许多层面上的商业行为。很大程度上，策划的商业性质已使策划成为"一个帮助销售或推广某件商品的思想或发明"。从根本上来看，人们采取策划思维方式是有其内在动因的，那就是欲望[①]和竞争。一方面，欲望是市场需求的本质性总结，是超越人性的需求，它为策划提供了赖以生存的土壤。另一方面，竞争是策划的动力。正如早期谋士们所做的一样，策划就是用智慧来寻求与竞争对手的不同。一句话，策划是策划人员追求差异化的表现。

按照字面来理解，策划是指根据所希望达到的目标，订立具体可行的计划，谋求使目标成为事实。策划讲求的是运筹帷幄、决胜千里。古汉语中，策划中的"策"原意是驾驭马车的工具，类似鞭子，但比普通的鞭子击打的力度大得多，"鞭策"一词就由此而来。所以，"策"具有打破表面的意思，而在"策划"一词中具有道破天机的内涵，意指揭示深藏在事物背后的规律。"划"在古汉语中意指刻画，形成深刻的蓝图的意思，在"策划"一词中是"导引潮流、领先时代"的含义。因此，从本质上来讲，策划是道破天机、导引潮流的理念与方法的选择。它源于策划人员的世界观，但最终归于促使目标实现的方法论。策划是知与行的结合。

哈佛企业管理丛书也认为，"策划是一种程序，本质上是一种运用脑力的理性行为"。因此，结合上述分析，我们将策划定义为，"针对预期目标，科学运用各种智慧和方法，谋求目标顺利实现的一种思维方式与行动方案的结合体"。很大程度上，策划融合了思维艺术和科学精神。

2. 策划的历史发展

策划是人类与生俱来的思想工具。无论是组织还是个人，都会碰到需要解决的各种问题。这些问题正如组织两类活动一样，一些只要常规的思路就可以解决，另外一些则需要仔细斟酌，然后才能决策。而在这些需要特殊处理的事件中，精心策划为人们取得成功创造了机会。众所周知，《史记》中"田忌赛马"就是这样一个著名的案例。如果按照常规方案，马匹不如齐王的田忌只有等待失败的份儿。可是在谋士孙膑的指引下，田忌对马匹出场顺序进行了重新组合，结果却赢得了比赛。这个故事表明，在双方或多方参与的特殊事件中，策略是多么重要。采用的策略适当，就有可能在看似一定失败的情况下取得胜利的结果。因此，如果将田忌赛马看作古代谋划的经典案例，那么这种策划实际上贯穿了整个人类的发展史和战争史。而事实上，在人类早期谋略艺术的

[①] 欲望是和需要、需求有关的重要概念，对项目策划有重要的意义。一般而言，需要指人的基本需要（如马斯洛所说的）；需求指可以由市场满足的实际需要；欲望指的是对满足基本需要的超前甚至是不切实际的幻想或理想，是对需求的升华。因此，很多人把欲望看作产品创新的源泉。事实上，若因循欲望的幻想或理想式的逻辑，则可超越现有的需求满足手段，更好地服务人的基本需要。

阶段，策划科学就已经发芽、扎根。

近年来，当商业文明没有硝烟的竞争取代了惨绝人寰的战争，当知识化、信息化和全球化推动创新的浪潮波涛汹涌，现代策划科学开始茁壮成长。越来越多的企业和组织开始意识到策划对战略、管理、营销、项目的重要性。我们知道，策划是以人类的实践活动为发展条件，以人类的智能创造为动力，随着人类的实践活动逐步发展与智能水平超越发展起来的。策划水平直接体现了社会的发展水平。生产力的进步推动社会的发展，社会的发展同时必然要求策划也随之发展，而策划的发展又依托于人类智能创造的提高，社会发展程度越高，人类的智能创造力越丰富，策划的水平也就越高。由此可见，社会的发展造就了策划的历史，策划是社会发展文明化的必然产物，必将随着人类文明的高度发展，走入科学策划阶段。

如今，在很多商业项目中，我们都可以看到策划的身影。而层出不穷的房地产策划、旅游产品策划、广告策划、公共关系策划等就是最好的例证。然而，与古代谋士以智慧纵横天下略有不同的是，当今策划比古代拥有了更多、更先进的条件。一方面，现代策划拥有了更多的成熟方法。例如，麦卡锡提出的 4P，贝尔电话公司提出的系统工程方法，美国数学家查纳斯和库伯提出的目标规划法，波士顿咨询公司提出的波士顿矩阵，波特提出的 5 种作用力模型，以及由冯·诺伊曼提出的博弈论（田忌赛马的方法）等，这些方法让我们省去了很多复杂的研究过程，策划人员可以直接使用它们来解决各种问题。另一方面，人类有限理性[①]的困境在计算机等设备的弥补下得到了大幅度的改善。人们可借助计算机解决更复杂的问题，这也使策划变得更加全面而系统，从而在更大程度上降低了项目失败的风险。很大程度上，现代策划已经融合了最新的科学手段，使策划科学汲取了必要的营养，策划也因此融合了战略、环境、融资、管理和营销等一系列的工作，成为创新、创意的结合体。

3. 策划思维的特点

作为一种策略和谋划，策划是对未来将要发生的事情所做的当前决策，表现为一种借助脑力进行模拟操作的理性行为。策划就是要为一个商业目标出主意、想办法、制订实施方案。策划人员必须懂得要解决的是做什么、何时做、谁来做、怎么做的问题。任何一个成功的策划都是策略和谋划高度统一的结果。策略是前提，谋划是关键。策略是

[①] 最早对有限理性开展定义的是赫伯特·西蒙。在其《管理行为》一书中，他认为，现实生活中的人是介于完全理性与非理性之间的 "有限理性"（bounded rationality）状态，即人是有限理性的。因为个体受认知的约束，也就是个体的认知能力是有限的，个人不可能做出最优的决策，只能是适度理性。对于策划人员来说，由于信息无法完备，因此任何项目策划都是一种较满意的方案，而非最优的方案。

"源",谋划是"流"。无源不成流,有流必有源。策划特别是商业项目策划具有哪些属性呢?策划应当具有资源整合的合理性,实施运作的可控性、可操作性,以及把握市场不同凡响的准确性和利润最大化的经济性,这些基本元素的有机构成是策划万变不离其宗的要义,是保证策划质量的根本。

策划思维是知识密集型的高级思维,严密性、创造性及某种意义上的灵感性是其基本的思维特质。它不同于一般的创作思维,也不同于经营管理思维,不同于经验思维、理论思维、形象思维,而是一种以创造性思维和直觉思维为精华的多种思维方式融为一体的组合思维方式。广博的科学知识、丰富的实际经验、敏锐的市场触觉、深厚的专业素养是卓越策划思维的基础。策划思维的严密性与围棋思维相仿,既要有良好的大局观,又要有精确的计算能力。策划思维的灵感性与广告的创意思维相仿,百思不得其解,偶然灵光一现,瞬间柳暗花明。汽车大王福特创造划时代的"流水作业",就是因为偶然看到一家肉店三人分工协作的工作情景,突现灵感,并加以创造性设计而形成的。策划思维的特性是由策划本身决定的。策划人的个性和观念对策划思维具有影响,并因此而形成不同的策划风格。其中,概念包装型、产品务实型、多元整合型等均属于不同主张或不同项目条件下的几种策划风格。

1.2.2 项目策划

1. 项目策划的定义

尽管策划人员面临的项目千差万别,但是无论哪一种项目策划,都具有以下几个特点。

(1)项目策划重视类似项目的经验和教训。项目策划发生在项目实施之前,它需要大量的历史数据来支撑决策。因此,必要的调查研究和资料收集,可以保证在充分占有信息的基础上,针对项目的自身特点与特色,进行决策或满足实施环节中的现实需求。

(2)项目策划是一个知识管理的过程。项目策划涉及的环节较多,包括市场调研、项目论证、可行性分析、组织策划、管理策划、合同策划、技术策划、风险控制、战略规划、营销策划等多项内容,因此需要对项目策划涉及的不同知识进行管理。不仅如此,对于组织和企业来说,成功的项目策划也为下次类似的策划提供了知识储备。

(3)项目策划是一个通过创新、创意,寻求增值的过程。无论公共项目还是私人项目,它们都面临着收益(利润)最大化的现实诉求。项目策划人员就是要利用自身的创新

第1章　项目策划的关键概念、核心问题与根本出路

思维，通过提供各种创意，使项目与众不同，从而在差异化中寻求更多的经济增加值[①]。

（4）项目策划是一个动态过程。项目策划发生在项目实施的前期阶段，囿于市场变化等因素无法完全预测，因此在项目策划结束之后还必须关注现实环境和市场条件的变化，加强策划与环境、资源等条件的动态匹配，控制并调整策划中存在问题的环节。

通过上述特点分析，我们认为，项目策划是指在项目建设前期，通过内外环境调查和系统分析，在充分占有信息的基础上，针对项目决策和实施阶段或决策和实施阶段中某个问题，推知和判断市场态势及消费群体的需求，进行战略、环境、组织、管理、技术和营销等方面的科学论证，确立项目目标和目的，并借助创新思维，利用各种知识和手段，通过创意为项目创造差异化特色，实现项目投资增值，有效控制项目活动的动态过程。

2. 项目策划与项目管理的关系

项目策划是项目管理的一个重要组成部分，是项目建设成功的前提。无数建设项目成功的经验证明，科学、严谨的项目策划将为项目建设决策及价值增值提供了保障。然而，正如在上文中所讲到的那样，在项目管理类书籍中，项目策划并没有独立的地位。那么，项目策划到底处于什么样的位置？为了弄清这一点，我们有必要先看一下当前有关该问题的观点。

有人认为，项目策划在宏观上可分为"策划项目"和"项目策划"两个概念。以房地产为例，策划项目就是指企业根据市场调研的结果，结合自身发展战略，策划符合发展需要的各类项目，作为项目储备资源的过程。其后，再与企业现有的"资金、土地、管理、关系、人、财、物"等软硬件物质资源储备进行有机整合，双向对接，确立项目，并进行"项目策划"。当然，这一过程是双向互动的，即根据已有资源策划项目，根据项目储备寻找资源。两相结合，不可偏废，从而实现房地产企业两类资源的联动和可持续发展。

而从整个项目的决策和实施过程来看，策划应是有关项目的全程策划。按照这种思路，项目策划可分为前期策划（项目决策策划）和全程策划（项目决策+实施策划）两

[①] 1982年，美国思腾思特公司(Stern Stewart & Co)提出了经济增加值(也翻译成经济附加值，Economic Value Added，EVA)的概念。经济增加值是指税后净营运利润扣除包括股权和债务的全部投入资本的机会成本后所得，其本质是经济利润而不再是传统的会计利润。思腾思特公司认为，评价企业经营业绩时通常采用的会计利润指标存在缺陷，难以正确反映企业的真实经营状况，因为它忽视了股东资本投入的机会成本，企业的赢利只有在高于其资本成本（包括股权资本成本和债务资本成本）时才为股东创造价值，经济增加值高的企业才是真正的好企业。同样，经济增加值高的项目才是好的项目。

类。其中，前期策划是最关键的阶段之一。以商业项目为例，前期策划主要是对市场需求进行预测，并进行项目决策的过程。由于市场变化并非企业所能控制，因此前期策划很大程度上决定了项目的成功。一般来说，前期策划是项目的纲领性文件，是开发原则。而全程策划是把前期策划的内容予以实施，并在实际操作过程中加以完善的过程。如果说前期策划更重视对市场、产品、功能、环境、配套、开发策略的研究，那么全程策划则在包容前期策划的基础上，注重对市场变化、环境变化及营销过程的动态把握，及时调整策略，以实现项目的目标。

不仅如此，全程策划还包括营销策划这一重要环节。营销策划的实施关键在于提炼项目卖点。项目全程策划过程中都要对项目卖点进行梳理。在推广执行计划中，项目卖点才能最后敲定，并落实到媒体及宣传资料上。事实上，卖点也可以预先设定。在项目规划及前期策划中，可以预先有目的地安排项目的主要卖点。同时，虽然项目的卖点是为了迎合消费者的喜好而设立的，但同时策划过程中必须以专业的操作将消费者的需求升华，为他们提供意料之外的产品，满足他们更高的需求。这是项目或产品保持生命力的关键。

综合上述观点，我们可以把项目策划理解为项目决策策划和项目实施策划两大类。其中，项目决策策划即前期策划包含了策划项目的内容，项目决策策划和实施策划的综合就是全程策划。对应到项目管理的过程中，项目决策策划包含了项目需求识别、项目论证和项目选择的过程。全程策划在此基础上，还涉及后期项目管理和项目经营等过程。项目经营则是以项目建设为核心的项目管理理论所忽略的一个重要环节。事实上，任何商业项目都涉及销售、运营管理等环节，这也是判断一个商业项目是否成功的重要标志。

3. 项目策划的误区

作为一门新兴的策划学分支学科，项目策划的知识体系和内涵还不为人熟知，这也造成了当今许多有关项目策划的介绍存在各种各样的误区。具体来说，这些误区主要表现在以下3个方面。

（1）片面地将项目评估等同于项目策划。项目评估是项目投资决策的重要手段，是投资者、决策机构、金融机构进行项目决策和是否提供资金支持的重要依据。尽管项目评估对于项目决策具有重要的价值，但是它并不等同于项目策划。从上文中可以看出，项目评估只是项目策划的一个内容，是项目前期策划的一个组成部分。不仅如此，由于项目评估主要集中项目收益与偿还能力考量上，因此项目评估忽略了项目实施及运营的内容。

（2）片面地将项目可行性研究等同于项目策划。项目可行性分析与项目评估一样，都发生在项目的建设前期，与项目在工作内容和工作目标上具有很大的相似性。但是，项目可行性分析主要是为项目直接投资者服务的。它通过对与项目有关市场、资源、技术、经济和社会等方面进行分析、论证和评价，从而确定项目是否可行，或选择最佳投资方案的一种工作。与项目评估一样，项目可行性分析对项目策划具有重要的价值，但是它只是项目策划的一个有机组成部分，并不是项目策划的全部，以它来代替项目策划，容易犯以偏概全的错误。

（3）片面地将项目计划等同于项目策划。英文计划和策划有时都用同一个词（planning）来表示，这也在一定程度上导致了概念的混淆。在项目管理中，项目计划是完成项目目标而进行的系统安排，是项目实施的蓝本，规定了谁去做、怎么做等内容。从计划内容来看，它与项目实施策划有着一定关联，是项目全程策划的重要组成部分。但是，由于项目计划与项目管理紧密地联系在一起，因此它的内容要比仅向项目管理提供指导、实施策略的项目实施策划更具体。事实上，由于项目计划仅局限于实施控制，因此也不能等同于项目策划。

4．项目失败的主要原因

除了"引导案例"中介绍的铱星计划外，项目失败的案例屡见不鲜。所谓的项目失败，泛指没有实现预期目标（成果性目标或约束性目标），并与预期目标相距甚远、无法挽救的项目。项目管理的实践表明，创新性较强的项目失败率更高，如IT行业项目和制药业项目。美国的一项研究也显示，美国新消费品的失败率高达95%，而这一比例在欧洲也有90%。

除项目创新程度之外，国外研究者指出，项目失败的原因主要包括以下几个层面：

（1）组织方面出现问题。一方面，项目经理权责不清，无法获得资源，或者资源到达时间和数量处于失控状态。另一方面，项目组成员与上级存在冲突，沟通不畅，或者绩效考核体系不完善。

（2）对需求缺乏管理。首先是对客户的需求确定不准确；其次是对需求预测不准确，对变化无准备。

（3）缺乏必要的计划和控制。组织缺乏必要的技能和技术，知识储备不足，不重视知识挖掘。此外，组织内部跨部门合作存在障碍，缺乏必要的支持。

（4）项目预测不准确。对项目的资金、周期、计划等估算存在偏差，导致项目无法按期完成。

国内学者在对我国房地产新项目失败原因进行了总结后指出，消费者对项目满意度不高，市场定位模糊，卖点不明确，价格过高，无法与竞争对手相抗衡，入市时机不正确，项目知名度不够，项目销售管理、控制不合理，项目工程进度慢，开发商信誉不好，促销活动不合适，这是主要的原因。综合来看，项目失败与项目组织、管理、计划、控制、营销管理不当有着密切的关联。而忽略营销策略的各类问题，在项目失败中扮演着重要的角色。某种程度上，铱星计划的失败，就是其产品性能设计与市场需求预测出现了重大的偏差。

5. 项目策划的核心问题

从项目实践来看，无论哪一类的项目策划，其依据都来自市场，其中心是研究市场，其结果是判断市场，其行为是营销市场。事实上，公共项目也不例外，只不过它要考虑的是社会的整体需求及对社会福利增长的带动作用。环顾成功的商业项目，它们的成功离不开市场的热烈回应，其投资回报也在销售成功中得以实现。尽管项目策划成功还取决于其他重要的因素，但是作为策划人员应该懂得，市场才是项目策划的出发点和归宿点。因此，我们认为，项目策划的核心问题在于建立以市场为导向的策划理念，如何运用各种营销知识决定项目的市场命运则是项目策划的灵魂。众所周知，在房地产项目开发的全过程中，开发商只是产品的提供者，产品不属于开发者，而属于消费者，属于那些在市场上反复比较后拿钱购买的人[①]。因此，不管是新产品策划还是其他各类新节目、新项目的策划，都应以满足消费者需求为基准。事实上，这也是对当今日趋激烈的竞争环境及消费者越来越理性的必然回应。

6. 项目策划的根本出路

项目策划涉及企业战略选择、项目营销及项目管理等重大问题，因此要走出项目策划的误区，确保项目的成功，根本出路在于结合项目所面临的外部环境、项目目标和企业内部实力，导出有针对性的项目策划。具体来说，这可以从以下3个层面加以展开。

（1）项目策划与营销策略的匹配。项目策划是对市场判断的结果，它的终极目的就是要以自身的特色，以独特性赢得顾客。项目策划人员要做与竞争对手不同的营销策划，通过不同的营销方法，展现项目的独特性，在满足顾客需求的同时，为顾客创造比竞争对手能提供的更多让渡价值[②]。项目策划与营销策略的匹配，首先要从顾客价值认知的角度，考虑项目特色的产生和形成过程，以便让顾客切切实实感觉到其所需的主观特色

[①] 消费者都是"用脚投票"的，其中的"票"就是钞票。"用脚投票"是由美国学者蒂布特（Tiebout Charles）提出的。该理论形象说明了只有获得消费者的支持或站在企业的一边，消费者才会购买这些产品。因此，对企业而言，更好地服务于那些挑剔的消费者，不断地改进自己，才能获得更大的成功。

[②] 让渡价值等于消费者从一个企业获得的总价值和总成本之差。其中，总价值等于产品、服务、人员和形象带来的价值之和，总成本等于货币、时间、精力和体力成本之和。在市场竞争中，企业只有比竞争对手提供更多的让渡价值，才能在市场中立于不败之地。

第1章 项目策划的关键概念、核心问题与根本出路

和客观特色，而不仅仅是组织或策划人员自己通过专门测试仪器或其他手段能证明的特色。其次，策划人员应该懂得，特色就是做别人不做的事，有所创新，有所差异。对于任何项目来说，要想在竞争中脱颖而出，就是要做到与众不同。当然，与众不同需要更多的营销智慧与创意。一般来说，项目的特色创造可以通过提供特殊产品或服务、满足特殊顾客需求、采用特殊途径来满足顾客这3种方法加以实现。

（2）项目策划与企业战略的匹配。项目策划必须与企业的能力、资源与发展战略相匹配。为了确保项目能够对企业战略的实现做出贡献，项目策划人员应该懂得取舍的道理，懂得权衡利弊，做出项目开发、实施的决策。首先，策划人员应该明白有所为、有所不为的道理。任何企业都有自身发展的目标与使命，在面临多种项目可以选择时，项目策划人员应综合考虑企业的资源、能力和时间，考虑企业战略的发展方向，做出正确的选择。很大程度上，企业选择的项目应该是企业有足够资源和能力来完成的。其次，策划人员应该知道鱼与熊掌不可兼得的道理。企业在项目选择和开发中，都应强调特色的建设。具有自身特色的项目不仅可做到与竞争对手的严格区隔，而且使竞争对手无法模仿，即使能模仿也要付出很多的代价。最后，在企业战略使命的指导下，策划人员要明确项目的目标，从而为项目管理提供准确的依据，确保项目按期高质完成。

（3）项目策划与项目管理的对接。正如在上文中已经分析过的，项目策划不仅包含了项目管理的很多层面，而且在项目决策和项目商业目标的实现上突破了项目管理的自身局限性。项目策划与项目管理的对接体现在很多方面。首先，项目策划为项目管理提供了严密而系统的知识体系，为项目管理的成功打下了坚实的知识基础。其次，项目策划为项目管理提供了科学的管理体系，为项目管理提供了必要的管理制度，恰当的人力资源管理和组织架构，以及合理的资金和时间预算。最后，项目策划为项目商业目标的实现提供了一整套的营销体系，从而确保了项目符合消费者的需求，实现了项目投资的保值增值目标。最后，项目策划为项目管理人员提供了一整套的符合企业价值观的管理理念，为构建和谐的项目管理文化、环境、氛围提供了保障，从而有力地促使了项目管理的各个环节相互配合，创造出更多的协同效应。

本章小结

本章是全书的绪论部分，重点在于介绍项目策划中的4个基本概念，使项目策划人员对项目策划的对象、范围、知识体系、核心问题及根本出路有充分的了解。

项目是为了在规定的时间、费用和性能参数下满足特定目标而由一个人或组织所进行的具有规定的开始和结束日期、相互协调的独特的活动集合。它包含目标性、独特性、资源约束性、整体性4个基本特征，包括范围、组织、质量、时间、成本、资源和环境

7个基本要素。项目分类的方法有很多，熟悉不同的分类标准有助于理解项目的特点。

项目管理是在有限的资源约束下，通过项目经理和项目组织的努力，运用系统理论和方法对项目所涉及的资源进行计划、组织、指挥、协调与控制，以实现项目特定目标的管理方法体系和管理过程。项目管理知识体系包括范围管理、时间管理、成本管理、质量管理、人力资源管理、沟通与信息管理、风险管理、采购管理、整合管理、干系人管理10个领域。

策划是知与行的结合，它源于世界观，归于方法论。项目策划既是策划思维多年发展的延续，也是它在项目管理中的具体应用。项目策划是指在项目建设前期，通过内外环境调查和系统分析，在充分占有信息的基础上，针对项目决策和实施阶段，或决策和实施阶段中某个问题，推知和判断市场态势及消费群体的需求，进行战略、环境、组织、管理、技术和营销等方面的科学论证，确立项目目标和目的，并借助创新思维，利用各种知识和手段，通过创意为项目创造差异化特色，实现项目投资增值，有效控制项目活动的动态过程。按照与项目管理的关系，项目策划可分为全程策划和前期策划两大类。而在当今实践中，一些人还会片面地将项目评估、可行性研究、项目计划等同于项目策划，这是不正确的。任何项目策划都必须考虑市场问题，项目策划的核心就是要建立以市场为导向的理念。在此基础上，项目策划才能在与营销策略、企业战略及项目管理的匹配和对接中，找到根本出路。

复习思考题

1．为什么说理解"项目"和"项目管理"两个重要的概念是理解项目策划目的的关键？
2．结合具体的组织管理，举例说明组织两类活动的管理差异。
3．结合具体的项目，谈一谈项目的特征。
4．找一个到两个项目，分析一下项目的利益相关者及其对项目的影响。
5．项目管理的知识体系包括哪些内容？
6．为什么说策划是知与行的结合？为什么说策划源于世界观，归于方法论？
7．结合一些失败的项目，谈一谈项目策划的核心问题。
8．结合具体的项目策划，谈一谈你对项目策划根本出路的理解。

案例分析题

战略决定出路：博鳌海城的成功转型

2003年4月，占地3 000亩的琼海市"博鳌海城"正式获得海南省政府相关部门的批复与确认。随着项目的正式动工，中国第一个海滨式国际体育旅游区建设项目拉开了序幕。而作为项目总策划的金点策划机构，它则成功导演了一个展示策划魅力的经典案例。

2002年9月12日，珠海金点策划机构正式接受海南中足体育综合训练基地公司的邀请，承担该公司博鳌项目的策划任务。当金点策划人员来到项目所在地考察时，那里还是一大片海滩荒地。当时委托方称有300亩土地，希望开发"博鳌世界足球公园"项目。

事实上，在该项目策划初期，地方政府和有关部门曾对其寄予厚望，并提供了大力的支持。然而该项目运作多年，仍未有投资方介入，是一个仅仅停留在商业计划书上的纸质"世界足球公园"。此时，多年来参与和支持该项目的大多数人都已失去了耐性和信心。博鳌中足基地公司的总经理是一个具有坚定毅力和信念的人，这次邀请金点策划机构做项目策划，就是希望其能为项目进行策划性的调整，使世界足球公园项目早日运作成功。

世界足球公园位于琼海市博鳌镇，该镇具有得天独厚的海洋生态气候和环境优势，是一片充满阳光、沙滩、海水、绿树、椰风的净土。就在该项目策划过程中，著名的博鳌亚洲论坛也于2001年开始举办。不仅如此，博鳌还被确定为论坛的永久会址。凭借亚洲论坛大规模的建设和影响力，博鳌逐渐成为一片热土。应该说，博鳌亚洲论坛的成功，给世界足球公园项目带来了一次新的机遇。但怎样利用上述机会及时调整项目的战略思路，仍然是一个难题。经过一番实地调查和深思熟虑，策划人员做出了自己的专业判断和评价。

策划人员认为，博鳌中足基地公司把项目定名为世界足球公园并希望借助该主题获取效益，明显存在严重的问题。首先，从选址上来看，尽管项目距博鳌论坛仅2 000米，且自然风光优美，但该地区缺乏必要的配套设施。因此，在这里投资无异于垦荒，巨大的环境配套费用就极有可能让投资者望而生畏。其次，从人气上来看，投资形式单一的足球公园蕴涵着巨大的风险。由于来海南的游客平均停留时间只有3~4天，博鳌此时只能吸引一些不过夜的游客，因此项目无法会聚到必要的人气。最后，从我国足球现状来看，群众狂热和冷漠并存，加上国内主题公园开发泛滥成灾，消费者对其已经失去了兴趣。众多生命短暂的主题公园的失败教训提醒了策划人员，上主题公园一定要慎之又慎。在上述分析基础上，策划人员认为，在一片生地上建设以足球为定位的主题公园，多半是死路一条。因此，只有结合博鳌亚洲论坛的有利因素，在战略上进行必要的调整，才能扭转颓势，制定出符合现实的优秀方案。

博鳌在20世纪90年代还是一个偏僻的农村，一片荒滩，野草丛生，当地人多以种植业、养殖业以及捕鱼为生。博鳌的开发特别是博鳌亚洲论坛的效应，不仅促进了当地农村经济的发展，带旺了琼海市的经济，甚至影响到海南省房地产的开发，并极大地提高了琼海市的国际知名度。随着前来旅游的游客不断增加，琼海市也逐渐发展成为一个著名的滨海旅游城市。而博鳌亚洲论坛影响力的扩张也吸引了众多投资者的目光。面对上述大好机遇，如何开展二次创业和城市经营业已成为琼海市迫切需要解决的问题。正如琼海市市长所说的那样，"我们政府土地是有的，为什么不用呢？我们政府不用，并不是没有项目，而是没有好项目。我们要做就做精品，没有精品就留给后人来做"。

从长远来看，该项目的地理位置及美丽的海滨自然环境，不仅具有开展旅游和休闲度假的价值，更是一个具有居住价值的理想生活宝地。但单纯开发旅游、休闲或体育项目，并不足以支持项目顺利地发展。因此，在启动旅游、休闲、体育项目的同时，要配合房地产的开发，以确保投资者的利益。鉴于上述分析，策划人员提出将项目改为"博鳌海城"。博鳌海城全称为"博鳌海城国际体育旅游区"，它建成后将成为一座动感的国际化海岸小城，是一座充满生机的体育之城，是一座人们梦想得到的生态之城，是犹如海市蜃楼般的梦幻滨海之城，是集旅游、观光、休闲、体育、房地产和其他产业于一城的多功能海滨之城。

2002年11月，策划人员拿出了《博鳌海城总体战略策划纲要》报告。在琼海市政府会议室，策划人员向琼海市领导、开发商、投资商等单位介绍了博鳌海城的总体策划。该策划前瞻性地提出，要把博鳌海城项目打造成集旅游、观光、休闲、体育、房地产和体育健康产品于一城的国际性主题产业城。在报告里，一个崭新城市蓝图被描绘出来：海城热带风情广场、海城热带风情大酒店、海城热带风情会议中心、海城奥林匹克运动公园、海城国家体育综合训练基地（足球、网球、棒球、射击等）、海城体育博物馆、海城体育运动学校、海城体育名人别墅、海城蓝色海湾分时度假别墅、海城热带生态园、海城体育科技园……

策划人员同时提出，造势也要借势，这样可以大大降低运作成本。项目要充分借助博鳌亚洲论坛的效应，改变论坛定位较为政治化和高档化的局面，吸纳那些只到论坛观光而并不留宿的大量游客。项目应有针对性地采取差异化的战略，通过实施龙头引流、龙腹（海城旅游区）吸流、龙尾（海城房地产）筛流的战略，把"博鳌海城"打造成与

第1章 项目策划的关键概念、核心问题与根本出路

"博鳌水城"（亚洲论坛会址所在地名称）齐名的海南"双城"，成为海南固定的"双城"旅游热线。

博鳌海城策划，首先要明确如何引导游客前来旅游、观光、休闲、度假、娱乐、养生、运动、集训，然后要明确如何把旅游产品由休闲度假升级为运动养生、体验旅游形态，并扩充出体育旅游产品科技园及体育地产，最后进行体育产业的资本运作，将琼海市从其他滨海城市单纯发展观光、旅游、度假、休闲的旅游发展模式转为向综合型的方向发展，并使琼海市从城市建设的小格局上升到与区域经济实现互动发展的大格局之上。为了在大片的荒滩上立起一座新城，琼海市第一个带有城市经营意义的发展商——博鳌中足综合训练基地公司，也被推上了历史的前台。

此后，博鳌海城成功吸引了一家深圳上市公司和新疆一大地产商，其中一期项目投资就在5亿元以上。许多金融机构也表示将给予融资支持。由于博鳌海城项目的规划和建设，还带动了相关项目的进入。据估计，由其带动的间接项目和产业增加值将达20亿元以上，其中一个欧洲投资商的欧式度假村项目计划投资就达4亿元。博鳌海城的集聚效应已见成效。

博鳌海城策划引入了城市经营策划的理念和智慧，对企业、地方政府乃至国家都有利。它是一个多赢的战略策划，它为博鳌中足体育综合训练基地公司找到了战略方向和目标，为投资商找到了极具发展前景的项目，也为琼海市带来了巨大的投资效应和城市经营的新模式。随着博鳌海城的启动，它也为中国城市经营与项目策划提供了可资借鉴的经验。

问题：
1. 博鳌海城项目策划的核心问题是什么？
2. 博鳌海城项目策划如何在战略选择上注重其项目特色的挖掘？
3. 博鳌海城项目策划在哪些方面体现了项目策划科学性的特征？

第2章

项目策划的原理、流程与基本原则

> 态度决定高度，思路决定出路。定位决定地位，企图决定版图。
> ——无名氏

📖 引导案例　昆明世界园艺博览会的成功和上海世博会的准备

1995年12月12日，国务院正式批准由云南省承办1999年的世界园艺博览会。当时，很多人都担心这会变成云南省的巨大包袱。1997年7月，云南省政府邀请王志纲工作室作为策划顾问。该工作室认为，要搞好世界园艺博览会就必须先弄清楚"为什么要承办"的问题。这个问题貌似简单，其实奥妙无穷。对云南省来说，承办世界园艺博览会的意义，不单是一个边陲省份能否代表国家成功举办一次国际性活动的问题，而在于能否通过科学策划，整合各种资源，在展示云南省全新形象的同时，利用世界园艺博览会撬起整个经济板块，实现经济转型和产业升级。因此，要把一个单纯的园艺博览会升华为撬动区域经济板块腾飞的产业发展模式，要把一个政治任务变成调整产业结构的契机，要把园艺博览会培植成新的主导产业的超级"招商会"。基于上述分析，策划人员在世界园艺博览会原有主题"人与自然"的基础上，提出了"万绿之宗，彩云之南"这句能够向世界展示和传播云南形象的核心理念。事实上，这句话不仅成功传达了云南人与自然的神韵，而且突出了当地特有的文化底蕴，并且明确了云南绿色产业、旅游产业的定位，给人留下无限遐想的空间。云南世界园艺博览会的成功不仅为正在探索经济腾飞之道的中西部各省提供了宝贵的启示，同时也为上海举办规模更大的世博会提供了丰富的经验[①]。

诚如一条手机短信所言:"态度决定高度,思路决定出路。定位决定地位,企图决定版图。"在成功的项目策划中,人们经常能看到创意人员的专业态度、科学思路、准确定位和远大企图。这一点在昆明世界园艺博览会经营和形象项目策划中也不例外。通过策划人员的分析,人们有关"为什么要做、如何做、采用什么主题及做了会得到什么"的疑问,似乎都自然而然地得到了解决。也许人们不禁要问,为什么优秀的策划人员总会有与众不同的高度,为什么他们在面对同样的资料时会更快更好地做出科学分析。从昆明世界园艺博览会案例来看,策划人员对办会精髓的准确理解,正是他们获得成功的前提。

本章学习目标

- 了解项目策划创新思维的特点,学会运用创新思维的各种方法,进行项目分析。
- 掌握项目策划的基本原理,熟悉项目策划中心理障碍产生的原因,准确运用项目策划的心理规律和情感规律,掌握创意与创新的差异与关联,使项目能够充分满足市场的需求。
- 熟悉项目策划的整理、判断、创新3个流程,了解上述3个阶段的具体工作内容,明确整理是判断的前提、判断是创新的前提,而创新则离不开前两个阶段的充分准备。
- 熟悉项目的内在诉求,掌握不同的项目目标制定的技巧,准确运用项目策划的基本原则对具体项目策划的优劣进行判断,并科学地对项目策划的内容进行设计或调整。

2.1 项目策划创新思维的特点与方法

2.1.1 项目策划创新思维的特点

好的项目策划方案依赖于好的设想,而新设想源于创造性思维。为了能够更好地利用创造性思维,策划人员有必要深入了解它的特点,并加以准确运用。此外,策划人员也应懂得,并不是整个项目策划的过程都需要创新性思维,项目策划也会运用到标准化

---

① 2010年上海世界博览会(EXPO 2010),是第41届世界博览会,于2010年5月1日至10月31日,在上海市举行。此次世博会也是由中国举办的首届世界博览会。

的模型。例如，与营销有关的内容可采用4Ps分析模式展开论述。然而，围绕关键流程（如产品的创意、价格的创意、渠道的创意或者整合营销传播）的创意，则都来自创新的思维。因此，本章主要从策划关键流程的创意角度出发，讨论项目策划的创新思维特点与方法。

1. 独创性或新颖性

项目策划创造性思维最显著的特点是追求独创性或新颖性。这里所讲的独创性或新颖性因项目而异。例如，对于房地产项目来说，独创性或新颖性可能是全新的地产概念，精装房代替了毛坯房；而对于某个商品渠道建设项目来说，则有可能是管理模式的突破，战略联盟取代了一般的委托代理模式。因此，新思想、新概念、新方法、新产品都是独创性或新颖性的表现形式。然而，对于大多数人来说，早已习惯于在既有知识和观念下进行思考。习惯性的立场、情感、对通用观点和见解的依赖，都会影响甚至阻碍创造性思维的展开。因此，创造性思维必须先突破已有的思维框框。套用彼得·圣吉的话来说，就是要"突破自我，改变自己的思维模式"[1]。只有这样，策划人员才有可能打破常规，实现独创性和新颖性。由于项目策划经常是团队的行为，因此对于策划团队的所有成员来说还要有"团队学习"的能力，通过成员之间的相互启发，在个人知识叠加过程中产生协同效应，从而实现团队思维的整体突破。

2. 抽象性与概括性

在项目策划过程中，策划人员不仅要有实施方案的行动能力，而且必须具备将复杂情况进行抽象化和概念化的能力。运用这种技能，策划人员必须能够将项目看作一个整体，理解各部分之间的关系，想象项目如何适应它所处的广泛的环境。对于综合性项目来说，这种思维能力尤为重要。因为项目创造性思维常常需要从推理链中的某个环节逐步过渡到其他环节，如果推理链过长，有时思维的注意力不能成功地从第一环连续过渡到最后一环，从而不能把握项目的整体性。但是，利用抽象思维可以将长长的推理链缩短，用一个概括的步骤加以代替。这种抽象和概括一般来说更接近事物的本质，从而为创造提供更广阔的空间。例如，策划人员想到了一个"粉状的牛奶添加剂产品"，它能增加营养价值和味道，这是产品的创意。然而，消费者不会去购买产品创意，他们要买的是产品概念，因此策划人员必须将创意转变为概念，这样才能进行市场推演。据此，

---

[1] 彼得·圣吉认为组织或者个人都必须展开5项修炼，即超越自我、改变思维模式、建立共同愿景、团队学习及系统思考，其中最难也是最重要的就是要学会系统思考。有关系统思考的定义及方法在本书第3章中有详细的介绍。

策划人员进一步地结合不同的使用人群进行了抽象分析，将适合老年人的上述创意界定为"一种康复补品"。这样不仅可以识别市场上的竞争对手是谁，更重要的是，策划人员可据此来推导更复杂的营销策略。

3. 发散性

发散性是项目策划创造性思维极重要的特点。发散性思维的重要意义在于，它能突破现有思维逻辑，进行思维跳跃，实现思维的独创性。思维空间是一个多维的空间，逻辑思维常常局限于某一"思维平面"，而在这一平面内往往难以获得解决问题的答案，因此只有跳到另一个思维平面才有成功的可能。发散思维的基本方式是联想，而将两个表面上看来无关的概念（或现象，或信息）联系起来的联想，常常能产生意想不到的效果。例如，"皇冠"和"水"这是两种毫不相关的东西，但是当阿基米德把它们联系起来以后，却解决了当时几乎无法解决的难题——鉴定皇冠的成分。产生创造性联想的重要条件是，在确定稳定的思维目标的基础上，形成思维刺激的"优势中心"。这一优势中心能把不同来源的兴奋刺激积累起来，在刺激消失后还能稳定地延缓兴奋状态。当阿基米德打算用"比重"这一特性来鉴别皇冠成分后，如何测量皇冠体积就成了他要集中思考的目标，他的一切思维活动都聚集在该焦点上，即使当他处于懈怠状态时，潜意识的思维注意力仍处于高度聚焦状态。于是当他坐进浴盆时，新的联想骤然产生。此外，策划人员应该知道，联想的"远距性"决定了发散思维跨越的范围。被联想的两个概念在意义上的差距越远，将其联系起来就越困难，但创造性程度也就越大。尽管远距离联想有可能获得更多、更好的方案，但是把"无关"概念连接起来的联想需要受到一定的控制，因为过多、过分的联结会导致错误的结果。

4. 灵活性

项目策划创造性思维的另一个重要特点就是灵活性。一方面，策划人员在面对不断变动的外在条件时，应注重策略的灵活性，保证策略与时事的动态匹配。另一方面，策划人员必须具有从已有假设性定论迅速而灵活地转到另一类新结论的思考能力。创造性思维的灵活性不仅在于善于抓住新的机会，而且在于及时地放弃无益或有害的假设或观念。如果假设是策划人员独立思考出来的，那么摆脱这种不正确的猜想的压力就更大。创造性思维的灵活性则要求逾越这种顽固性障碍。这就要求策划人员具有"壮士断腕"的勇气。例如，在博鳌海城项目策划案例中，原项目发起人总是在"足球主题公园"假设中转圈子，因此很难实现项目思维的突破，这也使得项目在很长时间内处于停滞阶段。策划人员则根据当时的情景变化，迅速地将项目与博鳌亚洲论坛、城市经营及区域经济发展结合在一起，从而实现了项目的成功转型。

5. 敏锐性

项目策划创造性思维要求策划人员善于捕捉新的现象，敏感地觉察潜在的差异及其意义。策划思维的敏锐性不仅仅表现在市场上，对技术、管理及其他层面的关注同样对项目策划的成功具有重要意义。然而，市场作为项目策划的核心问题，对它的敏锐性应更强。事实上，在市场演变过程中，机会稍纵即逝。策划人员在策划项目时，应该拥有高度的市场敏感性。敏锐的创造性思维不仅可以捕捉到更多的市场机会，而且也可以避免各种风险或威胁。有人曾经如此断言，当市场出现75%的机会时，可以放弃项目不做；当市场出现50%的机会时，可以去做，也可以不做；而只有25%的机会时，可以去做。为什么会这么说？这是因为，选择项目不仅要关注项目的成功概率，更重要的是要关注竞争的激烈程度和利润率。如果很多人同时关注类似的市场机会，那么该行业必定已充满竞争，充满风险，而这也是那么多企业愿意先吃螃蟹的原因所在[①]。在博鳌海城案例中，我们看到，在国内众多企业准备涉足主题公园的前提下，不加入此行业或进行战略转型（寻求差异化）才是最准确的市场抉择。

6. 艰苦性

项目策划并非一蹴而就的事，它一般都会经历一个从无到有的"孕育、失败、挫折、松懈和启发"的过程。创造性思维的艰苦性，一方面体现在获得创新构想需要长时间艰苦的思考和研究上。例如，为了能够概括出昆明世界园艺博览会的办会理念，策划人员必须查阅大量的文献，必须走访大量利益相关者，征求其意见。另一方面体现在完善构思的艰苦与细致的研究上。同样以昆明世界园艺博览会为例，策划人员须将世界园艺博览会的所有活动安排，与云南各项产业的发展紧密地结合在一起。而当今策划业的生存现实就是，项目发起人通常在很短的时间内，就要求策划人员能够提供创意和方案。不仅如此，在多数的条件下，还要策划人员保证方案能够获得成功。当然，上述两个条件都是项目策划委托合同的核心内容。因此，项目策划人员不仅要有抗压、抗击打的心理承受能力，而且必须具有打持久战的体力与精力。

2.1.2 项目策划创新思维的方法

尽管项目策划创造性思维活动在本质上是非规范的，但为了提高创造的效率，仍需要恰当地引导和组织创造活动。按方法论分，大致可将创造性思维方法分为创造性想象

[①] 也有人将上述选择看作企业家精神使然。因为真正的企业家崇尚创新和冒险，不愿意和别人走一样的路、做一样的选择，因此他们更愿意选择只有25%机会时的情形。

和系统分析两类。前者无一定模式，仅着力于构造一个适宜产生创造性设想的环境或思维方式。后者有一定模式，可按照一定的逻辑程序引导创新思维的过程。下文介绍的头脑风暴法、德尔菲法和强行结合法是典型的、有组织的创造性思维方法，需求和功能分析法是典型的关键流程系统分析方法；而其他3种则是一般性的思维技巧，这类方法还有很多，在此不做赘述。

1. 头脑风暴法

头脑风暴法[①]（brainstorming）是由现代创造学的创始人美国学者阿历克斯·奥斯本于1938年首次提出的。其基本方法是召开小型提案会，目的是创造一种发挥创造性想象的气氛，让与会者敞开思想，使各种设想在相互碰撞中激起脑海的创造性风暴。头脑风暴法通常可分为直接头脑风暴法和质疑头脑风暴法两种。前者是在专家群体决策基础上尽可能激发创造性，产生尽可能多的设想；后者则是对前者提出的设想、方案逐一质疑，发现其现实可行性。头脑风暴法是一种集体开发创造性思维的方法，非常适合由团队共同参与的项目策划。例如，各种文艺体育类项目包括电视剧、电视栏目设计、体育项目或其他活动策划等。

头脑风暴法力图通过一定的讨论程序与规则来保证创造性讨论的有效性。其程序主要包括：① 确定议题。明确需要解决什么问题，同时不限制可能解决方案的范围。② 会前准备。为保证效果，可在会前做好各项准备工作。③ 确定人选。一般以8~12人为宜，与会者应是此类问题的专家。④ 明确分工。推定主持人与记录员。主持人负责声明讨论议题和纪律，启发引导，掌握时间。记录员应将与会者的所有设想及时编号，简要记录，写在黑板等醒目处，让与会者能够看清。⑤ 规定纪律。例如，要集中注意力，不消极旁观，不私下议论，发言要开门见山，与会者之间要相互尊重。⑥ 掌握时间。一般以几十分钟为宜。时间太短，与会者难以畅所欲言；时间太长则容易使与会者产生疲劳感，影响会议效果。

头脑风暴法的成功要点包括：① 自由畅谈。参加者不应该受任何条条框框限制，放松思想，让思维自由驰骋，提出独创性的想法。② 延迟评判。坚持当场不对任何设想做出评价的原则，既不能肯定某个设想，又不能否定某个设想，也不能对某个设想发表评论性的意见。所有评价和判断都要延迟到会议结束以后才能进行。③ 禁止批评。绝对禁止批评是头脑风暴法应该遵循的一个重要原则。发言人的自我批评也在禁止之列。④ 追求数量。头脑风暴会议的目标是获得尽可能多的设想，追求数量是它的首要

---

① 头脑风暴法原指精神病患者头脑中短时间出现的思维紊乱现象，此时病人会产生大量的胡思乱想。奥斯本借用这个概念来比喻思维高度活跃，打破常规的思维方式而产生大量创造性设想的状况。

任务。

2. 德尔菲法

德尔菲法（Delphi）是由美国兰德公司于1946年先开始使用的一种特殊方法。德尔菲是古希腊的一座城市，因阿波罗神殿而闻名于世。阿波罗有着高超的预测未来的能力，因此德尔菲成了预测的代名词。所谓德尔菲法，是指依据系统的程序，采用匿名发表意见的方式，规定团队成员之间不得互相讨论，不发生横向联系，只能与调查人员发生关系，以反复地填写问卷，以集结问卷填写人的共识及搜集各方意见，并最终形成决策依据的一种集体性创新思维方式。德尔菲法可广泛应用于经营、需求等项目策划的预测之中。

德尔菲法的运用依赖于"监督小组"和"回答问题小组"之间的互动，具体操作程序如下：① 监督小组就某个问题设计出一套问卷，然后让回答问题小组来回答。回答问题小组的成员可以是某一个领域或多个领域的专家，可以是普通人，成员构成取决于问卷的目的。② 回答问题小组的专家互不见面，单独完成问卷，因此该小组是名义上的小组。③ 监督小组根据答卷做出小结，然后将数据、资料返还给专家，同时给出一份问卷，以便弄清小组内意见分歧的所在。这一步需多次反复，直至得出比较统一的结论。④ 监督小组就最后问卷结果写出小结，供决策者使用。德尔菲法的优点在于，专家彼此独立而不会产生权威压力，参与者可自由地、充分地发表意见，从而得出比较客观的结论。

运用这种方法时有3个要求：① 要求所选专家具备与策划主题相关的专业知识，熟悉市场的情况，精通策划的业务操作。② 要求监督小组的反馈要及时准确，通过各种形式向专家反馈信息，从而得到更多、更有价值的意见。③ 专家的意见得出结果后，策划人需要对结果进行统计处理，从而归纳出歧义最少的建议。由于德尔菲法缺乏客观标准，过度依赖专家判断，再者由于次数较多，反馈时间较长，因此会影响结果的准确性。

3. 强行结合法

强行结合法是由麻省理工学院教授戈登首创，并经他的同伴普林斯加以发展而形成的。强行结合法的基本理念认为，创新、创意是要发现事物间的未知联系，因此非推理因素特别重要，许多创意都是把在逻辑上看来完全无关的东西联系在一起产生的。

戈登的强行结合法操作流程分为两步。第一步为准备阶段。策划人员把项目策划分解为若干子问题，再找出解决子问题的办法，这一步可称为"变陌生为熟悉"。第二步是暂时离开问题，从陌生的角度去思考，得到启发后再回到原问题上来，通过强制联想结合得到解决策划问题的方法，这一步可称为"变熟悉为陌生"。

普林斯将强行结合法划为7步展开。第一步，给定问题。由主持人说明策划要解决的问题。第二步，分析问题。由主持者详细介绍背景材料、现行解决方法及其弊端。第三步，重新表述问题。与会者从不同的角度对问题重新进行表述。第四步，整理重新表述。主持人对众多的表述经简单分析后按对问题的重要性大小排列。第五步，远离问题。与会者采用类比方法尽力搜寻看起来无关，但确有相通之处的概念、要素或方法，这是陌生化过程。第六步，强行结合。把陌生化过程中受到的启发和类比的成果与原问题结合起来，形成独创性的构想。第七步，认可方案。主持人就强行结合形成的初步构想讲述他的理解，以确认是否准确地表达了所提构想，与会者还可对构想加以补充和完善。

与强行结合法相似的还有一种"邻域结合法"。该方法认为，考虑某一问题的创意时，应全面顾及相邻领域的相互关系，具体做法包括：① 确定问题的相邻领域；② 通过自由联想从相邻领域中搜索要点；③ 根据这些要点构思创意设想。

4．需求分析法

需求分析法力求洞察项目消费者的需求，并从他们的需求与建议中获得启发和创造性思维。需求分析法有多种具体的方法，如潜在市场分析、消费者建议征询等。其中，让消费者对项目提出缺点和希望就是一种有效的方法，这种方法称为希望（优缺点）列举法。

例如，通信产品制造企业在实施电话机产品创新项目时，向消费者征询了大量的对现有电话机缺点及希望改进的意见。这些意见包括：话机太大、太重，话机难以清洁，颜色太单调，拨号盘夜晚看不清，电话号码难以查找或记忆，电话铃声不悦耳，要等待占线颇不方便，电话线容易绞缠，通话时话机难以移动，只能在装有电话机的室内通话，电话经常被人盗用，通话的重要信息不能记录，不能亲眼看见通话对方，希望知道不在家时谁来了电话，电话打断了其他重要事情，等等。根据消费者意见，企业可进行免提电话、无线电话、移动电话、录音电话、记忆式电话、防盗电话、可视电话和其他多功能电话机的开发项目。

5．功能分析法

功能分析着重从项目功能入手，找出功能问题，明确改进重点，加以创新。功能分析最有效的方法是价值工程方法。价值工程是一种着重于功能分析，力求用最低寿命周期成本，可靠地实现必要功能的、有组织的创造性活动。它主要包括以下3个步骤。

（1）功能定义。给项目功能下定义所用的方法是用简洁的动宾结构表达项目制作或工艺过程等的功能。例如，房地产项目的功能是"传递人居方式"，旅游项目的功能是"丰富感官体验"等。功能定义的作用在于建立一种新的思考问题的起点，即从功能出发而不是从具体结构出发来思考问题。好的功能定义应适当抽象，以创造更广阔的思考空间。

（2）功能整理。功能整理是把经过定义的组成项目功能整体的各分功能，按一定逻辑排列起来，并使之系统化的过程。功能整理的目标是形成"功能系统图"，其结构与第1章中的工作分解类似。例如，房地产传递人居方式的功能进一步细分为人文环境和自然环境等功能，而相应的功能可再进一步细分。功能整理采取"目的—手段"逻辑来展开。

（3）功能评价。功能评价是定量地计算出功能价值的工作。项目消费者总是要挑选物美或价廉的产品，力求用最少的钱买到最具价值的功能。而最少的钱就可以视为该产品的功能值。在项目策划操作中，策划者可用"目标成本"来表示上述近似功能值。目标成本是项目努力达到的较低成本值。项目发起者可以依据它来制定项目发展战略。若消费者关注的是价格，则可以表现为成本领先战略；若消费者关注的是价值，则可以实施差异化战略。

由于功能分析法和需求分析法存在内在的关联，因此可联合使用。策划人员可借助消费者意见及功能分析，更直接地依据消费者需求，确定项目功能创新的对象和目标。

6. 语义直觉法

语义直觉法是德国学者施利克祖佩提出的。其原理是将表面上不相关的概念或者词汇联系起来，产生下个名称，再寻求解决的可能性和细节。具体做法包括，随意列举一些与项目问题相关的词汇，然后尝试着将这些词汇进行组合，形成项目的名称或主题等，再根据这一名称或主题研究具体的项目构想。例如，要探讨昆明世界园艺博览会的传播主题，策划人员可列举诸如"观光、环保、绿、云、南、彩色、第一、胜地"等词汇，然后从这些词汇中找出多种可能的组合，如"观光胜地，绿色第一，彩云之南，环保圣地"等，接下来再对上述组合设想具体方案，如"第一"可以设想为"宗"，"云"和"南"分拆组合，环保和绿色可设想为"所有都是绿的、环保的"，进而组合形成了"万绿之宗，彩云之南"的广告语。

7. 类比法

类比法是古今中外的科学家尤其物理学家最常运用的一种思维方法。由这种方法所得出的结论，虽然不一定很可靠，但在逻辑思维中却富有创造性。正因为类比法具有广泛的实际意义，所以历来都为项目策划人员所高度重视。类比法有4种主要方法：① 直接类比。直接从其他项目或熟悉的某些事物中寻找与问题类似的东西。例如，依据服务相同的原则，可以把饭店服务项目的成熟理念、原理和方法，直接移植到金融服务项目的策划中。② 象征类比。用能抽象反映问题实质的词或词组来类比问题。例如，为了回答人们为什么要进行房地产投资的问题，策划人员可透过炒股、存款等能够带来货币增值的概念，来类比折射出房地产更强的增值能力。③ 自身类比。将项目策划的某一部分设想成要解决问题的某一要素，并想象其在给定条件下会如何行动。例如，在制定市场策略时，企业可按照自己的反应行为，设想竞争对手有可能采取的应对策略。④ 幻想类比。通过神话传说或幻想，想象出一些现实中不存在的可能解决问题的办法。例如，国内一些人才招聘网络公司设计的超人应聘、张飞卖肉等广告，就是与此有关的类比性广告创意。

8．抓住意外事件法

意外事件包括意外的成功、意外的失败、意外的现象等。这些事件经常包含着重要的信息，往往可以启发人们的创造性思维。

（1）意外的成功。从意外成功中发掘提供的信息，可获得创新设想。例如，IBM公司在将计算机定位于"科学计算"的进程中发现，企业购买计算机多用于平凡的事务处理工作。从这个意外信息中，IBM进行分析，并抓住机会，积极开发适于企业日常用的计算机，结果4年之内就在计算机市场上取得领先地位。

（2）意外的失败。意外的失败可能预示着潜在的变化，其中也包含着机会。例如，美国一家五金公司向印度大量销售便宜的门锁，一个多世纪以来一直畅销，但到20世纪70年代其销量急剧下降，最终导致该公司破产。另一家小公司意识到，这意外的失败可能是重要变化的征兆。经调查分析发现，印度农村用锁只是象征性的，而城市里迅速增长的中产阶级则需要名副其实的锁，于是该公司设计制造了两种锁，很快打开了销路。

（3）意外的现象。与意外成功和失败相似，意外的现象也可能预示着新机会。例如，人们在开发石油产品时，发现了石油提炼过程中的各种副产品可以用来提炼其他化工产品，并由此产生了石油副产品开发的项目。

2.2 项目策划的基本原理

2.2.1 心理原理

1. 项目策划的心理基础

项目策划作为人类智慧与创意的集中体现，离不开策划人员的心理活动。作为人脑对各种刺激因素及知识经验创造性吸收的过程，项目策划从本质上说是人脑对客观事物的主观反映，是对客观事物的理性认知。策划人员利用心理活动所反映出的各种项目的映像，并不完全等同于客观事物本身，它是区别于客观现实的、一种观念上的东西。人脑对项目发展规律的反映，受反映者自身条件即知识结构、社会阅历及个性特征的制约。因此，项目策划带有浓烈的个体色彩与主观特征，它集中体现了人的心理现象的根本特点。

2. 项目策划的心理障碍

所谓心理障碍，是指策划人员在策划时，受到已有的认知水平或心理定式的影响，而导致现有判断背离客观现实的一种心理或情感上的障碍。因此，为了避免上述障碍对项目策划科学性产生不好的影响，有必要将这种障碍指出来，提醒策划人员在项目策划时加以注意。

（1）晕轮效应。晕轮效应最早是由美国著名心理学家桑戴克于20世纪20年代提出的。该理论认为，人们对某个人的认知和判断往往是从局部出发，扩散而得出的整体印象，即人们常说的以偏概全、以貌取人。例如，如果一个人被标明是好的，他就会被一种积极肯定的光环笼罩，并被赋予一切好的品质；如果一个人被标明是坏的，他就被一种消极否定的光环所笼罩，并被认为具有各种坏品质。这就好像刮风天气前夜月亮周围出现的月晕一样，其实月晕只不过是月光的扩大化而已。在项目策划过程中，策划人员也会因项目所具有的某个优点或缺点，进而泛化到对项目其他一系列有关特征做出相同的评价。例如，在博鳌海城项目策划中，项目发起者认为博鳌风光秀美，于是就认定在这片土地上建足球公园，肯定会吸引很多的游客，这显然是一个以偏概全的判断。因此，项目策划人员既要有发现项目优点的能力，同时要有综合判断项目整体前景的能力，以避免晕轮效应的产生。

（2）刻板印象。刻板印象又称社会定型，是指人们对某个社会人群或对象形成的一种概括而固定的看法。例如，人们认为广东人爱吃、北京人爱侃等就属于刻板印象的一种。刻板印象会产生积极和消极的两个方面影响。从积极的方面来看，刻板印象本身包含了一定合理、真实的成分，或多或少地反映了认知对象的若干实际情况，因此刻板印象可以简化人们的认知过程，为人迅速适应社会生活环境提供了一定的便利。从消极方面来看，刻板印象一经形成即具有很高的稳定性，很难随现实变化而变化。由于刻板印象的普遍存在，在项目策划过程中，策划人员也难免会受到它的影响。例如，一旦房地产策划人员认定某一个地区消费者的购买决策是以价格为导向的，那么它在房地产价格策划或促销策划中，就会不自觉地运用到大量的价格性手段，进而有可能忽略该区域内的一些新兴人群的价值型消费特征，从而在价格定位和促销工具选择上出现一定的偏差。因此，策划人员应避免戴有色眼镜看人、看事。

（3）首因效应。首因效应也称第一印象效应。首因效应是指对某人或某事最初的印象对后续认知具有强烈的影响。例如，与某人的第一次接触，印象很好，这种良好的印象就会左右人们对其以后一系列的行为做出判断；反之亦然。首因效应是一种先入为主的思维方法。它用过去的印象或先听到的消息去评价、判断或决策。因此，它不仅会使认知带有表面性，而且会因为后续信息不完备，导致认知产生片面性。策划人员在进行项目策划时，也会受到此效应的影响。例如，在铱星计划中，策划人员对消费者追求高质量的移动通信需求产生了首因效应，从而使策划产生了所谓的"营销近视症"，进而忽略了价格等重要因素的作用。因此，一个优秀的项目策划人员，不仅应重视前面的信息，而且应重视后面的信息，否则项目策划的方案就会屈从先前的信息，从而产生首因效应。

（4）自我投射效应。自我投射是指人的心理外在化，即以己度人，把自己的情感、意志、愿望投射到他人身上，认定他人也应如此，其结果往往会对他人的情感、意向做出错误的评价。自我投射的表现多种多样，其中情感投射主要表现为对自己喜欢的事情越看越觉得喜欢，越看优点越多；反之亦然。愿望投射则主要表现为把自己的主观愿望投射于他人身上，认为他人也如自己期望的那样。自我投射效应的影响就在于从自我出发认知他人，自我与非我不分，主观与客观不分，认知主体与认知客体不分。因此，团队开展项目策划时，容易导致策划人员之间的相互沟通产生问题，并且由于策划人员过分认定自己的思维结果是正确的，因而很难放弃已有观点；而在面临批评时，往往会认为别人是故意刁难。

（5）井蛙效应。所谓井蛙效应，是指在进行策划时，只顾眼前利益与局部利益，进而忽略长远利益与全局利益的一种心理。具体实践中，策划人员往往表现出一种急功近利的行为。由于放弃了长远战略考虑，因此策划方案常常忽略对方式、方法的正确性研究，治标不治本。而在策划人员的自我印象中，却又常常把本来属于眼前利益和局部利益看成极为重要的长远利益和全局利益。这种策划心理常常会导致策划失误，以致项目失败。

3．项目策划的心理规律

任何项目策划都要满足特定的市场需求，而市场需求又与消费者心理有着密切的关联。因此，从心理角度来研究项目策划，可保证策划创意具有很强的针对性。马斯洛把人的需要划分为5个层次，即生理的需要、安全的需要、社会归属的需要、尊重的需要和自我实现的需要。项目策划要善于利用这些需要，从而有效地找出项目针对消费者的心理诉求。例如，为了满足经济困难者安全的需要，政府部门推出了经济适用房和廉租房项目；为了满足消费者社会归属感的需要，房地产公司为购房者制定一定的门槛，创造所谓的上流社区等。当然，项目策划者也可以超越消费者当前的心理诉求，从更高的层次引导消费。例如，现在流行的按揭贷款购房，不仅解决了一般工薪阶层满足住房的需要，而且是住好房的需要。

除了满足个人需要外，项目策划还要满足竞争的需要。知彼知己、百战不殆，探索竞争对手的心理是项目策划关注市场竞争的基础和关键。竞争对手情况不明，就不能拿出有针对性的方案。策划人员应能根据竞争对手的心理、资源和实力等特点，开展策划，有的放矢，争取成功。

4．项目策划的情感规律

情感是人类所特有的一种心理过程及心理状态，是主体对客体是否满足自身的需要而产生的态度评价或情感体验。情感在性质和内容上取决于客体是否满足了主体的某种需要。满足了需要，就产生了积极、肯定的情感，否则就会产生消极、否定的情感。情感对人的行为有着重要的影响。人们对于那些符合或满足自身需要的客观事物，总会产生一种积极的、肯定的、喜爱的和接近的态度和情感体验，而对那些与自身需要无关或相抵触的客观事物，则抱之消极、否定、厌恶和疏远的情感倾向。项目策划人员应能充分考虑消费者的情感体验，从而让项目策划的结果能对其产生积极、肯定的情感体验。好的项目策划是策划人员与消费者之间的心灵桥梁，它能从共鸣中取得积极的效果。事实上，这一点也为很多文艺类项目策划所证实。例如，湖南卫视的"超级女声"栏目之所以吸引人，正是因为它一方面满足了普通人造星、成为明星的欲望，另一方面也为一些普通人提供了一个展现自我和宣泄情感的最佳机会。

2.2.2 创意原理

创意是项目策划的灵魂，是创新性思维的起点和终点。营销理论中，创意连同产品、服务统称为企业提供物（offerings）。营销理论指出，每个提供物的核心利益都有一个创意。例如，化妆品实际上是在为消费者提供有关"美与希望"的创意。项目也是如此。

1. 项目创新与创意的区别

项目创新与创意有所区别。创新是客观的、可以量化的。更多情形下，创新与技术等层面的变革和创造有关。例如，桥梁采用了先进的斜拉索设计。创意则是主观的、模糊的，它通常是一种个人意识的表达。例如，化妆品所传达的美和希望就是主观的、模糊的。从字面上来讲，创新包含着创意。而从内容来看，创意更强调创新的人文内涵。创新不仅包括有关中间手段和技术的创意，还是对人的意义和价值的创造性反应。从实现方式来看，创意是原生态的创新，是能动性的"活"的表现，是对创新生命有机性的强调。因此，创造而不是制造，艺术化而不是工业化，已成为创意的精神内核。很大程度上，创意不同于创新，它是项目策划能直接参与市场交换与交易的载体，消费者所购买的是策划人的创意。

2. 项目创意的价值创造内容

创意不仅造就了项目的差异化，而且为项目创造了文化附加值。事实上，昆明世界园艺博览会所展示的人与自然的主题，集中体现了云南的人文精神。如今，创意已经成为一个重要的产业。创意的最大本质就是在使用价值之外提供了文化附加值，最终提升了项目的价值。项目策划人员要注意两个问题。首先，要有深厚的人文底蕴和渊博的知识，如天文、地理、历史及社会学、伦理学、心理学、管理学、营销学等市场知识，从而形成策划人的文化沉淀，这是创意得以产生的肥沃土壤。其次，要有创造性的思维，要能打破固有、单一的思维模式，跨入立体的思维空间，运用各种手段，发挥自己的自由想象力。

3. 项目创意的重要原则

按照英国创意经济之父约翰·霍金斯的说法，创意经济有以下4个基本原则。项目策划也是创意经济的一种，因此这些原则对其同样具有指导意义。

（1）个人是第一位的，公司是第二位的。创意依赖于个体的知识和经验，因此与制造、品牌推广、物流和零售运作不同，创意的最初阶段，公司很少起到作用。对于项目策划的决策者来说，给予团员自由的空间，并积极为其创造适宜创意的环境，强调个体的创新，这才是最重要的。

（2）创意是以思考方式和活动开展方法为基础的。从个人来看，由于工作和休息时都可能会产生创意，因此工作和休息的界限将越来越模糊。对于项目策划小组的管理来说，管理者就是要模糊工作界限，为策划人员提供广泛的创意机会。

（3）创意是新的事物，旧的生产力评价标准对它并不适用。与创意相关的业务属于高风险行业，失败率与回报率都可能很高。项目策划人员应具有承受失败的良好心理。

（4）教育是关键。创意包含了知识、机构和文化，因此项目策划人员需要不断地学习，充分吸收各种知识，以便随时更新自己的知识结构和思维模式。

2.3 项目策划的流程与诉求

2.3.1 项目策划的关键流程

项目策划作为一种思维过程，尽管形式多变，但是无论怎样变化，总有内在规律可循。任何策划都是在一定的工作条件下，利用各种事实依据，逐步进行思维加工而形成的。它的主要流程包括整理、判断、创新3个阶段。最后，策划人员用文案的形式把上述流程表达出来，从而使人们可以像对待有形产品一样，对项目策划的结果进行质量检验和评价。

1. 整理阶段

整理就是确定项目策划所包含的范围、内容、流程及基础性数据搜集与梳理。

（1）整理项目策划的范围。正如在第1章中所强调的，任何一个项目都有一个达成目标的范围规定，这是项目策划的逻辑起点，也是策划人员计算总工作量的依据。例如，一个新产品的策划是仅包含产品概念的设计，还是应该包括产品传播策略的设计等，这就是在整理项目策划的范围。

（2）整理项目策划的内容。根据项目的目标和范围规定，确定项目策划的具体内容。例如，在新产品的策划过程中，如果仅限于概念设计，那么就进行概念测试。如果还要包括上市推广活动，则要设计相应的整合营销传播内容。

（3）整理项目策划的流程。项目策划的实施需要各种步骤加以连接，项目策划就是要根据策划的范围、内容来确定具有因果联系的工作流程，以确保策划的顺利实施。例如，一个新产品上市策划的总体流程应包括"构思、筛选、概念发展与测试、确定营销策略、商业分析、产品开发、市场试销、商品化"等阶段。

（4）整理项目策划的数据。有关项目实施过程的判断和创意都要以事实为依据，策划人员应该为策划搜集到足够多的信息和数据，以保证项目策划根据事实做出正确判断。例如，新产品策划就需要目标市场消费者行为习惯、消费潜力、竞争对手及替代品等相关数据。

在整理的过程中，策划人员应遵循"价值中立"[①]的原理。尽管策划人员要确定一个项目策划必需的整理内容，首先依据的是以往的经验，其次才是各种知识和信息，但是在整理过程中应心无旁骛，尽量避免带有各种主观价值判断，以保证后续环节判断的客观性。

2．判断阶段

判断是根据整理阶段的各种数据确定总目标及实施关键流程是否可行的过程。

首先是对项目总目标的判断。策划人员可借助各种工具，通过分析项目目标和项目发起组织之间的战略关联或资源约束等条件，判断项目最终目标是否符合组织目前的需求，从而决定项目的取舍问题。在昆明世界园艺博览会策划中，我们清楚地看到，策划人员首先要确定的就是"为什么要做世界园艺博览会"的问题。这不仅是对昆明世界园艺博览会总目标的战略调整，也是根据当时形势做出的合理判断。其次是对项目实施关键流程是否可行的判断。由于策划中所涉及的各个关键节点对于项目成功都有着重要的影响，因此忽略任何一个环节都有可能导致项目的失败。策划人员不仅要单独分析具体流程的可行性，而且要分析具有因果关系流程之间的匹配程度。同样以昆明世界园艺博览会为例，其定位所采用的"万绿之宗，彩云之南"理念，不仅彰显了云南特色，而且为后续的整合营销传播确定了优美的形象和意境。

项目策划的判断方法有很多种，具体来说有归纳法、演绎法、盈亏平衡分析、SWOT分析等，策划人员可依据不同项目进行选择。第3章将会重点介绍结构性分析方法。对于策划人员来说，值得注意的是，同样的判断方法，使用和落实的方式却可能大相径庭。所谓判断方式，是指所使用资源和使用资源的方式，又称"判断深度"。这也就是在本章开篇部分所提出的疑问，即面对同样的资源，不同的人有着不同深度的判断，有些人分析得很到位、很科学，另外一些人则分析得非常肤浅。因此，对于策划人员来说，不仅要尽可能地收集判断资源，而且必须能在有限的资源中做出深刻的分析。按照判断的可靠性差异，判断方式也可以粗略地分为直觉判断、逻辑推理、统计分析和实验研究4种。面对不同的数据，上述各种判断方式各有优劣，有时又需要加以综合运用，不可偏废。

[①] 所谓价值中立，就是要求策划人员在搜集信息时，不要带有主观性的价值判断，因为一旦带有主观判断，就会妨碍资料和信息搜集的客观性，使策划人员按照自己的偏好，搜集支持已有判断的有利信息。

3. 创新阶段

创新是项目策划思维过程中对项目关键环节的思维突破，是创意融入项目的具体体现。

在项目策划中，对关键环节的思维突破只有在以下 4 种情形下才具有实用价值：

（1）在判断不可行时，对不可行的项目环节进行创新。例如，在博鳌海城的案例中，策划人员对博鳌原先的建设目标进行了适时的创新，从而为其找到了依托城市经营的战略出路。

（2）判断可行，但是竞争对手正在创新，为了保持对竞争对手的优势，而对项目涉及的具体环节进行创新。例如，国外手机厂商经常对其技术进行创新，在一段时间内，国产手机通过对外观款式进行创新，迎合国内消费者的需求，赢得了市场。

（3）判断可行，但是为了实现更高的目标，确立项目的巨大竞争优势而进行创新。例如，为了建立进入障碍，国外手机厂商不仅在技术上进行创新，而且在款式上进行了更为大胆的创新，从而使国产手机面临着更大的超越困境。

（4）判断可行，但策划人员发现某一个关键环节非常适合创新，于是提供了更好的创意。例如，对昆明世界园艺博览会的主题归纳就是一个很好的例证。

从严格的意义上来讲，第二种、第三种也是判断不可行的情形，因为在判断中，策划人员早就应该考虑到竞争对手和更高的目标。而从性质上来看，前两种是客观需要的创新，后两种是主观需要的创新。

作为一种思维创造的过程，创意的融入要求策划人员能够根据整理的数据及判断的结果探索项目创新的方向。项目创新主要包括物质性或功能性创新，如手机增加了 MP4 的功能；项目创新也包括利益性创新或价值性创新，如某移动运营商的手机卡附带了免费的股票交易软件。其他创新包括诸如主题创新、战略创新、市场创新、进入或退出的时间创新等，不一而足。策划人员可以根据项目的具体需求，进行思考和判断。从上述三个阶段的逻辑关联来看，整理是判断的前提，判断是创新的前提，而创新离不开前两个阶段的充分准备。

2.3.2 项目策划的内在诉求

项目策划以具体的项目活动为对象，它通过策划人员创意的输入，为项目发起人实现其商业与社会目的提供了一个可以付诸实施的行动方案。作为未来项目实施的行动指南，项目策划体现出特定的功利性、社会性、创造性、时效性与超前性的内在诉求。

1. 功利性诉求

项目策划的功利性诉求是指策划应该能给项目发起人带来经济上或者其他形式的实际利益。功利性诉求是项目策划的首要目的。项目发起人的需求与项目类型千差万别，因此功利性诉求也随之有所差异。从时间上看，功利性诉求可分为立足长远的战略性利益和仅限于眼前的短期利益。从形态上看，功利性诉求又可分为金钱、实物、权利、竞争、享乐等利益。很大程度上，功利性诉求既是评判和权衡项目策划创意、方法、谋略、方案的立足点与出发点，同时又是评价项目策划成功与否的一项关键指标。因此，项目策划人员应在优先考虑策划产出与投入比例的基础上，确定具体的项目策划方案。而在项目策划实践中，策划人员应力求为项目发起人创造更多的利益。以一年一度的"哈尔滨冰雪节"为例，这个项目的策划就充分体现了策划功利性诉求的特点。哈尔滨于1985年1月推出首届冰雪节之后，就在原有的冰灯游园会的基础上，通过对节日内容和价值的改造，推出了各种具有吸引力的贸易与技术交流活动，将冰雪节办成了外商与国内企业实现经济与技术交流的互动平台。此举不仅实现了全方位促销哈尔滨旅游的目的，而且让冰城人享誉中华、名扬四海，并直接拉动了黑土地的经济增长。如今，"哈尔滨冰雪节"已举办了二十多届，并已升格为国际盛事。

2. 社会性诉求

项目策划不仅要注重发起人的经济效益，而且要关注项目所带来的社会效应。对于由公共部门发起的项目而言，注重社会效应尤为重要，因为推动社会福利增长、促进社会进步就是其首要目标。例如，建造一个城市中心花园，就是要在美化城市的同时，为市民提供休闲、娱乐的场所；而对商业项目来说，则应考虑经济效益与社会效益的共同增长。又如，生态旅游项目不仅不会对环境造成危害，而且对环境保护有益。促进社会利益增长是项目外部经济性[1]的一种表现，是企业树立正面形象、体现企业社会责任感的标志。如今，越来越多的企业已经开始接受上述观点，不再把赚钱看作项目的唯一目的。因此，项目策划人员要在关注公众对项目社会性需求的基础上关注项目的功利性，只有这样，项目才能为公众所接受。而在项目策划的实践中，各种商业性组织还可通过公共关系及各种赞助活动来实现上述目的。例如，企业通过捐赠的方法，帮助残疾儿童，以建立良好的社区关系；通过赞助地方性运动会的方法，体现企业对当地文化体育活动

---

[1] 外部性是经济学用来衡量企业对社会效益整体增长有利还是不利的一个重要概念。当企业生产给社会带来不利的结果时（例如，造纸厂虽然赚了钱，但是极大地破坏了当地环境等），经济学家就称为"外部不经济"。而对那些对社会有益的行为（例如，办教育的公司不仅赚了钱，而且可大大地提高社会的整体素质），经济学家称为"外部经济"。理想的项目应是外部经济的。

的支持。以我国的"希望工程"为例,该项目策划就充分体现了"立足社会、服务社会"的社会性诉求。"希望工程"于1989年10月开始启动,随后吸引了一大批企业参与其中,并在全社会中营造了一种关注失学儿童、奉献爱心的良好社会风尚。而该项目在体现策划社会性诉求的同时,也展示了项目策划的功利性诉求。

3. 创造性诉求

项目策划是创造性思维的物质体现,是策划人员为实现目标而开发出的新思路与新创意,优秀的项目策划应体现出创造性的诉求。正如第1章所提到的,即使面对类似的项目,也要突出创造性。只有这样,策划人员才算真正理解了项目唯一性的特征。尽管项目策划在文案上可能会有内容上的相似性,但是照搬、模仿、抄袭别人的模式都不是真正的策划。《孙子兵法》说,"兵无常势,水无常形",策划人员应根据项目的条件、特点、功能、消费者利益点,以及与竞争对手的特点,充分利用策划者的想象力与判断力,感知项目策划的关键问题,并找到与众不同、别具一格的解决方案。正如著名的策划大师科维所说,"我要做有意义的冒险……我不想效仿竞争者,我要改变整个游戏规则"。提高项目策划的创造性,首先要求策划人员必须具备丰富的知识。例如,做电视广告策划,不仅要懂导演、摄像、剪辑、配音、合成等电视制作知识,而且必须具备深厚的营销与中文知识。只有这样,广告创意才能被目标消费者所接受,并且能严格地与竞争对手区分开来。当然,对于广告公司来说,还要具备一流的组合式广告投放技巧,选择恰当的时机和频道,让广告一炮走红。其次,创造性也需要策略人员具有敏锐、深刻的直觉。这是策划人员能够将渊博的知识底蕴转换为智慧与谋略的灵感基础,是策划活动创造性的源泉,更是策划生命力的体现。

4. 时效性诉求

项目策划的时效性诉求是项目时间要素约束的必然结果,也是项目面向市场、争取成功时机选择的重点体现。一般来说,项目要在约定的时间顺利完成;更为重要的是,在面向市场推广时,它要能被当时的消费者所接受。项目进入市场时机的选择,一般有以下3种策略:

(1)"首先进入"。首先进入的项目会获得"先行者优势",包括掌握了主要的经销渠道、顾客及得到有声望的领先地位。当然,先行者还可以为项目所在行业制定游戏规则。另外,如果项目未及仔细审查就迅速入市,则有可能损害发起人的形象。

(2)"平行进入"。平行进入指与竞争对手同时推出项目。这样做的好处是,可以借助竞争对手的共同努力,吸引更多的市场关注。

(3)"后期进入"。后期进入是指发起人有意推迟项目进入市场的时间,等待竞争对手进入，并对市场进行预热后，在掌握市场规模的基础上，结合竞争对手的缺陷，调整进入，从而避免先进入者在开拓市场时付出的巨大代价。例如，福日公司曾向市场推广过"移动PC（个人计算机）"产品，当时也取得了很大的轰动与经济效应。但是等到该公司将市场炒热时，其他竞争对手迅速进入，并取得了更大的成功。

项目策划的时效性诉求还体现在时机选择与现实生活中节日文化相结合上。可以说，现代人的生活已经离不开节日。由于不同节日有着特定文化氛围，因此项目策划中可借助节日来体现项目的特色或卖点。例如，青年公寓项目可以选择"五四青年节"作为开盘的时间。

5．超前性诉求

项目策划是策划人员综合未来各种发展要素和变化趋势，进行科学判断的结果。任何策划都需对未来做出科学的预测。例如，策划人员根据居民住房需求及收入增长等因素，判断出某一地区未来流行的户型，而此预测正是房地产开发商确定户型设计的基础。因此，从项目的战略性特征来看，项目策划超前性诉求越科学，项目的成功概率就越大。当然，策划人员如果没有对预期目标进行超常规思考的能力，那么创意也就无法融入项目的内部，以指导项目的实践。而项目策划要具有超前性，就必须进行深入的调查与数据挖掘。策划人员可根据能够采集到的历史数据和经验，对项目进展中可能遇到的各种难题进行判断。因此，超前性诉求实际上就是提前对项目问题进行分析，发现问题，并解决问题的过程。对于策划人员而言，要得出科学的结论，还要有分析数据的能力。策划人员应明白，占有大量的信息不是最终的目的，最重要的是要让数据说话。因此，策划人员必须对信息进行去粗取精，去伪存真，由表及里，探索其与未来的关系。例如，在对当前谈话性电视栏目的研究中，策划人员发现，越来越多的电视观众对普通人的生活表现出浓厚的兴趣。据此，策划人员提出应将名人类的谈话节目转变成普通人的脱口秀。另外，项目策划追求的超前性是以一定条件为前提的，它不能脱离企业自身的资源和其他物质基础。例如，铱星计划可看作背离消费基础的失败策划，昆明世界园艺博览会则是根据云南现有条件做出的科学选择。

2.4　项目策划的基本原则

原则是人们行为的基本规范。项目策划的基本原则是在总结多种不同项目策划内在规律的基础上，对策划行为规范的一种总结。它为策划人员提供了思考的准绳。

2.4.1 客观原则

正如前文所介绍的,无论整理阶段还是创新阶段,策划人员都必须遵循客观性原则。客观性原则是指项目策划运作的过程中,策划人员通过各种努力,使创新和创意自觉、能动地符合策划对象的客观实际。要遵循客观原则做好项目策划,策划人员必须注意以下几点。

1. 目标贴近现实

项目策划的目标制定要以事实为依据,不讲大话、空话,也不能因为项目发起者需要,就按照主观意志制定目标。准确界定目标的方法有很多种。以销售目标为例,准确界定目标就是要做好市场调研,了解竞争对手,了解消费者需求,了解自身的实力,在充分掌握事实数据的基础上,进行项目的分析、预测,提高策划目标的可达到性、可实现性。不切实际的目标不仅会打击执行者的信心,而且由于它与市场现实和公司能力相背离,因此注定会失败。

2. 理念贴近现实

尽管项目策划的理念要有所超前,但是超前也要有事实依据。这里所讲的事实既可以是当下的条件,也可以是未来的条件。例如,某城市准备建立交桥,按照城市发展现状,只要建双向4车道立交桥就行了。但是从城市远期发展来说,20年后,城市就需要双向8车道的立交桥。策划人员因此根据将来的现实,调整了决策理念。想起国内很多城市经常挖路再修路的现状,只能说规划者太关注眼前,而没有对将来现实可能性做出准确的判断。

3. 行动贴近现实

项目策划的行动方案应能在客观实际的基础上谨慎展开。从资源安排上来看,应根据财力、物力确定行动方案的合理范围,确保资源充裕,保证行动的完成。从人员安排上来看,应根据现有的人力资源、组织架构及管理能力确定部门和岗位的职责,合理安排管理方案。从市场推广来看,适度的炒作是必需的,但应避免各种涉及故意炒作的噱头。这些年房地产概念的虚假操作已经为这个行业敲响了警钟,理性的消费者会主动排斥其行为。

2.4.2 整合原则

任何一个项目在开发过程中都会碰到各式各样的客观资源。从形态上来看，资源可分为显性资源和隐性资源。例如，在房地产开发中，物质类的资源可看作显性资源，而与银行、政府部门的关系可看作隐性资源。从具体形式来分，资源可分为主题资源或概念资源、社会资源、人文资源、物力资源和人力资源等。上述资源在没有实行策划整合之前，是相互独立的、松散的、没有中心的、稀缺的，但经过策划整合以后，就会有机、高效地结合在一起，为整个项目的开发提供服务。为了有效地整合好项目的客观资源，策划人员必须做到以下几点。

1. 明确性质整合资源

策划人员须对项目所涉及的各类资源进行整理和分类，明确各类资源的性质，以及它们对于项目实现的重要程度。例如，主题或概念资源对于房地产项目来说具有重要的意义。主题和概念不仅是房地产宣传的重点，更是地产项目价值增值能力的体现，因此它属于一种战略性资源，须高度重视。另外，项目策划人员还必须懂得各种资源的组合使用，要懂得抓住重点，使资源组合后的合力加强，实现 1+1>2 的协同效应。例如，地产项目的概念、地段、人文、景观等资源的综合运用，可大大提升房地产的品位、文化和实际价值。

2. 围绕主题整合资源

任何一个项目都有独特的主题。商业项目中，主题也被称为"独特的卖点或销售主张"（unique selling proposition）。围绕主题进行资源整合，可使稀缺资源得到集中使用并实现价值最大化。例如，为了凸显上海世博会"城市，让生活更美好"的主题，举办者应集中有限资金，运用整合营销手段，充分利用各种媒介，向外界传达这个主题。不仅如此，为了保持世博园区的利用最大化，规划中还应将上述主题与世博园区后续利用紧密地结合在一起。上海世博会不仅是 6 个月的世博庆典，更是未来 60 年不落的全球盛会，一定要让园区成为提升上海城市功能和形象的标志性区域，从而实现资源利用的最大化。

3. 充分挖掘隐性资源

除了显性资源之外，隐性资源对项目的成功也有重要的意义。在大多数创意类项目中，创新、独到的主题资源大都是隐藏起来的，不易被人发现，需要策划人聪慧的头脑去提炼、去创造。例如，在广告策划项目中，策划人员就是要挖掘产品之于消费者的独特的销售主张，以体现产品的价值。当然，对于一些特殊的项目（如公共关系策划），策划人员要寻找的就是特定的社会关系资源，它不仅能将公司与特定群体连接在一起，而且能体现公司负责任的公众形象。这时，社会关系就是一个很重要的隐性资源。

2.4.3 定位原则

所谓定位，就是给项目策划的内容确定明确的方向和具体的目标。项目策划的定位有很多种，包括战略定位、市场定位等。定位很重要，一旦总体方向和目标错了，就会影响到下一个层次的目标准确性。要在项目策划中灵活运用好定位原则，策划人员必须掌握以下几个要点。

1. 总体定位和分层定位

总体定位包括项目的目标、宗旨、指导思想、总体规模、功能特点、发展方向等。分层定位是项目的具体子项工作的定位，包括主题定位、市场定位、目标客户定位、建筑设计定位、广告宣传定位、营销推广定位、品牌定位等。总体定位确定了项目的战略格局和发展方向，对具体定位有指导和约束作用；具体定位则是在总体定位下展开的，是对总体战略目标的分解，各个具体定位要符合总体定位的方向和指导思想。

2. 定位内容与定位匹配

策划人员应该根据项目的具体范围分析定位的内容及内涵。例如，对一个新产品的定位，首先要考虑到新产品目标顾客的心理预期，并结合其特点，确定新产品定位的内容，如品牌定位、价格定位等。尽管项目分层定位有所不同，但是每项定位之间应该在总体定位的框架下，强化相互之间的匹配关系。只有把它们整合好，利用好，才能凸显整个项目的总体定位的特色。例如，新产品总体定位为高档品牌，因此其价格、渠道、销售人员及促销方式等的定位都要与高档品牌相一致，否则就会对品牌定位产生严重的影响。

3. 定位具体方法和技巧

项目定位的方法和技巧有很多。科学的项目定位往往会起到事半功倍的效果。例如，对房地产建筑的设计定位准确，既可以使建筑物符合设计的最新理念，彰显建筑物的文化特色，同时迎合了市场的流行趋势，满足了消费者的人文需求。项目定位的方法和技巧的选择要视项目而定。有关定位的基本方法和技巧可参考第 5 章的相关部分。

2.4.4 价值原则

项目策划之所以能够成为一个行业，就是因为策划人员利用自身的创意和智慧为项目创造了超额的回报。项目策划的好坏必然以价值量的形式来衡量，一个优秀的项目策划的价值一定很大。由于价值是一个具有主观性的概念，因此要想让项目发起人清晰地认识到策划之于项目的巨大价值，则有必要在项目策划时对价值做出准确的界定。

1．商业价值

商业价值是大多数项目策划体现自身价值的重要载体，也是策划人员必须为之而努力的现实目标。历史上，奥运会曾经是赔本的买卖。例如，1976年蒙特利尔奥运会就亏损10亿美元。但是自第23届奥运会以来，这种状况发生了根本性的改变。在没有任何经济援助的情形下，尤伯罗斯将项目策划的理念带进了第23届奥运会。借助电视转播权、火炬传递权、提升开幕式和闭幕式的门票价格、开发奥运会商品、经销各国纪念章、裁减奥运会工作人员等一系列的商业措施，使得预算费用为5.25亿美元的第23届奥运会，不但没有亏损，反而盈利2.5亿美元。从此之后，商业价值的创造也就与奥林匹克精神结下了不解之缘。

2．战略价值

并非所有项目都追求即期的商业收益，还有一些项目策划则从战略的角度上追求长期的利益，如品牌的知名度或者企业良好的正面形象等，在此称为战略价值。在奥运会TOP赞助计划中，企业赞助奥运会所得到的并不能用简单的商业价值加以衡量。因为所谓的传播价值还需要企业投入大量的资金加以传播，才能获得。这种战略价值投资过程在顾客关系管理类的项目中显得更为重要。为了能够与顾客建立长久的战略性伙伴关系，企业常常在牺牲一部分眼前利益的基础上，为客户提供更优秀的产品或服务。

2.4.5 集中原则

在面对充满竞争性的项目策划时，需要用到集中原则。商业战场与军事战争一样，需要集中自身优势攻击竞争对方的弱点，套用时髦的话来说，就是要发现自己的长板，进而攻击对手的短板，实施企业的蓝海战略。[①]运用这一原则，需弄清以下3个要点。

1. 辨认出成败关键点

针对市场竞争激烈的商业性项目，策划人员要能根据市场竞争状况，迅速辨认出项目的成败关键点，从而为即将来临的市场争夺战设定好交战的战场。对关键点的争夺是作战的要旨，是火力集中攻击的焦点。对关键成败点的准确判断，既源于策划人员多年经验的累积，同时是准确分析市场需求和产品差异的结果。从产品的生命周期来看，在引入阶段，清除消费者心理障碍是关键点；在成长阶段，对于渠道的争夺是关键点；在成熟阶段，塑造强有力的品牌是关键点；而在衰退阶段，对产品的创新或重新定位是关键点。

2. 摸清对手的优缺点

为了能够摸清关键点上对手的优缺点，策划人员可按照以下4个流程逐项进行分析：一是认清谁是项目的竞争对手。界定竞争的标准有很多，既有可能是宽泛的产品替代性的竞争，也有可能是更为直接的品牌竞争，还可以是行业内部统一战略集团的竞争。二是研究竞争对手的目标，究竟是追逐市场份额、利润率、销售额、现金流量还是技术领先等。三是研究竞争对手的竞争战略，究竟是实施成本领先还是差异化等。四是研究竞争对手的反应模式，究竟是从容型竞争者、选择型竞争者、凶狠型竞争者还是随机型竞争者。通过上述分析，策划人员可以分析出对手的长处和弱点，并根据其优势和反应模式，制定进攻策略。

3. 集中火力攻击弱点

对竞争对手弱点的攻击，需要策划人员能够合理安排资源，在决定性的地方投入决定性的力量。攻击竞争对手的方法有很多种，具体可参见第6章中的相关部分。在本章后的案例"银鹭花生牛奶策划流程赏析"中，策划人员认定银鹭目前的市场地位是市场挑战者。为了迅速确定它的领导者地位，首先要使其成为消费者心理上的第一名。因此，银鹭需要高调进入市场，需要在传播媒体的选择上，抢占目前国内最权威的电视媒体——

[①] 所谓长短板，源自木桶理论。该理论认为，木桶装水量取决于其最短的板。所谓蓝海战略，就是要求企业突破传统血腥竞争所形成的"红海"，拓展新的非竞争性的市场空间，即实施蓝海战略。在互联网时代，传统的木桶理论被长板理论所替代，当代的公司只需有一块足够长的长板，以及一个有"完整的桶"的意识（能够进行系统化思考）的管理者，就可通过合作的方式补齐自己的短板。比如，财务不够专业，可聘用更有优势的会计师事务所。事实上，某些短板可通过合作、外包来弥补。

央视这一媒体制高点，从而最大范围地接触全国消费者，树立有别于竞争对手的权威品牌形象。

2.4.6 信息原则

项目策划的关键流程就是从信息收集、加工与整理开始的。信息是一种无形的财富，是指导策划行为的基础性情报。如同要打胜一场战争一样，信息的收集与利用工作必不可少。信息整理是策划人员进行项目判断和创新的基础，没有一个系统的信息占有过程，项目策划将无从谈起。一句话，信息是项目策划的起点。信息原则包括以下几项要点。

1．原始信息要力求全面

项目涉及的范围大小决定了它的信息收集区域、部门及具体环节的差异。项目越大，需要收集的信息就越多；反之亦然。而同类的项目在信息收集过程中存在许多共同点。以房地产项目为例，它主要涉及区域内政治、经济、文化、政府、银行、竞争对手、消费能力等各种信息。因此，策划人员在收集原始信息时，范围要广，以防止信息的短缺与遗漏。

2．原始信息要可靠真实

信息是项目策划判断和创新的基础，原始信息一定要可靠、真实，所以策划人员必须具有鉴别信息真伪的能力。不实信息对项目策划来说是致命的。例如，1985 年 4 月 23 日，可口可乐公司宣布，经过 99 年的发展，决定放弃它一成不变的传统配方，原因是调查显示消费者更偏好口味更甜的软饮料，但是新一代可乐推出之后，却遭遇了巨大的失败。

3．信息加工要准确及时

市场变化多端，信息瞬息万变。用陈旧的历史数据预测现在和将来，可能会存在各种各样的问题。因此，对项目策划人员来说，掌握信息的时空界限，及时地对信息加以分析，用最新的数据指导最近的行动，才能使策划效果更加完善。例如，策划常用的 SWOT 分析工具就因使用历史性数据，遭到学者的批评，因此要使该模型更有效，信息应是最新的。

4．信息采集要系统连续

任何活动自身都具有系统性与连续性，项目策划更是如此。由于项目策划是针对项目发展各个阶段进行实施设计的前瞻性判断，实施过程中难免会出现一定的偏差，因此对项目实施过程中各阶段的信息进行连续的收集，才能保证项目策划更具有弹性和动态管理能力，从而在未来变化的市场中有回旋的余地。事实上，信息采集的系统性和连续性已经被广泛运用到战略制定中，这样做的目的就是要加强战略与现实的动态匹配。

2.4.7 权变原则

所谓权变，就是要学会从权，学会随机应变。权变管理[1]在项目策划中的运用就是要加强项目的动态管理。策划人员应能预测项目可能发展变化的方向，并以此为依据，调整策划目标，修改策划方案。项目策划的权变原则是在实践中完善策划方案的根本保证。

1. 增强动态管理意识

与信息收集处理的系统连续要求相一致，动态管理的基础就是要时刻掌握策划对象变化的信息，加以判断，并着力寻求二者之间的动态平衡。动态管理体现了策划人员对时间和变化关系的深刻理解。以网站建设为例，策划人员根据现有资料确定了网站的基本内容，但是任何一个网站，其信息总是在不断变化的，网络信息需要及时更新，而更新对于网站来说就是一种简单的动态管理。至于其他工程类项目，动态管理会相对复杂很多。尽管目前已有很多软件能够处理复杂的动态问题，但对策划人员来说树立动态管理的意识是必需的。

2. 及时调整策划目标

动态管理的目的就是要预测对象的变化趋势，掌握随机应变的主动性。当客观情况发生变化影响到策划目标的基本方面或主要方面时，则要对策划目标做必要的调整。这其中自然就要对策划方案进行修正，以保证策划方案与调整后的策划目标相一致。例如，在新项目市场推广过程中，原材料价格发生了巨大的变化，这时就要对项目定价进行重新调整。当然对于大型工程类项目来说，目标调整是很困难的，不切实际或随意的目标调整有可能带来灾难性的后果。例如，巨人大厦在建设过程中对建筑物高度的随意拔高，

---

[1] 20世纪50年代以来，西方管理学界涌现了众多各具特色的管理理论，权变管理就是其中之一。它由卢萨斯和司徒华于1977年提出。"没有绝对最好的东西，一切随条件而定"，是该理论的核心思想。在这一理论看来，并不存在普适性的管理原则和方法，管理只能依据具体情况行事。管理人员的任务就是研究组织外部经营环境和内部各种因素，弄清这些因素之间的关系及发展趋势，从而决定采用哪些适宜的管理模式和方法。

就是一个最好的例证。

2.4.8 可行性原则

项目策划的本质目的是使用,是确保项目目标的成功实现。因此,项目策划一定要可行。可行性原则就是指项目策划方案经实施后,能够达到并符合项目的预期目标和效果。可行性原则要求策划人员应时时刻刻地为项目的科学性、可行性着想,避免出现不必要的差错,防止失败。要达到项目策划的可行性原则,具体来说可从以下几方面着手。

1. 方案分析

确定最优方案是贯彻可行性原则的第一步。众所周知,任何一个项目都存在多种备选方案。因此,策划人员应懂得如何从多种方案中选择最佳的方案。事实上,一个更可行的方案将是项目成功的基础,它需要项目策划人员对不同方案的可行性进行专业的判断。一旦方案选定,策划人员还要对该方案实施的可行性进行进一步的分析,从而使该方案更能符合企业的战略、资源要求,并与市场变化相匹配,这是贯彻可行性原则的第二步。

2. 经济技术分析

经济技术分析是项目策划的核心环节。其中,经济指标是项目成功的判断标准,而技术标准是项目实施的前提和保障。首先,项目策划方案的经济性是指以最小的经济投入达到最佳的策划目标,这也是项目策划功利性诉求的基本体现。其次,策划方案的技术可行性分析也是一个不可忽视的重要因素。项目策划能否实现需要特定的技术来保证,策划人员应对项目涉及的关键技术进行分析和论证,确保能完善并获得关键技术。

3. 效率分析

项目策划的效率分析是指方案在实施过程中能高效地利用和组织各种资源,确保实施效果能达到甚至超过项目预期目标的要求。项目策划方案要达到有效、可行,需要考虑实施过程管理人员的执行能力。事实上,管理者的执行力和理解力将决定项目策划的效率。策划者除了要考虑用最小消耗争取最大利益之外,还要考虑风险规避等问题,力争使项目在执行中风险最小,经过管理者努力基本上有成功的把握,能完满地实现策划的预定目标。

4. 情景模拟分析

项目策划方案在实施过程中极有可能出现各种不足或缺点。为了进一步改进和完善方案，策划人员可在方案实施之前，在小范围内对项目实施的过程开展情景模拟分析。所谓情景模拟分析，是指通过对事件或事物发生与发展的环境、过程的模拟或虚拟再现，让策划人员能够根据当下条件，在较短时间内判断项目成败的一种认知方法。例如，新产品开发可通过模拟的市场销售来检验其受欢迎程度。而其他用于试验性的实战推演，都是有效的情景模拟。

本章小结

项目策划需要创新性思维。创新思维具有独创性或新颖性、抽象性与概括性、发散性、灵活性、敏锐性、艰苦性的特点，可通过一定的方法加以引导，如头脑风暴法、德尔菲法、强行结合法、需求分析法、功能分析法、语义直觉法、类比法、抓住意外事件法等。

项目策划人员要懂得策划中的心理原理和创意原理，要熟悉那些会制约创意产生的心理障碍，包括晕轮效应、刻板印象、首因效应、自我投射效应、井蛙效应等，进一步拓宽创新思维的疆界。策划人员要熟悉项目策划的心理规律和情感规律，在充分满足消费者需求的基础上，赢得市场。创新和创意是有区别的，项目创意是项目价值创造和产生的过程。

项目策划思维的主要流程包括整理、判断、创新3个阶段。其中，整理就是确定项目策划所包含的范围、内容、流程及基础性数据搜集与梳理的阶段；判断是根据整理阶段的各种数据确定总目标以及实施关键流程是否可行的过程；创新是项目策划思维过程中对项目关键环节的思维突破，是创意融入项目的具体体现。三者相互关联，缺一不可。

项目策划具有功利性、社会性、创意性、时效性、超前性5个方面的内在诉求，它们是确定项目目标的基础。项目策划须遵循客观原则、整合原则、定位原则、价值原则、集中原则、信息原则、权变原则、可行性原则。这些原则为策划人员衡量和判断策划的优劣提供了依据。其中，客观原则强调目标、理念、行动贴近现实；整合原则要求在明确项目性质、主题及充分挖掘隐性资源的基础上进行资源整合；定位原则要求确立项目的总体定位；价值原则要求同时考虑项目的商业价值和战略价值；集中原则要求辨认出成败关键点，摸清对手的优缺点，并集中火力攻击对手的缺点；信息原则要求原始信息全面、可靠真实，信息加工准确及时，信息采集系统连续；权变原则要求加强动态管理意识，及时调整策划方案；可行性原则要求通过经济技术、效率、情景模拟分析来判断项目实施的可行性。

复习思考题

1. 简述项目策划创造性思维的特点。
2. 结合具体策划案例,谈一谈项目策划创造性思维的具体应用。
3. 结合具体的项目策划,谈一谈项目策划的内在诉求。
4. 找一两个项目,利用项目策划的基本流程,对其关键问题进行分析。
5. 项目策划的基本原则包括哪些?
6. 如何综合考虑项目策划的可行性?
7. 结合具体的项目策划案例,谈一谈项目策划的心理原理的运用。
8. 结合具体的项目策划,利用头脑风暴法对其市场前景等关键问题做出判断。

案例分析题

银鹭花生牛奶策划流程赏析

2005年,银鹭聘请叶茂中策划机构对其营销战略进行规划,以下是分析的基本流程。

(1)行业特点分析。国内饮料市场的强势品牌几乎都是伴随着某一品类的兴起而成长起来的。从某种意义上来说,饮料业是一个"时势(品类)造英雄(品牌)"的行业。品类的兴起通常会成就新的、杰出的品牌。例如,瓶装饮用水的兴起成就了娃哈哈和乐百氏;茶饮料的兴起成就了康师傅饮料;果汁饮料的兴起成就了统一饮品;功能型饮品的兴起成就了脉动……在这个行业内,品牌只有搭上品类成长的快车,才有可能取得高速的成长。

(2)行业趋势分析。仔细回顾整个饮料产业演化的过程,则不难发现该行业有以下几个重要的发展趋势:第一,健康已成为行业发展的大方向。营养强化饮料、保健饮料、茶饮料、果蔬汁饮料、运动饮料、植物蛋白饮料等处于强劲发展的态势。为顺应这一潮流,两乐(可口可乐和百事可乐)都已强化了它们的"非碳酸饮料"的市场定位。第二,从单一功能向满足复合需求的转化。饮料的作用已不限于止渴,它已开始承担营养、保健乃至满足消费者情感、精神和文化需求的功能,其品牌包含了"时尚、地位、情感"等诸多的内涵。第三,品类界限开始模糊。诸如果茶(果汁+茶饮)、爆果汽(果汁+碳酸)、花生牛奶(植物+乳饮)、牵手(蔬菜+果汁)等新颖品类层出不穷,已打破不同饮品严格区分的旧格局。

（3）发展困境分析。现有饮料市场的三大强势品类——碳酸、瓶装饮用水、茶饮，已被可口可乐、百事、康师傅、娃哈哈等品牌占据了绝大部分的份额，市场格局相对稳定，机会有限。作为品类的追随者，银鹭难以在这些市场中有所作为。而两大成长性品类——果汁与功能性饮料市场，也已被脉动、激活、劲跑等品牌抢尽先机，难以介入。显而易见，作为饮料行业的弱势品牌，直接切入强势品类，从强势品牌手中分一杯羹的"非常可乐"式战略，既不适合也不属于银鹭。此外，将目光投向几个尚未成为主流的产品品类（如蔬菜汁饮料）也有一定的难度。事实上，在策划发动的前几年，牵手、农夫果园包括银鹭在内的一些品牌，都曾在蔬菜汁饮料上有过较大的市场推广和投入，但一直未能形成消费热潮，并使之成为饮料市场的主流。由于国人对蔬菜的价值及口味有其固有的认知，因此要改变成见还需时日。尽管乳品市场的快速增长有目共睹，但含乳饮料不仅有娃哈哈、乐百氏等已拥有良好群众基础的饮料巨头，伊利、蒙牛等新贵也优势明显，斩获了大部分份额，这个市场似乎也容不下银鹭。

（4）确定方向。在经过多轮的讨论与分析之后，策划人员将目光转向了"植物蛋白饮料"。与其他饮料市场不同的是，"植物蛋白饮料"市场尽管已存在了数十年，其间还培育出几个不大不小的、活得非常滋润的品牌（如"银鹭花生牛奶"等），但饮料巨头并未介入到这个市场之中。总体来看，该品类市场有以下几个特点：第一，容量不大，格局稳定，表现最为突出的品牌是露露和椰树，二者占据了市场份额的大头。第二，竞争相对平缓，无大资本及饮料巨头强力进入，竞争多聚焦于"内战"，即与同类产品争夺份额。第三，缺乏创新，产品、技术及市场手段几乎一成不变。第四，成长稳定但缓慢，却未能成为消费的主流。

从饮料行业的消费趋势来看，植物蛋白饮料所具备的"天然、绿色、营养、健康"的特征，非常符合饮料及追求健康生活的消费潮流，因此极有可能成为下一轮的消费热点，成为饮料市场的主流产品，进而获得爆发性的增长。更为重要的是，植物蛋白饮料市场竞争水平较低，露露和椰树等品牌也不如其他饮料市场上的品牌那么强势。这些领导品牌与银鹭相比，并不具备压倒性优势。因此，银鹭完全有机会在植物蛋白饮料市场上反超竞争对手，成为这一品类市场的新的领导品牌，搭上品类成长的快车，进而实现品牌与市场的双重突围。

（5）发现突破口。在对银鹭市场终端走访的过程中，策划人员发现了一个极其反常的现象。在福州、厦门、东营以及很多银鹭处于相对弱势的一线、二线市场，甚至包括那些此前完全没有银鹭饮料销售的市场及终端中，"PET包装的银鹭花生牛奶"竟然和可口可乐、康师傅冰红茶等强势品牌的强势品类产品摆在了同一个货架上。而比PET花生牛奶早上市、市场基础更为良好的三片罐银鹭花生牛奶及利乐包花生牛奶，在这些地方反而难觅其踪。

上述现象直接说明，由于包装形态的变化，PET包装的银鹭花生牛奶所满足的需求、所进入的市场、所面对的竞品及所面对的消费群体已完全发生了改变。很大程度上，3种不同包装形态的花生牛奶实质上已被消费者包括商家在内，看作3种完全不同的产品。PET装花生牛奶由于包装上的创新，则进入了整个饮料业最主流、容量最大的一块市场——即时饮品消费市场。对于银鹭来说，最大的利好就是迄今为止还没有任何一个植物蛋白饮品切入这一市场。PET装花生牛奶的出现，使得身处"植物蛋白饮料或含乳饮料"（弱势品类）的银鹭（饮料业弱势品牌）花生牛奶和那些强势品牌的强势品类产品站在同一个舞台上。

（6）制定营销战略。根据上述分析结果，策划人员将银鹭饮料的营销战略目标分为两个层面：第一，从植物蛋白饮料的挑战者成为植物蛋白饮料市场的领导者；第二，借助公司在"植物蛋白饮料"品类上的优势，从饮料市场的追随者、利基者转变为挑战者。

明确品牌定位之后，策划人员从渠道、价格和产品的角度，对银鹭的营销战略进行了分解。

第一，在渠道上，实施"渠道激活策略"，期望通过对渠道的重新梳理整合，实现银鹭饮料渠道管理的全面提升。具体来说，就是要重新定位经销商，重新定义企业与经销商之间的关系，实现3个转化，即从"益友"到"良师"、从"助销"到"促（相互督促）销"、从被动"推着走"到主动"抢着跑"，让渠道关系成为银鹭饮料参与市场竞争的核心能力。

第二，在价格上，实施价格与经销商利润、努力程度相匹配的策略。公司继续保留原有终端精耕模式的市场，根据经销商所承担的营销职能及相应成本，将经销商利润控制在相对合理水平之上。而在开始实施银鹭饮料渠道变革的市场上，则对经销商市场拓展及服务职能进行完善，在充分考虑经销商所增加营运成本的基础上，调整甚至提升其毛利空间，使经销商利润趋向合理化，促进渠道实现良性循环。

第三，在产品上，根据银鹭饮料"新植物蛋白的领航者"的总体战略目标，为银鹭产品线设置制定了"产品聚焦（植物蛋白品类），品种集中（PET包装），多品种、多渠道、全覆盖"的总体原则，期望以植物蛋白饮料为突破口，以植物蛋白饮料系列产品为主力核心产品，以改造后的PET装植物蛋白饮料为主力核心品种，开发补充适合不同通路包装的植物蛋白饮料品种，满足不同市场、不同通路终端及不同消费人群的实际需求。

（7）强势出击。2005年3月2日，策划团队在厦门悦华会展中心参加了"银鹭全国经销商大会"。此次大会上，一系列的产品创意引起经销商的强烈兴趣和共鸣。银鹭PET新产品在当天一次性的订货量竟然比2004年同期高出了10倍。2005年4月，新品到位的终端立即引起消费者的购买，当月供货缺口达到了 80 万件左右，银鹭生产线告急！

　　为满足迅速升温的市场需求，银鹭加快了新生产线的安装与调试。紧接着，银鹭花生牛奶广告在中央电视台强势登录。公司新聘请的明星与具有强烈戏剧性的广告创意，将产品的卖点演绎得完美无缺。与此同时，专门用于进攻终端市场的"白里透红你最红"大型公关促销活动，也在全国全面铺开，赢得了消费者的充分关注。在强有力的品牌传播手段的推动下，银鹭品牌及其所强调的植物蛋白饮料也乘风而上，快速迎来了销售井喷的大好势头。

　　问题：

　　1．从项目策划的基本流程来看，银鹭花生牛奶的策划有什么特色？

　　2．银鹭花生牛奶策划中的营销策略构思过程体现了创造性思维的什么原则？

　　3．策划人员对银鹭花生牛奶策划的突破口是如何界定的？它和竞争对手的弱点有什么关联？

第3章

项目策划的结构性分析方法

> 系统思考是一种自心灵彻底的革新，是开启一扇重新看世界的窗。
> ——彼得·圣吉

📖 引导案例　三峡大坝建设的忧与思

　　三峡大坝建设于1992年获全国人大批准，1994年正式动工，2003年开始蓄水发电，2009年全部完工。三峡大坝是世界上规模最大的水电站，也是中国有史以来建设的最大型的工程项目，由它所引发的诸多问题也使其充满了巨大的争议。三峡大坝的主要效益是防洪、发电，其中防洪被认为是最核心的效益，而经济效益主要体现在发电上。大坝建成后，其巨大库容所提供的调蓄能力，使下游荆江地区能够抵御百年一遇的特大洪水。不仅如此，整个工程也有助于洞庭湖的治理和荆江堤防的全面修补。由于三峡电站采用的是水电机组，它的成本主要是折旧和贷款的财务费用，因此项目利润非常高。然而，大坝建设的最大难点是工程移民，移民安置费占工程总投资的45%。虽然移民城镇基础建设可很快建好，但由于工业发展较差，经济增长缓慢，因此有可能导致较高的失业率。三峡大坝对环境影响也非常广，库区人民的最大担忧来自水库的污染。由于水流静态化，污染物不能及时下泻而蓄积在水库中，因此已造成了水质恶化和垃圾漂浮现象，并有可能引发传染病。在国防安全方面，有人担心一旦我国卷入战争或者遭受恐怖主义袭击，三峡大坝将成为受袭击的目标。此外，三峡是我国著名的风景区，在大坝蓄水后，三峡峡谷的风景将会受到一定程度的削弱。

任何一个项目，无论大小，都有自身的系统，而对策划人员来说，由于所处视角不同，因此对它的观照也就出现了差异，这也是三峡大坝充满争议的根本原因[①]。三峡大坝的案例也告诉我们，只有准确地把握项目的系统特征，才能得出与事实最匹配的策划。诚如彼得·圣吉所说，"自幼我们便被教导把问题加以分解，把世界拆成片片段段来理解。这显然能够使复杂的问题容易理解，但是无形中我们将付出巨大的代价——全然失掉对'整体'的连属感"。因此，要让项目策划变得更科学，策划人员必须具备系统思考的能力。

📂 本章学习目标

- 掌握系统的基本概念，了解项目作为一个系统的基本特点，掌握系统思考的基本特点，明确系统思考在项目策划中的作用，学会运用系统思考来探究项目的内在结构。
- 明确结构性分析方法与系统思考的关系，掌握结构性分析方法的基本原理，理解结构性分析方法的理论基础，重点掌握项目策划的操作模型及具体步骤并加以运用。
- 掌握结构性分析方法的基本框架，熟练掌握基本框架中的架构问题、设计分析框架、收集数据、解释结果和阐明理念5个基本流程，以及各个流程的具体内容。
- 理解项目策划过程管理的内涵，掌握团队管理、客户管理、自我管理的技巧。

3.1 系统思考与项目策划

项目是一项系统工程。系统思考将引导策划者由看片段到观照项目整体，由看个别事件到看项目变化的内在结构，由静态分析原因到看见不同因素之间的互动与演化，进而寻求一种动态的平衡。如果说创新思维为项目提供了创意和特色，那么系统思考则为项目提供了行动的地图，为策划人员在关键流程与因素的判断中找到了符合项目系统自身发展规律的行动方案。

[①] 2016年6~7月，长江中下游湖北等省份暴雨成灾，河道漫溢，一些地方溃堤倒坝，长江中下游防洪形势一度变得异常严峻，而这也再一次引起了人们对三峡大坝功能及实际作用的怀疑。

3.1.1 系统思考的基本概念

1. 系统

要养成系统思考的习惯，先要理解系统这个概念。作为物质世界存在的基本方式和根本属性，无论在自然界还是人类社会，系统都是普遍存在的。例如，我们所处的社会就是一个系统，它由政治、经济、文化等子系统组成。而策划人员所面对的项目也是一个系统，它由组织内外环境等子系统组成。事实上，系统是由一组相互作用、相互关联又相互依赖的局部所组成的，是具有特定目的、复杂而统一的整体。系统具有以下7个显著的特点。

（1）任何系统都由两个以上的要素或部分构成，系统内部应具有可分析的结构。例如，影响一个项目能否成功有范围、组织、质量、时间、成本、资源和环境7大要素，项目所遇到的问题往往存在于上述系统之中。因此，进行项目策划分析时，就要系统考虑上述所有因素及它们之间的内在关联，而不是简单地局限在组织或者资源等某一个环节上。实际工作中，人们已习惯于从局部出发，常常为了维护自身利益而指责他人，结果导致部门与部门之间形成保护壁垒，从而无法实现有效的资源整合及管理沟通。

（2）系统具有目的性，每个系统都有其存在的特定原因。系统是为特定的目的而设计的，如果没有一个目的，它就不存在了。正如第1章中所强调的，目的性也是项目这类系统的首要特征。以组织系统为例，任何组织，包括企业在内，都有一个核心目标，这个目标有时比创造利润更为重要。例如，海尔为民族打造世界品牌的目标决定了它的行为结构。

（3）系统中的各个部分以特定的形式组合在一起，使得系统能够实现其目的。系统内部各要素之间、系统要素与系统整体之间的相互作用，形成了特定的结构，进而构成了一个统一的有机整体。例如，拆下电脑硬盘，拆下电脑的CPU，去掉它们之间的合作关系，或者在商业项目中去掉与顾客的合作，去掉研发或营销功能，就会导致这些系统的崩溃或能力降低。系统内的每一个部分都不是孤立存在的，它们相互依赖、相互影响、共同演化。

（4）系统是开放的，每一个系统都存在于更大的系统中。单个系统在保持自己目的的同时，又与其他系统共同服务于一个更大的目的。例如，三峡大坝蓄水系统是为了防洪，而蓄水又会带来充裕的电力，蓄水和发电组合在一起，为全国经济建设提供了更好的服务。不仅如此，每个系统与一个更大的系统始终保持着密切的关系，这种关系可能非常复杂。而大系统中的子系统的任何变化，都将影响到与之相关的其他系统。气象动力学家洛伦兹说："一只蝴蝶在巴西扇动翅膀，可能会在美国的得克萨斯州引起飓风。"

这绝不是夸张，上述效应已被广泛地运用到金融、环境研究之中。因此，在实际工作中，人们应该清楚，有些小事看似"小"，若如经过系统放大，则会对一个企业、一个项目产生重大的影响。

（5）系统具有趋于稳定的特性。每个系统都有其偏好的设置，尽管外部影响总是试图改变这些设置，系统却在极力地维持现状。例如，制造企业的销售对象每天都有不同，然而一旦它的销售渠道开始固化，企业对现有渠道的依赖性就会变得越来越强，进而越难突破现有渠道的障碍，以致不能发展新的客户。因此，即使面临销售困难，也只有选择维持现状。事实上，系统一旦趋于稳定，就有可能成为良性变化的阻力。组织在推行变革过程中会遇到这类问题。而在解决问题时，人们会受制于一些习惯的解决方法或经验，也是系统惯性使然。

（6）系统具有反馈能力。反馈指任何能够返回到其来源，并能够改变系统的信息或者数据。例如，环境恶化就是自然系统的反馈，人力资源效率下降就是组织系统的反馈。如果系统是健康的，则能够意识到这些反馈并进行回应。当系统无法准确地识别、理解反馈或者根据反馈进行回应时，就会发生功能障碍或者紊乱。

（7）系统问题解决需要系统思考的能力。系统不仅是复杂的，而且是动态变化的，这个变化还是非常迅速的。人们在面对一个复杂而又迅速变化的系统时，很难产生准确的判断。因此，不管多么有价值的信息，单独看并没有什么特别的意义，加在一起仍然是一堆信息，而从系统的角度进行整体分析时，质变就发生了。因此，我们需要一个类似广角镜的工具，协助打破多年来形成的片断性思考方式，而这个工具就是系统思考。

2. 系统思考

系统思考是随着彼得·圣吉《第五项修炼》一书流行而闻名于世的重要概念和管理技术。从理论上来看，系统思考是以系统动力学为核心的，而系统动力学源自控制论（cybernetics）。"控制论"这一名词源于希腊语，原意为"驾驶者"。该理论为人们指引出由工程技术转向管理技术的道路。在控制论和系统动力学的指引下，彼得·圣吉用10年时间研究出系统思考、学习型组织等理论。系统思考不是充满学究气的活动，而是极其务实的一种思考工具，可以应用到各类商业和组织管理活动之中。它具有以下3个特点。

（1）系统思考要求以整体的观点对复杂系统构成组件之间的连接进行研究。系统思考解决问题的方式是认识到复杂系统之所以复杂，是因为系统各个组件间的联系。因此，如果要理解系统，就必须将其作为一个整体进行审视。事实上，只有这样，人们才能避免"竖井"式思维和组织"近视"这一对孪生并发症的危害。例如，在项目策划中，策划人员不仅要对项目关键流程进行逐一判断，而且要对流程之间的关联进行整体的判断。

（2）系统思考是解决复杂问题的工具、技术和方法的集合，是一套适当的、用来理解复杂系统及其相关性的工具包，也是促使人们协同工作的行动框架。从字面上看，系统思考仅仅是一种思维方式，但它实质上是一种更重要的组织管理模式。它要求将组织看成一个具有时间性、空间性且不断变化的系统，考虑问题时要进行整体而非局部、动态而非静止、本质而非现象的思考。因此，如果人们希望能够影响或控制系统的行为，就必须将系统作为一个整体来采取行动，而在某些地方采取行动并希望其他地方不受影响的想法注定要失败，这也是连接的意义所在。系统思考的精髓是用整体的观点去解决问题。

（3）系统思考的视野拓宽并不是以忽视细节为代价的。为了科学地进行思考，人们要适当划分并界定系统的范围。因此，系统思考又称为"见树又见林的艺术"。例如，在昆明世界园艺博览会案例中，策划人员既要考虑办会的需要，同时要结合实际情况，通过细节的调整，为项目增添云南的特色。鉴于系统思考对处理复杂事件具有重要的价值，彼得·圣吉认为，"系统思考是一种自心灵的彻底革新，是启开一扇重新看世界的窗"。

3.1.2 项目策划中的系统思考

从项目的整体性特征来看，项目策划的优秀与否常常取决于策划人员的系统思考能力。通常，在策划过程中，策划人员需要将项目视为一个系统来进行系统的分析。

（1）分析项目作为一个系统的内在结构。这里的结构既不是指论证上的逻辑结构，也不是指组织平面图上显示的结构。实际上，项目结构是指随着时间的推移，影响项目结果的一些关键性的相互关系。这些关系不是存在于人与人之间的相互关系，而是存在于关键性的变量之间的关系。统计学将这种关键因素看作影响一个事件的重要变量。例如，对于一个商业性项目来说，人口、政治、经济、社会、自然资源、策划人员的构想，以及技术和管理等要素，就是重要的变量。策划人员必须学会判断影响项目成败的关键变量，并依据变量之间形成的内在结构制定相应的策略，以保证后续策略能符合项目建设的需要。

（2）分析项目内在结构的组织形式，探讨这些结构变量的内在关联。一般来说，对于一个特定的系统，策划人员可以很快地找出其内在结构的组织形式。例如，项目营销系统中的4Ps，或者产业竞争分析的"五种作用力模型"，就是特定系统中的变量组织形式。然而要探讨这些变量之间的内在关联，就显得非常困难，因为这需要专业判断和策划经验的支持。例如，在面临一个竞争对手降低价格时，企业价格策略的调整则是在综合考虑产品、渠道和促销等变量的基础上做出的决策。事实上，单一的价格变动并不能有效回击竞争对手的攻击行为。不仅如此，如果只在价格上做调整，还有可能导致价格战，甚至影响全行业及企业本身的利润率。由菲利普·莫里斯公司发起的香烟降价就是一个很好的案例[①]。

（3）分析项目建设的目的，并与项目利益相关者建立共同愿景[②]。目的是项目作为一个系统存在的基本依据。尽管同一项目依据不同的标准，可以有不同的目的，但是在这些目的中，必然存在一种主导型的目的。例如，三峡大坝既有防洪的目的，也有发电的目的，而防洪是其主导型目的。事实上，对于主导型目的的判断与其他子目的的分解，就构成了项目实施的愿景。例如，三峡大坝要在保证防洪的基础上，通过长期发电，为我国经济建设做出相应的贡献。而这对于策划人员而言，就是要在主导型目的的基础上与项目利益相关者（主要是指发起者）达成共识，这样才能形成项目所有利益相关者所接受的共同愿景。上述共同愿景正是策划人员实施策划的方向和依据。

（4）界定项目所从属的系统，并划分项目的子系统。如前文所介绍的，项目作为一个开放的系统，它不仅拥有自身的子系统，也从属于其他更大的系统。因此，如何界定项目所从属的大系统，并有效划分其子系统，显得非常必要。例如，在看待产业竞争的问题上，策划人员既可以简单地将项目的竞争范围界定为产业内直接竞争系统，也可以像迈克尔·波特那样用一种拓展式的思维方式，将产业竞争界定为由"现有竞争对手、潜在竞争对手、供应商、买方和替代品"等共同组成的竞争系统。而不同的界定会影响策划人员对系统结构的判断。事实上，在子系统划分上也是如此。例如，项目作为一种商业行为，必然涉及资金、人员、时间等要素系统，而忽略其中的任何一个环节，都有可能导致策划人员无法合理安排资源和保证资源运用的效率，甚至导致项目的失败。以田忌赛马为例，田忌在马匹、技术、骑手等条件均无法改变的情况下，着眼于从"结构性"上适当整合系统资源，提升了竞争力，在整体处于劣势的情况下取得了胜利。

[①] "万宝路"是菲利普·莫里斯公司（Philip Morris）的香烟品牌。1992 年，仅在美国市场上，其销售额就超过了 1 240 亿美元。然而，由于一些打折香烟品牌的出现，万宝路市场份额开始逐渐下降。为了痛击竞争对手并夺回市场份额，1993 年 4 月，莫里斯公司决定将万宝路每盒价格下调 40 美分，降幅达 20%。这个战略是以俄勒冈州的市场测试为基础的。测试人员认为，这样做可使万宝路从打折品牌那里夺回四个百分点的市场份额。但是随着行业内主要竞争者的疯狂降价，不久行业内就没有人能够赚钱了。不仅如此，莫里斯公司也减少了 10 亿美元的利润。而华尔街的反应是，从降价的那天起，公司市值大幅降低了 134 亿美元，股票价格下降了 23%。这是 6 年来单只股票在一天之内跌幅度最大的一次，这也使得该公司 25 年来第一次不能增加它的分红。为了恢复赢利能力，公司宣布裁掉 14 000 名员工（将近员工总数的 8%），并关闭 40 家工厂。

[②] 愿景是指一种共同的愿望、理想、远景与目标，它是组织和项目管理者对一个项目未来的图景式展望。建立共同愿景对于凝聚员工精神有着重要的促进作用。

（5）研究项目系统的自身配置，掌握项目系统运行的内在规律。以飞机为例，早在1903年12月的一个清冷早晨，莱特兄弟在美国北卡罗来纳州小鹰镇，利用简陋飞行器证实了动力飞行是可能的。但是，过了30年，人们才发明出服务于一般民众的航空器——1935年由麦道公司推出的DC-3飞机。而之前所有商业飞机的实验都失败了，为什么呢？DC-3是历史上融合了5项重要技术而形成的一个成功的飞行器，这些技术包括可变间距的螺旋桨、伸缩起落架、一种质地很轻的金属集体构造、辐射状气冷式引擎和摆动副翼。要成功飞行，5项技术缺一不可。比如，1934年推出的波音247，因为少了摆动副翼，起飞和着落都不稳定。因此，要成功完成一个项目，对其系统配置的了解是必需的。

（6）动态回应项目的反馈。这是遵循项目策划权变原则的必然结果。项目策划在执行的过程中必然会出现各种各样的结果，策划执行人员必须能够根据这些结果，系统地进行分析，从而了解系统的反馈。例如，为了保护大象，许多国家建立了森林公园。一开始，大象得到了保护，其数量在持续增加。若干年后，大象却开始大批死亡。为什么呢？由于大象的数量以几何级数增加，公园里的树叶被吃得精光，而高处的树叶够不着，大象就把树连根拔起，使整个生态遭到了破坏。事实上，正是政府部门忽视了大象数量增加对系统的破坏，才导致了大象的成批死亡。在企业生产中，很多企业也是盲目地上项目，拼命扩大生产规模，结果产量上去了，价格却下降了，增加了投资却没有带来任何收益。

（7）整体思考项目策划的行动方案。系统思考在很多情况下是个人与团队行为的结合，项目策划基于策划人员心灵深处的不断反省，它强调尊重个人的愿景，并建立共同愿景。一个优秀的项目策划基于策划人员本有的创造性群体交谈能力，也使团队比个体更有智慧。事实上，项目策划还基于策划人员对项目系统概念化和共同了解的能力上，它基于重视整体运动而非局部分析的思考方式。整体思考需要策划人员具备合作的精神和展开头脑风暴的能力，从而能够在相互启发下全面考虑部分与系统之间的关系。

3.2 结构性分析方法

面对复杂的项目，该如何切入、如何实现系统地思考，这是一个重要且现实的问题。因此，为了将项目策划中的系统思考变得可行，这里借鉴了艾森·拉塞尔等在《麦肯锡意识》一书中提到的"结构性分析"工具。作为麦肯锡咨询公司多年来形成的一套分析问题的方法，拉塞尔等人深谙其道。这种方法从"结构"着手，通过假设，抽丝剥茧，直至找出解决问题的途径。事实上，该方法正是麦肯锡面对各种复杂咨询方案而形成的专业判断工具。本书中，我们对其进行了改进，使之更适合项目策划中的系统思考。

3.2.1 结构性分析方法的基本原理

结构性分析方法在许多学科中都有运用，它是系统思考的重要表现形式之一。在很多场合，结构性分析方法以一种特定的分析框架或模型来表述。例如，项目策划中经常运用的产业结构分析，就是一个很好的例证。作为产业内部竞争状态的描述，产业结构可以划分为完全竞争、垄断竞争、垄断和独占等几种结构，每一种结构都有其自身的特点。事实上，如上文所介绍的，特定的系统有其自身稳定的结构，而系统的结构又决定了系统的行为。因此，在系统思考的基础上，产业组织理论围绕竞争结构的分析框架，形成了专门用于研究产业绩效、行为和结构三者之间关系的 SCP 范式（分析框架）[①]。这个范式对策划人员来说也有巨大的价值。策划方案可借助竞争结构的分析，获得行为策略设计的灵感。

从上述分析来看，结构性分析方法强调了对系统结构的关注，它从系统内在结构，即影响系统未来行为的关键变量着手，逐步推演出策划分析的基本框架。其次，结构性分析方法强调方案的可操作性，强调对系统结构复杂性的关注。很大程度上，采用结构性分析方法可以避免所谓的结构性限制。这种限制主要表现为以下两种形式：第一，横向不确定性限制，即项目策划人员不清楚他人或竞争对手正在干什么；第二，前向不确定性限制，即策划人员不清楚未来会发生什么，即项目所采取的策略会导致什么结果。

3.2.2 结构性分析方法的理论基础

人们对结构的认识有几种不同的观点。从系统的角度来看，结构是指影响系统未来变化的关键变量，它体现出一种稳定的配置。从解决问题的角度来看，艾森·拉塞尔等认为，"结构是指解决问题的分析框架，一般是指首先界定问题，然后将问题细分"。从思维的角度来看，策划思维讲究对项目结构的探索，同时思维本身也要体现结构性特征。与其他思维方式相比，它既要有程序化思维，也要有角度性思维，两种思维形式要统一。

从项目策划的角度来看，上述 3 种观点之间不仅不存在矛盾，还存在有机的内在联系。本书将上述 3 种观点加以统一，作为项目策划结构性分析方法的理论基础。首先，策划人员的思考基点是从项目自身稳定的结构开始的，策划人员要具备判断关键变量或

[①] 所谓的 SCP 范式，是产业组织分析的一种重要工具。该范式认为，产业结构（Structure，竞争对手的多寡）决定了产业行为（Conduct，价格战或者其他行为），并决定了产业绩效（Performance，产业利润率）。

影响因素，以及它们之间内在关联的能力。其次，找到项目系统稳定结构后，必须在思考中理清变量与变量之间的逻辑关联，使常规思维和创新思维都符合系统发展的内在规律。最后，在创新和程序化思考中形成问题解决的结构性分析框架，在保证思维逻辑统一的基础上，再针对影响关键变量的每一个问题，找到解决问题的根本途径。例如，在进行房地产策划时，策划人员必须先掌握影响消费者购买决策的关键变量，然后针对这些关键变量进行常规和创新性分析，并提出影响消费者购买决策的关键问题，最后形成结构性分析框架。逐一解决上述问题，直至形成有效的房地产项目策划。事实上，上述3种观点的统一，体现了项目策划在理解系统结构、进行系统思考和创新思维方式上的高度统一。

3.2.3 项目策划的操作模型

从策划目的来看，项目策划不仅需要建立解决客户问题的战略方案，还要尽可能地帮助客户加以实施。项目策划工作的过程可细分为6个步骤，具体模型如图3-1所示。

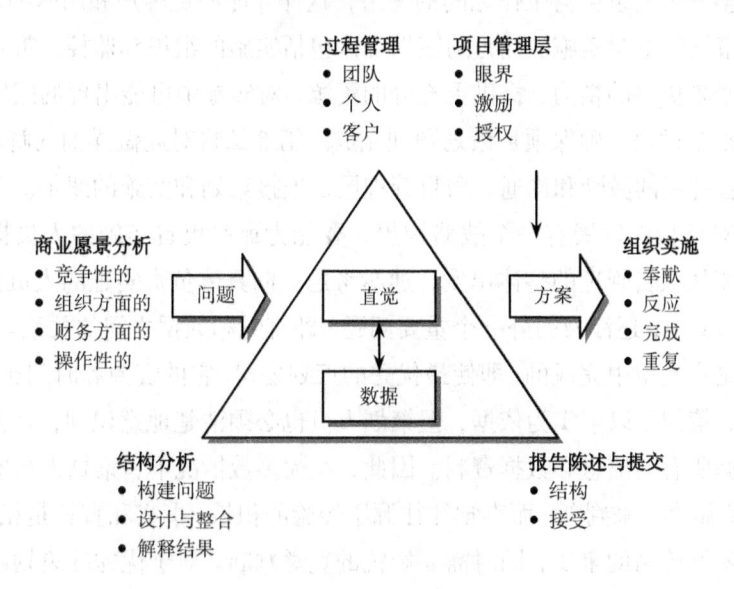

图 3-1 项目策划的工作模型

（1）项目策划的商业愿景分析。没有项目发起者的商业愿景，也就没有什么可策划的了。策划人员应从项目商业愿景出发，认真识别项目作为一个系统存在的基本目的或需要解决的问题。正如第2章所介绍的，尽管项目发起者的愿景是多种多样的，但是从本质上来讲，这些愿景主要存在于4个方面，即竞争性的、组织方面的、财务方面的及操作性的。所谓竞争性的愿景，主要指如何应对现有竞争，并确立项目自身的竞争优势；

组织方面的愿景是指如何切入组织发展的战略，透过项目带动组织发展，提升组织的地位或能力等；财务方面的愿景是指项目的收益能力或现金流的获取能力；操作性的愿景是指项目策划的可操作性及具体实施路径。

（2）项目策划的结构分析。这包含三小步：① 构建问题。界定和划分项目所在的系统和子系统，考虑影响不同系统的关键因素，界定关键因素所面临的问题，并对问题进行细分，提出初始假设。② 设计与整合。收集必要的数据，设计并整合能够证明或证伪初始假设的分析框架。③ 解释结果。根据证明或证伪的结果，提出解决方案。

（3）项目策划的报告陈述与提交。提出的项目解决方案只有客户接受之后才有价值。要达到这个目标，必须向客户提交结构清晰、简单明了的报告。而在做陈述时，策划人员应能简单地、清晰地表达观点和理念。第9章中，我们将对此做详细的描述。

（4）项目策划的过程管理。为了顺利地完成项目策划，策划团队的管理是不可缺少的。策划人员应能根据项目的需要，合理地组建团队，恰如其分地进行人员安排，不断激发策划团队的积极性，时刻与客户保持联系，形成互动式的交流。策划人员也要加强自我管理，调整好个人事务与工作之间的关系，这样才能满足客户和团队的需要。

（5）项目策划的组织实施。优秀的策划应该包括实施的组织和监控。策划人员在实施过程中应能奉献更多的精力，提供更充分的资源，对实施中可能出现的问题迅速做出反应，跟踪实施全过程，确保项目策划顺利完成。第8章将对此做详细的解释。

（6）项目管理层的激励和沟通。项目管理层是连接策划和实施的纽带。掌握项目成败的决策者要对项目的发展有一个战略构想，要能为那些负责实施的人员提供激励机制。领导层还要从项目管理的整体出发，通盘考虑，向具体负责实施的人员正确授权。

图3-1的模型中，还涉及另外一个重要问题，即直觉和数据之间的关系。众所周知，解决问题并不是在真空中完成的。即使最优秀的策划公司，它的资源和时间也是有限的。虽然一再强调，策划要以事实为依据，但策划人员也必须清楚地意识到，在提交方案之前，不可能掌握所有的信息和数据资料。因此，在大多数情况下，策划人员既要以事实为依据，也要依靠直觉来判断，而直觉往往源于经验的积累。事实和直觉是相辅相成的，正确的判断离不开确凿的事实，同时需要敏锐的直觉判断。对于优秀的策划团队和个人来说，经验累积也是知识管理的过程，这是许多策划团队之所以优秀的基础。

3.3 结构性分析方法的基本框架

上述6个步骤中，结构分析、报告陈述与提交、过程管理构成了项目策划解决问题的核心三角。本章在介绍结构分析的同时，将对过程管理做简要的阐述。结构性分析方法的基本框架包括构建问题、设计分析框架、收集数据、解释结果和阐明理念 5 个流程。

3.3.1 构建问题

构建问题的目的就是在系统分析的基础上,找到影响项目成败的关键变量及结构,设计或寻找相应的分析框架,探寻策划最终拟解决的关键问题,向客户解释策划的事实与理论依据,阐明策划的理念。构建问题包括界定系统、确定结构、逻辑分析和提出假设 4 个步骤。

1. 界定系统

项目策划的过程往往是从界定和划分系统开始的,这是系统思考的必然要求。例如,在分析三峡大坝的可行性时,项目策划者必须掌握在什么系统内考虑大坝的建设所面临的各种问题。从案例中可以看出,大坝建设所涉及的环境、国家安全、移民、旅游、防洪等一系列问题,它们分属于不同的子系统,需要从不同的角度加以思考。

界定系统是以事实为依据的。事实是友善的,它是建立和支撑策划的砖石。任何项目都有自身所从属的大系统,也有拥有自己的子系统。一般来说,项目越大,其系统范围就越大,子系统就越多;反之亦然。对于一般性商业项目来说,其所从属的系统可称为外部环境系统。其中,第一类是由政治、经济、文化、社会、环境和技术组成的环境系统;第二类是由竞争对手、替代品、买方、供方和潜在进入对手组成的产业系统;第三类是由企业资源、战略、价值链、管理等构成的组织内部管理系统。而商业项目的子系统包括人、财、物、社会关系等构成的项目资源系统,以及由各类项目管理职能和活动构成的价值链系统。由于类似项目具有系统的相似性,因此在处理同类项目策划时,积累的知识和经验将会产生作用。事实上,这也是麦肯锡等优秀咨询公司知识管理[①]能够成功被复制的关键。

通过对项目系统的分析,策划范围就会得到准确而清晰的界定,这一点非常重要,否则策划工作将会变得非常复杂。例如,在进行房地产策划时,策划人员只需要综合考虑当地外部环境与产业环境中的问题,而一旦将重点扩大到全国范围,则既增加了工作量,同时也使策划人员无法进行准确的判断。不仅如此,准确的系统界定也让策划人员明白了问题的重点。在对项目从属系统的分析中,策划人员找到了环境中存在的机会和

---

① 知识管理是指在组织中构建一个量化与质化的知识系统,让组织中的资讯与知识,透过获得、创造、分享、整合、记录、存取、更新、创新等过程,不断的回馈到知识系统内,形成永不间断的累积个人与组织的知识成为组织智慧的循环,在企业组织中成为管理与应用的智慧资本,有助于企业做出正确的决策,以适应市场的变迁。

威胁，以及项目发起者的优势和劣势。在此基础上，策划人员就可以更好地设计子系统的关键流程，在突出项目特色的同时，注重项目所与外部环境、企业实力之间的匹配。此外，通过系统界定，项目策划人员还可以确定项目的商业愿景，并以此作为指导后续策划的战略性目标。例如，在昆明世界园艺博览会策划中，其商业愿景就是要通过办会来推动云南的社会经济，实现云南的产业转型，它也为后续努力提供了方向。必须指出的是，确定商业愿景既是综合考虑内外环境的结果，也是策划者与发起人之间共同协商的结果。当然，一些商业愿景是项目发起者给定的，这种情况下策划人员必须对其可实现性做出判断。

2. 确定结构

系统界定完成后，就可以根据策划思考的范围，确定影响项目的关键变量及其内在的结构了。例如，进行超级女声栏目设计时，策划人员必须考虑观众、同类栏目、电视管制等影响收视结果的关键变量。而在发现和探索结构的过程中，一般应遵循以下3个原则。

（1）遵循MECE的原则。MECE是Mutually Exclusive、Collectively Exhaustive 4个单词的首个字母组合，意思是相互独立、完全穷尽。在探究影响商业项目的关键变量或解决其他商业问题时，MECE意味着既要挖掘出影响项目成功的所有关键变量，同时要保证这些变量不存在重叠的弊病。例如，在分析影响超级女声栏目受众观看行为的人口统计因素时，可确定性别、年龄、收入、教育程度等所有不重叠的关键变量。

（2）敢于借鉴成功的模型。对于策划人员来说，很多商业问题都已经拥有了结构性的解决模型。这些模型已经对影响问题的关键变量进行了总结。例如，要判断企业项目的优劣，策划人员可以利用波士顿矩阵加以分析。如果再复杂一些，还可以用GE矩阵加以分析。麦肯锡咨询公司就曾告诫自己的员工，"不要去发明新的轮子"[①]。因为对大多数项目策划问题而言，彼此间相像的地方要多于彼此间有差异的地方。这意味着，用成熟的模型与技巧，用过去的经验和方法，可以快速地找出影响项目的关键变量和内在结构。

（3）关注每一个项目的自身特点。尽管策划问题之间存在许多相似点，但这并不意味着相似的问题就有完全一样的解决办法。策划人员必须明白每一个客户和项目都是独

---

① 轮子是世界上最伟大的发明之一。这里的轮子是指"思想之轮"，指代那些经过检验、具有强大生命力的各种理论模型或实用工具。这些模型既是分析特定问题的系统工具，也是掌握问题内在结构的理论基础。例如，5种作用力模型对分析产业竞争就有良好的解释力，对理解产业竞争对手有重要的帮助。

一无二的，用相同的框架去处理不同客户所面临的问题，将会使结果背离实际情况。因此，在具体项目的特定系统中，策划人员还必须找到影响该项目策划方案的关键点。

3. 逻辑分析

确定结构的目的就是要能进行结构化的思考。利用结构，既可以强化策划人员的思维能力，又可以使策划人员养成逻辑分析的好习惯。在任何项目策划中，结构性思维都会使客户的商业愿景增值。为了把握问题的关键，在很多场合，策划人员往往需要根据系统的结构来构建将来的"现实"。为了做到这一点，就必须弄清楚影响关键变量的所有分支问题，以及它们与其他变量之间的联系和可能产生的结果。然后，根据特定项目的现实情况，剔除次要变量，把精力放在影响策划结果的重要变量上。这样，策划人员就会更加容易地对问题和解决方案进行交流，从而使项目执行者的思路变得更加清晰。

在策划过程中，所谓的逻辑分析就是利用"逻辑树"的分析工具，对关键变量（问题），按照系统的内在结构，进行细分的过程。逻辑树与工作分解有些近似，它是将所有变量（问题）的所有子变量（子问题）分层罗列，从最高层开始，并逐步向下扩展。例如，嘉诚家具公司（假想名）董事会希望管理团队能降低家具的生产成本。专案策划小组接到这个任务，在首次的脑力激荡中，策划团队先得出几个可能降低生产成本的关键变量或问题：第一，希望原材料供应商降价，减少进料成本；第二，在生产不变的前提下，精简投入的人力；第三，减少制造流程时间，提高生产量。这就是逻辑树的第一层。接下来，策划人员就可根据每一个关键变量进行进一步的细分。例如，在制造流程上，策划人员会考虑到，如果要缩短时间、降低成本，那么可考虑增加工作强度、改进技术、加强流程管理等问题，这就是逻辑树的第二层。按照这种方式，策划人员就可绘制出所有问题的逻辑树，如图3-2所示。

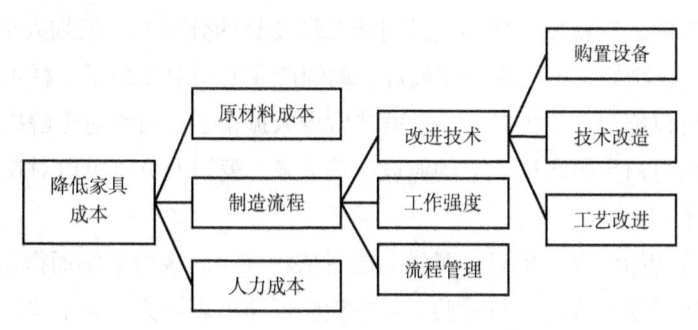

图3-2 嘉诚家具公司降低家具成本项目的逻辑树

策划人员应该注意，逻辑树的绘制方法并不是唯一的，不同的系统观照角度，会影响个人乃至整个团队对某些关键问题的认识。但无论什么样的角度，变量的分析都应该遵循 MECE 的原则。只有这样，策划人员才能考虑周全，避免混淆。逻辑树的分析方法使策划人员拥有了澄清复杂问题的工具。在使用逻辑树时，策划人员还必须时刻考虑自己的客户，以便将来在策划完成之后用一种客户能够听懂的逻辑结构来陈述策划的方案。

4．提出假设

逻辑树分析方法让策划人员找到了所有影响项目成功的问题和变量，接下来就要根据逻辑树的分析结果，对每一个问题提出假设，在检验其重要性的过程中，删减变量，找到影响问题解决的关键变量。结构性分析方法是以问题为导向的，假设非常重要。所谓假设[①]，简单地说就是采用"如果、那么"的方式，对问题进行分析的过程。策划人员应该懂得和利用这个工具，因为正确的初始假设将会减少无谓判断的时间，让策划变得更加高效。如果使假设能够帮助策划人员有效地解决问题，就需要对所有的假设进行检验。

例如，在嘉诚家具公司降低成本的项目中，策划团队就可利用检验假设的方法，探讨第一层变量的关键程度。策划人员可以问自己，如果要原料供应商降价，可不可能实现。调查发现，答案是效果不大。根据家具产品的生产成本结构显示，原料成本仅占生产成本的35%。消息显示，几家原料厂商可能进行合并，而合并将使所需原料的总产量降低，因此原料价格还可能有上升的压力。再看第二个变量，精简人力答案也是不可行的。因为最近公布的一份生产力研究报告显示，嘉诚家具公司的单位劳动生产率是同行业中最高的，公司的人力运用显然已是同行业中最具效率，因此要再进一步精简人力，空间恐怕不多。再进行第三个问题假设的检验。其实，如果能减少制造流程时间，不仅可以减少成本，还能降低库存，这是一个极为理想的做法。但接下来的问题是，通过什么方法来缩短时间。这就使问题转变到对第二层变量的分析上。策划人员可以继续问，技术上可不可行。刚好，小组成员在最近一期的产业期刊上发现了一种可以达到相同品质且制造时间可以缩短一半的技术，这就非常令人振奋了。因为对于解决董事会提出的问题，小组已获得初步的解决方案的假设。接下来，策划人员就可以对逻辑树的第三层继续剖析问题了。

由于大部分初始假设是依靠自身经验或者依赖较少的客观事实而得出的，因此策划人员也要学会粗略地对假设进行检验。粗略检验可简单表述为，为了验证你的假设，哪些假定需要为真。如果任何一个假定都是错的，那么你的假设也就错了。许多时候，利

---

① 假设对于分析问题有着重要的作用，许多科学结论都是建立在特定假设基础上的。因此，要找一个结论的破绽，只要找到它的假设破绽就行了。确定项目策划最终方案是否可行，也可使用这个方法。

用粗略检验的方法，能够在几分钟内验证一个错误的假设。例如，在评估一个投资项目时，策划人员可以在评估的最初阶段询问自己，从哪些方面可以说明这是一个好的项目，哪些方面可以导致该项目收益被夸大？支持或否定这个项目，需要做哪些分析，怎样评估投资风险等。类似的问题看上去很简单，但是它们对评估却是大有帮助的。

事实上，在提出假设阶段，策划人员可以按照逻辑树的格式，将所要解决的问题进行细分，形成所谓的问题树。问题树是由逻辑树演变而来的，逻辑树是由关键变量构成的简单分层列表，问题树则是为了证明或证伪某个假设而罗列出的一系列问题。问题树在结构和假设之间搭起了桥梁。利用结构分析框架，所有问题和子问题都可以一种看得见的方式表现出来。例如，在嘉诚家具公司案例中，有关缩短流程时间的中心议题，可表述为"能否使用新的制造流程来提高生产率、降低成本"。而该问题的子问题则包括：第一，能否降低成本；第二，公司能否实现必要的调整；第三，实施调整后，能否确保产品的质量。这3个子问题下，还可以再细分出其他次子问题，如在第二个子问题下可以再问：第一，是否需要新设备；第二，是否需要新技术。我们可用图3-3来展示这个分析的过程。

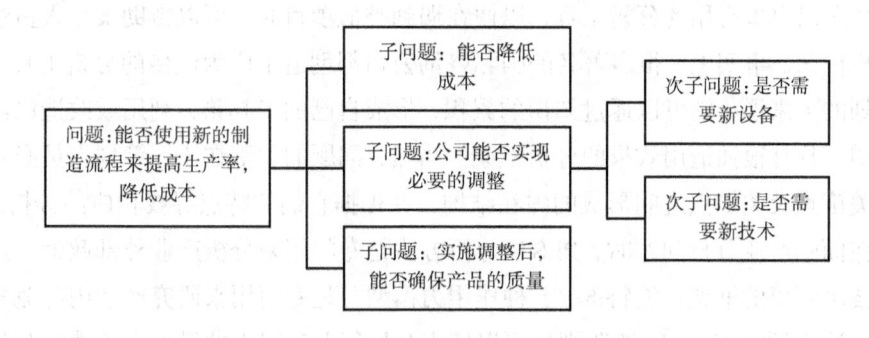

图 3-3　嘉诚家具公司降低家具成本项目的问题树

在问题分析过程中，策划人员对每一个问题都要回答"是"和"否"。在嘉诚家具公司的案例中，如果对次子问题的回答是"否"，当然对公司来说是最好的结果，不仅如此，所有的问题也就到此为止了。但是，如果其中任何一个答案是"是"，则还会引出更多的问题，需要策划人员沿着问题树的枝蔓再加以分析。事实上，当所罗列的子问题及次子问题都能得到解决，并得到强有力的数据支持时，策划人员的假设大致已获得了验证。

3.3.2　设计分析框架

分析能力是策划人员的基本技能之一。策划人员必须学会在假设的基础上，运用逻辑思考和直觉判断的能力，在策划合同规定的时间内完成任务。因此，迅速地找到分析框架非常重要。而这里所说的分析框架，在某种程度上也就是未来策划方案的工作规划，具体包括以下几个方面的内容。

1. 让假设决定分析方法

策划人员要学会由假设来决定所需要的分析框架。事实上，只要问题树是正确的，策划人员就已知道了分析的要点。例如，在房地产策划中，如果通过问题树确定了户型和环境将决定销售的结果，那么所有的分析将围绕消费者所需要的户型和环境来展开。在时间和资源都受到限制的前提下，策划人员不可能检验每一个变量。很大程度上，寻找影响项目策划的关键变量，并因此建立相应的假设，通常具有结果导向的意味。因此，从假设出发的好处在于，可避免同时进行许多不相关的研究，直奔结果。事实上，规划分析方法的过程，就是要找到关键变量，直指问题的核心，而不是成片地研究问题。

在上文确定结构的分析中，我们已指出利用成熟模型和经验的重要性。一方面，对于策划公司来说，为了保证能够在较短时间内完成任务，需要对先前的策划进行知识管理，并开发出很多有用的分析工具，以便在遇到类似项目时，可以帮助策划人员快速地找到分析框架。事实上，很多著名的国际咨询公司都创造了广为流传的分析工具。对于初学策划的人来说，则可以通过知识的累积，形成自己的工具箱，利用或改造已经被事实所证明，具有很强适用效果的分析框架。当然，问题的关键在于，策划人员必须找到策划的关键点及关键点之间形成的内在结构，并根据它们的特点寻找相应的分析工具。例如，在面临产业分析问题时，PEST 分析方法是专门用来分析产业外部政治、经济、社会和技术环境的框架；波特的"5 种作用力模型"是专门用来研究产业内部竞争结构的框架；波士顿矩阵、GE 矩阵则是可以用来分析行业吸引力的模型；价值链分析方法则可用来分析上下游企业之间存在的价值创造结构与相互的关联。在分析营销问题的过程中，策划人员可以从不同的角度来设计营销组合。其中，4Ps 是以产品为核心的分析框架，4Cs 是以顾客为核心的分析框架，4Rs 是以构建关系为核心的分析框架，4Vs 则是以差异化为核心的分析框架。

对于大部分商业项目来说，它们总要面临竞争、替代、消费者选择，以及外部环境、资源和管理能力的约束。因此，策划总是万变不离其宗。策划人员必须懂得抓住具体环境中的各种关键要素，并按战略、营销制定的成熟模型来确定项目策划分析的主体框架。

2. 理清分析的优先次序

如同下棋一样，如果分析问题的先后次序出现差错，则会影响整个项目的成败或进度。因此，策划人员必须能在资源和时间约束的前提下，确定分析哪些问题是必要的，哪些问题则是可以忽略的。作为设计分析框架的重要环节，策划人员首先必须明白不该做什么。麦肯锡咨询公司有一句经典的话，"不要试图煮沸整个海洋"，意思是说不要试图全面分析所有的数据。事实上，全面分析对问题解决的过程没有多大的帮助，只是浪费时间。确定分析的优先顺序是明智工作，而不是辛苦工作的开始。当然，对于不同的项目策划来说，分析问题的优先次序显然不同；例如，在落后地区政府筹建的各类公益性项目中，大多数情况下，可能首先涉及的是融资问题。在大多数咨询项目中，首先要解决的是人力资源问题；而对很多商业项目来说，首先要解决的则是市场问题。因此，对于策划人员来说，在组织策划之前，一定要弄清项目的性质，这样才能保证在较多的时间内抓住项目问题分析的优先次序和着重点[1]。

3．关注愿景式的大画面

关注愿景式的大画面是项目策划系统思考的重要体现。策划人员对未来的预判不可能做到完全的精确。项目策划假设的验证，也不需要像物理或数学那样，追求100%的精确。相反地，项目策划重视的是质而非量。例如，策划将一项新产品推向市场时，应该关注的是，它对公司未来的贡献"到底是500万美元、5 000万美元，还是5亿美元"，而不是将焦点放在"到底是5 000万美元，还是7 500万美元"上。虽然7 500万美元与5 000万美元存在一定的差距，但是对一项策划而言，新产品有几千万元的收益远比精确到某个具体的数字更有意义。因此，从项目策划开始，最重要的是掌握方向，关注未来的愿景，而非精确的数字估算，否则将会丧失商机，堕入精确的陷阱。策划人员要时不时地从正在做的事情中抬起头来想一想，问自己一些最基本的问题，如正在做的事情是不是与愿景有关，以及它是否能推进整个团队的目标不断向前。如果不是，那就对整个项目策划没有多大的帮助。

4．确定困难问题的范围

问题不会永远是问题，但是有些问题是难题却是不争的事实。有时，一个策划问题会因为无法获得必要的数据而很难得到解决。有时，策划人员进入了一个全新的领域，但找不到任何可以参照的依据。果真如此，策划人员一定要记住，"在这个世界上，方法总比问题多"。解决难题的机会在于，即使某些分析方法不能带来完全正确的答案，但是它有可能缩小解决问题的范围。进而言之，只要把握好方向，保持适度的精确，最

---

[1] 德鲁克认为，管理者想要使自己的管理水平达到卓有成效，就必须懂得要事优先的原则。所谓要事优先原则，就是要善于集中精力，总是把重要的事情放在前面做（first things first），而且一次只做好一件事（do one thing at a time）。这一原则对策划人员同样重要。

终也能得出解决问题的结论。例如，在苹果醋市场推广项目中，策划人员想调查苹果醋的潜在市场容量，但是问题在于很多消费者对苹果醋并没有概念。因此，直接调研显然是不可行的。于是，策划人员通过其他类似的新饮料着手，类推苹果醋的市场容量，如调查芦荟汁和玉米汁的市场销售状况。在市场调研中，策划人员发现，芦荟汁和玉米汁在酒店里有一定的销售，而且它们是作为酒品的补充而出现的。于是策划人员设想，苹果醋是不是也适合酒店销售。经过多轮分析，策划人员终于得出结论，在酒楼里销售苹果醋将有利可图。事实上，对于很多问题来说，我们都可以运用类推的方法加以解决，实现自己的目的。

3.3.3 收集数据

数据是支撑分析框架的事实基础。在当今社会环境下，策划人员所面临的不再是信息不够而是信息过多的状况。借助网络搜索引擎，可以获得市场上的大量信息，而且其中不乏具有科学价值的数据。但是，困难在于，如何在大量的数据中挖掘出对策划分析框架有益的东西。我们将在第4章介绍数据挖掘的技巧，这里仅简单介绍数据收集和处理的原则。

1. 对数据倾向性做出判断

在数据收集和处理过程中，要建立以事实为导向的基本理念。事实上，在很多场合，数据已成为有效分析框架形成的重要障碍。有经验的策划人员都知道，数据具有自身的倾向性，策划人员要学会让数据自己说话，而不是让事实去适应分析框架，强迫数据来解释无法解释的现象。例如，当策划人员发现，影响项目未来市场前景的数据与市场竞争有关而不是与消费者有关时，策划人员就必须调整原先以消费者为导向的分析框架，充分研究竞争对手的行为，直至形成科学的、符合事实的策划分析框架。

2. 显示事实威力

只要能收集到更多的数据，策划人员就能拥有很多有说服力的见解，而且这些有说服力的见解是以事实为基础的。事实上，数据与事实都是有威力的工具。在当今崇尚科学管理的趋势下，利用量化指标来阐述自己的观点已经成为一个令人难以阻挡的潮流。许多难以量化的东西也在研究人员的努力下，具有了可以量化的依据。策划人员经常运用的很多框架就是建立在数据基础之上的。例如，波士顿矩阵就运用了市场成长率和市场占有率两个数据指标，它为策划人员科学地描述一个市场的吸引力，提供了强有力的支撑。

3. 确定合适的基础数据结构

数据收集是需要成本的，策划人员应考虑在合适成本预算下收集数据。许多策划公司和人员都有丰富的数据资源，他们建立了属于自己的数据库。事实上，策划公司不仅汇集了大量的研究报告和专家意见，还雇用专门的人员进行数据采集和行业研究，以便将来进行策划和研究。除此之外，策划人员还要熟知一些行业报告、统计数据的来源。例如，要了解国内经济运行的数据，策划人员可利用国家统计局提供的免费资料；要了解专业数据，可以向一些数据挖掘公司购买。用于解决问题的分析框架，需要合适的数据支撑，因此从建立分析框架时起，策划人员就必须对合适的基础数据结构及其来源有充分的了解。

3.3.4 解释结果

项目策划人员应该明白，假设是需要证明和证伪的，毕竟数据还需要通过人才能说出来。因此，策划人员应能利用事实数据得到富有洞察力的判断，从而提升项目的价值。客户并不会为华美的图表付费，他们更愿意将钱花在能使项目增值的建议上。因此，解释结果就是要将结构分析的结论转变为对客户有益的建议，促使客户接受项目策划方案。

1. 理解数据

完成所有的信息和数据收集后，策划人员需要对数据进行筛选，把能够证明策划方案的数据，整理成支撑策划方案的基石。利用数据阐明自己的观点远比收集数据要复杂得多。数据分析的复杂程度也因项目所在的产业、所属的公司不同而有所不同。迅速领悟数据背后的内涵，既需要直觉判断，也需要理论支持。策划人员要牢记80/20法则。该法则认为，大部分策划结果源于小部分的数据。因此，策划人员不应沉浸在大量的数据之中，要学会利用那些有用的20%的数据，让它们发挥威力。事实上，80/20法则在很多场合都可用到。不仅如此，策划人员还应学会通过绘制图表的方法，激发自身的灵感。事实上，图表是最有效的，也是最简洁的说理工具。对于策划人员来说，切忌用数据来美化自己的观点。如果事实和策划人员的专业判断有所不同，应该调整的不是数据而是假设本身。

在借助数据逼近优秀项目策划的过程中，策划人员在设计每个关键环节时，要学会不断地问自己："这又是为什么？"事实上，当所有质疑得到解决时，策划人员所提出的专业判断必然会为客户所接受。在昆明世界园艺博览会案例中，我们已领略到询问"为什么"的价值。而在回答"为什么"时，策划人员常有拨云见日的感觉。在策划过程中，团队成员也会经常提出一些新的建议和想法。由于策划时间紧迫，因此无法对这些建议进行充分的论证，这时就需要学会根据常识来判断正误的方法，快速地核查这些建议，至少能保证这些建议听上去是合理的。此外，任何分析都是有局限性的，因此要牢记分析与判断的适用范围，学会理性地利用直觉和数据。例如，直觉告诉我们在昆明办会将是一个很好的机会，但是如何抓住这个机遇，则需要分析大量的数据，才能得出行动的方案。

2. 整合最终产品

这里所说的产品并不是递交到客户手中的文本，它是策划方案要向客户传递的确切信息。这个定义看似简练，实质上意味深长。策划报告的信息需要一种或多种媒体加以传达，信息和媒体是独立的两个部分，而客户最关心的是媒体所传达的有效信息。对于策划人员来说，他们应确保最终产品能够满足客户的需要。项目策划是一门充满不确定性的艺术，虽然策划人员承诺策划会带来巨大的收益，但是如果客户无法使用或实施，策划也就失去了价值。因此，在产生最终的分析报告时，有两点值得注意。其一是要能看穿客户心里到底想要什么。在昆明世界园艺博览会中，我们发现，昆明市政府并不想要政绩，它们需要的是实实在在地为当地的经济做一些事情。因此，项目策划应能在满足客户需求的基础上，带来更多的附加值。其二则是要尊重客户在某些能力上的限制，在考虑客户能力的基础上提供可以执行的方案。事实上，很多项目策划无法得到较好实施，其原因就是忽略了客户的能力。

3.3.5 阐明理念

项目策划所有的前期工作都是为了向客户阐述理念，让客户接受方案而准备的。如果不能用一份能够打动客户的陈述报告，将所有睿智的商业理念贯穿起来，那么所有的工作就会前功尽弃。阐明理念是与客户进行互动，影响策划成败的重要环节，也是结构性贯穿于整个策划过程的重要体现。本书将在第9章详细介绍策划方案陈述的技巧，这里只对阐明理念的基本原则做简单的介绍，以保证结构性分析方法介绍的完整性。

1. 清晰的理念结构

陈述报告应具有高度的逻辑性，其结构应清晰明了。要想让陈述成功，就必须设法让观众沿着一个清晰、易懂的逻辑思路听下去。陈述报告应能清晰地反映策划人员的思维过程。因此，为了保证结构符合上述要求，策划人员可以对即将举行的陈述进行"电梯测验"。电梯测验是指，如果策划人员对策划方案完全了解，那么他就能在30秒之内清晰而准确地向客户解释清楚自己的理念，而30秒差不多就是坐10~15层电梯的时间。如果做不到这一点，那么就必须把正在做的工作理解清楚以后，再去推销最终的解决方案。不仅如此，为了更好、更形象地阐明自己的理念，策划人员还必须学会用图表来展示报告的信息和理念。当然，为了保证简单明了，每一张图表只包含一种信息。因为图表越复杂，其传递信息的效果就越差。利用清晰结构阐明自己理念的最佳案例当属《隆中对》[①]中的诸葛亮与刘备的对话。诸葛亮在阐述自己主张时完全体现了高度的结构性与逻辑性。一开始，他总览天下大势，指出了竞争的关键在于人谋；接着，他将当时的主要竞争对手和合作伙伴进行了分析；再次，他指出了周边环境中存在机会，并提出了9个行动方案；最后，他为刘备描述了未来的愿景。整段文字叙说起来，也只需要一两分钟而已。不仅如此，在阐述理念之后，诸葛亮还让自己的书童打开西川五十四州之图，让刘备看清三足鼎立的地理架构。

2. 理想的客户接受

预先准备好一切。一个好的策划方案介绍不应包含听众不甚了解的事情。在把客户所有的相关人员召集进会议室之前，要把策划内容让他们过一遍，这就是陈述理念前的"预先准备"。这样做有三大好处。第一，有助于与那些拥护方案的人达成共识。第二，便于协调客户团队中不同派别的分歧。第三，有助于对结论进行先行的检查。除了让客户事先了解报告之外，在召开陈述会议之前，策划人员还必须对会议的时间、地点和环境进行科学的安排。任何的商务沟通最好都在一个恰当的时机、地点和环境中举行。良好的时空环境，不仅能为策划人员和客户之间的沟通提供良好的沟通氛围，同时也能为报告增加分量。

根据客户量体裁衣。量体裁衣就是根据客户的实际情况，适当调整报告的内容。即

[①] 自董卓以来，豪杰并起，跨州连郡者不可胜数。曹操比于袁绍，则名微而众寡。然操遂能克绍，以弱为强者，非惟天时，抑亦人谋也。今操已拥百万之众，挟天子以令诸侯，此诚不可与争锋。孙权据有江东，已历三世，国险而民附，贤能为之用，此可以为援而不可图也。荆州北据汉、沔，利尽南海，东连吴会，西通巴蜀，此用武之国，而其主不能守，此殆天所以资将军，将军岂有意乎？益州险塞，沃野千里，天府之土，高祖因之以成帝业。刘璋暗弱，张鲁在北，民殷国富而不知存恤，智能之士思得明君。将军既帝室之胄，信义著于四海，总揽英雄，思贤如渴，若跨有荆、益，保其岩阻，西和诸戎，南抚夷越，外结好孙权，内修政理；天下有变，则命一上将将荆州之军以向宛、洛，将军身率益州之众出于秦川，百姓孰敢不箪食壶浆，以迎将军者乎？诚如是，则霸业可成，汉室可兴矣。此亮所以为将军谋者也，惟将军图之。言罢，命童子取画一轴，挂于中堂，指谓玄德曰："此西川五十四州之图也。将军欲成霸业，北让曹操占天时，南让孙权占地利，将军可占人和。先取荆州为家，后取西川建基业，以成鼎足之势，然后可图中原也。"

使听众是参与策划的客户团队成员，也未必掌握整个策划的背景和所有的信息。他们或许可以提出更好的陈述形式——正式的或非正式的，但是在这些听众当中，有些人喜欢听细节，有些人则喜欢听整体框架和重要结论，所以要想使报告获得成功，就必须了解听众的背景和喜好。结构可以保持不变，但是针对不同人员的陈述可以加以变动。当然，对于不熟悉报告的听众来说，策划人员还必须用最通俗的语言，表达自己的理念和思想。

3.4 项目策划的过程管理

解决问题的模式要能成功运作，需要好的过程管理相互配合。为解决问题而成立的项目策划团队，必须有适当的团队成员，也需要获得适当的激励。而在客户管理方面，则必须与客户保持联系，并在解决问题的过程中，邀请他们一同参与讨论。至于自我管理方面，则必须在个人与专业生涯中求得平衡，如此才能达到客户与团队的期望与要求。

3.4.1 团队管理

项目策划不仅依赖于个人能力和智慧的发挥，同时是团队合力的最终体现。因此，要完成一个优秀的项目策划，必须有优秀的管理团队能力，激发个人和团队的潜能。

在策划初期，应针对项目组建一个优秀的团队，这是策划得以成功的智力保障。项目千差万别，不可能随便找来几个人，就希望他们能够解决一个重要的策划问题。因此，要慎重考虑一下，选择拥有哪种技能和个性的策划人员，才能适合当前项目的需要，才能组合成有合力的团队。作为团队领导者，应该仔细挑选成员。选拔和考量的重点不仅是其过去的经验能力，更重要的是未来的潜力。此外，个人经历的多元化也是考量的重点之一，因为团队能否发挥真正功效，关键在于成员才能的多样化与相互平衡。

团队的领导者应能及时把握团队的氛围变化，以保持高昂的士气。保持团队士气是一项自始至终的责任。如果团队领导没做好这一点，团队的表现就不会好。团队领导要确保了解团队的感受，营造合作而温暖的氛围，尊重并善待团队成员，保持团队的稳定，让所有成员明白他们为什么要做正在做的事情，面临困难的时候要有同舟共济的精神。

建立良好的团队沟通文化。首先，沟通是达成有效团队管理的重要方法。很多团队领导，花在说教上的时间远比花在倾听上的时间多。他们在未得到充分的事实证据之前，就依个人主观意见做出决策，这样自然难逃出错的风险。因此，切记要注意倾听。对于团队领导者来说，有时过度沟通，也比沟通不足要好。其次，要让内部的信息流动起来。信息对团队的意义就像汽油对汽车一样，如果阻碍了信息的流动，团队就会停滞不前。

作为团队领导者，千万不要吝啬小小的奖励。奖励可增强向心力，而团队向心力的重要性并不难理解但常被忽略，原因就是现代人太重视最终结果而忽略了中间努力的过程。有时小小的奖励，就可增加团队向心力，形式可以是聚餐、奖品、奖金、休假或公开表扬等。这样做成本不高，却可以赢得团队成员的高度认同与全力付出。

保持团队成员的联系，可让团队走更长的路。团队成员相处得好，团队就会表现得更好，其成员也会感到更惬意，这是一条真理。作为团队领导，应该努力促进团队联系，只要不变成令人乏味的事情就成。一名普通的策划人员，也要学会处理好等级结构中规定的关系，必要的时候让你的上司脸上有光，那样你的上司以后也会回报你，让你的脸上有光，这跟平常的投桃报李是一回事，要谨记于心。

3.4.2 客户管理

项目策划的最终结果需要客户认可，因此最好的办法就是在项目策划的过程中邀请客户共同参与，充分考虑客户的各种想法、需求和愿望。让客户参与过程，既可以建立并维持良好的关系，又可以使策划工作变得更顺利。事实上，当企业找策划人员解决问题时，就表示该企业即将有重要的决策调整或变动出现。然而，并非所有的主管都喜欢变动。因此，要让策划人员找出的策略方案能被负责执行的主管接受，重点之一就是要让客户有共同参与感，使整个企业接受，使整个解决方案根植于企业文化上，使客户不易对其产生排斥，进而愿意接受与执行。事实上，这也是解决方案能对客户具有持续影响的基础。

策划人员应具备不居功、让客户做英雄的素质。当完成部分重要的分析后，策划人员应找提供重要资料的人，让他来帮忙诠释资料所支持的可行方案。因此，策划团队不仅可交到更多的朋友，也可建立起支持自己论点的联盟，为最后的报告或陈述进行事先布局。更重要的是，策划团队也可自然地将执行面的重责大任，顺利转移给客户，确保执行的通畅。

策划人员应使客户团队成员明白，他们的努力对项目策划重要的同时也对他们自己有利，使客户团队中的每一个人都与策划团队保持一致，拥有共同的愿景。不仅如此，策划人员还要学会与客户团队中的"麻烦制造者"打交道。如果有条件，应把"麻烦制造者"清除出去，否则策划人员工作的重点将是围绕他们而不是工作来展开。

邀请客户的主要领导，监督策划方案的执行，确保策划方案得到严格的实施。项目策划需要做大量的工作，需要与项目管理、企业管理相对接，因此实施起来应该严格而周全。为了实现这个目的，同时让所有人都能正确地执行方案的每一个细节，则有必要邀请客户的主要领导参与其中，从而确保由专人承担完成项目策划实施工作的重大责任。

3.4.3 自我管理

策划人员的个人重要性虽次于客户与公司整体的利益，但并不表示自我管理就不重要，就可以忽略。策划人员应该知道，在策划工作过程中，自我能力与人脉关系的开发，才是未来迈向更高职位的基石。了解个人能力的极限，如同了解客户、团队甚至公司能力的限制一样重要。在了解自己的能力限制之后，策划人员如果能透过与他人建立关系，运用别人的专业来弥补自己的不足，这将对未来个人的事业生涯带来意想不到的帮助。

策划人员要重视时间的运用，在事业与生活中取得平衡。策划工作压力很大，工作时间很长，如果不能在预定的时间内，有效率地完成事情，就会加很多班，开很多的会。事实上，很多策划人员都表示，由于工作压力大，有时几乎没有业余休闲生活。于是，一些人开始离开策划行业。不过策划人员应该清楚，工作压力不会因为换了工作而消失，有时反而更大，所以如何有效地利用时间、分散压力、积极地生活和工作才是真谛。

📁 本章小结

本章在介绍系统、系统思考及项目与系统关系的基础上，借鉴了麦肯锡咨询公司的结构性分析方法，为项目策划人员提供了一个能够系统思考项目策划的基本框架。

系统是由一组相互作用、相互关联又相互依赖的局部所组成的，是具有特定目的、复杂而统一的整体。系统具有7个显著的特点。系统思考作为一种思考工具，可以应用到各类商业和组织管理活动之中，它具有3个方面的显著特点。第一，系统思考就是要以整体的观点对复杂系统构成组件之间的连接进行研究。第二，系统思考是解决复杂问题的工具、技术和方法的集合，是一套适当的，用来理解复杂系统及其相关性的工具包，也是促使人们协同工作的行动框架。第三，系统思考的视野拓宽并不是以忽视细节为代价的。

从项目整体性特征来看，项目策划的优秀与否常常取决于策划人员的系统思考能力。通常，在策划过程中，需要将项目看作一个系统来进行分析。

结构性分析方法是系统思考的具体运用，是以问题为导向的。它首先强调对系统结构的关注，从系统内在结构逐步推演出策划分析的基本框架。其次强调方案的可操作性，强调对系统结构复杂性的关注。很大程度上，采用结构性分析方法可以避免所谓的结构性限制，即横向不确定性和前向不确定性限制。

项目策划工作的过程可细分为6个步骤，即项目策划的商业愿景分析、项目策划的结构分析、项目策划的报告陈述与提交、项目策划的过程管理、项目策划的组织实施、项目管理层。

结构分析、报告陈述与提交、过程管理构成了项目策划解决问题的核心三角。结构性分析方法的基本框架包括构建问题、设计分析框架、收集数据、解释结果和阐明理念5个流程。

解决问题的模式要能成功运作，需要好的过程管理相互配合。为解决问题而成立的项目策划团队，必须有适当的团队成员，也需要获得适当的激励。而在客户管理方面，则必须与客户保持联系，并在解决问题的过程中，邀请他们一同参与讨论。至于自我管理方面，则必须在个人与专业生涯中求得平衡，如此才能达到客户与团队的期望与要求。

复习思考题

1. 结合具体的项目，谈一谈系统思考的重要性。
2. 结合具体的项目，谈一谈项目的内在结构。
3. 结合具体的问题，谈一谈对逻辑树的理解。
4. 项目策划的操作模型包括哪些步骤？
5. 简述结构性分析方法的理论基础。
6. 简述结构性分析方法的基本框架。
7. 项目策划的过程管理应该注意哪些问题？
8. 结合具体的项目策划，利用"电梯测试"方法，阐明自己的理念。

案例分析题

从金铜综合回收技术改造项目的管理看系统思考的重要性

五矿铜业（湖南）有限公司（以下简称公司）设立于2013年10月，位于湖南省常宁市松柏镇。公司属五矿有色金属控股有限公司直管企业，负责实施湖南水口山金铜综合回收产业升级技术改造项目（以下简称金铜项目或项目）。金铜项目既是中国五矿在2009年后重组湖南有色后投资建设的第一个重大项目，也是湖南省重点工程，为衡阳市新中国成立以来实际投资额最大的项目。金铜项目一期产能规模达到10万吨/年，项目总投资为30.1亿元。公司期望通过整合湖南省内的铜业资源，运用氧气底吹炼铜工艺，打造世界级铜业基地，在实现产业本土化梦想的同时，实现铜产业的升级换代。金铜项目的最大亮点是"绿色"，中国恩菲工程技术有限公司（以下简称恩菲公司）承包了该项目的部分设备供货及建筑安装工程一体化项目的设计与施工。

对恩菲公司而言，2013年绝对是一个艰难时期，公司的主要业务发展都不是太景气。

首先，国内多晶硅市场没有什么明显的起色，下属的多晶硅分公司还处在停产状态，复产遥遥无期。其次，在建的垃圾焚烧发电项目停工已近3年，投资收益迟迟不见。再次，工程一体化市场竞争剧烈，总包项目寥寥。最后，由于从2013年起，集团对子公司考核与工资总额开始挂钩，因此如果利润这项关键指标实现不了，考核就完不成。虽然自2013年下半年起，多晶硅市场出现了转机，多晶硅分公司也通过自身的努力，积极降低成本，实现稳定复产和减亏的目标，但是对整个公司而言，各种困难依然存在。

面对发展举步维艰的局面，恩菲公司提出几个目标。第一，要以年度目标为基准，加大工程一体化业务的市场开拓力度，加快工程结算，加紧应收账款的清欠，努力完成新签合同额和合同收费目标，为完成营业收入和利润目标提供保障；第二，要加快实施节能技改项目，以进一步节能降耗、降本增效，同时要紧紧抓住市场向好的时机，加快资产处置和资金回笼，为公司全面完成经营业绩考核指标提供保证；第三，各部门，尤其是管理部门，要全面落实整改问题，不断实现管理能力的提升，同时要加强检查和监督，紧紧围绕公司下达的年度经营目标开展工作，为公司完成年度经营目标做出积极的贡献。此外，恩菲公司还强调，工程一体化项目要树立"拼市场、强管理"的理念。一方面，要加强技改工作；另一方面，要积极推进金铜综合回收一体化进程，确保成本能有较大幅度下降。战略规划部门和财务部门，在推进金铜综合回收一体化的过程中，一定要做好充分的调查，充分揭示风险，详细做好方案，审慎稳妥地推进这项工作；要想办法拓宽融资渠道，借鉴已经成型的技术、管理和生产经验，把规模提升上去，把效益搞上去。

1. 项目启动时的方案选择与论证

在项目启动阶段，方案的选择和论证主要围绕项目整体方案和关键局部方案加以展开。对于大型投资类项目来说，这一环节的工作非常重要，也非常繁重、复杂和困难。为了提高项目的整体管理效率和效果，恩菲公司根据金铜项目的特点，对项目的关键环节进行了详细的分析。

第一，对人财物进行思考。金铜项目的整套冶炼系统由恩菲公司总包，共有20个子项。项目所需的钢结构工程不仅量大，而且施工工期较短。由于施工设备、材料及人力资源一次投入量大，因此在施工组织安排上，要充分考虑人员、设备、材料等各类资源的合理配置和协调。

第二，对施工中所需设备与流程的管理进行分析。由于金铜项目在施工的过程中需要很多的大型设备，因此必须做好大型工艺设备的运输、吊装方案和防范措施，以确保设备运输安全，保证工程顺利开展。此外，考虑到项目的施工工艺流程复杂，涉及的专业多，工程质量要求高，因此施工过程中必须严格控制每道施工工序，并做好各工序之间的协调配合。

第三，对项目非标设备和材料管理展开分析。由于项目所需的非标设备、通风、工艺管道多，焊接量大，而且对焊缝质量要求高，因此需要确定正确的焊接工艺方案，而且对焊接技术工人的焊接质量要求较高。此外，由于项目的子项多、专业多，因此各类材料、设备要按进度、按计划、分批量、有组织地进场，避免因材料、设备堆放占用场地，影响施工正常进行。

第四，考虑当地的气候条件。湖南省衡阳地区的气候炎热，每年2月到5月初为梅雨季节，连续下小雨、很少有晴天的日子非常多。而进入6月，气候炎热，最高气温达40多摄氏度，这种炎热天气将一直持续到9月中旬。这些将给施工在安全、质量及进度上带来严峻的考验。

根据上述思考结果，恩菲公司认为，金铜项目的施工难点主要在基础建设、大体积混凝土施工、现浇及预制混凝土质量控制、钢结构制作质量控制、焊接、吊装质量控制、非标设备制作安装、机械设备安装、烟囱滑模施工和设备及构件吊装安全控制等方面。此外，恩菲公司还看到，自动控制工程是施工的重点。对该工程而言，从材料采购、安装到调试，工作点位多、面大；自动化控制系统设备技术含量高，控制精度要求高；对单体调试及联动调试要求高，工期紧——从仪表到货、开始安装到工程完工的工期短、工程量大。因此，在自动控制工程施工的过程中，要重点完成以下控制性工程，具体包括熔炼炉、吹炼炉、阳极炉安装、余热锅炉安装、行车安装、筑炉施工和仪表系统及DCS系统安装调试，同时需要加大各个系统内的单位协调配合力度。

2．项目实施的过程管理和控制

金铜项目立项后，项目管理部立即协调相关部门，并配合业务部门组建以项目负责人为中心的项目团队，由项目负责人按照公司项目管理相关规定及公司下达的目标管理任务，启动该项目的实际运作。不仅如此，恩菲公司还进一步将工程承包类、工程管理类、设备供货类项目负责人定义为项目经理，将工程咨询类、工程设计类项目负责人定义为设计经理。

恩菲公司要求，项目负责人代表公司作为履约主体，按照公司项目管理相关规定及公司下达的目标管理运作项目，业务部门根据项目需要组织相关资源完成具体的生产任务。

从金铜项目生产工艺要求来看，由于项目熔炼主厂房1台底吹熔炼炉、3台P-S转炉、2台阳极炉是金铜项目的核心设备，因此围绕这6台炉子的施工是本项目的关键。为此，恩菲公司将项目的施工次序确定为底吹熔炼炉、P-S转炉、阳极炉、余热锅炉、收尘工段。

金铜项目存在工程工期较紧，建筑占地面积大，工业厂房作业面广，单层结构层高大，构件吊装数量大等特殊问题。恩菲公司认为，要保证工期，得从3个方面着手：一是要同时展开项目基础结构的全面施工，科学解决工程人力、材料资源一次投入量大等问题；二是要将屋盖系统吊装及屋面防水、维护结构工程（含环保烟囱施工）施工过程的互相协调看作项目施工的最大难点；三是必须对施工进行全方位的思考，并合理规划工程所需的钢筋、模板、混凝土、吊装、人员及设备。

针对金铜项目过程管理和控制的特点，恩菲公司提出了以下对策。第一，在施工中精心组织安排施工工序，严格控制施工质量，竭诚配合业主、监理的工作。第二，按照工序的轻重缓急，合理安排劳动力，在保质保量的前提下，为确保工期创造条件。第三，制订详细、周密的施工方案，建好生活临时设施和加工场地，制作好各种专用工具。第四，迅速组织劳动力、材料、机械设备，按总体计划的要求进场。第五，在施工过程中充分发挥恩菲公司的总包技术优势，全面推行建筑安装工程项目管理。第六，强化项目各项管理工作，积极推广应用科技成果，采用成熟的施工工艺，科学地组织相关专业的交叉施工作业，以先进的技术和有效的管理，严格履行施工合同。第七，按"先大后小、先高后低、先精密后一般"的原则，结合设备进场时间，灵活组织设备安装，组织各类工艺管道的安装及试验。第八，配合管道安装，完成各类电气、自控仪表一次元件及执行器的安装，按"电气、自控设备安装—电缆桥架及管线安装—电缆敷设—接、校线—系统调试"的顺序，在设备单机试车前完成自控系统的安装。

总之，恩菲公司不仅在金铜项目的管理上严格遵循了优质、高效、安全、文明施工的基本原则，而且严格按照招标文件和施工合同要求，根据项目特点，做好了项目的策划、施工准备、施工过程控制、竣工验收控制的工作，在克服公司运营困难的同时较好地实现了安全、文明施工的目标。事实上，他们的扎实工作也赢得了业主的较高评价。

问题：

1. 结合金铜项目管理这一案例，谈一谈你对系统思考必要性的看法。
2. 从要事优先的角度谈一谈金铜项目的思考流程有什么值得借鉴的地方。
3. 请使用结构性分析方法，绘制金铜项目启动前应考虑问题的逻辑树。

第4章
项目策划中的数据挖掘与环境分析

> 世界上有成就的人，都是能放开眼光找他们所需要的境遇的人，要是找不着，就自己创造。
> ——萧伯纳

📖 **引导案例** 巨人大厦资金链折断的惨痛教训

1992年，当巨人落户珠海之时，没有人会想到这里将会成为巨人折翅之地。1993年，巨人仅中文手写电脑和软件的年销售额就达到3.6亿元。为解决办公问题，珠海市政府曾批了一块地给巨人，用来建18层的行政大楼。在图纸设计好之后，当时珠海的有关领导找史玉柱谈了谈，希望将大厦建为中国的第一高楼，为珠海争光。1993年，中国经济正处于严重的过热期，在南方经济发达地区房地产行业已形成了巨大的泡沫。1994年年初，在开工典礼上，史玉柱本想宣布要将大厦建成64层的中国第一高楼，可话到嘴边，面对在场各位领导的殷勤目光，他却大声说："64层也没与国内一些高楼拉开太大距离，巨人大厦要建72层。"当时，史玉柱手中只有1亿元。事实上，从一开始，项目的命运就与卖楼花捆在了一起。可到了1994年，国家为卖楼花制定了更严格的措施。史玉柱使出浑身解数，也只卖掉了1亿多元楼花。1996年，巨人大厦项目资金开始告急，史玉柱因银根紧缩而借贷无门，决定将"脑黄金"等保健品的全部资金调往巨人大厦。然而，令史玉柱没有料到的是，保健品业务因资金"抽血"过量，加上管理不善，迅速由鼎盛走向衰退，"脑黄金"也卖不动了，巨人集团陷入了破产的边缘。回顾大厦资金链折断的过程，让人瞠目结舌的是，大厦从 1994 年 2 月动工到 1996 年 7 月，竟未申请过银行贷款，这对今天的房地产商来说简直难以想象。

巨人及巨人大厦的失败令人惋惜。事实上，如果史玉柱能在筹建大厦时综合考虑企业的能力，准确地对宏观环境进行综合分析，科学地对项目财务决策进行统筹，可能就不会受到他人的干扰，盲目增加对大厦的投资。即使投资建设该项目，也不会遭遇资金链折断的尴尬。前车之覆，后车之鉴。策划人员应该知道，在一个项目上的投资不慎，也会连带一个公司的失败。那么，究竟该如何避免上述失败呢？俗话说，知彼知己，百战不殆。任何企业在实施项目之前，都应对企业的自身实力，以及外部社会环境、竞争环境进行综合的评估，从根本上保证项目与外部环境、企业战略和能力的现状相适应。

📂 本章学习目标

- 正确理解数据挖掘的定义和作用，了解数据挖掘所需数据的来源和获得途径。熟悉数据挖掘在项目策划中的具体运用，包括项目关键变量的聚类分析、关联分析、演化分析等。
- 掌握项目宏观环境的 PEST 分析框架，并能够熟练地运用它对某一特定项目进行分析。
- 掌握波特提出的 5 种作用力模型，并能够运用它对项目的产业环境进行分析。
- 掌握价值链的定义，明确项目发起企业价值链中的基本活动和主要活动的内容。熟悉项目发起企业分析的基本方法，包括对项目发起企业的资源、能力及价值链进行分析。
- 掌握 SWOT 分析的基本框架，学会利用 SWOT 分析矩阵来明确项目的战略方向。

4.1　项目策划中的数据挖掘

正如在第 3 章中所介绍的，项目策划要以数据为依据，那么项目决策究竟需要哪些数据呢？尽管人们都知道，在知识经济的时代，数据、信息已经成为重要的经济资源，然而随着信息资源总量的日益膨胀，策划人员在面对堆积如山的数据时往往会无从下手。因此，策划人员必须掌握数据挖掘的技巧，并挖掘出真正对项目有经济价值的信息。

4.1.1 数据挖掘的定义及作用

数据挖掘在商业领域已不再是一个新名词。它最早被应用于高投入、高风险、高回报的金融领域，目前正不断地向客户资源信息密集的行业拓展。由于数据挖掘技术在复杂数据处理方面具有明显的优势，因此对于大而复杂的项目策划，数据挖掘技术显得尤为重要。

1．数据挖掘的定义

作为一种决策工具，数据挖掘已有很多年的历史，数据收集和分析过去主要用于科学研究。此外，囿于计算能力等原因，对大量复杂数据进行深入分析也受到了很大限制。目前，由于各行业业务自动化的实现，商业领域产生了大量的业务数据，这些数据不再是为分析的目的而收集的，而分析这些数据也不再是单纯为了研究的需要，更主要的是为商业决策提供真正有价值的信息，进而获得利润。但是目前所有企业都面临一个共同的问题，数据量非常大，而其中真正有价值的却很少。因此，从大量的数据中分析筛选，获得有利于商业运作、提高竞争力的信息，就像从矿石中淘金一样，数据挖掘也因此而得名。

数据挖掘（data mining）就是要从大量的、不完全的、有噪声的、模糊的、随机的数据中，提取隐含在其中人们事先不知道的，但又是潜在有用的信息和知识的过程。与数据挖掘相近的同义词有数据融合、数据分析和决策支持等。而对于商业性项目决策来说，数据挖掘的主要目的就是通过对商业数据库中的大量业务数据进行抽取、转换、分析和其他模型化处理，从中提取出辅助商业决策的关键性数据。通俗地讲，数据挖掘就是对大量数据进行精加工。因此，在项目策划中，数据挖掘可以被描述为，"按照项目业务目标，对大量真实或模糊的企业内部和外部数据进行探索和分析，揭示隐藏的、未知的知识，或验证已知的信息和知识，并进一步将其用于项目战略、营销和管理决策的过程"。上述定义包括以下几层含义：第一，数据涉及企业的内部和外部，它必须是大量的、真实的、含噪声的；第二，发现对策划有用的知识；第三，发现的知识可以运用到项目战略、营销及管理决策中；第四，并不要求发现放之四海而皆准的知识，仅要求该知识能支持项目的决策。

2．数据挖掘的作用

（1）为结构性分析提供了严格的事实基础。实际上，策划项目和项目策划中，都面临着用何种关键变量的数据来进行项目预测的难题。数据挖掘就是借助统计软件等手段，对大量的数据进行分析，从而找到影响项目系统的关键变量及其之间的内在关系和结构，进而提出有价值的知识、经营模式和发展趋势，然后用易于理解的视觉化形式表达出来，提高市场决策速度，检测异常模式，控制可预见风险，在经验模型基础上预测未来趋势的能力。以 IBM 公司为例，为了导正企业战略的决策方向，1993 年，IBM 提出了 3 项竞争策略。一是立即加强对竞争对手的研究；二是建立一个协调统一的竞争情报运行机制；三是将可操作的竞争情报运用于公司战略、市场计划及销售策略。事实上，新的竞争策略通过研究市场格局和竞争对手的状况，借助合理定位及改善产品和服务两个重要途径，有效地提升了企业的核心竞争力。与此同时，竞争情报运行机制也及时反映了主要竞争对手带来的重大威胁，从而为 IBM 制定相应对策，并为其日后的辉煌奠定了坚实的数据基础。

（2）有助于找到"黄金信息"。在调研中，策划人员所能收集到的内部和外部数据的表现形式多种多样，包括报告、报表、图形、声音、视频、演示文稿等。随着调研的深入，这些数据信息资料还会越积越多，但是有效数据信息的浓度却越来越低。这也导致策划人员无法快速地消化吸收信息，进行决策。商场如战场，市场响应速度是项目能否成功的重要指标之一，在日新月异的海量数据里迅速提取有价值的信息并尽快做出反应，成为许多策划人员的"制胜秘籍"。项目策划人员就是要在"信息过剩"中找到"黄金信息"。事实上，很多企业都在数据挖掘中获得了巨大的收益。例如，《财富》杂志 500 强之一的第一数据公司的客户就包括第一国家银行、美国在线交易、奥马哈保险公司等著名的金融证券和保险公司，而由其提供的数据挖掘服务，为这些企业带来了数以亿计的年收益。

4.1.2 数据的来源

对于策划人员来说，要实现高效的数据挖掘，还必须保证项目所需数据来源的有效性。从系统的角度来看，项目所涉及的信息不仅包括项目发起人的基础性数据，还包括能对项目产生影响的外部环境数据。前者主要包括资源、战略、人事、财务、生产、营销、管理能力等信息，后者主要包括宏观政策环境、市场需求动向和竞争对手情报 3 个方面的内容。策划人员可以通过市场调查、企业内部访谈及大数据采集等方法获得上述信息。

1. 市场调查

鉴于策划人员可以通过其他书籍快速地掌握市场调查的基本知识，这里只对项目策划中所涉及的市场调查的层次、流程、内容和方法做一些必要的介绍。

市场调查可分为 3 个层次。以房地产为例，第一层次以消费者为对象，收集潜在消费者的来源分布、建筑偏好及购买目的等。第二层次在第一层次的基础上，包括所有微观市场上的营销活动，主要是调查所在市场的整体状况、竞争对手的营销策略及市场的反应等。第三层次则在微观市场上，增加了对宏观经济环境的调查，如政治、社会经济、法律等。

市场调查应注意以下几个问题：第一，调查的准确率。尽管调查不可能达到100%的准确率，但是也力求使数据接近真实。第二，学会辩证看待调查结论。策划人员应将调查结论与自身直觉比较，看是否相符。相符则意味着直觉找到了客观依据。如果不相符，则绝不能单纯采用市场调查结论或直觉，一定要进行比较分析，找出原因所在。第三，调查结论不能代替决策。调查结果只是给出了决策依据，但决策仍必须由策划人员自己确定。

市场调查程序包括确定市场调查目的、初步分析、制订市场调查计划、初步调查、确定市场调查方案、市场调查执行、整理分析与研究、撰写市场调查报告等几个步骤。

市场调查内容主要包括项目投资环境、市场需求、市场供给、市场营销活动和项目自身调查等内容。其中，项目投资环境调查的对象是拟投资地区在一定时期内所具有的、能决定和制约项目投资的各种外部境况和条件的总和。投资环境可分为3种：一是宏观投资环境，如政治制度、经济制度等；二是中观投资环境，如行业投资环境；三是微观投资环境，如开发地周围的自然、经济等条件。市场需求调查的对象由购买者、购买欲望和购买能力组成，主要包括潜在的消费者构成调查、消费动机调查、消费行为调查。市场供给调查的对象主要是存量市场状况及供应调查、增量市场供应调查等。市场营销活动调查的内容主要包括竞争状况、市场价格、促销手段及销售渠道调查等。项目自身调查的对象是项目本身，一般包括项目发起人调查和开发项目调查两个方面。通过项目自身调查，可使项目策划能从实际出发，更好地实现项目目标。

市场调查方法多种多样，按样本占总量的比例可分为普查、重点调查、典型调查和抽样调查4种。普查是指在某一时点对调查对象总体所包含的全部调查单位进行调查。这种调查方法因为工作量大，比较适合样本比较少的小型项目。重点调查是指从调查对象的全部单位中选择一部分客观存在的重点单位进行调查。重点调查的基本原理就是20/80原则。例如，在对特色商城与写字楼的市场需求调查中，潜在客户可能分布在市内或国内若干区域，但其中几个区域的可能需求占了项目的绝大部分，因此可对这几个区域进行重点调查。典型调查是指从调查对象中选取一个或少数几个具有代表性的典型单位进行全面深入的调查。由于典型单位能够体现总体的共性，因此对它们的调查也可以概括出市场总体的特点。例如，在了解业主对房屋使用反应时，可对不同档次、不同套型、不同阶层的典型业主进行调查。抽样调查是指按照随机原则从总体中抽取部分单位构成样本，以样本信息推断总体数量特征的调查。随机原则和从部分推算全体是抽样调查的两个主要特点。抽样调查适用于不能进行或没有必要进行普查，但又需要掌握全面情况的场合。抽样调查按照随机抽选的方式，可分为纯随机抽样调查、机械抽样调查、类型抽样调查、整群抽样调查等。在项目策划市场调查中，抽样调查的应用十分广泛。例如，在房地产项目中，可用来调查各种物业的市场平均价格，调查特定阶层的住房需求等。

市场调查方法按照对调查对象采用的方法，可分为询问法、观察法和实验法3种。其中，询问法是指以询问方式为手段，将被询问人的答复作为调查信息资料依据的调查方法。应用询问法应注意两个关键环节：一是调查表设计，二是个人询问技巧。按照内容和传递方式的不同，询问法主要包括访谈调查、电话调查、邮寄调查、留置问卷调查、媒体问卷调查、座谈会、深度访谈等。在后面的文中，将专门介绍对项目发起企业内部进行访谈的技巧。观察法是指调查者在有关地点和场所，通过直接观察、观测和记录被调查者的状况，进而获得相关信息的调查方法。例如，想要判断一个商业大厦项目未来的客流量，可通过在项目所在地的观察，记录当前的人流量、交通情况及车流量，以预测将来的状况。实验法是指将被调查者设定在特殊状态下，然后对被调查者进行实验来获取信息资料的调查方法。实验法通常可获得更精确，更可靠的科学事实，但是对一般的项目策划来说并不适用。

此外，二手数据的收集也是必要的。有关一个国家或者地区宏观经济运行的各类数据，既可以通过各地的统计年鉴获得，也可以通过登录相关部门的网站获得。例如，国家统计局和全国各省市统计局网站，就有大量专业数据，供研究者免费下载使用。

2．企业内部访谈

由于项目策划涉及项目发起企业内各种资源的调配，因此对其进行调研不仅必须，而且必要。一般来说，咨询策划人员在对项目发起企业调研时，都会采取内部访谈的方法。事实上，这也是项目策划与项目管理者及发起企业的领导进行沟通的过程。这个过程对于确定项目的愿景、使命和目标非常重要。内部访谈需要注意以下一些基本问题。

（1）做好准备。当对某一个人进行访谈时，要事先做好准备，写好访谈提纲。要记住，策划人员可能只有30分钟的时间，跟一个也许再也不会看见的人待在一起，因此要将提问内容写出来。事实上，也只有写得出来，策划人员才能流畅地表达自己的思想。

（2）在进行访谈的过程中，要注意聆听和引导。如果策划人员想借用别人的大脑，那么就在委婉地提问后，让被访谈的对象放开谈。事实上，大多数人都喜欢交谈，尤其是在策划人员对他们所谈的内容感兴趣时。当然，也要记住，在必要的时候，打断一下被访谈者，这样就不会跑题，从而保证访谈按部就班地进行。

（3）在进行访谈的时候，一定要从大处着眼。由于策划人员必须在有限时间内达到目的，因此还要注意以下经过检验并被证明有效的 7 项策略：让被访者的上司安排会面；两个人一起进行访谈，以便一个人提问，一个人做配合，或者记录，或者思考下一个问题；多倾听，尽量不要指导；复述被访者的话，掌握被访者语义中的真正含义或重点；对不宜正面提问的问题可采用旁敲侧击的方式；不要问得太多，更不要穷追不舍；访谈结束时，利用被访者提防心理大大降低的机会，对其意欲回避的问题再次提问。

（4）不要让被访者感到不安。对于多数人而言，在关于他们的工作或企业的问题上接受采访是件令人不安的事。策划人员有责任也有义务对他们的言论进行保密，并降低他们的担忧。这既是商业策划的原则，也是获得良好商业知识或信息的基础。

（5）有技巧地解决遇到困难的访谈。并非所有访谈都会进行得非常顺利，如果碰到有困难的访谈，要学会了解被访者的心理，运用上述技巧，加以解决。如果不是这样，那么就要考验策划人员的实力和精神了。当然，在访谈结束后，一定要打电话或通过感谢信的方式，向被访者表示感谢，这不仅是策划人员专业精神的体现，有时还会有意想不到的回报。

3. 大数据采集

随着"互联网+"的广泛应用，各类与消费痕迹有关的网络数据，以及其他沉睡在各类组织内部的海量数据，正成为人们所关注的焦点。由于此类数据相较于传统方法获得的数据，在数量和规模上都很庞大，因此人们将这类数据统称为"大数据"。麦肯锡公司指出，大数据是一种规模大到在获取、存储、管理、分析方面大大超出了传统数据库软件工具能力范围的数据集合。综合来看，大数据具有以下 4 个基本特征。第一，数据体量巨大。例如，百度资料指出，其新首页导航每天需要提供的数据超过 1.5PB，这些数据如果打印出来将超过 5 000 亿张 A4 纸。有资料证实，到目前为止，人类生产的所有印刷材料的数据量仅为 200PB。第二，数据类型多样。大数据不仅有文本形式，而且有图片、视频、音频、地理位置信息等多类型的数据。第三，处理速度快且客观真实。借助计算机技术及各种数据处理模型，人们可从各种类型的数据中快速获得高价值的信息。不仅如此，由于上述数据源于实际，因此具有一定的客观性。第四，价值密度低。以视频为例，1 小时的视频，在不间断的监控过程中，可能有用的数据仅仅只有一两秒。随着收集和处理技术的不断优化，大数据分析已经成为企业用来洞察各类关系、消费需求和趋势的重要手段。

从数据来源看，企业开展大数据分析，具有从内部核心数据逐步向外延伸的基本特点。具体而言，企业可以利用的大数据主要来源于以下 4 个层面。

第一，来自企业内部的核心数据。例如，企业的用户系统即 CRM（顾客关系管理）

数据，可以用来分析各类客户的消费心理、习惯和行为；再如，企业 ERP 系统的数据，可以用来判断企业资源使用效率，以及企业对生产等成本开展控制的能力。

第二，来自其他利益相关者的数据。例如，渠道商记录的各类消费数据就属于这类数据。众所周知，任何一个快消品企业的销售都要和零售企业合作，而像沃尔玛、家乐福等零售企业都拥有快消品企业所需的海量数据。这些数据被存储在零售企业的支付系统里，不仅可以用来分析某一个产品的销售特点及趋势，同时可以借助多种产品的销售关联分析，研判多种产品的整体销售趋势。例如，由于消费者在买啤酒的时候也会购买剃须刀，因此啤酒生产商就可以通过渠道商公开的剃须刀销售数据来开展啤酒的市场预测。

第三，来自各类社交媒体，由用户自己生成的数据，如在线评论等。在移动互联网时代，社交媒体应用非常广泛，用户之间的实时交流无时无刻不产生出规模庞大的非结构化数据。这些数据对进一步了解消费者偏好甚至其所在的社交网络的偏好都有重要的帮助。然而也应看到，社交媒体用户之间的讨论或口碑等，通常只会产生社交或娱乐类的信息，企业只有对其进行关联分析和处理，才能使其成为有价值的商业数据。

第四，消费者在不同购物平台或网络平台上留下的消费痕迹。这些痕迹既可是浏览信息时留下的，也可以是购物信息或评价信息。由于这些痕迹可以很好地反映消费者的行为、心理及消费规律，所以可以借助它准确地向消费者推荐产品或辅助产品的研发。

必须指出的是，由于大数据应用技术发展非常快，因此在具体采集过程中，如何选择恰当的数据库，并对数据进行处理、统计和挖掘，仍需结合具体的案例来确定。

4.1.3 数据挖掘在项目策划中的具体运用

对策划人员来说，数据挖掘是制定项目运作战略与战术的基础。通过数据挖掘，策划人员可在满足客户需求的基础上，对项目价值链的各个环节进行数据增值分析，从而在保证项目策划与客户对接的同时，实现策划价值的最大化。数据挖掘是一个完整的过程，对项目策划来说，它包含对项目内外环境中各种知识和信息的挖掘和探索。数据挖掘的任务一般可以分为描述和预测两大类。其中，描述性挖掘主要用于刻画数据的一般特性，预测性挖掘则是在当前数据上进行预测。具体来讲，数据挖掘可为项目策划提供以下服务。

1. 项目关键变量的分类和预测

分类（classification）就是根据某种标准，将关键变量的数据记录，划分到预先定义好的类别中。例如，在房地产策划中，将项目的目标客户划分为潜在客户、准备购买者和实际客户。事实上，关键数据的分类也可自动产生一些规则。例如，如果客户可以且愿意承担每月 2 000 元的月供，并计划 1 年内在某地区买房，那么他是一个潜在客户；如果客户至少进行过一次业务访问，那么他是准备购买者。此外，策划人员也可在各类数据中挖掘与项目未来有关的信息，利用这些数据进行预测（prediction）。在项目策划中，最常用的就是市场预测。项目策划人员可在分类的基础上，同时建立预测模型。例如，在给定潜在客户收入、职业、家庭构成等属性后，就可预测他们在一定区域内的总量和消费能力。

2. 项目关键变量的聚类分析

与分类相反，聚类（clustering）是把影响项目的关键变量分成不同的群组。它的目的就是要看清群与群之间的明显差别，同时使同一群之间的数据特征尽量相似。聚类与分类不同，策划人员在分类之前已经知道要把数据分成哪几类，每个类的性质是什么，聚类则恰好相反。聚类是利用软件或者其他方法，参照一定的标准，对同类型的变量进行合并、总结。聚类增强了策划人员对关键变量总体特征的认识，它是概念描述和偏差分析的先决条件。例如，在确定项目细分市场时，策划人员就可以参照一定的细分标准（具体可参见本书第 5 章的相关部分），利用 SPSS 等统计软件，对数据进行聚类分析，从而确定项目市场内可以划分出多少个细分市场，以及不同细分市场之间的相似性和差异性。

3. 项目关键变量的关联分析

数据关联分析（association analysis）是探究影响项目关键变量之间内在联系与结构的基础。现代统计学认为，若两个或多个变量的取值之间存在某种关联性，就称为关联。关联可分为简单关联、时序关联、因果关联 3 种。策划人员采用关联分析的目的，就是找出项目关键变量中隐藏的关联网或内在结构，从而为确定科学的策划分析提供强有力的结构性依据。关联分析中常用的两种技术是关联规则和序列模式分析。其中，关联规则是寻找在同一事件中出现的不同项的相关性，如某个房地产商品房项目的目标客户的人口统计特征与其对房子各方面评价之间的相关性。序列模式分析则是寻找变量之间在时间上的相关性，也称时间序列分析。例如，在巨人大厦筹建期间，策划人员就可通过国内宏观调控和房地产萧条周期的数据，分析房地产景气程度和宏观调控之间的内在联系。

4. 项目关键变量的概念描述

概念描述（conceptualization）就是对项目某类关键变量的内涵进行描述，并概括这类变量的有关特征。它是结构性分析过程中逻辑或理论表述的必需步骤，是在第2章中所介绍的创新思维"概念化"的统计表述。概念描述分为特征性描述和区别性描述两类。前者主要描述某类对象的共同特征，如用"儿童"来界定"服装市场"后形成的"儿童服装市场"就是对童装细分市场的特征性描述；后者则主要描述不同类对象之间的区别，如用"年龄"来区别童装和中年女性服装市场，而年龄则成为对童装和中年女装市场的区别性描述。生成一个关键变量的特征性描述只涉及该变量中所有对象的共性。生成区别性描述的方法则有很多，策划人员可结合具体变量分析的需求，对其差异进行表述。

5．项目关键变量的演化分析

演化分析（evolution analysis）是描述项目变量随时间变化而呈现出的规律或趋势。事实上，通过足量的数据，策划人员可通过建模的方式对关键变量的演化规律进行描述。例如，在策划教育类项目时，策划人员可结合人口构成、教育水平，以及社会经济的发展趋势对目标客户教育消费的趋向进行分析，集中探索上述3个变量对教育消费演化的影响机制。很大程度上，对项目关键变量演化规律的探索成果，也为动态实施项目策划提供了量化依据。

6．项目关键行为的偏差检测

项目实施或策划过程中也会产生一些异常的记录。利用数据检测这些偏差对项目控制具有很重要的意义，具体可参见本书第8章中的相关部分。偏差包括很多潜在的知识，如分类中的反常实例、不满足规则的特例、观测结果与模型预测值的偏差、量值随时间的变化等都为项目策划人员制定决策提供了思维拓展的空间。在数据挖掘中，偏差检测的基本方法是寻找观测结果与参照值之间有意义的差别。例如，电视栏目策划人员认为电视观众在观赏栏目过程中会产生很多的笑声，但初步测试的结果是笑声很少。这就是有意义的差别。事实上，对这个差别进行合理地解释，也为策划人员调整栏目内容提供了思路。

7．数据分析的描述和可视化

数据分析的描述和可视化（description and visualization）是现代策划的一个重要标志，也是量化分析在策划领域的具体运用。描述和可视化就是要通过对数据进行归约、概化或图形描述等，体现数据的内在含义。例如，通过经济发展趋势所显示出的曲线，对经济发展状况进行形象化描述。实际上，大多数统计软件中都附带上述功能。

4.1.4 数据挖掘与项目策略的制定

数据挖掘对项目策略的制定具有重要意义。目前，数据挖掘已被广泛地运用到项目战略和营销策略制定的过程之中。策划人员通过收集、加工和处理涉及消费行为的大量信息，确定特定消费群体或个体的兴趣、消费习惯、消费倾向和消费需求，进而推断出相应消费群体或个体下一步的消费行为，然后以此为基础，对所识别出来的消费群体进行特定内容的目标营销。与传统大规模营销手段相比，这大大节省了营销成本，提高了营销效果，从而为项目带来了更多的利润。因此，对于项目策划人员来说，他们一方面要建立各类营销库，另一方面就是要用数据为项目策略制定提供依据。例如，美国读者文摘出版公司运行着一个积累了40年的业务数据库，其中拥有全球一亿多个订户的资料；数据库每天24小时连续运行，保证数据不断地得到更新。正是拥有客户数据的优势，使读者文摘出版公司能够从通俗杂志扩展到专业杂志、书刊和声像制品的出版和发行业务，极大地扩展了自己的业务。

弄清了数据挖掘，接下来将对项目所涉及的内外环境进行分析，从而为策划人员依照项目自身需求，收集必要数据、挖掘关键变量和发展模式提供外部数据。

4.2 项目宏观环境的 PEST 分析

PEST 分析是项目策划最常用的宏观环境分析框架，主要包括对项目所在区域及更大系统内的政治法律、经济、社会文化和技术环境进行必要的分析。策划人员实施宏观环境 PEST 分析，其主要目的是探究外部环境中存在的机会和威胁。至于宏观环境分析的范围大小，则根据项目不同而有所区别。一般来说，区域内的 PEST 因素更为重要。

4.2.1 政治法律环境分析

政治法律是制约、影响项目经营与长期投资行为的重要因素之一。

项目外部政治环境主要由政治体制和政权、政治局势、政策及战争风险等要素构成，政治环境分析一般研究一个国家的政治制度、政局稳定性及政策连续性。法律环境一般研究投资环境中的法律完备性、法制稳定性和执法公正性等。以房地产为例，政治法律环境调查主要包括5个重要层面：一是各级政府制定的有关房地产的政策，如房地产开发经营政策等；二是各级政府制定的国民经济社会发展计划、土地利用总体规划、区域规划及城市规划等；三是各级政府制定的相关法律、法规，如房地产管理法、土地管理法等；四是政府制定的产业、金融、税收及财政等相关政策；五是国家及地区内的政权、政局变动等。事实上，一个国家或区域内的政治和法律制度越稳定，项目持续经营的能力就越强。

项目策划不仅要考虑策划时点的政治法律环境中的决定因素，而且要预测政治法律的演化趋势。政治环境对项目影响的特点主要包括3个层面：第一，直接性。政治环境直接影响项目的经营状况与未来。例如，在巨人大厦的案例中，卖楼花和借贷的失败，都源于国家政策的调整与变化。第二，难以预测性。对于策划人员来说，他们很难预测国家政治环境的变化趋势。例如，在巨人大厦的案例中，策划人员很容易在政治景气的时机忽略国家采用货币紧缩政策。第三，不可逆转性。政治法律因素一旦影响到项目，就会使项目发生十分迅速和明显的变化，而这一变化是任何项目发起人和策划人员都驾驭不了的。事实上，这也是巨人资金链折断的重要原因之一。由于政治法律环境的特殊性，因此进入任何一个国家或地区，都要对其进行分析和研究，从而找出影响项目成功的关键结构变量。

近年来，随着各种公众压力集团的相继成立，它们也成为影响项目成败的利益相关者，如消费者保护协会、环保协会等。策划人员也应注意它们对项目的影响。

4.2.2 经济环境分析

经济环境是指构成项目生存和发展的国家经济政策及社会经济状况。其中，社会经济状况包括经济要素的性质、水平、结构、变动趋势等多方面的内容，涉及国家、社会、市场及自然等多个领域。国家经济政策则是国家履行经济管理职能，调控国家宏观经济水平与结构，实施国家经济发展战略的指导方针。一般来说，策划人员在分析项目经济环境时，可将其分为社会经济结构、经济发展水平、经济体制和宏观经济政策4个要素。

社会经济结构是指国民经济中不同经济成分、不同产业部门及社会再生产各个方面，在组成国民经济整体时的相互适应性、量的比例及关联的状况。社会经济结构主要包括5个方面的内容，即产业结构、分配结构、交换结构、消费结构和技术结构，其中最重要的是产业结构。经济发展水平是指一个国家或地区经济发展的规模、速度和所达到的水准。反映一个国家或地区经济发展水平的常用指标有国民生产总值、国民收入、人均国民收入、经济发展速度、经济增长速度等。经济体制是指国家或地区经济组织的形式。经济体制规定了国家与企业、企业与企业、企业与各经济部门之间的关系，并通过一定的管理手段和方法，调控或影响社会经济流动的范围、内容和方式等。宏观经济政策是指国家、政党制定的一定时期国家经济发展目标实现的战略与策略，它包括综合性的全国经济发展战略和产业政策、国民收入分配政策、价格政策、物资流通政策、金融货币政策、劳动工资政策、对外贸易政策等。

作为影响项目投资决策的基本因素，围绕它的调查与分析主要包括财政、金融、经济发展状况及趋势等。通过经济环境调查，应该把握项目拟投资地区总的经济发展前景。以房地产为例，经济环境调查主要包括以下几个方面：国家或地区国民经济状况指标，如国民生产总值、国民收入总值、国民经济增长率等；国家经济产业结构和主导产业；社会消费水平和消费能力指标，如消费总额、消费结构、居民收入、存款余额与物价指数等；项目所在地区的经济结构、人口和就业状况、就学条件及基础设施状况等；项目地区对外开放程度及国际经济合作等；项目地区的人力资源、土地资源、原材料资源及能源供应等方面的状况。

通常在政局稳定的时期，经济是影响项目成败的最重要因素。策划人员需学会运用各种指标对其进行综合评价，研究并判断其发展趋势及它对项目的影响程度。事实上，很多与经济景气程度高度相关的项目（如房地产、汽车以及各种高级奢侈品开发等），都要慎重考虑经济环境的影响。

4.2.3 社会文化环境分析

社会文化是人类在创造物质财富过程中所积累的精神财富的总和，它体现着一个国家或地区的社会文明程度。社会文化环境对项目投资有着重要的影响。其中，社会环境调查主要包括社会制度、社会秩序、社会信誉和社会服务等方面的调查。这里，社会制度是指投资项目所在国家或地区的社会政治制度和社会管理制度，如行政管理的透明度、政府对经济的干预程度、政府官员的廉洁性等。社会秩序是指投资项目所在国家或地区的社会政治秩序和经济生活秩序，如社会稳定性、安全性等。社会信誉是投资项目所在国家或地区的合同履约信誉、社会承诺信誉及政府经济产业政策的连续性信誉；社会服务指投资项目所在国家或地区所提供的服务设施及服务效率等，如金融服务、交通服务、行政服务、信息服务等。

文化环境是指在一定物质文明基础上，一个社会或人群内的不同成员一再重复的情感模式、思维模式和行为模式。文化环境主要反映了当地居民的生活习惯、生活方式、消费观念、消费心理、对生活的态度和对人生的价值取向等。文化环境将直接决定消费需求的形式和内容，直接影响项目开发和经营的整个过程，因此制约着项目开发和经营决策。

文化环境调查主要包括以下几个方面：区域内人群的职业构成、教育程度及文化水平；区域内人群的生活习惯、价值取向；区域内人群的家庭人口规模及主要构成；区域内人群的民族和宗教信仰，以及社会风俗等。配合数据挖掘工具，策划人员就可知道上述因素对项目的影响程度。

4.2.4　技术及其他环境分析

技术环境是项目策划必须考虑的重要因素之一。对高科技项目来说，技术环境变化非常迅速。通常情况下，技术发明创造的时间都非常短。以计算机软件为例，其升级速度大约在一年的时间。由于项目会受到更新技术的挑战，因此在以技术为核心的项目策划中，要充分考虑技术环境的作用，从而使项目产品能够跟上时代需要，抓住市场机会。

除上述分析之外，策划人员还应考虑自然环境与基础设施环境对项目的影响。其中，自然环境调查是指对项目所在地区或国家的自然条件和风景地理特征进行调查，主要包括地理位置、地形、地质、地貌、自然风光及气温气候等方面的调查。当今社会，随着人们对生态环境保护意识的增强，政府部门也通过立法等手段，加强了对损害自然环境的项目的监控，以维持自然环境的可持续发展。例如，2007年爆发的无锡太湖蓝藻事件[1]，让许多的地方政府意识到，不能再以牺牲环境为代价来盲目地开展各种会造成严重污染的化工项目。受此影响，"既要金山银山，也要绿水青山"也成了区域经济建设的一个重要口号。

基础设施环境则是项目投资的重要硬环境，对投资决策起着非常关键的影响。基础环境调查主要是对项目投资地区或国家的交通干线分布、交通方便程度、电力、煤气、天然气供应、通信电缆布置、自来水管网分布、排水排污状况等方面进行调查。事实上，自然环境和基础设施调查对各种工程类的项目有着重要的指导价值和意义。

4.3　项目产业环境的作用力分析

如果说宏观环境分析为项目找到了政治经济等方面的依据，那么产业环境分析则为项目找到了盈利的依据。如前文中所介绍的，产业内在结构决定了产业的平均利润率。因此，策划人员在策划项目时就必须考虑产业的吸引力，选择回报率高的产业并进行投资。另外，如果项目已被圈定在一个既定的产业内，那么策划人员必须能为项目实施制定符合产业实际的发展战略。因此，无论从哪个角度来看，都必须对产业进行研究与分析。

---

[1] 2007年太湖蓝藻污染事件发生于2007年五六月。江苏太湖爆发的严重蓝藻污染，使无锡全城自来水受到污染，生活用水和饮用水严重短缺，超市、商店里的桶装水被抢购一空。无锡市政府称事件是持续高热造成的，国家环保总局认为既是天灾也是人祸。民间则普遍认为，此事是政府为了经济业绩大量兴建排污严重的化工厂，却对太湖污染治理不力而造成的。

对项目所在产业进行分析的框架有很多，如产业组织理论中的 SCP 范式分析、产业经济特性分析[1]、产业成功关键因素分析[2]，以及学习曲线、范围经济和规模经济分析等。这里向项目策划人员推荐迈克尔·波特在《竞争战略》一书中提出的 5 种作用力模型。波特认为，一个产业内部的竞争状态取决于产业内现有竞争者之间的竞争、潜在的行业新进入者、替代品的竞争、供方砍价实力与买方砍价实力 5 种基本竞争作用力，而一个企业的竞争战略目标在于使公司在产业内部处于最佳定位，保卫自己，抗击 5 种竞争作用力，根据自己的意愿来影响着 5 种竞争作用力。因此，通过对项目产业 5 种作用力进行分析，不仅可以让策划人员充分掌握产业内的经济特性及关键因素，而且能有效地策划项目的盈利战略。

4.3.1 产业潜在进入者分析

对于一个产业来说，潜在进入者或新进入者会带来新的生产能力，从而对现有市场格局产生重大的影响。因此，从产业吸引力的角度来看，如果项目意欲进入的产业门槛很高，那么就可保证产业内拥有较高的收益格局。对产业潜在进入者的分析实际上是对产业进入障碍和退出障碍的分析，这些障碍也表明了一个产业收益的基本特征。一般来说，进入和退出障碍都低意味着低而稳定的收益；二者都高意味着高而有风险的收益；进入高、退出低意味着高而稳定的收益；而进入低、退出高则意味着低而有风险的收益。

1. 进入障碍分析

对项目意欲进入的产业进入障碍进行分析十分有必要。事实上，它为策划人员思考项目应具备的先决条件提供了分析依据。进入障碍分析主要包括以下几个方面。

（1）规模经济。这是指在一定时期内，某项产品的单位成本随着产品绝对量的增长而呈下降的趋势。规模经济将迫使新进入者在进入时考虑以下两难选择：采取大规模进入方式，将面临行业内现有企业强烈反抗的风险；采取小规模方式，又将承受相对成本过高的劣势。

（2）产品差异化程度。这是指已立足企业所拥有的品牌和客户忠诚度，它将迫使新进入者耗费巨资去征服现有的忠诚。而要建立新的品牌需要大量的资金，并且包含巨大

---

[1] 产业经济特性分析主要包括市场规模、竞争地域范围、市场增长率、行业生命周期的阶段、行业内公司数量和相对规模、顾客、纵向整合程度、进入和退出壁垒、技术和创新的趋势、产品特性、规模经济、学习曲线、赢利能力、需求稳定性、行业增长潜力及行业演变等方面的研究。
[2] 产业成功关键因素分析就是通过寻找行业内影响竞争优势的重要条件、变量和能力。这种重要因素既可以是行业经济特性中的一个变量，也可以是多种变量的组合。

的风险。

（3）资本要求。巨额投资也会构成某种进入障碍，尤其当该资金需用于有风险的或未能补偿的、预支的广告宣传或研发的时候。新进入者只有在把握大量资金并愿意承受高风险时才能进入，特别是那些资金密集型行业。

（4）转换成本。这是指某个购买者变换供应方所需支付的一次性成本。这种转换成本可能包括重新训练业务员的费用，购置新的辅助设备的费用，测试产品是否合格所花费用等，甚至包括由于切断已有关系而造成的心理费用。如果转换成本很高，且企业又难以在内部消化掉，那么新进入者只有在费用或产品性能方面做出较大的改进后，买主才能转移出来。

（5）分销渠道。这是一项稀缺的资源。如果行业内企业已控制分销渠道，则新进入者必须通过价格削减、合作广告、津贴等方法来说服那些分销商接受其产品，这种做法势必会减少利润。

（6）不受规模支配的成本优势。这是指那些不管潜在进入者的规模如何，以及是否达到规模经济的程度，它们都无法达到类似于已立足企业可能拥有的那种成本优势。不受规模支配的成本优势包括专有的产品工艺、取得原材料的有利途径、政府的优惠补贴、知识曲线或经验曲线。

（7）政府政策。例如，政府可借助于污染标准及产品安全法规等手段对进入者加以限制。虽然政府的政策更多的是从社会角度考虑的，但它在客观上也会对新进入者构成进入障碍。

2. 退出障碍分析

对项目意欲进入的产业进行退出障碍分析，为策划人员思考项目失败后果提供了依据。退出障碍分析主要包括以下几个方面。

（1）资产专用性。如果产业内的企业资产专用性高，即这些资产在项目失败后无法转移到其他产业内使用，那么该项目在失败时的退出障碍就很高。

（2）退出成本高。成本是多种多样的。例如，如果项目所涉及的人员安置或其他诸如各种赔偿成本很高时，也会导致项目在失败时很难退出。

（3）协同关系。这里指的是项目与其他业务单元的内在关系的紧密程度。如果该项目与企业内部其他战略单位的协同效应高，那么失败时也很难退出。

（4）政府和社会的限制。考虑到失业及项目失败对地方经济的巨大影响，政府也会在某些项目失败时劝阻其退出，以维持社会稳定。这一现象在国内非常多。

4.3.2 产业内竞争对手分析

对项目意欲进入产业内的竞争对手进行分析尤为重要。事实上，只有那些拥有更多竞争优势的项目才可能在激烈竞争中获得成功。因此，在项目策划中，必须考虑如何建立项目在市场、价格、质量、产量、功能、服务、研发等方面的核心竞争优势。影响项目意欲进入产业内竞争程度的主要因素包括产业内势均力敌的竞争对手数量、产业发展趋势、固定成本或库存成本、产品差异、生产能力品牌资产、转换成本、竞争战略、产业风险与退出壁垒等。策划人员应尽可能多地了解竞争对手的情况，对竞争对手的分析主要应从以下几个方面着手。

1. 辨别竞争对手

表面上看，辨别竞争对手对策划人员来说非常简单。很大程度上，人们可以把竞争对手定义为向目标市场提供类似产品和服务的其他企业。例如，麦当劳把肯德基看作竞争对手。然而也应看到，产业内的所有竞争者，并非都是项目的竞争对手。因此，在辨别竞争对手时，策划人员必须利用战略群体[①]的分析框架，对竞争对手的构成做进一步的分析。所谓战略群体，就是产业内部执行相同或类似策略（如价格相近，质量相近）的一组企业。事实上，只有在相同集群内的企业才是真正意义上的竞争对手。战略群体之间的差异主要表现为生产经营活动的重点不同。在纵向一体化、专业化、研发和营销重点上有所差异。

2. 评估竞争对手

在辨别主要竞争对手后，策划人员要问的是，竞争对手在市场中追求的是什么，每个竞争对手的战略是什么，不同竞争对手的优势和劣势是什么，各个竞争对手对自己的行动会采取什么样的反应。每个竞争对手都有一个目标，策划人员需要知道竞争对手对盈利、市场份额增长率、现金流、技术领先性与服务领先性的看法。了解竞争对手的目标组合，能够揭示竞争对手对其当前状况是否满意，以及对于不同的竞争性行为它将做出什么反应。除此之外，策划人员还必须密切关注竞争对手在不同细分市场的策略，从而使评估更具针对性。

---

① 战略群体是指行业内执行同样或类似战略，并具有类似战略特性的一组企业。通常，在行业中具有相同战略或相同地位的企业，有可能结合成战略群体。尽管在同一战略群体内，企业在生产规模和市场占有率等方面可能有所不同，但是它们的性质相同，处于相同的竞争地位，因而是直接的竞争对手。

3. 制定相应的竞争战略

在一些行业内，竞争对手能够和睦相处；而在另一些行业，它们则相互攻击。有时，项目开发时需要竞争对手的存在。一方面，竞争对手可能有助于扩大总需求，它们可分担市场和产品开发成本，并促进技术的规范化。另一方面，竞争对手可能服务于那些不太有吸引力的细分市场，或者带来产品差异化水平的提高。但是在大多数情况下，策划人员需要采取进攻或防御的方法，应对市场竞争。一般来说，一个产业内经常见到的竞争对手可分为防御型和进攻型两种。其中，防御型企业依照产业内的规则行事；进攻型则喜欢攻击，导致整个行业的震荡。在制定策略时，有些策划人员更喜欢把精力放在较弱的竞争对手身上，因为这样需要的资源少，但可能收获也不会太大；有的则想要与强的竞争对手竞争，提升自己的品牌知名度。当然，如果找到竞争对手的弱点，这种策略也不错。

通常意义上讲，项目可以采取的竞争战略有成本领先、差异化和集中战略 3 种[①]。其中，成本领先战略是指项目通过在内部加强成本控制，在研发、生产、销售、服务和广告等领域里把成本降到最低限度，成为行业中的成本领先者的战略。差异化竞争战略是指项目为满足顾客特殊需求，形成自身竞争优势，而提供与众不同的产品和服务的战略。集中战略是指项目将重点集中在某个目标市场上，为其提供专门服务的战略。按照对成本和差异化追求程度的不同，集中战略可分为集中成本领先和集中差异化两种。事实上，如果成本领先战略获得的是一种绝对竞争优势，那么差异化战略获得的则是相对的竞争优势。按照波特的理解，策划人员在制定项目战略时最好不要在成本领先和差异化上采取"骑墙"的办法，因为从根本上来说，二者的目标是不一致的。事实上，项目在追求差异化的过程中必然要付出大量的成本，但这也不是说实施差异化就不要进行成本控制了。

4.3.3 替代品竞争对手分析

替代品是指那些与本项目产品具有相同功能或类似功能的产品。广义地讲，一个产业内的所有公司都在与生产替代产品的产业进行竞争。替代品影响了产业可谋取利润的定价上限。替代品所提供的性价比越有吸引力，项目所在的产业利润被压缩的可能性就越大。

决定替代威胁的因素主要有，替代品的相对价格表现、转换成本、客户对替代品的

---

① 波特 5 种作用力模型分析的目标就是要确定企业的 3 种战略，从而获得成本领先或差异化的竞争优势。项目采取何种战略当视具体情形而定。比如，考虑到企业竞争互动的问题，可将战略分为进攻和防御两种；考虑行业周期或成长因素等问题，则可将战略分为扩张、收缩、稳定或放弃战略等。

使用倾向。一般来说，如果客户面临的转换成本很低甚至为零，或者当替代品的价格更低或质量更好，性能相似于甚至超过竞争产品时，替代品的威胁会很大。在顾客认为具有价值的地方进行差异化（如价格、质量、服务、地点等），可以降低替代品的竞争力。

4.3.4 供方砍价能力分析

项目原材料供应商可通过提价、降低所购产品或服务的质量，向项目发起企业施加压力。而供方压力可迫使一个项目因无法使价格跟上成本的增长而失去利润。供方实力与买方实力此消彼长，要想在与供方的竞争中占据优势，就必须了解供方竞争能力提升的方法。具体来说，这些方法有以下几种：一是由几家公司支配供应集团，让零散客户失去讨价还价的能力。二是避开替代产品的竞争，形成一定程度的垄断。三是购买者不是主要客户。四是供应产品对购买者来说非常重要，必须要买。五是供应集团之间的产品存在差异化，从而服务于不同的目标市场，避免竞争。六是供应者集团实施了前向一体化，不在乎临时购买者。

4.3.5 买方砍价能力分析

买方和项目发起企业在各自利益最大化上本身就存在矛盾。为了减少支出，买方通常会讨价还价，寻求用最低的价格获得更好的产品与服务。而产业内竞争的存在也会让买方坐收渔翁之利。研究表明，买方在以下情况中将更具砍价优势：一是它们购买了项目产出的一大部分；二是从项目中购买的产品支出成本占买方成本的很大部分；三是它们能在不花费很大代价的情况下转移到其他产品上；四是项目意欲进入的产业产品差别不大或已形成标准化，并且买方向后整合进入行业的可能性很大。买方砍价能力分析对于面向企业销售的项目策划来说是必需的，而面向一般消费者的项目策划则不一定需要这项分析。

4.4 项目发起企业分析

通过宏观及产业环境分析，策划人员掌握了项目外部系统的根本特征和关键变量。接下来，策划人员还应对发起企业进行分析。作为项目策划的未来实施者，发起企业的资源、能力及价值链构成都会对项目产生重要的影响，这些要素决定了项目的劣势和优势。

4.4.1 项目发起企业的资源和能力分析

资源和能力是项目发起企业实施项目的根本保障。企业的资源主要包括有形资产、无形资产和组织能力。其中，有形资产是企业运营中必要的资源，它是最容易判别的，如资金、生产设备、人力资源等。有形资产可以直接投入到项目之中，或作为项目融资过程的基本保证。无形资产包括企业的声誉、品牌、文化、专利、商标，以及工作中累积的知识和技术。如果项目发起人的上述无形资产已广受消费者的认同，那么策划人员也可以将其直接延伸至项目品牌和无形资产的构建当中。组织能力则是所有资产、人员与组织投入产出过程中的一种复杂的结合，包含了一组反映企业特殊效率和效果的能力。例如，与同类竞争对手相比，项目发起企业在相同要素投入条件下，可获得更高的效率和更好的结果。这种能力也称为企业的核心能力（core competence）[1]，它也可以复制到项目的运营当中。

对于项目策划人员来说，分析项目发起企业的资源和能力，就是要通过寻找项目发起企业中能够对项目竞争优势构建有益的资源和能力，为项目实施提供持续的动力。一般来说，策划人员可以采用以下两个标准来判断何种资源和能力对项目具有重要的价值。第一，资源对项目的稀缺性。例如，对房地产公司来说，与金融部门的关系就是一个优秀的不可或缺的资源。第二，资源的不可模仿性。资源的不可模仿性主要有4种形式。① 物理上独特的资源，如房地产处于极佳的地理位置。② 具有路径依赖的资源。这些资源是必须经过长期的累积才能形成的。例如，房地产企业的品牌认知度不仅仅是通过大量广告形成的，它还是大量消费者使用之后形成良好口碑的结果。这种资源是其他企业难以模仿的。③ 具有因果模糊性的资源。这是企业的独特能力。比如，很多房地产公司在经营中形成了独特的文化，就是一种因果模糊性的资源，难以为竞争对手所模仿。④ 具有经济制约性的资源。这是一种尽管竞争对手能够模仿，但是因市场空间有限而不能与其竞争的状况。例如，房地产项目发起者在市场上处于领导地位，它在一个特定的区域目标市场内投入了大量的资本，规划别墅群。由于这个市场空间很小，不能同时支撑两个竞争者盈利，因此即使竞争对手再有能力，也会放弃竞争。

---

[1] 核心能力是由普拉哈拉得和哈默在1990年的哈佛商业评论上发表的《公司核心能力》一文中所提出的。核心能力的概念打破了许多企业管理人员将企业看成是各项业务组合的思维模式，重新认识到企业是一种能力的组合。核心能力多种多样，一般来说，具有5个特征。第一，它是一种竞争性能力，具备有相对于竞争对手的竞争优势；第二，它是一种处在核心地位的能力，是企业其他能力的统领；第三，它是企业所独具的能力，竞争对手无法模仿；第四，它是长期起作用的能力，一般情况下不随环境变化而发生质的变化；第五，它是企业长期积淀而形成的能力，深深扎根于企业之中。

4.4.2 项目发起企业的价值链分析

策划人员还可使用价值链来分析项目竞争优势的来源。然而，对于大多数项目来说，其价值链会先受到发起企业价值链的影响。波特认为，企业每项生产经营活动都是创造价值的经济活动。因此，企业所有的互不相同但又互相关联的生产经营活动，共同构成了创造价值的一个动态过程，即价值链。价值链理论认为，企业生产经营活动中，并不是每个环节都创造价值或者具有比较优势。企业所创造的价值和比较优势，实际上来自企业价值链上某些特定环节的价值活动。这些真正创造价值的，具有比较优势的经营活动，才是最有价值的战略环节。企业的竞争优势，或者核心竞争力，实质上就是企业在价值链上某一特定的战略环节上所具有的优势，这些战略环节是企业核心竞争力的源泉。只要控制住这些关键的战略环节，也就控制了整个价值链。企业要发展或者保持自己的竞争优势，并不需要在企业的所有环节上都保持优势，关键是发展或者保持那些创造价值同时产生比较优势的战略环节的优势。因此，在项目策划过程中，通过对发起企业价值链的分析，可以知道或了解获取项目竞争优势的关键流程。这也为策划在实施中取得成功打下了坚实的基础。

目前，相当一部分跨国公司采用价值链理论来管理其全球价值链。最常见的做法是，这些公司实施业务"归核"战略，即把经营活动中产生核心能力的战略环节严格控制在企业内部，而将一些非战略性的活动外包出去，充分利用国际市场降低成本，提高竞争力和盈利水平。例如，耐克公司尽管在全球开展业务，但是公司总部仅仅掌握产品设计与研发、营销这两项活动，产品生产、物流等诸多职能全部采用外包的形式。这种战略不仅不影响其正常的运营活动，反而使耐克能够轻装上阵，集中企业全部资源用于研发和营销。综合来看，这一做法也是在做自己的长板，其他的则交给同样拥有自身长板的公司来做。

不同项目的价值链并不相同，价值链将企业生产经营活动分为基本活动和辅助活动两类。其中，基本活动包括内部物流、生产经营、外部物流、市场营销与售后服务，辅助活动包括企业基础设施（企业运营中各种保证措施的总称）、人力资源管理、技术开发和采购。

1. 基本活动

这一类活动是企业生产经营的实质性活动，其包含的各类活动还可根据具体行业进一步划分成许多其他的活动，策划人员可根据具体情况，对其进行分类，找出关键因素。

（1）内部物流。内部物流是指与产品投入品接收、存储和分配有关的活动，如原材料采购、仓储、库存控制、车辆调度及退货等。在这一环节，对原材料的控制是价值创造的关键。企业应在采购上严把原材料进货关,降低成本,设定最高采购限价,同时严格进行质量和数量检验,堵住管理上的漏洞,与奖惩紧密挂钩,降低采购成本给予嘉奖,超支则惩罚,把进货成本压到最低。

(2)生产经营。生产经营是指与将各种投入转化为最终产品相关联的各种活动。企业在生产经营上的策略主要体现在标准化和本土化上。生产标准化是指在产品制造的各个环节中推行统一标准的活动,包括生产流程、产品包装、设备维护等内容。标准化能够带来的价值增值主要表现在降低设计费用和缩短建设时间。例如,按照生产系统的标准化设计来建立一个新工厂时,只要按原来的图纸和模式进行建设,订购以前同样的设备,这样不仅加快了进度,又节约了成本,还解决了新建工厂中可能遇到的各种难题。标准化生产通过实现规模经济降低成本,采用标准零部件实现生产过程的专业化。同时,标准化生产使生产自动化程度提高了,对工人技术需求会有所降低,减少了相应的技术培训费用。生产本土化是根据不同地区的需求差异性而采取的活动,企业根据当地的需求特点对产品技术进行适应性调整,即适当降低标准化程度而推行生产的本土化,这样既节约了交易成本和信息成本,又强调了技术的适用性。

(3)外部物流。外部物流是指与集中、仓储及将产品配送给买方过程中的关联活动的集合,如一般产品生产过程中的机械、加工、包装、组装、设备维护、检测、印刷和各种设施管理等。外部物流作为连接客户的重要环节,它是降低企业交易成本的重要组成部分。

(4)市场营销。市场营销是指与提供一种买方购买产品的方式和引导顾客进行购买有关的各种活动,如广告、促销、销售队伍、报价、渠道选择、渠道关系和定价的设计等。与其他活动相比,营销通过与顾客的沟通,为顾客创造了更多的顾客让渡价值和顾客满意,实现了企业的竞争优势。其中,营销包括向顾客承诺高价值来吸引顾客和使让顾客满意来留住现有顾客两个目标。

(5)售后服务。售后服务是指因购买产品而向顾客提供的、能使产品保值增值的各种服务,如安装、维修、零部件供应等。售后服务有两种不同的情况:一种是合同规定的例行服务;另一种是对消费者提供的持久性服务,以及其他在成品销售时说明书中所保证的服务。改善服务态度,提供满意服务,并没有增加多少成本,但是能提高客户的满意度,赢得客户的信任。随着人们生活水平的提高和支付能力的增强,客户越来越心甘情愿地为获得高档优质的服务而多花钱,依靠价格竞争已经难以取胜,而服务优势在创造竞争差异化中的作用日益增强。

2. 辅助活动

(1)采购。采购是指购买用于企业价值链各种投入的活动。而构成企业外部上游价值链的是，企业在采购过程中所发生的与供应商管理有关的价值活动，主要依靠企业内部的资源职能来进行。企业应当建立一套采购系统。此系统应包括：与供应商管理有关的活动，如供应商开发、选择与评估等；与采购数量和品种控制有关的活动，如对外部获得与自己制造的选择，外购物料品种与数量的规划，以及对生产能力的整体控制等；与生产资料购买行为有关的活动，如订单管理、采购周期控制等；与采购物料运输有关的活动，如对第三方物流的选取与管理、进出口物料的通关与检验等；与物料存取有关的活动，如商品储存、安全库存管理、库存周转率的控制等；与顾客需求及其市场驱动有关的活动，如市场需求预测、发货订单管理、顾客抱怨处理等活动。总之，企业在基于供应链管理的采购价值链管理中，必须以市场驱动和顾客需求为导向，以供应链管理为重心，通过资源外取的策略，结合适当的准时采购策略、信息策略、物流策略和库存管理策略，企业的采购价值链管理才能获得成功。

（2）技术开发。每项价值活动都包含着技术成分，无论技术诀窍、程序还是在工艺设备中所体现的技术。技术开发由一定范围的各项活动组成，这些活动可以被广泛地分为改善产品和工艺的各种努力。技术开发可以发生在企业中的许多部门，与产品有关的技术开发对整个价值链将起到辅助作用，其他的技术开发则与特定的基本活动和辅助活动有关。企业应用技术的范围是非常广泛的，其中企业掌握的垄断技术是企业竞争优势的主要来源，企业所具有的垄断性优势按其来源分为4类。一是来自产品市场的不完善，包括产品差异营销技术和定价策略等；二是来自生产要素市场的不完善，包括获得专利的机会、专有技术、融资条件的优势及管理技能上的特色；三是由于企业合并等因素所产生的内部或外部的规模生产效益优势；四是由于政府干预，特别是对市场进入及产量的限制所造成的企业优势。其中，技术和知识是垄断优势的最重要的来源，企业凭借这种优势到各地去投资建厂，攫取高额利润。

（3）人力资源管理。人力资源管理是指与各种人员的招聘、培训、职员评价及工资、福利相关联的各种活动。它不仅对单个基本辅助活动起作用，而且支撑着整个价值链。随着科学技术发展速度日益加快，企业经营竞争压力日益增大，任何企业管理者都必须为未来的生存和发展而未雨绸缪。当企业的总体战略明确之后，能否按照拟定的方向运行，最重要的因素就是人力资源管理因素。因为人力资源是企业系统中最难协同，而又贯穿经营过程始终，并控制每一个环节的系统因素。因此，构建基于战略管理的人力资源管理体系是企业成功发展的关键，也是人力资源管理充分发挥作用的必要条件。企业可通过人力资源规划、政策及管理实践获得竞争优势的人力资源配置。为此，企业必须强调人力资源与组织战略的匹配，强调通过人力资源管理活动实现组织战略的灵活性，实现人力资源管理与组织目标的匹配。

（4）企业基础设施。企业基础设施由大量活动组成，包括企业内部的总体管理、计划、财务、会计、法律、政治事务和质量管理等。企业基础设施与其他辅助活动不同，它不是通过单个活动，而是通过整个价值链起到辅助的作用。以财务管理为例，财务管理是指企业合理有效地组织、控制和监督资金运动，正确处理财务关系的一系列工作的总称。其目的就是使企业达到利润最大化、所有者权益最大化。财务管理的成功实施必须以各专业管理为基础，包括计划管理、资产管理、生产管理、销售收入管理等。统筹规划，才能树立正确的财务观念，即效益观念、成本观念和资金观念，进而辅助其他活动，使企业达到利润最大化。策划人员必须关注基础设施的建设。

4.5 项目自身条件分析

进行项目策划，还需要对项目自身条件进行必要的分析和研究。一般来说，项目自身条件可能涉及项目发起人未曾涉猎的领域，因此对其进行充分的研究是必要的。而通过项目自身条件调查，可以使项目策划从项目的实际出发，发挥优势，更好地实现项目目标。对于不同类型的项目来说，可结合第 1 章中所介绍的项目要素加以分析。以房地产为例，分析工作一般包括：① 由经营目标所确定的项目目标及具体指标。这是项目策划和项目管理的基础。② 项目地块或意向地块的状况，如场地现状、地块形状、地质、水文、土地等级、土地权属、临街状况、基础设施配套等。③ 项目成本收益的分析。④ 项目的资金要求及获得的可能性。⑤ 项目的政策符合性及审批通过的可能性。

4.6 项目策划的 SWOT 分析

通过项目内外环境的分析，策划人员基本上可以确定一个项目应采取的战略。下面所介绍的 SWOT 分析工具[①]正是一种专门用于战略制定的框架，它通过对项目自身优势（Strength）、劣势（Weakness）及外部环境中存在的机会（Opportunity）和威胁（Threat）进行全面评估，从而确定项目发起人或者项目的目标，以便将企业或项目的战略、内部资源与外部环境中的机会有机地结合在一起。SWOT 分析也是对项目内外环境进行调研后，必然要采取的一个分析步骤。从战略角度来看，它是项目能否抓住市场机会、规避风险、发挥企业优势、克服劣势的判断框架。从营销角度来看，它包含监察项目外部和

---

① 科特勒的新书《可持续营销企业》中，将 SWOT 分析改写成了 TOWS。他认为分析内外部环境，首先应该从外部开始，因为抓住外部机遇更重要。本书中，为了符合传统阅读习惯，仍以传统说法为准。

内部营销环境的基本功能。SWOT 分析为策划人员明确项目的战略方向提供了科学的基础。

4.6.1　SWOT 分析的步骤

SWOT 分析包括以下 3 个步骤：

（1）采用 MECE 的方法，详细罗列项目所具有的优势和劣势，主要包括项目发起人的优势和劣势、项目本身的优势和劣势及外部环境中可能的机会与威胁。

（2）进行优势、劣势、机会、威胁相组合，形成 SO、ST、WO 和 WT 的分析框架。

（3）结合 SO、ST、WO 和 WT 具体条件，对项目的战略进行甄别和选择。

其中，项目的竞争优势是指一个项目能够超越竞争对手的能力，或者项目所特有的能提高项目竞争力的东西。例如，当两个项目处在同一市场，或者它们都有能力向同一顾客群体提供产品和服务时，如果其中一个项目有更高的盈利率，则这个项目比另外一个更有竞争优势。事实上，策划人员可通过价值链来寻找其优势。一般来说，竞争优势可包括：① 技术技能优势，包括独特的生产技术、低成本生产方法、领先的革新能力、雄厚的技术实力、完善的质量控制体系、丰富的营销经验、上乘的客户服务、卓越的大规模采购技能等。② 有形资产优势，包括先进的生产流水线、现代化车间和设备、拥有丰富的自然资源储存、吸引人的不动产地点、充足的资金、完备的资料信息等。③ 无形资产优势，包括优秀的品牌形象、良好的商业信用、积极进取的公司文化等。④ 人力资源优势，包括关键领域拥有专长的职员、积极上进的职员、很强的组织学习能力、丰富的经验等。⑤ 组织体系优势，包括高质量的控制体系、完善的信息管理系统、忠诚的客户群、强大的融资能力等。⑥ 竞争能力优势，包括产品开发周期短、强大的经销商网络、与供应商良好的伙伴关系、对市场环境变化的灵敏反应、市场份额的领导地位等。

竞争劣势是指项目所缺少或做得不好的某种东西，或指某种会使项目处于劣势的条件。事实上，策划人员可以通过价值链来寻找其劣势。一般来说，可能导致项目处于弱势地位的因素包括：① 缺乏具有竞争意义的技能技术。② 缺乏有竞争力的有形资产、无形资产、人力资源、组织资产。③ 关键领域里的竞争能力正在丧失，如营销能力、管理能力、执行能力或者其他能力。这些因素可以单独出现，也可组合存在。

项目面临的潜在机会是影响项目战略制定的重大因素。项目策划者应当确认每一个机会，评价每一个机会的成长和利润前景，选取那些与项目财务和组织资源匹配，使项目获得竞争优势潜力最大的最佳机会。潜在的发展机会可能包括以下一些因素：① 目标或潜在客户群，产品细分市场的不断扩大趋势。② 新的技能技术能向新产品、新业务转移，从而在不花费较多研发成本的条件下为更大客户群服务。③ 能实现有效的前向或后向整合。④ 市场进入壁垒降低，企业付出代价不大。⑤ 获得购并竞争对手的能力。⑥ 市场需求增长强劲，可快速扩张。⑦ 出现向其他地理区域扩张、扩大市场份额的机会。

在项目外部环境中，总是存在某些对项目盈利能力和市场地位构成威胁的因素，这些因素可称为项目的外部威胁。项目策划者应当及时确认危及项目未来利益的威胁，做出评价，并采取相应的战略行动来抵消或减轻它们所产生的影响。外部威胁包括以下一些因素：① 将进入的市场出现强大的新竞争对手。② 替代品有可能抢占项目的销售额。③ 主要产品市场增长率不断下降。④ 国家政策、汇率和外贸政策的不利变动。⑤ 人口特征、社会消费方式的不利变动。⑥ 客户或供应商的谈判能力提高。⑦ 市场需求不断减少。⑧ 出现容易导致项目失败的经济萧条和业务周期的不利变动。

4.6.2 SWOT 分析矩阵

清楚项目内外 SWOT 状况之后，策划人员就可以建立 SWOT 分析矩阵，对项目应采取的战略进行判断。SWOT 分析矩阵如图 4-1 所示。

综合分析 T+O+W+S	W 项目存在的劣势	S 项目存在的优势
T 项目存在的威胁	TW 组合 减少劣势、回避威胁的防御性战略	TS 组合 利用优势、回避威胁的多种经营战略
O 项目存在的机会	OW 组合 利用机会、克服劣势的扭转型战略	OS 组合 发挥优势、利用机会的增长型战略

图 4-1 SWOT 分析矩阵

1. TW 组合分析

TW 组合是最悲观的情形。该组合下，项目将面临内外交困的窘境。由于竞争对手及其他因素带来的巨大压力，再加上项目发起企业缺乏必要的优势，因此企业必须采取减少劣势、回避威胁的防御性战略，即先解决内部问题，再静观环境的变化，以防御应万变。

2. TS 组合分析

TS 组合是喜忧参半的境地。该组合下，项目具有强势地位，却面临巨大的竞争压力或其他外部因素的影响，因此应采取利用优势、回避威胁的多种经营战略，即通过改变业务格局，应对外部不利的影响，发挥自身的实力，争取项目的成功。

3. OW 组合分析

OW 组合也是喜忧参半的状况。该组合下，外部的机会众多，然而项目自身的劣势又非常明显。这种状态下，应采取利用机会、克服劣势的扭转型战略，即通过加强内部管理的方法，大力解决项目存在的劣势，找准外部机会，做大项目的市场。

4. OS 组合分析

OS 组合是最佳的情形。该组合下，市场机会众多，项目发起人优势明显，这时应采取发挥优势、利用机会的增长型战略，即积极利用和发挥优势，加大市场开拓力度，抓住机会，吸引更多的客户，争取做大做强，提升项目的影响力。

本章小结

本章通过对项目外部环境、项目发起企业及项目自身条件的分析框架的介绍，在强调数据挖掘对策划具有重大价值的基础上，为策划人员明确项目战略方向提供了依据。

数据挖掘就是要从大量的、不完全的、有噪声的、模糊的、随机的数据中，提取隐含在其中人们事先不知道的，但又是潜在有用的信息和知识的过程。数据挖掘是制定项目运作战略与战术的基础。通过数据挖掘，策划人员可在满足客户需求的基础上，对项目价值链的各个环节进行数据增值分析，从而在保证项目策划与客户对接的同时，实现策划价值的最大化。数据挖掘可为项目策划提供的服务，包括项目关键变量的分类和预测、聚类分析、关联分析、概念描述、演化分析、项目关键行为的偏差检测、数据分析的描述和可视化。

PEST 分析是最常用的宏观环境分析框架，主要包括对项目所在区域及更大系统内的政治法律、经济、社会文化和技术环境进行必要的分析，主要目的是探究项目外部环境中存在的机会和威胁。项目产业分析可用 5 种作用力模型来展开，该模型不仅可以让策划人员充分掌握产业内的经济特性及关键因素，而且能更有效地制定项目的盈利战略。

发起企业的资源、能力及价值链构成会对项目产生重要的影响，这些要素决定了项目自身的劣势和优势。价值链将企业生产经营活动分为基本活动和辅助活动两类。其中，基本活动包括内部物流、生产经营、外部物流、市场营销与售后服务，辅助活动包括企业基础设施（企业运营中各种保证措施的总称）、人力资源管理、技术开发和采购。

SWOT分析是明确项目实施战略的一般方法，包括3个步骤。一是采用MECE的方法，详细罗列项目所具有的优势和劣势，主要包括项目发起人的优势和劣势，项目本身的优势和劣势，以及外部环境中的机会与威胁。二是进行优势、劣势、机会、威胁相组合，形成SO、ST、WO和WT的分析框架。三是结合具体条件，对项目的战略进行甄别和选择。

复习思考题

1. 什么是数据挖掘？简述其范围和框架。
2. 数据挖掘的作用有哪些？以具体项目为例进行说明。
3. 简述数据挖掘在现代营销中的应用，并举例论述。
4. 房地产企业的组织价值链应该如何划分？
5. 用SWOT分析框架分析一个具体的策划项目。
6. 什么是项目宏观环境的PEST分析？它在策划中有何作用？
7. 试论述外部竞争环境的5种作用力及其应用。
8. 如何划分项目策划内部的价值链？有何意义？

案例分析题

乌苏啤酒品牌经营战略的外部环境分析

新疆乌苏啤酒有限责任公司（以下简称乌苏啤酒）位于乌鲁木齐国家级经济技术开发区，前身是始建于1986年的乌苏啤酒厂，是新疆维吾尔自治区招商引资的中外合资企业，由世界500强、全球啤酒行业排名第四的丹麦嘉士伯啤酒有限公司与新疆啤酒花股份有限公司各出资50%组建。鉴于20世纪的新疆市场上只有两个本土啤酒品牌，乌苏啤酒厂在建厂后发展非常迅速。2005年，乌苏啤酒厂与本土另外一个品牌——新疆啤酒进行了战略整合，并由此结束了新疆维吾尔本土啤酒品牌"二虎相争"的局面。目前，乌苏啤酒已发展成为新疆维吾尔自治区规模最大、西北地区同行业领先的大型现代化企业集团，形成以啤酒生产为主，拥有乌苏、乌鲁木齐等10个直属企业的跨行业、跨地区、跨国域的大型企业。事实上，在乌苏啤酒品牌发展和经营过程中，该公司不仅巩固和扩大了北疆传统市场，拓展了东疆和南疆市场，而且产品实现了从新疆走向甘肃、广州等省份乃至德国、蒙古和中亚市场。面对未来，乌苏啤酒将要用在二十几年内发展成为西部著名啤酒企业的经验，进一步将乌苏品牌打造成为全国一流并享誉世界的啤酒品牌。这一梦想很伟大，但是能实现吗？以下是公司在实施品牌经营战略时对外部环境的综合描述与分析。

1. 乌苏啤酒面临的宏观环境

（1）政治政策环境

第一，近年来，随着人们生活水平的不断提高，国家酒业的总体政策是限制高度酒的发展，鼓励发酵酒和低度酒的发展，支持水果酒和非粮食原料酒的发展。第二，随着"一带一路"战略的实施，新疆的改革开放格局发生了根本性的变化。2015年3月末，国家发展改革委、外交部等三部委联合发布《推动共建丝绸之路经济带和21世纪海上丝绸之路的愿景与行动》，明确了新疆作为丝绸之路经济带核心区的定位，新疆在中国传统对外开放格局中也由"末梢"转变为"前沿"。发挥新疆独特的区位优势和向西开放重要窗口作用，深化与中亚、南亚、西亚等国家交流合作，形成丝绸之路经济带上重要的交通枢纽、商贸物流和文化科教中心，打造丝绸之路经济带核心区，已成为未来新疆发展的重要使命。第三，为了进一步扩大我国沿边开放和向西开放步伐，加快将新疆建设成为我国向西开放桥头堡，乌鲁木齐亚欧博览会也已升格为中国—亚欧博览会。以上各类行业与国家政策及政治环境，为乌苏啤酒实施"走出去"战略创造了良好的机遇。

（2）经济地理环境

新疆是全国五大牧区之一，可利用牧草地面积约5 136万公顷，既可为啤酒花、啤酒大麦的种植提供丰富的土地资源及种植基地，也拥有啤酒酿造所需的其他优质资源。第一，新疆作为全国主要的啤酒花种植基地，啤酒花产量占全国近50%。其中，天山北麓是享誉世界的5大大麦种植基地之一，能够生产优质啤酒大麦。第二，新疆是世界为数不多的稀有优质水源——天山冰川所在地，冰川储量约占全国的50%。冰川融化后经地表渗漏而集聚的水，为啤酒酿造提供了纯净的"雪融水"。第三，中亚地区由于自身啤酒生产技术水平相对落后，且缺乏啤酒生产的基本原料，对进口原料的依赖，使其产品成本居高不下，地区内部产量根本无法满足市场需求，因此每年都需要大量进口啤酒。第四，新疆作为中国与中亚地区的枢纽，地理位置举足轻重，在与中亚地区的贸易上，新疆具有独特的区位优势。此外，中亚市场人口是新疆的2.8倍，这也为乌苏啤酒提供了广阔的市场前景。

（3）社会文化环境

新疆现有人口近 2 300 多万,少数民族占比 60%左右。尽管乌苏啤酒诞生在 20 世纪 80 年代的乌苏市,但是在今天的新疆,无论在繁华的城市,还是在边远的村镇,处处都有乌苏啤酒的"身影",特别是到了啤酒销售高峰期的夏季,乌苏啤酒几乎无处不在。各种各样的产品、各式各样的宣传画、大大小小的啤酒摊……乌苏啤酒早已成为新疆人生活中不可缺少的一个部分。乌苏啤酒能够立足和发展的重要社会因素是新疆人豪爽、不拘束的性格和少数民族爱好饮酒的习惯,这使得该地区啤酒消费量较大。西部居民的可支配收入不断增长,这也为乌苏啤酒提供了较好的社会文化发展基础。而在中亚地区,相似的文化环境及消费习惯,也为未来乌苏啤酒进一步拓展该市场创造了条件。

(4)技术环境

乌苏啤酒是由全球啤酒行业排名第四的嘉士伯啤酒有限公司和新疆啤酒花股份有限公司共同组建的,拥有充足的资本引进新技术、新的生产线。第一,公司技术及设备先进。以乌鲁木齐分公司为例,该公司从酿造到包装的整套啤酒生产设备全部从德国、荷兰引进,工艺流程全部实行数控化。第二,内部管理水平较高,乌苏啤酒所属子公司和分公司均通过了 ISO 9002 国际质量体系认证。公司的吨酒水耗居全国同行业第一,吨酒粮耗、吨酒能耗等消耗指标在全国同行业名列前三位。第三,新产品开发快。乌苏啤酒目前拥有三大系列 21 个品种和两个国际知名品牌,拥有乌苏暖啤、乌苏冰啤、乌苏番茄果啤、乌苏泡泡啤和乌苏精品啤酒等产品,随着上述产品的先后开发上市,乌苏啤酒能够以不同口味、不同功能的产品满足了不同层次消费者的需求。

2.乌苏啤酒面临的产业环境

(1)潜在进入者的威胁

潜在进入者在给新疆啤酒行业发展带来新生产能力的同时,也希望在新疆啤酒市场中赢得一席之地。这就有可能会与现有啤酒公司发生原材料与市场的竞争。然而乌苏啤酒作为新疆本土化的啤酒品牌,已经得到新疆消费者的普遍认可,其销售网络已遍布北疆、南疆各地州,而且乌苏啤酒多样化的产品也可基本满足本地需求。此外,政府的大力扶持及地方民族习惯和消费习惯也会使潜在的进入者慎重行事。因此,潜在进入者的威胁并不大。

(2)现有厂商之间的竞争

目前,乌苏啤酒在国内的主要竞争对手包括青岛啤酒、燕京啤酒、华润雪花、蓝带、百威啤酒等国内外知名品牌。在此,以其最强的竞争对手——青岛啤酒为例进行分析。第一,青岛啤酒目前已在新疆有良好的发展,特别是在东疆市场(如哈密和吐鲁番等地)已取得了 50%以上的市场份额,而乌苏啤酒在当地的销售却呈停滞状态。可以预想,凭青岛啤酒的品牌影响力,如果进一步扩大在新疆的生产规模和市场拓展范围,势必会对乌苏啤酒形成巨大的冲击。第二，与青岛啤酒等外来大品牌相比，乌苏啤酒的主要优势是本地化优势和渠道优势，但这些优势还是低层次的，尚不能形成其核心竞争力。一旦外来大品牌也采取本地化运作和大规模的市场开拓，乌苏啤酒的相对优势将会被极大削弱。总体来说，乌苏啤酒要想发展，需要解决"低档品牌形象"这一关键问题。

（3）替代品的威胁

啤酒消费也会受到替代品的影响。这些影响主要来自白酒、葡萄酒、啤酒茶等产品的威胁。由于啤酒相对其他酒类产品而言，既有"冰凉""清爽"等独特之处，也有"酒"的特性，且乌苏啤酒总体上的价格相对较低，因此相较于主要的替代产品而言也有一定的优势。

（4）购买者的讨价还价能力

啤酒企业一般以"生产成本+微利"定位出厂价格，将较大的利润空间让渡给经销商，由经销商来操作市场，负责市场定销和促销等方面的工作。由于目前乌苏啤酒主要生产中低档啤酒，且国内啤酒价格差异不大，同时由于经销商与代理商对啤酒的价格敏感度较高，因此尽管在一般消费者那里，其讨价还价能力还比较弱，但是如果经销商等中间商的议价能力持续变大，再加上其他品牌为了进入该市场而采取更大的优惠政策，则购买者尤其是中间商将会对乌苏啤酒销售产生重大的影响。

（5）供应商的讨价还价能力

供应商对乌苏啤酒的影响主要体现在大麦、啤酒花等主要原料的价格上。事实上，原辅材料价格持续上涨给啤酒行业带来巨大的成本压力。目前，国内啤酒生产原料中的麦芽涨幅为 10%~20%。此外，其他相关项目成本也在上升，如煤、包装物及运输物流成本等。综合来看，总体上升的原材料及其他供应商的成本，将对乌苏啤酒的生产成本及销售价格产生较大的影响。

问题：

1. 结合案例的内容，讨论乌苏啤酒外部环境分析中的优点和不足之处。
2. 从上述环境分析中，乌苏啤酒拥有哪些机会和威胁？
3. 从机会和威胁来看，乌苏啤酒建设成为全国性及国际品牌可行吗？为什么？

第5章

项目策划中的市场细分、目标市场与市场定位

千篇一律的市场已经过去，我们现在是马赛克式的拼板。
——乔尔·韦纳

📖 引导案例　我国经济适用房建设的困境

1998年，国家停止福利分房，并首次提出向中低收入者供应经济适用房。然而，当时没有明确的一个概念就是，中低收入家庭包不包括中等收入家庭，而大部分老百姓都觉得自己是中低收入者。这种模糊性在政策执行中引发了矛盾。北京等地实际上将中等收入阶层纳入了经济适用房的适用人群，并由此放松了准入管理。在如此格局下，经济适用房的混乱局面在由开发商主导的配售环节集中暴露出来。开发商通过预先留号或雇人"倒号"的方法获得灰色利润。有人曾这样评价，"分配和销售环节由开发商主导，这是中国特色的模式"。一项带有福利性质的购房政策，最终却要依赖开发商来分配，政府为何要将分配权拱手相让？1998年，当时中央政府希望将住宅建设作为新的经济增长点。在这种背景下，全国各地开始大建经济适用房。建设部资料显示，1998年，经济适用房竣工面积占商品住宅面积的39.04%，到1999年已飙升为62.33%。如此速度，再加上房改初期的放量供应，市场供求基本平衡，甚至出现供过于求的情况。地方政府对购房者大都无法仔细甄别，管不过来，也不想管得太严，由开发商销售成为顺其自然的事情。2004年5月，我国《经济适用房管理办法》出台，虽然这个政策已把中等收入者从原来的中低收入人群中划分出来，然而全国各大城市

> 的购房标准并没有做出相应的改变。这也导致了经济适用房在市场中的供求格局在近期难以发生大的变化。房价一路走高，经济适用房不经济也就成了必然。

经济适用房建设的困境与政策制定者对目标顾客群界定偏差有很大的关系。由于缺乏明确的、可以执行的标准，这也为后来的购买者甄别制造了障碍。上述案例的启示在于，并不是拥有良好的主观愿望就可以做好一个项目。很大程度上，一个成功的项目策划，无论商业性的还是其他类型的，都必须能依据项目所在的市场环境，对其进行细分，并确定最终的目标市场。只有这样，才能在准确的市场定位中，有效地进行项目推广与运作。

📂 本章学习目标

- 了解目标营销与大众营销的差异，掌握目标营销的 STP 流程，掌握市场、顾客导向等概念的内涵，熟悉 STP 分析框架对项目策划和寻求新项目的作用。
- 了解市场细分的定义，掌握市场细分层次，掌握项目市场细分的模式，了解市场细分的程序，学会利用市场细分的概念进行项目市场分析和研究。
- 了解细分市场评估对目标市场选择的价值，掌握目标市场模式选择的方法和原则。
- 掌握项目市场定位的内容和作用，了解项目市场定位设计的基本方法，明确项目市场定位与项目发起企业战略、品牌之间的关联。

5.1 目标营销与 STP 分析框架

正如在第 1 章中所强调的，项目策划的出路之一就是要实现策划与营销策略的匹配，突出项目的总体特色。因此，懂得利用何种营销工具来设计并彰显项目的自身特点，对策划人员来说非常重要。而在营销理论中，特色设计可通过目标营销来实现。

5.1.1 目标营销

当今世界，任何项目所面临的市场都不是同质的，而是存在着一定的差异。正如乔尔·韦纳在分析美国市场巨变时所说的那样，"千篇一律的市场已经过去，我们现在是马赛克式的拼板"。事实上，一个项目不可能为所有的顾客提供服务。例如，经济适用房和商品房的销售对象就有着严格的区别。因此，为了能够与无所不在的竞争对手相抗衡，并获得竞争特色，项目的发起人与策划者必须能够精准地确定项目能为之提供最有效服务的市场。事实上，为了在激烈的竞争市场中获取较高的利润，许多企业的营销理念已从大众营销（mass marketing）逐渐转向了目标营销（target marketing）之上。企业采用的方法也不再是分散营销努力的做法，而是把营销努力集中在具有最大购买兴趣的买主身上。打个不恰当的比方，如果说过去的营销模式是漫天撒网，那么现在的营销手段就是精确制导的导弹。

目标营销涉及 3 个重要的步骤，即市场细分（market segmentation）、选择目标市场（market targeting）及进行市场定位（market positioning），这也就是通常所说的 STP 分析框架[①]。其流程如图 5-1 所示。在这个分析框架中，市场细分、选择目标市场与进行市场定位三者是递进的关系。只有先对项目所在的市场进行细分，才有可能发现市场中存在的机会；在此基础上才可以选择目标市场；只有充分地了解目标市场，才能确定项目的定位。而项目的特色设计应按照 STP 分析框架内的各个小点来展开。对策划人员来说，为了能够对项目策划实施有效的市场细分与定位分析，还必须对市场的含义进行充分的了解。

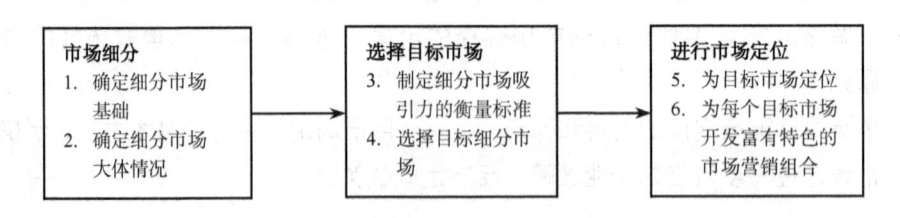

```
┌─────────────┐     ┌─────────────┐     ┌─────────────┐
│ 市场细分     │     │ 选择目标市场  │     │ 进行市场定位  │
│ 1. 确定细分市场│ ──→ │ 3. 制定细分市场│ ──→ │ 5. 为目标市场定位│
│    基础      │     │    吸引力的衡量│     │ 6. 为每个目标市场│
│ 2. 确定细分市场│     │    标准      │     │    开发富有特色的│
│    大体情况  │     │ 4. 选择目标细分│     │    市场营销组合 │
│              │     │    市场      │     │              │
└─────────────┘     └─────────────┘     └─────────────┘
```

图 5-1　目标营销的 STP 分析流程

5.1.2　市场的含义与顾客导向

在营销未出现之前，"市场"这一术语特指买卖双方交换的地点，如农产品交易市场等。此外，经济学家也用"市场"这一术语表示某种特定商品的交易双方的集合，如人力资源市场、金融市场、房地产市场等。而从营销角度来看，卖方构成"行业"，买方才构成"市场"。例如，从事房地产买卖的企业构成了房地产行业，一般的购房者则形成了房地产市场。买卖双方的关系是由 4 种流程联系起来的，卖方把产品、服务送到市场，并和市场沟通。作为回报，它们从市场中获得金钱和信息。因此，在项目策划或

---

① STP 是英文单词 segmentation（细分）、target marketing（目标市场）、positioning（定位）首字母的缩写，STP 是组织确定各类营销方案市场定位的有效分析工具。

第5章 项目策划中的市场细分、目标市场与市场定位

营销思考中,所谓的市场是指某种产品的实际购买者和潜在购买者的集合。这些购买者都具有某种欲望或需要,并且能够通过交换的方式得到满足。策划人员应能掌握营销理念中的市场与一般市场在概念上的内在差异。

明白了市场的真正内涵,实际上也就懂得了在项目策划中究竟应该遵循什么样的策划理念与战略导向。100年来,企业经营观念先后经历了生产观念、产品观念、推销观念及市场营销观念4个阶段[①],主要表现为经营思想从生产导向到市场导向的重大转变。而发动这一场"经营观念革命"的正是美国哈佛管理学院的教授李维特。1960年,他在《哈佛商业评论》上发表的《营销近视症》一文中,最早提出了市场营销的概念。李维特指出:"管理当局必须把自己视为创造顾客、提供超值满意的人,而不是产品的制造者。"这表明,企业经营中优先考虑的应是满足顾客,而不是简单地生产产品。李维特于1975年回忆道:"与其说'营销近视'是一篇学术文章,不如说它是一个宣言……更多涉及企业经营政策的本质。"可见,顾客导向体现了市场营销观念的思想核心和最高境界。

顾客导向观念的产生,是在工业经济时代下社会经济条件发生巨大变化的必然结果。这个时期,由于买方市场的形成、竞争的加剧及消费者需求的多样化、个性化等,导致消费者与生产者之间的关系发生了变化,消费者成为支配者,并拥有了话语权。以顾客为导向的市场战略强调了满足顾客所表现出来的需求的重要性。这一要求也为策划人员构建策划分析框架确定了关键变量。策划人员必须明白,如果所开发的项目不能满足顾客当前的需求,那么该项目的前景将令人担忧。不仅如此,策划人员还应将目光锁定在当前的有限顾客群中,并通过充分了解当前顾客的需求来提高产品和服务的质量。

国外著名学者曾指出,以顾客为导向的策略可以通过发展企业与顾客的关系,获得对顾客真正需求的准确了解。事实上,通过关系的构建,项目发起者也就为自己建立了广泛的人脉。此外,在坚持顾客导向过程中,策划人员还应关注两个重要的概念,即顾客让渡价值(customer delivered value)和顾客满意(customer satisfaction)。顾客让渡价值是指顾客拥有和使用某种产品所获得的利益与为此所付出的成本之间的差额。与竞争对手相比,顾客让渡价值越大,项目就越有竞争优势。顾客满意则取决于项目的感知与使用效果,这种感知效果与顾客期望密切相关。如果感知效果低于顾客的期望,那么他们就不满意;反之,如果感知效果与顾客的期望相一致,他们就满意。因此,在开发和策划项目产品时,应该在顾客让渡价值与顾客满意两个方面做更多的设计,以便建立强

---

① 营销理念的变迁反映了不同历史时期企业对市场的看法。在短缺时期,产品理念有优势;在追求高质量上,生产理念有优势;在销售非渴求品上,推销理念有优势。具体可参见各类营销书籍的相关分析。

有力的竞争优势。

5.1.3　STP分析框架对项目策划的作用

由于购买者在资源、需求、欲望、购买行为及购买动机上存在千差万别，因此通过STP分析，策划者可将繁杂的项目市场划分为若干子市场或分市场，然后再根据实际状况选择市场，制定出高效的策略。总体来说，STP分析对项目策划有如下3个重要的作用。

1．有利于觅得最佳市场

项目策划人员对市场要有敏锐的洞察力。他们的目标是通过了解项目所在的某一特定市场的需求和欲望，选择他们最擅长的市场。据此，策划人员才可能在这些市场上开发出符合潜在顾客所需要的项目产品，同时为企业带来丰厚的利润。策划人员通过市场细分，一方面可以了解不同消费群体的需求情况和目前满足状况，发现尚未满足或没有完全满足的顾客需求；另一方面可以在掌握细分市场中，了解其他竞争者的营销实力及市场占有率，使企业可以避重就轻，选择适合项目发展的最佳目标市场。例如，在房地产市场上，通过市场细分，策划人员可以发现，企业既可建造普通的商品房与豪华的别墅，还可以建造几千万元甚至上亿元的富豪小区。问题的关键在于，哪一种方式更有利可图。在当今国内环境下，随着有钱人的不断增多，建立符合新贵需求的别墅等地产项目有着广阔的市场前景。

2．有利于增强营销战略有效性

项目发起者在未实施细分的整体市场上，一般只能采取一种市场营销策略。由于整体市场上的需求差异性较大，这也使标准化的营销活动效果难以尽如人意。事实上，由于营销策略针对性不强，大量营销资源被白白浪费了。再加上由于整体市场的各类需求变化较快，项目发起者也很难及时实现营销策略的动态调整，结果使营销活动缺乏时效性。而一旦实现了市场细分，由于在细分市场内的顾客需求基本相似，因此只要密切注意市场需求的变化，就能迅速准确地调整营销策略，从而取得市场主动权。事实上，这也是精确制导和漫天撒网的差异所在。以银鹭花生牛奶策划为例，策划人员为了保证有限营销资源的集中使用，就在行业产品分析过程中，准确利用细分方法，对银鹭花生牛奶的最佳市场进行了界定。

3. 能够有效地抗衡竞争对手

在竞争日益激烈的情况下，通过市场细分，有利于发现目标顾客的需求特性，从而为策划人员调整项目产品结构、增加项目产品特色、提高项目的市场竞争力创造机会。策划人员在对各类的细分市场进行评估后，便可确定哪些是值得进入的目标市场。与此同时，策划人员还可以结合主要竞争对手的营销策略，判断项目的定位与基本策略。例如，在汽车市场中，奔驰和卡迪拉克定位为豪华车，宝马和保时捷定位为高性能车，沃尔沃则定位为高安全性能车。如果国内汽车厂家要策划一个新的高档汽车项目，则必须能找到一个新的市场定位，否则将面临成功企业的打压。有效的市场定位不仅使项目与其他项目严格区分开来，同时使顾客明显感觉和认知到这种差别，从而在顾客心目中留下特殊的印象，这就是项目特色的来源。很大程度上，STP 分析的终极目标就是要通过市场定位来影响顾客的心理，并提升项目的竞争力。

5.1.4 STP 分析对寻求新项目的作用

项目策划的 STP 分析也是策划项目、探寻项目机会的重要手段，它是项目发起人选择项目的必要过程。STP 分析通过对市场有效需求的总量进行调研来确定，在一定市场范围内，按一定价格来估算产品和服务的总购买量，然后根据竞争对手的能力，预测可能占有的市场份额，并制订最终的销售方案与生产计划，确定项目的收益水平，由项目决策人根据收益水平决定项目的取舍。STP 分析对策划项目的作用主要表现为以下几个方面。

1. 发现新的项目

策划人员根据市场需求情况，寻找和发现新产品和服务，为新的项目提供决策依据。在估计市场需求总量和获利可能性的基础上，进一步挖掘新产品或新服务的性能和特征优势，完善其设计，确定有关生产量，使之适应消费者的需求，保证新产品或新服务得以迅速开发，并获得成功。例如，在一般风景旅游渐趋式微的今天，策划人员发现越来越多的年轻人喜欢冒险，于是就根据人们对素质拓展和体育运动的爱好，设计了许多诸如攀岩、蹦极等惊险的、带有极限挑战意味的体育旅游项目。

2. 预测项目前景

透过 STP 分析，策划人员在掌握目标市场的人口总量之后，就可以预测目标市场对项目产品或服务的需求总量及增长率，这也为确定项目的生产规模和生产能力提供了依据，从而避免了产品的积压或脱销。例如，在上述攀岩旅游项目设计中，策划人员可借助历史数据，分析未来适合该项目的人数及增长率，从而确定项目的设计规模。

3. 明确项目范围

通过 STP 分析，策划人员可根据项目产品或服务的用途、特性、市场需求潜量及消费者分布等情况，明确项目产品或服务的市场分布区域和范围，确定项目产品或服务的市场发展空间和密度。如果一家大型旅游公司想要在一个特定区域内布置攀岩等旅游项目，则有必要根据目标顾客群体的城市分布状况等信息，确定项目的总量和地点。

4. 掌握市场结构

策划项目的成功既取决于发现和了解顾客的习惯与动机，也取决于对竞争者满足顾客方式的充分了解。通过 STP 分析，策划人员就可以在一个较小的范围内，认真研究顾客和竞争者的特点。例如，当公司决定将攀岩项目建在上海郊区时，策划人员就必须了解上海市场的顾客需求及现有的竞争对手，掌握竞争对手的策略，提升自己产品的让渡价值。

5. 分析市场风险

通过 STP 分析，可以更精确地分析每一个市场机会所面临的风险。策划项目的终极目标就是盈利，因此核算不同市场的盈利能力及利益总量，既可以规避市场风险，又使项目发起者知道多大的市场才能有利可图。策划人员可以借助 STP 分析，为风险投资者提供市场咨询，帮助投资者了解购买者多样化的需求和竞争者的动向，提高决策的有效性。例如，对于那家大型旅游公司来说，策划人员可以为其分析在什么市场，以及多少个市场同时开展业务，才能保证必要的投资回报率，这也正是项目投资者最关注的东西。

5.2 项目策划中的市场细分

市场细分[①]是项目策划人员理解市场的第一步。市场细分就是根据项目消费者的不同需求、特征和行为，将一个大市场分为几个有明显区别的消费者群体，而这些消费者

[①] 市场细分是美国著名营销学家温德尔·斯密根据很多企业的实际经验，于20世纪50年代中期提出来的一个营销概念。在此之前，企业囿于旧的市场观念，把消费者看作具有相同需求的集团，因而大量生产单一的产品，采用广泛分销的形式。随着科学技术的进步、管理水平的提高和生产规模的扩大，"卖方市场"逐渐转变成"买方市场"，那种只靠广泛推销单一产品的策略已很难奏效。因而，许多企业开始注意适应消费者的需求差异，有针对性地提供不同的产品，并运用不同分销渠道和广告宣传形式，开展市场营销活动。

可能需要不同的产品和市场营销组合。市场细分的理论基础是市场多元异质性理论。该理论认为，消费者对大部分产品的需求是多元化的，具有不同的质的要求。很大程度上，需求本身的"异质性"是市场可能细分的客观基础。实践证明，消费者需求完全相同的商品很少。在同质市场上，企业的营销策略比较相似，竞争焦点主要集中在价格上。下面将集中讨论项目策划中的细分层次、细分模式及基本程序。

5.2.1 项目市场细分的层次

项目细分层次是增进策划人员对目标市场精确理解的一种努力。它可分为4个层次，即细分营销、补缺营销、本地营销和定制营销。在讨论这些层次之前，首先了解大众营销。大众营销是指对所有顾客采用同一种方法生产、分销和促销同一种产品。支持大众营销的观点认为，它能创造出最大的潜在市场，并使成本最小化，从而带来更低的价格或更高的收益。但是，当前许多因素已经瓦解了大众营销的可能性。以国内房地产为例，顾客可以分为工薪阶层、社会新贵、企业家和歌星等。而在大众文化上，市场则被肢解为无数更小的细分市场。项目策划者发现已经很难用一种产品或一种营销方案去迎合如此多样的购买群体，因此许多项目发起者正在从大众营销转移到细分营销上。

1. 细分营销

项目的细分营销就是将项目面临的整个市场，划分为几个不同质的细分市场，然后为一个或几个细分市场提供相应的产品和服务。例如，在攀岩旅游项目设计中，策划人员根据顾客的构成，将其细分为单位、家庭或其他市场。市场细分是建立在假设同一个细分市场拥有相同需求的基础之上的。细分营销在以下几个方面比大众营销更有优势：首先，可以有效地针对那些能够获取更大利润的消费者，确定项目的产品和服务，以及销售渠道和沟通方法。其次，策划人员可根据已经确定的细分市场需求来对产品、价格和营销策略进行微调。最后，关注某个细分市场的竞争者越少，项目面临的竞争压力就可能越小。

2. 补缺营销

正常情况下，策划人员很快就能发现整个市场中较大的易识别群体。而补缺营销

（niche marketing）关注的细分市场则是更窄的、更小的群体[①]。一般来说，这样的市场还没有被完全服务好，所以项目可以在这里进行"补缺"。例如，几千万元或上亿元的豪宅，就是补缺营销的一种。当然，攀岩、蹦极等活动也可以设计成专门为特定人群服务的高级俱乐部。虽然这种市场顾客总量较少，但是只要操作得好，还是可以盈利的。由于补缺市场较小，因此内部竞争就不太激烈，再加上补缺营销人员能充分了解该市场消费者的需求，因此可以从他们那里获得更高的溢价。例如，上亿元豪宅的利润率比普通住宅要高得多，但是很多事业有成的人士或文艺界明星却认为物有所值，值得购买和享用。

3. 本地营销

策划人员采用本地营销（local marketing）的方法，将项目裁减成符合特定区域内顾客群的需求。对于很多工程类的项目来说，大型工程的策划与建设往往具有区域性的特征，因此本地营销非常适合房地产类的项目。事实上，在当今房地产策划案中，大多数案子都具有浓郁的地域特色。反对本地营销的人士认为，由于规模经济的减小带来了生产成本和营销成本的上升。但是对于不需要在大范围内传播的项目来说，根本就不存在上述问题。

4. 定制营销

定制营销（individual marketing）是与大众营销模式相反的另一个极端。该营销的细分方式就是要细分到人，因此它也被称为个性营销或一对一营销。这种理念认为，消费者具有独一无二的需要，因此每个购买者都代表着一个潜在的独立市场。最理想的情况是，项目能为每个消费者设计一套独立的营销计划。例如，在建设房地产时，针对每一个客户的需求，可以设计出不同的户型。但是，上述设想显然会使房地产企业的成本增大。然而，随着信息化程度不断增大，项目发起者可借助互联网的方式收集同样的个性需求，并最终形成"大规模定制"。这样可以在降低成本的同时，最大限度地满足消费者的个性需求。例如，现在有很多消费者，通过网络协商，共同购买土地，集资建造符合自己审美品位的住房。

---

① 与补缺营销相对应的一个概念就是"利基市场"（niche market）。利基市场，也被翻译为"缝隙市场、壁龛市场、针尖市场、小众市场"，是指那些被市场中的统治者以及有绝对优势的企业忽略的某些细分市场或者小众市场。一些企业选定这些被忽略的、很小的产品或服务领域，集中力量进入并成为领先者，从当地市场到全国再到全球，同时建立各种壁垒，逐渐形成持久的竞争优势。

5.2.2 项目市场细分的模式

项目市场细分的模式因选择的变量不同而不同。对于涉及一般消费者的项目来说，常用的细分变量分为两大部分。一部分是消费者特征变量，如地理、人文和心理特征；另一部分则是顾客反应变量，如利益、使用时机和品牌等。不管采用什么样的细分市场变量，问题的关键是项目营销计划要能通过识别消费者，最终获得利润。影响一般消费者需求的变量，可简单地概括为地理因素、人口统计因素、心理因素、顾客偏好和行为因素等。在策划过程中，策划人员既可以使用单变量进行细分，也可以使用双变量或多变量来细分。当然，多变量组合式细分将会更复杂，它需要策划人员具有较高的技巧和细分能力。

1. 地理细分

地理细分就是利用不同的地理变量将市场划分为若干部分，这些变量如国家、省、市、县、乡镇等。以地理因素作为项目市场细分的基础，是因为地理因素也会影响消费者的需求和反应。事实上，不同的地区由于自然气候、传统文化、经济发展水平等因素的影响，因此形成了不同的消费习惯和偏好，并有不同的需求特点。而同一地区内，消费者的需求具有一定的同质性。例如，同一家房地产公司同时在省城和县城开发房地产项目时，就要考虑区域差异的问题。

2. 人口细分

人口细分是指利用人口因素划分项目销售对象的模式。人口统计变量一般有年龄、性别、家庭、家庭生活周期、收入、职业与教育等。人口因素是最常用的消费者群体细分变量，适合那些普通消费品的项目策划。此外，由于人口变量比其他因素更易于测量，因此它能准确地反映市场的规模和容量。例如，假定一个年龄，就可以知道一个城市中符合这个年龄的总人数。事实上，如果一家房地产商想要建设单身公寓，那么策划人员可根据婚姻状况和收入水平，确定这个城市中能够购买单身公寓的市场人口总量。

3. 心理细分

心理细分是根据社会阶层、生活方式或个性等特点，将项目产品购买者分为不同的群体。其中，社会阶层以经济收入、社会地位、职业特点及教育程度为主要特征。这些方面成为消费者形成心理特征的重要依据，深刻地影响着消费者的需求。不同社会阶层的人对汽车、服装、家具、娱乐、房地产等都有较大的不同偏好。不仅如此，阶层越高的人群还有群聚的趋势。因此，在设计房地产项目时，就有人将自己的产品定位为"富人区"。生活方式与消费者的经济收入、社会地位、文化素养及价值观念都有密切的关系，具有相同生活方式的人们也因此表现出某种特定的消费倾向和消费行为。事实上，生活方式已经成为一个重要的细分变量。例如，考虑到购房者喜欢清静，许多房地产项目都围绕该生活方式进行了较多的创新。至于个性，则是消费者性格的体现。有的个性外露，有较强的自我表现倾向，这些消费者往往偏向色彩艳丽、造型奇特、款式新潮的物品。有的消费者则个性内向，待人处世比较含蓄，这些消费者往往偏向普通、朴实的产品。例如，在电视谈话栏目设计中，针对个性外露的观众，可设计有争议的明星访谈；而对内向的观众，则可选择含蓄老成的明星。

4．偏好细分

顾客偏好（customer priorities）是指根据项目潜在顾客的偏好和价值判断进行细分的一种模式。例如，消费者喜欢大的私人空间或喜欢大的公共空间，就是对房地产的一种偏好。一般来说，消费者偏好有 3 种不同的模式。第一种是同质偏好。所有消费者都有大致相同的偏好，因此不需要进行惯常的细分。第二种是扩散偏好。消费者偏好呈现出发散性分布的态势。这表示消费者对项目的要求存在很大的差异。这时最好使用定制营销的模式。第三种是集群式的偏好。市场可能出现有独特偏好的密集群，这些密集群体可称为自然的细分市场。这时可在最大的细分市场内采取集中营销的方式，也可同时以差异化的方式来满足不同集群的消费者。例如，市场上既有经济适用房的购买群，也有喜欢别墅或喜欢普通公寓的购买群，作为一个房地产企业，它既可以只建别墅，也可以同时建经济适用房、别墅和普通公寓。

5．行为细分

行为细分是根据项目潜在顾客对产品的了解程度、态度、使用情况及其反应，将他们分为不同的市场群体。许多营销人员都认为，行为因素是进行市场细分的最佳起点。其中，时间是指按消费者购买和使用产品的时间来细分市场的变量。许多与时间有关联的项目都应考虑这个因素。利益是根据顾客对产品的价值追求来分类的一种方法。按照利益点不同可将房地产分为投资型和自住型两大类。使用状况是根据消费者使用情况来划分的变量。对使用状况不同的顾客，在广告宣传及推销方式方面都有所不同。态度则是消费者对某些产品的感觉。策划人员可以通过调查，确定针对不同态度顾客的营销对策。例如，对抱有拒绝和敌意态度者，不必浪费时间去改变他们的态度，而对冷淡者应该设法争取。

与普通消费市场不尽相同，工业项目市场细分还要考虑另一些因素，如用户规模。用户规模决定了购买量的大小，这一因素往往也被策划人员作为市场细分的依据。因为大、中、小客户对项目的贡献与重要性不同,这也决定了项目销售与关系维护的对象。其他也可按最终用户需求、采购方法、购买情景等变量进行细分,在此不做过多阐述。

当然,要做到有效细分,还必须使细分市场能够满足 5 个条件:第一,可衡量性。细分市场的大小、购买力和特性应该是能够衡量的。第二,足量性。细分市场的规模应大到足够获利的程度。第三,可达到性。营销策略应能有效地到达细分市场,并为之服务。第四,差异性。细分市场在概念上能被区别,并且对不同的营销组合因素和方案有不同的反应。第五,可实现性。服务于细分市场的营销计划应该能够被系统地执行和实现。

5.2.3 项目市场细分的程序

为了确保项目所在市场细分的科学性,项目策划人员应该了解和掌握市场细分的基本程序。按照美国营销学家麦肯锡的观点,市场细分应该包含以下 7 个步骤。

1. 确定市场范围

任何一个项目都是有其自身的任务和目标,这是制定项目生产经营和市场开拓战略的依据。项目市场范围的确定必须贯彻以顾客需求为指导的思想。只有这样,策划人员才能明白市场在哪里,并且能在市场需求发生变化之后,动态调整整个项目产品的营销策略。例如,在上海策划一个房地产项目,不仅要考虑上海市民的需要,还要考虑外部炒房团的需要。

2. 列举潜在顾客的基本需求

项目市场范围确定后,策划人员就可以将市场范围内的潜在顾客分为若干专题研究对象,了解他们的动机、态度以及行为等,从而比较全面地列出影响市场需求和顾客购买行为的各项因素,作为以后进行深入分析研究的基本资料和依据。例如,在房地产策划中,要考虑消费者买房的动机是为了投资、投机、自住还是其他情形。

3. 分析潜在顾客的不同要求

潜在顾客的不同需求是细分市场的基础。因此,策划人员在列举潜在顾客的基本需求后,可通过对不同的顾客进行抽样调查,进一步收集有关信息,进行分析。策划人员可根据潜在顾客不同的态度、行为、人口变数、心理变数等进一步对市场进行细分,从而发现不同潜在顾客群在需求上的差异性,即找出他们的不同需求。例如,投机和投资对于房地产项目来说就是两个截然不同的需求概念,它们对户型的要求也是不一样的。

4. 剔除潜在顾客的共同需求

潜在顾客的共同需求不能作为细分市场的依据，只能作为策划人员制定市场营销策略时的参考依据。如果消费者对户型的需求是一致的，那么这个变量就不能成为划分房地产市场的依据，但这并不妨碍它成为策划人员设计新房型的参照标准。所以，在进行市场细分时要剔除潜在顾客的共同需求，从而为每一个细分市场都具有差异性提供必要的保证。

5. 初步确定细分市场

对细分市场的初步确定是指为细分市场暂时命名，在完成上述4个环节之后，各细分市场剩下的需求就各不相同，这时为了便于对各个细分市场的特点做进一步的分析，策划人员则有必要根据各细分市场上顾客的特点，暂时为各细分市场确定一个名字。例如，可以将希望购买别墅的人群称为别墅市场，希望购买普通商品房的人群则可称为商品房市场。

6. 进一步认识各细分市场的特点

上述工作完成后，策划人员还需要进一步对各细分市场顾客的需求及其行为特点做深入的分析和考察，确定已掌握了各细分市场的哪些特点，还需要对哪些特点做进一步分析研究，从而决定是否需要再分或重新合并。例如，在别墅这一类房地产市场上，某些消费者对别墅的要求非常特别，他们觉得价格不能太贵，但又必须有足够的私人空间，因此策划人员根据这个特点形成了联排别墅的构想。

7. 测量各细分市场的大小

细分市场必须大到足以使项目能够实现它的利润目标。因此，策划人员还要将经过上述各步骤划分出来的细分市场与人口变数结合起来分析，从而掌握各细分市场的市场容量。没有这一步，策划人员就无法做出正确的目标市场决策，也不可能达到细分市场的目的。例如，在房地产项目策划中，策划人员就必须了解高档房产、中档房产和低档房产的市场需求总量。

5.3 项目策划中的目标市场选择

目标市场是指一个特定的消费者群体，他们有共同的需求或特点，项目可以为这些需求提供服务。目标市场与市场细分是两个既有区别又有联系的概念。一方面，市场细分是发现市场上未满足的需求，并按需求差异划分消费者群的过程。确定目标市场则是策划人员根据项目条件和特点选择某一个或者某几个细分市场作为营销对象的过程。因此，市场细分是选择目标市场的前提和条件，目标市场的选择则是市场细分的目的和归宿。

5.3.1 市场细分的评估

在确定目标市场之前，必须对现有细分市场进行必要的评估。只有这样，策划人员才能知道哪一个市场更具生命力、更有市场前景，并与项目发起人存在更好的匹配性。

1. 细分市场规模和发展前景的评估

项目策划人员可根据以前细分时所收集的有关细分市场资源、增长率和预期回报等数据，判断一个市场的发展规模和前景。一般来说，理想的细分市场是具有较多可利用资源，有较高增长率和高预期回报的细分市场。然而，值得注意的是，最大且快速增长的细分市场并不是对任何项目都有吸引力的。较小的项目发起人可能会发现，它们缺少必要的资金和资源为较大的市场服务，或者这些细分市场中的竞争太激烈了。因此，小项目可能喜欢选择一些较小的、不太有吸引力的细分市场，这就是上文所说的补缺营销。例如，风力发电相对于水力发电或火力发电来说，是一个相对较小的项目。因此，它的细分市场应侧重于大陆地区，或者偏远一些的地方，而不是那些有着大江、大河或者煤资源丰富的地区，这样可以有效地避开竞争。而对大型公司来说，宜选取销售量大的细分市场。因为规模过小，往往效率太低，甚至达不到盈利要求。此外，细分市场还应具有良好的发展潜力，能够为项目扩大销售额和增加利润带来机会。如果一个细分市场已经出现衰退迹象，那么就没有必要在此投资，除非策划人员具有起死回生的能力。例如，许多创新的房型一度从南向北流行，但对于追随者来说，如果本地区已推出类似楼盘，则需要衡量这种新房型的市场潜力。

2. 细分市场结构吸引力的评估

项目所在细分市场可能具有理想的规模和发展特征，但从盈利角度来看，它未必能提供理想的利润。所以，项目策划者还必须考察一些影响细分市场长期吸引力的主要结构因素。这些因素主要包括下列 4 个方面，这也是第 4 章中介绍的产业环境分析。

（1）竞争者。进行市场细分的目的之一是减少竞争对手，从而在相对宽松的环境中，形成一定的垄断优势。事实上，如果在某一细分市场上已经存在许多强有力的和具有进攻性的竞争者，那么这一项目细分市场就不太具有吸引力。例如，在三峡地区已经有了三峡水电站了，如果在那里再建一座风力发电站，显然很难保证能获得有吸引力的利润。当然，如果有必要，竞争者中还可加入那些可能的潜在竞争者或新竞争者。

（2）替代性产品。替代品威胁也是不容忽视的。如果在一个项目细分市场上，目前或将来都会存在许多替代性产品，那么也会影响项目的利润空间。例如，在商品房开发过程中，如果出现大量的廉租房，那么开发普通的房地产项目将会受到很大的压力。

（3）购买者的力量。如果细分市场上的购买者具有强有力的讨价还价力量，那么他们将会迫使项目产品的价格下降，并要求提供更好的质量与服务。因此，购买者的相对力量会影响细分市场的吸引力。例如，当不同的风力发电项目大规模涌入一个地区的时候，消费者因为选择过多，于是就拥有了足够的砍价能力，因此那些能力差的项目就不再适宜进入。

（4）供应商的力量。供应商讨价还价的能力非常重要。当供应商是大的、集中的且存在很少替代者时，或者当供应商的产品是项目的一项重要的投入时，供应商往往是强有力的。如果在一个细分市场上存在一个强有力的供应商，它能控制项目所需的原材料的价格、数量和服务的质量，这样的细分市场也是缺乏吸引力的。例如，在策划房地产项目中，策划人员发现所有建筑材料都被控制在某一个公司手中，那将会导致项目成本的增加。当然，对于一些投资类项目来说，还需要考虑金融环境及金融机构的支持力度。

3. 与项目发起人经营目标与资源的匹配评估

正如前文在"项目策划根本出路"一节中所描述的那样，评估项目细分市场还必须知道，项目是否符合发起人的长远目标，项目发起人是否具备在该细分市场获胜所必需的技术、资源和能力。如果项目发起人要完全赢得细分市场，那么它就需要发挥压倒性优势，挤垮竞争对手。如果项目发起人不能开发具有某些优势价值的项目，那么它就不应该进入该细分市场，即使这个细分市场有适当的规模和增长率，且在结构上有一定的吸引力。此外，一些有吸引力的细分市场可能会快速地消失，因此项目策划者在选择适宜细分市场的同时，还要注意时间的压力。这也是项目管理所重点关注的对象之一。

5.3.2 目标市场模式的选择

经过评估，策划人员可以选择进入哪一个或者哪几个细分市场，实施项目开发。通常，选择何种细分市场作为目标市场的具体方式有以下4种模式。

1. 密集单一细分市场

在深入了解某个细分市场需求的基础上，项目开发企业可选择该细分市场集中进行开发经营。同时，通过密集营销可以树立项目在目标客户中的形象和地位。如果项目选择的细分市场合适，通过有效的经营运作，一般可以获得很高的回报。但是，密集单一细分市场的选择也意味着较高的风险。如果该细分市场发生变化，如遇到需求产生低迷、有实力的竞争者决定进入等情况，则项目经营可能会面临较大的困难，甚至有亏损的可能。

2．多元细分市场

这种方法是指项目发起人可以选择多个细分市场进入，并且各个细分市场很少或根本没有联系。这样，即使某个细分市场发生变化，失去市场吸引力，开发企业还可以在其他细分市场继续盈利。选择多元细分市场的方式具有分散风险的作用。但是也应该看到，同样实力的开发企业采取多元细分市场经营比密集单一细分市场经营，精力明显分散了。因此，选择多元细分市场需要项目发起人有足够的实力，毕竟拳头（单一）的力量总比巴掌（多元）大。

3．专门化市场

专门化市场是密集单一细分市场方式的衍生，主要包括有选择的产品专门化细分市场和有选择的客户专门化细分市场。其中，产品专门化是指项目发起人集中开发产品，通过开发经营的专门化以及经验的积累，降低成本，增强销售能力，提高利润。例如，房地产公司专门从事经济适用房产品专门化细分市场。客户专门化是指项目发起人专门为满足某个顾客群体的各种需要进行开发服务，并且努力在其中建立良好的声誉，如针对明星等类型人群的高档客户专业化房地产细分市场。与密集单一细分市场相比，有选择的专门化市场可以分散风险。

4．完全覆盖市场

完全覆盖市场策略是无差异性目标市场策略或者差异性目标市场策略的表现，一个项目希望能满足各种顾客群体的需要，一般只有大企业才能采用这个策略。如果是无差异市场目标策略，那么项目发起人将不考虑细分市场之间的区别，仅推出一种产品来满足各类市场。如果是差异性目标市场策略，那么项目发起人将为每个细分市场都设计不同的产品。例如，采取无差异策略的房地产公司只向市场提供一种房地产产品。这时，开发企业的思路是开发市场购买者普遍需要的产品，而不是各自需要的不同产品。而采用差异性目标市场的房地产企业则为每个有明显差异的细分市场设计不同的产品。差异市场营销往往会获得更大的总销售额，但同时也会增加经营成本，如产品改进成本、建筑成本和促销成本等。

5.3.3　目标市场模式选择的基本原则

在有多个细分市场可供选择的时候，策划人员将面临选择目标市场模式的困境。因此，策划人员有必要掌握以下一些基本原则。

1．成本最小

策划人员应该深入分析意欲选择的目标市场模式的成本大小，系统考虑模式内各个细分市场之间的协作能力。一般情况下，应确定成本较低的细分市场及组合模式作为目标市场。这一成本估算不仅包括生产成本与营销成本，还包括不进入其他市场的机会成本。

2．能力匹配

项目目标市场模式应与项目发起人的人力、财力、技术力量和管理水平相匹配。换一个角度来考虑，策划人员还要分析，对于这样的目标市场模式，发起人的实力是否还会有"盈余"。如果存在这种情况，应该扩大目标市场的范围，与发起人的实力相匹配。

3．风险最低

选定任何一种目标市场模式，都必然存在着一定的风险。这种风险主要来自主、客观因素的不相符合，导致原有策划方案无法实施，或实施了却达不到预定目标。这种风险也可能是出现了某些无法预料的意外事件。这里要特别指出的是，许多项目发起人都有可能会选择同一目标市场模式。这样，市场竞争就不可避免了，竞争产生的风险也随之产生。对于这种情况，策划人员必须充分地加以估计，精心策划，把风险降到最低限度。

4．收益最大

选定的最终目标市场模式应能够给项目发起人带来可观的经济效益。如果只有消费欲望，但不能形成实际的购买力，那么这一模式就应该被抛弃。总体而言，即使那些经过评估确实有经济效益的细分市场，策划人员也还应对其进行认真的比较，以收益最大化原则来确定最好的模式。

5.4　项目策划中的市场定位

市场定位就是对项目产品进行设计，从而使其能在目标顾客心目中占有一个独特的且有价值的位置的行动。例如，上海世贸集团因长年在房地产业中进行投资，因此由它建设的房产在消费者心目中拥有了尊贵的地位。事实上，市场定位的目标就是要在消费者的心里，通过项目潜在的好处，将项目的优势最大化。市场定位的实质是使本项目与其他项目严格区分开来，并使顾客明显感觉和认知这种差别，从而在顾客心目中留下特殊的印象。

5.4.1 项目市场定位的内容

项目市场定位是策划人员研究市场、技术和资金等一系列前提条件，采用科学方法，结合目标市场研究，而构思出的项目推广策略与营销基调。项目的市场定位涉及项目在目标客户中的形象与地位问题。作为与消费者沟通的关键点，其内容主要包括以下4个方面：

（1）目标市场需求定位。这是指确定项目目标消费群体及其需求的过程。由于上文已经详细介绍了目标市场界定的过程，这里就不再重复了。但是作为项目策划人员，他们必须对目标市场的需求了如指掌，因为它是后续其他定位的基石。

（2）开发产品定位。项目产品不仅能满足目标市场的需求，而且要与主要竞争对手的产品区分开来。项目产品定位是策划最重要的内容之一，也是大多数项目策划的重点。

（3）项目形象定位。这是指策划人员在目标市场及社会相关市场中，给项目设计安排独特的、理想的、有广泛影响的位置和形象。良好的社会形象不仅提升了项目在消费者心目中的地位，而且有助于项目产品的销售。很大程度上，良好的形象设计也为项目的传播创造了条件。

（4）项目推广定位。狭义的推广是指项目促销方案的设计，包括广告、公共关系、赞助营销及促销等方法的设计；广义的推广则包括了4P的内容。有关项目推广的内容，将在第6章加以介绍。

5.4.2 项目市场定位的作用

作为STP分析最后也是最重要的一个环节，定位是与目标市场中的消费者紧密地结合在一起的。准确的市场定位将为影响目标市场内的消费者购买决策提供了科学的依据。

1. 有利于构建项目的特色

有力的市场定位将对项目建立自身特色大有裨益。在买方市场时代，几乎每个市场都存在供过于求的现象。为了争夺有限的客源，防止自己的项目产品被其他的项目产品所替代，保持或扩大企业的市场占有率，策划人员必须为项目树立特定的形象，塑造与众不同的个性，从而在顾客心中形成一种特殊的偏好。例如，如果房地产公司将目标市场定位为高档客户，那么其规划指标就要围绕高档偏好来展开，建筑风格、功能及户型等都符合定位的要求。只有这样，其特色才能让高档客户感觉到，这是专门为他们量身定做的房产。

2．有利于消费者的便捷认知

在消费过程中，消费者通常会被很多的项目信息所包围，他们不可能在每次做购买决策时都对产品进行评估。为简化购买过程，消费者会有意或无意地把项目进行分类，在自己心目中对项目产品及品牌，甚至项目发起人进行定位，而定位也为其购买提供了便捷。事实上，在当今社会中，许多项目发起人的品牌已经被消费者看作一种信得过的象征，由其开发的项目即使没有做太多的宣传，也会获得消费者的青睐。因此，项目给消费者的良好印象，不仅对其自身销售有益，还会使项目发起人乃至策划团队的品牌价值升值。

3．有利于制定恰当的营销策略

项目市场定位决策是制定市场营销组合策略的基础，市场定位在项目营销工作中有着极为重要的战略意义。如果策划人员决定开发质优价高的项目产品，那么这种定位就决定了项目所开发的产品质量一定要做到最好，价格也要定得很高。相应地，其广告宣传的侧重点也应该强调产品所具备的高质量，让消费者相信价格高的背后是物有所值。当然，对于这样的产品，其销售渠道也应选择档次较高的地方，而不是廉价市场。

5.4.3　项目市场定位策略的设计

策划人员在设计项目市场定位时是通过考察如何形成项目差异化开始的。事实上，要确定项目在目标顾客心中的独特位置，就必须懂得与竞争对手的差异，懂得向目标顾客推出多少差异及推出哪些差异。本章最后案例分析题就是一个最好的例证。

1．确定推出何种项目差异

要知道推出何种差异，就必须知道差异的来源。任何一个项目，都是由特定的产品、

第 5 章　项目策划中的市场细分、目标市场与市场定位

人员、渠道和服务[①]构成的。因此，大多数营销著作都将差异的层次界定为产品、人员、渠道和服务 4 个方面。当然，对于不同的项目来说，这 4 个层次的重点也不一样。一般来说，房地产类的实体项目要注重产品的差异，各种文艺类的项目则要关注人员的差异，而大型的机械项目既要关注产品的差异，同时也要关注服务的差异。

为了确定推出何种差异，策划人员有必要对目标市场内竞争者和项目自身情况进行综合的评价。首先，要考虑差异对目标顾客的重要性、项目发起人实施差异的能力、所需时间及竞争者的模仿能力等因素。其次，结合上述分析，做出设计差异的决策，选择那些真正能够增加项目竞争优势的差异。值得注意的是，并不是所有的差异都有意义或价值，也不是每种差异都能够利用，差异有可能增加消费者的利益，也有可能增加企业的成本。因此，项目策划人员必须仔细选择与竞争对手相区别的方法。事实上，差异只有满足下列条件，才值得利用：① 重要性。差异对于目标购买者来说是非常有价值的。② 显著性。竞争对手没有，或者有了它，项目就具有明显的优势。③ 优越性。消费者得到的利益相同，但比其他方法优越。④ 沟通性。差异可以沟通，购买者能够看到。⑤ 专有性。竞争对手不能轻易模仿。⑥ 经济性。购买者能够买得起。⑦ 营利性。企业宣传的这项差异可以带来利润。许多企业推出的差异，并不满足上面的一个或者多个标准。

例如，新加坡的 Westin Stamford 在广告中宣传自己是世界上最高的饭店，而这项差异对很多旅行者来说并不重要。百事公司曾经推出的透明水晶百事，也没有给顾客留下什么印象。尽管新的饮料看起来很不相同，但是顾客并不认为"透明"对软饮料有意义。因此，选择何种差异来提升项目的竞争优势是很难的，而这个选择与最后的成功密切相关。

2．确定项目定位中的差异数量

项目可以只推出一种差异，即单一差异定位。许多项目策划人员都倡导这种做法。这种做法的关键是要保持连贯一致的定位，并且应选择自己能成为"第一名"的差异属性。之所以要这样做，是因为在当今信息爆炸的社会，人们头脑中首次接收到的信息，有稳如磐石、不容易排挤的稳固位置，这与人脑定位记忆机能是密切相关的。因此，很多旅游景点设计项目，就有什么"天下第一""东方第一""神州第一""北京第一"的称号。在广告策略中，一种差异还可以表述为 USP（Unique Selling Proposition），即独特的销售主张或卖点。事实上，一种差异的定位也使得日后的项目传播变得轻松起来。

[①] 此 4 种因素是构成顾客价值认知的重要环节。当然，这 4 种因素还可以细分为更多的层次，具体可参见菲利普·科特勒任意版本的《营销管理》一书。

然而也有一些策划人员相信双重差异的定位策略。如果两家或更多的项目都宣传自己拥有某一最好属性时，这样做就显得很有必要了。事实上，这样做也可以在目标细分市场内找到一个特定的空缺。例如，沃尔沃汽车就曾定位为最安全和最耐用，这两种利益是可以相容并存的。一般来说，人们都认为安全性能很好的汽车也会很耐用。但是值得重视的是，项目确定的差异不宜过多，否则不仅会降低可信度，也会增加传播的难度。

3. 项目产品的市场定位策略

项目产品的定位是消费者对项目的感知、印象和感觉的混合。由于产品涉及特色、质量、性能及风格等多种层面的要素，因此对产品定位的分析非常复杂，将在第6章对这些问题加以讨论。事实上，要准确实现产品的市场定位还必须考虑其他因素。例如，在房地产项目中，产品的定位就涉及规划限制、市场与技术等多个层面，其中规划限制包括项目土地用途、项目总规划建设用地面积、项目总建筑面积、项目建筑容积率、项目建筑覆盖率、项目绿化率，以及建筑间距、建筑高度、交通出入口方位、建筑体量、体形、色彩、环境保护及消防安全等。市场与技术方面则包括土地与项目位置、项目规划布局、建筑档次、风格、建筑功能布局、建筑选型、户室比、房型及其他配套等。

这里将通过一个案例对产品的定位做进一步说明。假设某项目推出一种新的产品，该产品所在目标市场里竞争者所处的位置，以及竞争者产品的质量与价格如图5-2所示。市场中的4个竞争者位置，分别为A（高质高价）、B（中质中价）、C（低质低价）、D（低质高价）。那么，该企业应该如何定位呢？它可选择的市场定位如图5-3所示。

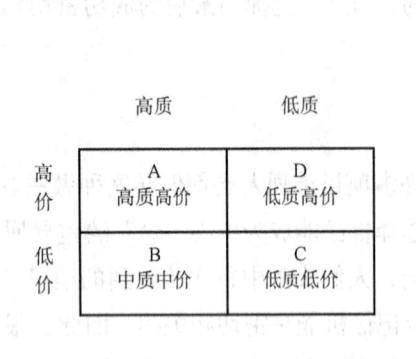

图5-2　市场竞争态势　　　　图5-3　市场定位选择

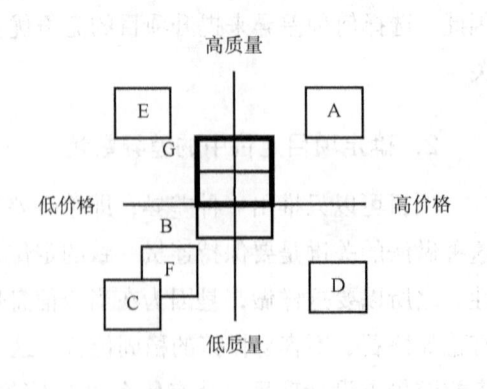

（1）避强定位策略。项目发起人力图避免与实力最强或较强的其他项目直接发生竞争，于是将项目定位于其他市场区域内，使自己的项目在某些特征或者属性方面与最强或较强的对手有显著的差别。其中，最极端的形式就是定位于图5-3的E处（高质低价），从而与其他所有项目均保持一定的距离。另外，也可以将项目定位于图 5-3 的 F 处，即只避开最强大的竞争对手 A，却与竞争对手 C 处于大致相同的市场位置。避强定位可以使项目迅速在市场上立住脚，并能在消费者心中树立一定的形象，市场风险较小，成功率较高。但是，避强定位往往意味着项目放弃了最佳的市场位置，尤其是 E 处定位方式，很可能出现定位偏低的尴尬境界。

（2）迎头定位策略。项目发起人根据自身的实力，为占据较佳的市场位置，不惜与市场上占支配地位的、实力最强或较强的竞争者发生正面竞争，从而使自己的项目进入与对手相同的市场位置。比如，定位于图 5-3 的 G 处，与较强的竞争对手 B 相较量。迎头定位可能引发激烈的市场竞争，因此有较大的风险。另外，由于竞争者是最强大的，因此竞争过程往往产生所谓的轰动效应，消费者可以很快了解项目发起人及其项目，易于树立项目的市场形象。

4．项目人员的市场定位策略

项目产品销售是通过人来完成的，因此应该聘用和培养比竞争对手更好的人员来为顾客提供优质服务。事实上，航空公司之所以能够誉满全球，很大程度上与其美丽的空姐有着密切的联系。经过严格训练的销售人员应该具备 6 个方面的特性：① 称职。拥有项目所需的各项技能和知识。② 谦恭。待人热情友好，尊重别人，体贴周到。③ 诚实。诚信，让人放心。④ 可靠。能够始终如一，准确无误地提供服务。⑤ 负责。对顾客的请求和投诉能够迅速地做出反应。⑥ 沟通。理解顾客，并能与之进行有效的沟通。

人员定位对服务或精神产品类项目来说具有更重要的意义。因为，这些项目的产品大多数需要通过人来提供，因此只有最好的人选，才能满足传达最好服务的要求。例如，举办大型歌舞晚会，一定要请大腕就是这个道理。而对旅游项目来说，一定要配备最好的导游。

5．项目服务的市场定位策略

对于很多工程类或技术类的项目来说，其产品的差异化还要通过服务加以弥补。例如，某软件公司向一家银行提供软件设计，那么在该项目执行过程中，就要考虑通过安装、调试及培训等方法，实现消费者让渡价值的增值。服务定位内容主要包括几个层面：① 物流服务，包括订货、送货及安装等门到门一站式服务。② 客户培训，帮助客户准确了解和使用产品。③ 客户咨询，向客户提供无偿或有偿的项目资料和信息系统等。④ 维修服务，为客户提供必要的保修或及时的维修服务。

当然，策划人员也可以将这些服务组合起来，提供给目标市场上的客户。事实上，将产品与服务结合起来销售，已经成为很多项目的选择，这也就是所谓的"一揽子计划"

或"一揽子解决方案"。例如，在为金融部门提供硬件设备的同时，向其提供软件和培训等服务。当然，服务本身也是一种产品，它也需要进行特别的定位，这将在第6章的相关章节中做详细的介绍。

6. 项目形象的市场定位策略

项目在目标市场及相关市场中的形象定位，是通过项目发起人或项目自身的品牌个性、标志、文字和视听媒体，以及氛围塑造等方式形成的。项目成功的形象定位既可能是其项目发起人的品牌延伸，也可能是由其自身特色所带来的。例如，消费者记住了世贸品牌，也就不在乎项目本身的名字了；顾客记住了双子星大厦，但不知道它的项目发起人。

项目形象定位一般应坚持以下几个原则：① 应能反映目标客户利益和心理敏感点。进行形象定位，策划人员首先要通过调查，明确目标客户最需要什么，最关心什么，最担心什么，最喜欢什么。例如，在房地产项目中，可对工程质量、价格、环境、地段、物业管理、品牌荣誉与物业升值等按照程度进行一一排序。然后，对其最敏感的利益取向进行形象定位。② 应能反映项目的文化内涵。良好的形象定位应具有个性和文化品位。通常，文化品位在项目中的体现是社会文化背景、社会流行观念和目标客户理想的融合。③ 应能反映项目的优势与机会。策划人员应能在形象设计中，充分展示和表现项目周边的优越条件和产品的自身优势，并将之融入目标顾客的期望与想象之中。值得注意的是，与项目特征毫无联系或牵强附会的形象定位对项目销售一般没有好处，有时适得其反。④ 应能反映市场竞争的态势。策划人员应充分考虑市场竞争因素，保持与竞争项目的明显差异与区别。

根据上述原则，策划人员可以通过以下几个步骤来确定项目的形象定位：① 列出可能成为项目形象定位的各方面内容，如项目的品牌、个性、质量、价格、区位优势、竞争优势或文化底蕴等。② 选择其中一个或能组合在一起的两个或多个要素，形成形象定位的主线，并制作出主题明确、目标群体易于接受及容易记忆的形象定位。比如，某普通住宅小区在进行形象定位时，确定以低价格为主线。在主线形象的实施中，将文化、质量等作为辅助。③ 形象定位的架构还可以是以一个综合形象为主线。例如，某近城别墅项目的形象定位为都市生活特区，辅助形象为环境、质量、地段、文化及配置等。

形象定位的实施过程通常包括"实"和"虚"两个方面。"实"主要是指通过产品表现项目的形象，如房地产小区的主入口、小区内部景观、建筑外立面、窗、阳台及遮阳板等建筑细部处理，以及其他产品实体方面，均可以表达清新悦目、简洁明快、时代感、时尚感，以及古典、现代、幽雅、奔放等形象。而"虚"主要是指通过宣传推广的方式表达项目的形象，如通过报纸、电视、期刊及广播等表达项目竞争优势、文化内涵等。当然，对于有条件的项目来说，还可以通过建立品牌或其他标志来展示形象定位对"虚"的理解和追求。事实上，对于很多项目来说，品牌已经成为展示项目个性、文化及形象的重要途径和象征性标志。

7. 项目传播主题的定位策略

当策划人员为项目制定了一个明确的定位之后，还需向目标市场有效地传播这一定位。对于很多项目来说，由于需要借助大规模的传播手段，才能进行销售，因此有必要对项目传播主题的定位进行必要的概括。很多学者认为，所谓的传播主题，实质上就是项目所提供的产品在消费者心目中的意义或位置。事实上，项目传播主题定位主要是针对目标顾客需求进行设计的。例如，目标顾客希望项目能达到质量最佳，那么在传播过程中就必须突出这一诉求。对于策划人员来说，设想一个项目的传播主题可从以下3个方面来考虑：

（1）分析项目产品本身的价值。思考产品实体属性，如原材料、成分、品质、结构或性能等特点，突出房地产的框架式结构；思考产品用途中的性能和特殊价值，突出房地产的动静分区设计；思考产品的价格优势或与替代品的关系，突出投资房地产比买股票更有保障。

（2）分析消费者对项目产品的关心和期望。思考产品对于消费者的利益点，如突出房地产周边的教育、医疗卫生等环境；思考产品的社会价值链，如突出房地产高贵的社会地位；思考产品的主观价值链，如突出房地产的个性、彰显消费者的身份和地位。

（3）挖掘项目产品的潜在价值。唤醒消费者的新需求，如突出大户型是未来的潮流、呼吁消费者提前消费；创造消费者需求，如突出小户型、鼓励城市居民买来租给单身外来人口；突破消费者的心理障碍，如降低按揭水平、鼓励资金不足的人买别墅。

5.4.4 项目市场定位与企业战略的关联

正如在第1章中所强调的，项目只是企业活动的一个重要组成部分。因此，对任何项目进行市场定位时，策划人员都要考虑项目发起企业自身的战略定位问题。只有这样，项目才能成为企业的有机组成部分，才能成为企业永续经营中的一颗重要的棋子。

1. 企业战略定位对项目市场定位的意义

企业定位是指企业树立在社会公众及消费者心中的特定形象。对企业而言，定位是使企业在市场中占据一定的位置，并建立持久竞争优势的一种手段。而企业战略是企业面临严峻挑战而进行的总体性谋划，其指导思想是与企业定位密切相关的。企业战略为企业制定了发展方向，而这个方向从理念上看是愿景，从行动上看是战略使命。总体而言，项目的产品、人员、形象及服务的定位都应该与企业发展战略保持一致，这样才能从企业战略发展和多年来形成的竞争优势中获得力量。而这也是项目策划为何强调企业内部环境分析的原因之一。

（1）企业愿景与项目愿景。企业愿景是让员工参与，对企业未来所绘制的一个理想蓝图，或对使命达成后的景象的一种描述，它是一种超前的梦想和前瞻性的思考。很大程度上，愿景是融入员工、管理层思想，对企业业务和未来的高度概括性描述。一个好的愿景规划能够激发人们发自内心的感召力量，激发人们强大的凝聚力和向心力。在当今企业愿景的制定中，越来越多的公司开始将顾客纳入到了企业思考之中。例如，沃尔玛公司的愿景是"给普通百姓提供机会，使他们能买到与富人一样的东西"；惠普公司的愿景是"为人类的幸福和发展做出技术贡献"。企业的愿景是项目愿景制定的一个参照标准，而项目愿景则给项目的定位绘制了蓝图。因此，进行项目定位时，要考虑到企业对顾客、员工和社会的承诺，并将这种承诺移植到项目定位中，从而使企业的形象能够一如既往地在企业各类活动中得到连续的传播。

（2）企业使命与项目使命。企业使命是落实企业愿景的行动纲领，是企业的意图和存在的原因。所谓意图，就是企业希望达到的根本目标，这些目标成为企业的共同出发点。而存在的原因则回答了企业"为什么存在"这一命题。企业使命给了企业成员一个前进的方向，而不是给了他们具体工作的清单。它指明了需要努力的方向，但并没有告诉目的地。它告诉各个成员为什么要在一起工作，打算如何为这个世界做出贡献。成功的企业不但具有使命感，而且能够带领整个企业推进使命。例如，麦当劳的使命是"主导全球食品服务业"；柯达的使命是"成为世界上最好的化学和电子感光企业"。与愿景不同，企业使命为项目定位指明了方向，为项目如何为顾客服务提供了依据，它对项目产品、人员、服务和形象等定位有着重要的指导意义。

2. 企业品牌定位对项目市场定位的价值

品牌定位是企业建立与目标市场有关品牌形象的过程和结果。缺乏适当或准确的品牌定位，就不可能树立强势品牌的个性，品牌建设更无从谈起。品牌定位最根本的目的就是选择具有某一特质的人群，并使企业品牌在这一人群心目中取得无可替代的位置。企业品牌定位也是寻找品牌形象与目标市场最佳结合的过程，是确立品牌形象的一种谋略。作为品质象征的主要标志，品牌不仅简化了消费选择的过程，也使企业在获得消费者青睐的同时，形成了特定的品牌资产。而这种资产对项目开发来说，具有重要的价值。

首先，项目自身品牌或标志的设计与传播可以从企业品牌中汲取营养。作为企业品牌延伸的一个重要组成部分，充分运用企业品牌形成的特定魅力，不仅可以减少项目品牌传播的投入，还可较快地提升项目的知名度。事实上，在当今房地产界，很多企业都在围绕企业品牌对项目名称进行界定，如"世贸外滩""世贸江景""世贸新城"等都是围绕企业品牌而进行的适当延伸。当然，策划人员也要注意延伸带来的负面影响。策划人员要充分考虑项目产品与原企业产品之间的关联度及其他特定的因素。

其次，项目也可借用企业品牌所形成的个性和文化，直接与其目标市场相对接，这样既减轻了项目前期调研和数据挖掘的压力，同时也大大提高了项目成功的概率。

最后，企业品牌的定位也为项目形象的定位提供了依据。事实上，如果项目是由一个世界500强企业投资的项目，那么该项目在消费者心目中肯定是处于数一数二的地位。而消费者的这种认知也为项目策划人传播项目的形象提供了坚实的顾客基础。

本章小结

市场是指某种产品的实际购买者和潜在购买者的集合。目标市场的STP流程包括市场细分、选择目标市场及进行市场定位3个重要步骤。STP分析对项目策划有如下3个重要的作用。首先，有利于觅得最佳市场；其次，增强营销战略有效性；最后，有效地抗衡竞争对手。此外，STP分析还可以通过发现新的项目、预测项目前景、明确项目范围、掌握市场结构及分析市场风险来决定项目的取舍。

市场细分就是根据项目消费者的不同需求、特征和行为，将一个大市场分为几个有明显区别的消费者群体，而这些消费者可能需要不同的产品和市场营销组合。项目细分层次是增进策划人员对目标市场精确理解的一种努力，它可分为4个层次，即细分营销、补缺营销、本地营销和定制营销。影响一般消费者需求的变量，可简单地概括为地理因素、人口统计因素、心理因素、顾客偏好和行为因素等。市场细分包括确定市场范围、列举潜在顾客的基本需求、分析潜在顾客的不同要求、剔除潜在顾客的共同需求、初步确定细分市场、进一步认识各细分市场的特点、测量各细分市场的大小7个步骤。

影响细分市场长期吸引力的主要结构因素包括竞争者、替代性产品、购买者的力量及供应商的力量。目标市场有密集单一细分市场、多元细分市场、专门化市场及完全覆盖市场4种选择模式。目标市场模式选择应遵循成本最小、能力匹配、风险最低和收益最大的原则。

市场定位就是对项目产品进行设计，从而使其能在目标顾客心目中占有一个独特的且有价值的位置的行动。从内容上来看，它包括目标市场需求定位、开发产品定位、项目形象定位及项目推广定位4个方面。项目市场定位有利于构建项目的特色，有利于消费者的便捷认知，有利于制定恰当的营销策略。项目的市场定位策略在确定推出何种项目差异和差异数量的基础上，进行包括产品、人员、服务、形象及传播主题等定位策略的设计。项目定位应该考虑项目发起企业战略和品牌定位的影响与作用。

复习思考题

1. 如何理解 STP 分析框架与消费者导向的关系？
2. 项目策划为什么要实施 STP 分析？
3. 什么是有效细分？有效细分的标准是什么？
4. 为什么说项目定位体现了差别性？
5. 结合房地产项目，说明市场细分的变量有哪些。
6. 目标市场模式有哪几种选择模式？选择时应遵循哪些原则？
7. 企业使命、企业愿景与项目定位之间有什么关系？
8. 结合具体的案例，谈一谈企业品牌定位对项目策划的作用。

案例分析题

《非诚勿扰》节目的 STP 分析

《非诚勿扰》是江苏卫视于 2010 年 1 月 15 日开始制作并播出的一档婚恋交友真人秀节目，由孟非担任主持。该节目在每周六、周日晚 21 点 20 分播出，主要诉求是要为广大单身男女提供公开的婚恋交友平台。节目播出至今，因其精良的节目制作和全新的婚恋交友模式受到观众和网友的广泛关注。在节目中，共有 24 位单身女生以亮灯和灭灯方式来决定报名男嘉宾的去留，经过"爱之初体验""爱之再判断""爱之终决选""男生权利""爆灯""动心女生"等环节来决定男女嘉宾的速配结果。尽管有很多人认为，一些人去非诚勿扰这个节目就是为了去炒作自己，但是这并不妨碍人们对节目的喜爱和参与。《非诚勿扰》的成功也使其成为中国第一档入选哈佛商学院课程的综艺节目。究其原因，应与节目在开办之初开展的优秀的目标营销策划有关。

1. 市场细分（S）

第一，地理细分。节目的举办地位于江苏南京。南京地处长江三角洲，综合经济实力在全国处于前列。嘉宾报名城市中的北京、上海、广州分别是全国的政治、经济中心，而沈阳、成都、南京也是区域中心城市。这些地区集中了全国各类优秀人才，也是中国"剩男剩女"的集中地。

第二，行为细分。根据受众数量可以将节目的目标受众分为大量、中量和少量用户

3个消费群体。大量用户主要是单身男女,包括尚未结婚或结婚离异者。他们对感情充满了好奇和追求,希望能寻觅到满意的感情。他们观看的目的在于了解当前婚恋现状,希望从别人的婚恋中吸取经验,帮助自己成功婚恋。中量用户是对节目感兴趣的一类群体,他们本身没有迫切的情感需求,但是会被节目内容如相亲中的敏感话题和娱乐性元素等吸引,乐于在别人的婚恋故事中寻找可八卦的内容。少量用户主要是指边缘观众,这类群体对婚姻类话题不感兴趣,也没有迫切的情感需求。

第三,心理细分。江苏卫视秉承"情感世界,幸福中国"的传播理念制作电视节目。而《非诚勿扰》沿袭"幸福"的理念,打出"相亲牌",为大龄"剩男剩女"们寻找幸福。这是近三十年来,80后甚至部分90后群体首次在全国的公共平台上,并通过真人秀的方式,集中、鲜活、生动地呈现他们的生命状态与生活态度,包括对金钱、爱情、亲情、友情、人性、人际交往、社会与生活时尚、创业与婚恋的关系、农村与农民问题及中西文化差异等的认知与判断。

第四,人口细分。一方面,根据关注目的可将观众分为情感诉求类观众和娱乐诉求类观众。前者为尚未结婚或已婚离异者,其观看的目的在于了解当前的婚恋现状,更关注节目中的感情元素;而后者类型相当宽泛,主要对节目中的敏感话题和娱乐性元素感兴趣。另一方面,根据年龄可以将受众分为中心年龄观众和边缘年龄观众。前者主要集中在18~55周岁,对于婚恋话题具有浓厚的兴趣;后者则相反。Infosys所采集到的数据表明,《非诚勿扰》观众主要是45~54岁的男性及25~34岁的女性。从职业收入来看,高学历、干部管理人员及中等收入观众更偏爱该节目。综合来看,情感诉求观众、娱乐诉求观众和中心年龄诉求观众属于主要目标人群,极具关注价值。

2. 选择目标市场(T)

第一,目标市场的选择依据。按照上述分析,节目明确了自己的目标市场是中心年龄观众。一般而言,他们占据了收视率的80%以上,有一定的忠诚度,是需要极力保留和发展的人群。栏目的产品营销核心应该根据他们的需求加以设置。而中心年龄受众又包含情感诉求和娱乐诉求观众,需要关注这两类客户的内在需求,并根据这些需求明确节目的基本风格、类型和内容。

第二,目标市场的基本特征。近年来,随着社会的急剧变迁,城市化、现代化、人的个性张扬、生活精致化、注重自我感觉及社会发展等多种因素,共同造成了人们在婚恋中对自己及对他人都提出了更为苛刻的要求。人们越来越难以接受一些与自己价值观不符合的东西。这一问题在私生活领域尤为明显。而这也让《非诚勿扰》看到了节目存在的价值和意义。节目也正是从这里着手,以最受关注的"剩男剩女"问题为切入点,集中关注此类群体的感受。而从年龄来看,此目标市场主要以80后为主体,与《我们约会吧》(湖南卫视 2010 年全新打造的一档单身潮人交友互动真人秀节目)以 80 后、90 后为主体有很大区别。相比而言,《非诚勿扰》的目标市场人群更加成熟丰满。

3．节目定位（P）

在明确目标市场之后，设计人员及主创团队对节目《非诚勿扰》的定位进行了充分的论证。总体来看，节目定位主要有两大特点。事实上，这也是该栏目火爆多年的重要因素之一。

第一，明确提出《非诚勿扰》不是婚恋交友节目，而是新派交友节目。节目将自身定位在"情感真人秀"之上，既走出了与传统相亲类节目（强调功能性）完全不同的路子，也与同时期其他卫视推出的相亲节目（强调娱乐性）产生了有效区隔。根据这一要求，《非诚勿扰》在主持人的选择上做出了大胆的决定。节目排除了纯娱乐类的主持人，最终选定的主持人是有着多年民生新闻主持经验和丰富人生阅历的孟非。事实证明，孟非本人的气质与节目的气质极其吻合。

第二，强调突出《非诚勿扰》的社会沟通意义，使节目超越了"相亲"的限制与界限。节目主要通过"婚恋+交友+娱乐+真人秀"的节目形式，集中探讨当代"年轻人情感婚恋和家庭生活价值观"。综合节目的实际表现来看，不论是富二代个性及内心想法的袒露，还是美女对试婚、同居、男友经济实力考核评价的态度，都会引起大众的关注。事实上，每一次节目结束，观众都乐于借此探讨、思考并验证现代人对爱情、婚姻、家庭生活的看法。总体来看，《非诚勿扰》的最大贡献不仅在于帮助未婚男女配对恋人，同时也让所有观众交流对婚恋爱情的观念与态度。

4．营销策略

根据上述营销定位，《非诚勿扰》主要采用了话题营销和网络互动营销等品牌营销策略。

第一，话题营销策略。节目主要抓住了以下电视节目制作的关键点。一是所选的话题一定有社会基础。很大程度上，《非诚勿扰》扛着的"相亲"大旗本身就具有广泛的社会基础，易于产生各种公共的、或褒或贬的讨论或交流。二是话题设计一定要打破"男权地位"。嘉宾参加节目，不仅是给场上的男女嘉宾看，也是给场外的观众看，因此要对社会观念的进步有一定的贡献。三是要通过话题制造的争议，引发更多的社会关注。而这也就要求节目必须具有鲜明的话题性，以容纳那些困扰着人们的现实问题，如金钱、房价、欲望、亲情、家庭关系等方方面面。四是话题要有可持续讨论的故事。例如，嘉宾的身份、参与动机和命运等都会引起观众的热烈讨论。

第二，网络互动营销策略。《非诚勿扰》彻底贯彻了网络互动营销（Interactive Marketing）的理念。主创团队将贴吧等互联网平台的讨论纳入节目策划的过程，对网络

第5章 项目策划中的市场细分、目标市场与市场定位

媒体互动营销与电视媒体进行了有机整合。一方面,将网络看作节目与粉丝沟通互动的平台,而这也有助于节目的迅速、广泛传播;另一方面,又能以网络调查数据的反馈结果来指导节目策划。节目主动把传统媒体与网络媒体相嫁接,利用双媒体传播的优势互补,即采用"台网一体化"(电视台和网络)的互动营销方式。此外,网络互动营销方式还实现了电视与网络媒体的深层次互动,构建了基于网上网下互动,电视与网络联动,纸质媒体煽风,多种媒体齐发的局面,形成了多渠道立体化的传播图景。

如果说,高收视率代表了观众的认可,那么《非诚勿扰》节目组可以大声地说,他们获得了较大的成功。事实上,在这样一个"剩男剩女"广泛存在的年代,速配相亲类节目聚焦最受关注的情感话题,不仅为人们提供了宣泄渠道,而且为社会研究者提供了一个新的研究现代中国人婚恋价值观及世界观的平台,而这也造就了节目的高收视率。

问题:

1.《非诚勿扰》节目是依据什么关键变量对目标受众进行市场细分的?
2.《非诚勿扰》节目是如何根据目标市场的特点做出营销策略的?
3. 结合市场细分的分析过程,评价《非诚勿扰》节目的市场定位的准确性。
4. 结合电视业的发展趋势,谈一谈《非诚勿扰》需要做出什么样的改变。

第6章

项目策划中的营销组合策略

组合思考是营销的基础，组合为营销创造出独特的价值和魅力。

——佚名

📖 引导案例　福州"宝龙城市广场"的营销策略

作为福州第一个销品茂（Shopping Mall 的音译，即大型购物中心），宝龙城市广场从规划投资的那一刻起，就一直是公众关注的焦点。尽管该项目得到了有关部门的大力支持，然而对于它的盈利前景，社会各界却有不同的看法。一些人认为，广场地理条件得天独厚，周边人口密集，交通四通八达，完全具备成为福州新地标的潜力。另一些人则认为，由于该项目将希望寄托在商圈建设上，因此风险巨大。专家指出，一个商圈的形成至少需要3~5年的培育期。这就意味着，在未来几年内，所有进入广场的企业都必须面对无法盈利或盈利较少的现实。为了更好地把握项目的命运，广场管理者提出了较有特色的营销模式。在理念上，该项目突出了以娱乐带动零售、24小时服务、经营商家竞合互补等营销主张，力争做到真正意义上的一站式消费。在产品设计上，该项目配备了一流的国际化商业休闲购物广场，主打户型有店面、精装修酒店式单身公寓、青少年主题购物商场和欧洲特色步行街等。在销售模式上，该项目提出了"无忧养铺计划"，通过前10年的统一管理，创造并形成了良好的商业生态，使投资者收回总投资的80%。为聚集人气，项目还将营销重点放在商圈的形成上，通过引进具有较强市场影响力和号召力的企业来实现人气集聚和带动作用。经过较长时间的谈判，2007年年初，家乐福、肯德基等世界500强企业开始入驻广场，国内大企业，如国美电器也陆续对外营业。事实上，一个昨日还在彷徨期待中等待发展的宝龙城市广场已大步走向未来。

正如很多营销人员所认同的那样，组合思考是营销的基础，组合为营销创造出独特的价值和魅力。作为能够直接创造利润的关键环节，项目营销组合策略的设计是项目策划的重中之重。从宝龙城市广场的案例来看，其产品、销售主张、运营模式和营销重点的设计，都具有一定的特色和吸引力。可以说，宝龙城市广场前期运作的成功不仅让策划人员看到了大型商业项目运作的营销技巧，同时也为我们思考其他类型的项目提供了依据。

本章学习目标

- 熟悉营销组合的内涵，了解营销组合发展的历史脉络，熟悉 4P、4C、4R 和 4V 等组合之间的理念关联和差异，重点掌握 4P 组合的含义及内容。
- 掌握项目策划中产品设计的基本策略，掌握产品的内涵，学会运用产品层次划分的方法设计项目的产品，明确产品线策略的要点，了解品牌创造对项目产品设计的作用。
- 掌握成本导向、顾客导向和竞争导向 3 种定价方法，熟练掌握价格修订的基本策略。
- 掌握项目产品销售的渠道策略，明确渠道设计和选择的标准，掌握渠道激励的方法。
- 掌握整合营销传播策略的理论特点，熟练掌握广告、销售促进等工具的运用方法。

6.1 营销组合与项目策划

项目营销是一个系统的工程，需要多策略的组合运作，才能达到预期目标。20 世纪初，人们就已开始对营销策略进行研究，其中最具代表性的就是对营销组合的探索。这些知识为策划人员系统思考项目营销策略提供了理论依据。然而，必须指出的是，本章所讨论的营销组合策略是以 STP 分析为基础的，即营销组合的设计必须以目标市场的需求和项目的定位为依据。只有这样，才能保证营销组合策略沿着统一的理念得到有效执行。

6.1.1 营销组合的内涵

自 20 世纪 50 年代美国尼尔·鲍顿提出营销组合（marketing mix）概念以来，营销组合理念大致经历了 4P、4C、4R 和 4V 的发展历程。这些理念的出现对市场营销实践及理论体系建设产生了深刻的影响。营销组合是企业用来从目标市场寻求达到其营销目标的一套营销工具。也就是说,营销组合是企业为满足目标市场的需要,对自己可控制的各种营销变量进行优化组合和综合运用,以便更好地实现营销目标而制订的综合营销方案。

尼尔·鲍顿最早提出的营销组合包括 12 个要素,即产品计划、定价、厂牌、供销路线、人员销售、广告、促销、包装、陈列、扶持、实体分配和市场调研等。很明显,这一组合策略不仅增强了市场营销活动的可操作性,而且对市场营销研究范围做了较好的界定。然而,它也存在一定的问题,如 12 个要素存在内涵交叉、归类不够清晰等问题。而之后提出的 4P、4C、4R 和 4V 营销组合,则以一个核心来阐述其营销策略的构建。从总体来看,上述组合策略都是市场环境变动后的结果,是研究者对营销理论与方法的抽象与概括。这些组合都有着合理的逻辑、思想内核和方法体系,也都有发挥作用的价值和空间。不仅如此,各种组合理论之间还存在一定的延续性。有关这些问题,将在下文中详细阐述。

必须指出的是,作为营销理论传承多年的 4P 组合仍然是最经典的方法,由于它以产品为核心,非常适合项目营销策略的设计。本书中,我们将重点围绕 4P 组合来介绍项目营销组合策略的设计。而对其他营销组合理论的介绍,则意欲为策划人员提供新的思考视角。

6.1.2　营销组合的历史演进

营销组合的历史演进反映了不同时期的研究者对营销本质的不同理解。与以产品为导向的 4P 组合有所不同,4C、4R 和 4V 都是以顾客为导向的。其中,4C 强调了要从顾客的角度重新改造 4P;4R 则从关系维护的角度强调建立顾客关系的重要性;4V 则从价值创造的角度对 4P 进行了新的阐释。综合来看,上述 4 种组合既有差异又有关联,且具有延续性。

1. 4P 组合

在所有营销组合中,4P 组合是运用最广泛的一种。1960 年,美国营销学家杰罗姆·麦卡锡(J. McCarthy)对尼尔·鲍顿的 12 要素进行了高度的概括和综合,将市场营销组合浓缩为产品(Product)、价格(Price)、渠道(Place)和促销(Promotion)4 个层面,也就是著名的 4P 组合。这一理念提出的背景是,世界经济已从第二次世界大战的创伤中恢复过来,许多国家进入了高速发展的战后"黄金阶段",消费者需求单一且比较旺盛。这时的市场基本上是典型的卖方市场,企业依靠大批量生产以降低成本,通过无差异化营销将产品销售出去。

由于 4P 贴近企业生产销售的过程,因此即使在今天,几乎所有营销策略都是以其为基础拟定的。但是随着时间的推移，这一理念也暴露出自身的局限性。首先，这一理念以大工业经济时代为背景，成为工业企业开展营销的强大工具，这就在应用范围上受到局限。其次，这一理念从企业的角度出发进行营销组合，忽视了顾客，对市场变化反应迟钝，容易导致"营销近视症"，这在今天看来是致命的"软肋"。最后，这一理念较多地关注企业自身，忽视了竞争对手因素，因而容易受到追随与模仿，最终造成无差异化营销的局面。

（1）产品。产品是 4P 组合最基本的工具，也是一切营销行为的基点与核心。它通常是企业提供给目标市场的有形物品与服务的集合，不仅包括产品的效用、质量、外观、式样、品牌、规格和包装，还包括服务和保证等因素。以宝龙城市广场为例，它的商铺、游乐园、公寓是产品的具体形式，项目开发商在项目建成后必须通过各种方式将产品销售出去。比如，将公寓以租赁方式进行销售，或者将商铺直接卖给某知名品牌企业等，不一而足。

（2）价格。价格是指企业出售产品所获得的经济回报，包括例行价格、折扣、折让、支付方式和信用条件等，因此价格又称为定价。定价应该与购买者对企业产品的认知价值相称，否则购买者就会转向竞争者购买产品。任何项目都必须考虑产品定价的问题，这是营销获得利润的最显著的一个环节。以宝龙城市广场为例，产品价格既不能定得太低而使开发商血本无归，又不能定得太高而吓跑欲入驻企业与商家。所以，定价也是项目策划中的一个关键点。

（3）渠道。渠道是企业为使目标顾客能接近或得到其产品而进行的各种活动，包括途径、环节、场所、仓储和运输等。它要求企业必须识别、联系和利用各种中间商和营销服务商，以便更有效地将产品和服务提供给目标市场。以房地产为例，其销售渠道一般没有快速消费品那么复杂。比如，销品茂建成后，开发商一般会直接在项目商铺中设立一个销售点，在开盘之日公开对外发售。但也不排除开发商将所有产品委托给专业公司销售的情况，这时的渠道就是该销售公司。因为项目开发商是通过销售公司这一中介机构而将产品销售给最终用户的。

（4）促销。促销是企业为将其产品告知目标顾客并说服顾客购买而进行的各种活动。它要求企业雇用、培训和激励销售人员，制订传播与促销计划，整合运用广告、销售促进、公共关系、人员推销、直接营销和网络营销等促销工具。以宝龙城市广场为例，项目在未建成时就可在媒体上做广告，介绍项目进度、产品情况等，给有意向的商家留下印象，提醒它们关注。而在销售阶段，又可制定各种促销（优惠）策略吸引有实力的企业入驻。

由于 4P 组合是从企业角度进行的思考，因此为使其更具操作性，策划人员还必须从目标市场需求和外部营销环境的特点出发，根据自身资源条件和优势，对 4P 进行系统整合、综合运用及动态调整，从而形成统一的市场营销策略。而在营销理念发展过程中，4P 理念也经历了重要的修正。例如，科特勒将权力（Power）和公共关系（Public relations）纳入其中，形成了 6P 理念。针对服务行业的特殊性，有人提出了 7P 理念，即在 4P 的基础上，加入了人员（People）、实体证明（也翻译成实体环境，Physical evidence）及过程（Process）3 个要素。其后又有人提出了 11P 理念，包括市场调研（Probing）、市场细分（Partitioning）、市场择优（Prioritizing）、市场定位（Positioning）、产品、价格、渠道、促销、权力、公共关系和人员等。

2. 4C 组合

针对 4P 忽视顾客的弊端，20 世纪 80 年代末，美国学者劳特朋（F. Lauterborn）率先提出了 4C 理念。4C 理念坚持以顾客为导向，始终围绕"顾客需要什么"和"如何才能更好地满足顾客"两大主题，进行持续的营销改进活动。4C 包括消费者欲求（Consumer' wants）、成本（Cost）、便利（Convenience）与沟通（Communication）4 个层面。它是一种由外而内的拉动型营销模式。自此之后，市场营销开始从"消费者请注意"过渡到"请注意消费者"的阶段。4C 组合是在竞争日益激烈和消费者日益受到关注的背景下产生的，作为针对 4P 组合而提出的营销理念，它迎合了"顾客需求中心论"的要求，因此 4C 组合理论从出现的那一刻起就普遍受到营销理论界与企业界的关注，并成为顾客满意的理论基础[①]。

（1）消费者欲求。在劳特朋等人看来，消费者欲求是企业制定一切营销活动的核心，是确定项目所提供的产品的基准点。因此，在激烈的市场竞争条件下，满足顾客比开发产品更重要，满足消费者欲求比产品功能更重要。例如，在房地产开发过程中，需要充分了解消费者的需求结构，然后才能进行户型、景观、建筑、形象、空间组合、绿化环境、配套设施等规划和设计。

（2）成本。消费者能够承受的成本是企业制定价格的基础。4C 组合将价格因素延伸为生产经营全过程的成本，包括企业生产成本和消费者购物成本，并且把消费者可接受价格列为决定因素。他们认为，新定价模式应该是消费者接受的价格–适当的利润＝成本上限。因此，策划人员要在消费者能接受的价格限度内增加利润，就必须努力降低成本。例如，在房地产开发过程中，消费者为降低置业风险，必须投入大量的信息搜寻成本，因此开发商应深入了解其需求，通过优质服务、一流品牌信誉及优秀质量，减少消费者精力和体力的投入。

---

① 另外，国内学者李振华和王浣尘还在 4C 的基础上增加了 3 个 C，即信用（Credit）、创新（Change）和核心能力（Core competence）。

（3）便利。以往的营销理念关注的是选择渠道，在 4C 组合中还要考虑渠道能否给消费者带来便利。便利就是要通过渠道的建设，为消费者提供全方位的服务。与传统的营销渠道策略相比，4C 组合更重视服务环节，强调企业既出售产品，也出售服务；消费者既能购买到商品，也能购买到便利。以房地产为例，一方面开发商必须加强销售网点的建设；另一方面也要加强销售、咨询人员的培训及提供各种信息资料，以便为顾客在购房中提供更好的服务。

（4）沟通。沟通是指企业与顾客之间的交流与反馈。4C 组合强调与顾客之间的双向沟通，以积极的方式适应顾客的情感诉求，建立基于共同利益之上的新型顾客关系。项目营销不仅仅是对顾客提出承诺，单向说服顾客，更重要的是互递信息、沟通情感、培养忠诚顾客。所以，劳特朋等人提出了整合营销传播理论，强调企业应在所有与消费者接触的点上，传播企业统一的理念和形象。以房地产为例，就是要组合使用广告、促销、公共关系等营销策略，宣传开发商和项目的统一形象。事实上，这也是 4C 组合理念对营销传播理论的重要贡献。

3. 4R 组合

20 世纪 80 年代以来，随着全球范围内服务业的兴起，服务业在国民经济中扮演了重要的角色，出现了工业服务化和服务工业化的趋势。在这样的情况下，4R 理论应运而生。4R 营销组合理论有两种表述：一种是美国营销学家唐·舒尔茨（Don E. Schultz）在 20 世纪 90 年代提出的，包括关联（Relevancy）、反应（Respond）、关系（Relation）、回报（Return）4 个层面；另一种是美国学者艾略特·艾登伯格在 2001 年出版的《4R 营销》一书中提出的，包括关系（Relationship）、节省（Retrenchment）、关联（Relevancy）、报酬（Reward）等[①]。由于两者之间并不存在本质的差异，因此这里仅简单介绍舒尔茨

[①] 艾登伯格的 4R 营销组合理念认为，在后经济时代，企业将采用欲望细分和五区间营销为主要工具，以最佳顾客为中心，通过了解最佳顾客来提升品牌价值，并与他们建立一种更有意义的关系，这种关系能够在每位顾客接触点愉悦他们。而要做到这一点，最好的方法就是 4R。第一，关系。在企业和目标市场之间构筑一种独特的关系，实现这一目标的核心能力是服务和体验。它要求企业为顾客提供全方位的、人性化的、富有人情味的优质服务，努力使顾客在交易时或使用产品与服务时的经历更独特、更愉悦。第二，节省，是指节省时间。节省策略要求企业主动去接近消费者，而不是诱使他们来接近企业，完成这一任务的核心能力是技术和便利。这要求企业通过使用技术（如电子商务、网上购物等）把商品、品牌、服务带到顾客的家中或办公室里。第三，关联。就是将企业的品牌资产直接与主要的购买动机相联系，并通过专业和商品两种核心能力来做到这一点。第四，报酬。就是酬谢顾客，包括品位和时间两种核心能力。品位策略就是要尽力寻找一切机会将企业的品牌与顾客追求的理想、生活方式、个性连在一起。时间策略意味着使用你的品牌所需的时间是值得的、有价值的、快乐的和有效的。

的 4R 营销组合理念。

一些学者认为，4R 理念言之凿凿，然而其最大的不足就是操作性差，其原因主要是引入了更多的不可控变量，且缺乏实施工具，策划人员在实际应用时可能会感到无从下手。从当今的实践来看，提出的关系营销尤其是顾客关系管理正大行其道。

（1）关联。企业和顾客是一个利益共同体，建立、保持并发展与顾客之间的关系是企业经营中的核心理念和最重要的内容。通过有效的方式在业务、需求等方面与顾客建立关联，形成一种互助、互求、互需的关系，有助于提高顾客的忠诚度，从而赢得长期而稳定的市场。

（2）反应。在激烈的市场竞争中，企业不仅要做好营销计划的制订、实施和控制，更重要的是能够站在顾客的角度，认真倾听顾客的期望与需求，并及时做出反应，形成高度回应的商业模式和快速反应机制，不断提高企业的灵活性，实现企业与顾客的双赢。

（3）关系。企业与消费者的关系已发生了本质的变化，赢得市场的关键在于赢得顾客的心，并与顾客建立长期、稳定、互惠互利的关系。企业经营从交易变成责任，从管理营销组合变为管理同顾客互动的关系，从营销关系转向建立友好合作的关系，从以满足顾客需求转向为顾客创造价值，从抓服务质量转向对客户的高度承诺。事实上，对于关系的关注也正是 4R 对营销实践的贡献。企业应将过去单一的面对面的竞争，转变成网络式的集群竞争。

（4）回报。对企业来说，市场营销的真正价值在于能为企业带来回报，追求回报是营销发展的动力。企业与顾客关联互动、对顾客要求做出快速反应、与顾客建立良好关系的目的，最终将归结于期望顾客给以货币、信任、支持、赞誉、合作、忠诚等物质和精神的回报。

4. 4V 组合

进入 20 世纪 90 年代以来，高科技产业迅速崛起，互联网、移动通信工具、发达的交通工具和先进的信息技术，使原来那种企业和消费者之间信息不对称的状态得到改善。随着沟通渠道的多元化，越来越多的公司开始在全球范围进行资源整合。这种背景下，营销观念和方式也在不断丰富与发展，并形成独具风格的 4V 营销理念。1994 年，台湾学者罗文坤首次提出了 4V 营销组合，即产品多样性（Versatility）、价格价值性（Value）、通路复合性（Variation）、推广互动性（Vibration）。2001 年，中南大学吴金明指出，4V 是指差异化（Variation）、功能化（Versatility）、附加价值（Value）和共鸣（Vibration）构成的营销组合。从 4V 组合的内容来看，尽管它的可实践性还存在一定的问题，但是该理念所提出的差异化、功能化及附加价值的创造对于项目产品和服务的内涵设计仍然有着较大的启发意义。

（1）差异化。差异化是指在消费者需求多样化和个性化的时代，顾客需求的差异更加显著，策划人员必须开展有效的差异化营销，通过产品差异化、市场差异化、形象差异化满足差异化的顾客需求。因此，从某种意义上来说，创造顾客就是创造差异，有差异才能有市场。

（2）功能化。功能化也称功能弹性化，是指根据消费者需求的不同，提供具有不同功能或不同功能组合的系列化产品，从而方便消费者根据自己的实际需求和承受能力进行选择。功能弹性化增加了消费者对产品进行选择的空间，从而也增加了企业的市场机会。

（3）附加价值。附加价值是指企业在关注产品由物化劳动转化及由活劳动创造的基本价值的同时，要更加重视产品由技术创新、营销和服务创新、文化与品牌创造而形成的附加价值。从现代营销发展的趋势和人们对产品价值的理解来看，基本价值在产品价值构成中的比重将逐步下降，而附加价值在产品价值构成中的比重则显著上升，具体可参见下文中的介绍。

（4）共鸣。共鸣是指企业持续占领市场并保持竞争优势的价值创新给顾客带来的价值最大化，以及由此所带来的企业利润最大化；坚持把企业创新能力与顾客的价值追求统一起来，通过为顾客创造价值使其获得最大限度地满足；不断提高顾客的满意度和忠诚度，实现企业与顾客在价值提供与价值追求之间的互动与共鸣，形成基于双方利益最大化的战略联盟。

6.2 项目策划中的产品策略

产品策略是项目营销组合的首要内容，是消费者了解项目的基础。对于策划人员来说，一个项目最终是否能够获得成功，要以其推出的产品是否达到项目策划的目标来衡量，所以对项目中推出的产品进行设计是项目策划中一道必不可少的工序。事实上，很多房地产项目和文艺类栏目的策划，都是策划人员根据消费者欲求而精雕细琢的结果。

6.2.1 产品的内涵

产品是构成项目的基本要素，对于一些特殊的项目来说，其产品可能还包括服务、创意等。任何项目都是为满足人们特定需要和欲望而确立的，而这个过程要通过项目所提供的产品或服务来实现。科特勒认为，产品是能够提供给市场，以满足需求和欲望的任何东西。也就是说，只要有供需双方，有市场存在，就有产品存在的价值。此外，"产品"概念并不局限于实物，任何能满足需要的东西都可以看作产品。从现实来看，产品的种类主要包括实体商品、服务、经验、事件、人、地点、财产、组织、信息、创意等。尽管在某些营销著作中，"产品"一词还经常被替换为"满足品、资源或提供物"等，但其内涵并没有发生任何实质性改变。而对策划人员来说，他们应能保证所策划的产品能满足客户的需求。

6.2.2 产品的层次

既然项目的产品要能满足顾客的需求，那么在多大程度上满足顾客的需求，也就成为策划人员必须面对和思考的难题。一般来说，策划人员可以按照顾客价值层级，把项目产品由内至外细分为 5 个层次，每往外一个层次，顾客就能享受到更多一些的价值。而在价值增加的过程中，策划人员也就实现了对项目产品价值的改造或创新。

1. 核心利益层

核心利益层是产品最基本的层次，是消费者真正要购买的基本服务或利益。因此，尽管消费者购买了某种产品，但是产品并不能代表其需要。比如，消费者购买房子的本质目的是满足居住和安全的需要，而夜宿旅店的游人需要的则是良好的休息和睡眠。

2. 基础产品层

在认识了项目产品的核心利益之后，策划人员必须把核心利益转化为基础产品，即产品的基本形式。比如，一个普通的商品房，至少应该包括卧室、餐厅、客厅、厨房和卫生间等；而对于一个旅馆来说，至少也应该有床及厕所等设施。至于前者，也就有了经济适用房的创意，后者则有了简易旅馆的创意。它们都只满足了消费者的一般需求。

3. 期望产品层

期望产品是指消费者购买产品时所希望得到和默认的一组属性和条件，是基础产品之上的一个层次。比如，购买商品房时，消费者期望有三个卧室、两个卫生间，期望私人空间和公共空间能够分开，期望客厅、饭厅的面积足够大等。而对于商铺销售而言，入住的个人或企业会期望项目开发商已经对商铺内外进行了一定的装修，而不是简易的毛坯商铺等。事实上，策划人员在满足消费者更多期望的同时，也增加了产品的价值和盈利能力。

4. 附加产品层

附加产品是在期望产品之上而额外增加的服务与利益，它能把公司的产品和竞争对手严格地区分开来。例如，与一般的房地产商不同，品牌地产不仅为消费者提供所需的户型，还为其提供更优雅的环境、空间和物业管理等附加利益。商铺的附加产品层则有可能是开发商为入驻商家，提供免费的物业管理和店面整体设计等。比如，4V 组合所介绍的，从国内外企业发展来看，当今企业之间的产品竞争主要集中在附加产品层上。产品的附加层要求策划人员必须正视购买者的整体消费体系，从而为项目找到有效竞争的机会。事实上，正如在产品差异化中所指出的，附加价值的创新决定了产品差异化的竞争优势。比如，一些品牌开发商通过建设高档精装修房，将自己与竞争对手区分开来。

5. 潜在产品层

潜在产品层是产品的最高层次，也是产品最终所能实现的全部附加部分和新转换部分。如果说附加产品层包含着产品的今天，那么潜在产品层则指出了产品可能演变的趋势。而所谓的产品演变趋势实际上也就是消费者欲望的演变趋势。策划人员若能在产品设计中照顾到消费者未来或超前的欲求，将会激发消费者更大的满意和愉悦。例如，在消费者不知情的情况下，开发商提供了更加智能及私密性更好的房子。比如，在高级客房里，消费者发现了免费赠送的糖果、鲜花等。这些都会让消费者在原有购买的基础上，感到物超所值。

6. 产品层级设计与项目经济附加值的提升

产品层级设计的好坏不仅关系到项目竞争能力的高低，还关系到项目是否可以持续获得效益。一个好的产品不但要尽量满足消费者的核心需要，而且要能站在消费者的角度思考其需要的产品属性，从而为消费者提供更多的价值。因此，对于策划人员来说，要想提升项目经济附加值，则产品应努力向潜在产品层迈进，在为消费者提供高附加值的同时，也为企业获得更多利润奠定了坚实的基础。以宝龙城市广场为例，随着销品茂为入驻商家创造更多的价值，项目所提供的商铺、公寓、游乐场的租金也必然会得到大幅度的提升。综合来看，产品层级的延展也体现了消费者欲望与市场需求演进的内在关联。

6.2.3 产品线决策

如果产品层级分析是考虑消费者不同价值需要的结果，那么产品线决策则是考虑不同消费者需求与功能需要的策略设计框架。为了更好地满足消费者需要，策划人员可以通过对同一产品进行产品线设计，以满足具有不同经济能力和消费水平的消费者需要。

1. 产品线的内涵

产品线是指一个企业所生产的某一类产品的总称。比如，一家房地产公司所提供的别墅、商品房、经济适用房就是其产品线。在一个产品线中，策划人员经常要开发一个基础性的平台，他们将为满足消费者不同需求而不断地增加功能。事实上，汽车制造商就经常围绕一个标准平台来设计同一系列汽车。家庭装修也可以围绕增加的功能设计标准装修或样板房系列。这种标准平台能使公司在降低成本的同时，向消费者提供更多的产品。由于产品线上的每一个产品都有着不同的价格和毛利率，因此标准功能设置也就成了消费者选择产品的依据。当然，对于项目发起企业来说，可以通过促销等方式的设计，让消费者主动选择高毛利率的产品，从而达到营利的目的。此外，策划人员还可以针对竞争对手的情况，分析自身产品线的定位与特色，从而选择在何种细分市场上，与竞争者展开厮杀或规避激烈的竞争。

2. 产品线的长度

对于策划人员来说，最大困难在于要在同一系列的产品线中设计多少种产品，而多少种产品也就是营销人员通常所说的产品线长度。一般来说，如果策划人员能够预感到增加的产品能够带来企业利润的增加，那么就可以增加产品线的长度；反之，则必须进行产品线削减。例如，房地产商可以根据当地的消费能力，将楼盘中的房子设计成大小不同的户型，或者将房子建成复式、错层及其他各种形式，甚至将部分房子进行精装修之后再卖出。这些都是产品线长度设计的具体策略。对于策划人员来说，产品线长度的拓展一般有3种方法。第一种是向下拓展，也就是向更低层次的市场拓展。例如，只建别墅的房地产商开始向普通商品房拓展。如果低档市场有利可图，向下拓展也不失为一种好的策略。当然，向低档市场拓展也可以是防范竞争对手的一种策略，或者中高端市场已经无利可图。第二种是向上拓展，即进入高档市场。例如，只建普通商品房的企业进入了高档别墅行业。向上拓展可以提升企业的形象，但也要求企业具备强大的实力。第三种是对于定位在中间的企业来说，还可以同时实施双向拓展。很明显，这种状况下，对企业实力的要求将变得更高。

3. 产品线设计与项目目标市场的偏好

由于产品线中的每一种产品都会对应同一类的客户，因此对项目产品线长度的思考也可以转换成对市场细分的考量。策划人员应根据目标消费者的偏好，进行产品线的设计。事实上，由于目标市场是具有一定相似特征的一群消费者，如果要满足不同目标市场的消费群，则项目就不可能只提供单一的产品，而是要进行产品线的设计。例如，企业要开发一个香水产品项目，选定的目标消费群是具有较高收入的年轻白领女性，以及有稳定工作和一定社会地位的中年女性，那么策划人员下一步就要进行市场调研，了解年轻白领女性与中年女性这两个特定目标市场的偏好，掌握她们的品位、收入、生活方式与购物习惯。这样设计出来的产品才能更准确地接近目标市场的需求。对于商业地产类项目来说，产品线的设计更是要迎合商家的口味，这样才能吸引有实力的商家入驻。对于销品茂这样的项目，在建设规划之初，就必须对各类商场的容量需求进行必要的调查，对比分析现有的商圈与购物广场的优势和劣势，以便在新开发的商场规划中取长补短，达到更完善的产品线设计。

6.2.4 产品品牌决策

品牌是产品策略中的重要话题。对项目策划来说，涉及项目自身的命名与产品推广过程中的品牌设计问题。由于在第 5 章中已经介绍过项目发起企业的品牌与项目品牌的关联，这里仅就项目或者其产品品牌的设计策略进行必要的分析。

1. 品牌的定义与内涵

当今社会，品牌已经成为产品走向市场的通行证。品牌不仅为厂商带来优势，还为销售者与消费者带来便利。品牌是企业对消费者的一种有力承诺，也是企业重要的无形资产。对于商业项目而言，其开发商品牌的知名度对于产品销售也具有一定的影响。一般来说，知名度和美誉度高的开发商，其所开发的项目比较受人关注，产品更容易销售出去。

美国市场营销协会认为，品牌（brand）是一种名称、术语、标记、符号和设计，或它们的组合运用，其目的是借以辨认某个销售者或某群销售者的产品或服务，并使之同竞争对手的产品和服务区别开来。事实上，借助品牌的标记，消费者可以辨识不同的厂商及其产品，并形成一系列的品牌联想。而对一个项目来说，品牌也将起到同样的作用。

对策划人员来说，品牌不仅是其销售项目产品的通行证，还有着更为重大的价值。一般来说，一个优秀的项目品牌能够传达出 6 个方面的内涵：① 属性。品牌体现了产品的基本属性，能够满足人们的某种需求。比如，海尔品牌表现出高质量、高价格和优质售后服务的属性。② 利益。将属性升级则转化为功能与利益。比如，高质量的属性使人们在一个较长的时期内无须更换该产品，高价格体现了消费者的个人偏好与品位，这些都能使消费者得到切实的利益。③ 价值。品牌可以传达出企业的某些价值观。比如，海尔体现了注重品质的价值观。④ 文化。一些品牌体现了一定的地域文化。比如，海尔在一定程度上传达出中华民族的精神，体现出中国的文化底蕴。⑤ 个性。品牌是有个性的，每个品牌都是独一无二的。一些品牌可以形成独特的醒目的风格，从而使它们在众多品牌中脱颖而出。比如，可口可乐就具有其鲜明的独特个性，该品牌总是能象征年轻一族张扬热情的个性。⑥ 使用者。品牌在一定程度上体现出其目标使用者的身份、地位与生活品位等。人们通常会把坐在奔驰车里的人与坐在夏利车里的人严格区分为两个社会阶层。

因此，对于一个品牌而言，其最重要的内涵是价值、文化、个性与使用者象征。这些内涵较为持久，能够成为品牌存在的基础。当然，要使项目品牌能够具有上述6个方面的内涵，还需多年的积累才行。

2. 品牌识别

品牌识别是品牌营销者试图创造或保持的一系列独特的品牌联想。这一系列联想体现出品牌代表什么，以及企业向消费者传达了什么样的承诺与信息。建立品牌识别要求对项目的名称、标志、色彩、标语和象征分别做出决策。在营销上，这一过程被称为CI设计。CI是一个完整的系统，包括3个部分的内容，分别是理念识别系统（MIS）、行为识别系统（BIS）和视觉识别系统（VIS）。目前，品牌识别体系已被广泛运用到各类项目之中。

一个成功的项目品牌背后，必然有强大的企业精神与理念做支撑。理念识别系统的建立是整个CI设计成功的基础，主要包括对项目的经营方向与目标、内在文化、精神标语、方针政策等的设计。例如，宝龙城市广场就是要成为福州市第一个真正意义上的销品茂，而超级女声栏目就是要形成"大众造星与追星"合而为一的娱乐文化等。从本质上来看，项目MI设计与项目使命、愿景紧密相关，而精神标语则与项目传播主题密切相关。

行为识别系统主要是对涉及项目品牌的一切行为进行规划与安排，从而使之与理念识别系统形成良性的对接。行为设计包括选择恰当的品牌经销商、销售氛围布置、召开品牌发布会与展销会，以及其他各类品牌与产品促销活动等。从整合营销传播的角度来看，品牌的各类行为都应能保证品牌的地位。例如，要成为福州销品茂第一品牌，那么与之相适应的品牌传播计划都应该是一流的，当然项目所选择的各类合作伙伴也应该是一流的。

视觉识别系统是对理念识别具体化的一个过程，通过VI设计，项目品牌理念成为可视的存在实体。策划人员可以通过组织化、系统化的视觉表达形式，传递项目品牌的信息，使消费者获得购买决策的象征物。视觉设计内容广泛，主要包括项目名称、品牌标志、标准字与标准色，以及上述视觉识别物的具体运用场合等。很大程度上，视觉识别系统不仅成为项目传递整齐划一形象的基础,还成为项目区别于竞争对手的标志。

3. 品牌资产

品牌资产是品牌给产品或服务所带来的附加价值(溢价值)或利益。从产品的角度来看,品牌资产是拥有品牌的产品比没有品牌产品所高出的价格。从项目的角度来看,品牌资产是项目的无形资产,能为项目带来利益,减少运营成本。从消费者感知的角度来看,品牌资产是品牌在消费者心目中的地位与价值的一种衡量。策划人员应加强策划中的品牌资产建设,尽量避免从市场和自身角度出发来衡量品牌资产的价值,进而忽视了品牌在消费者心目中的价值。策划人员应该记住,品牌之所以对项目有价值,主要是由于品牌对顾客来说是有价值的。品牌资产本质上是顾客对品牌营销活动的差别化反应,它包括品牌识别、品牌含义、顾客对品牌营销行为的反应,以及顾客与品牌之间的忠诚关系等。从长远的角度来看,项目发起人在某一个项目上形成的品牌资产,也会自动延伸到未来开发的产品中。例如,当今很多的区域性房地产公司都从最初某些楼盘的开发中,积淀出更大的企业品牌资产。

4. 品牌战略决策与项目品位的创造

策划人员在面临项目品牌决策时,一般有几种选择,即产品线扩展、品牌延伸、多品牌、新品牌与合作品牌策略。其中,产品线扩展是采用原有的品牌来推出具有新功能的产品。这种情况下,新产品的所属种类并没有发生改变,品牌也是原有的,这使新产品更容易被消费者所接受。例如,房地产商将在同一地点开发的楼盘分成一期、二期、三期甚至更多,它们通过改变户型或功能,吸引新的消费者。品牌延伸一般是将原有品牌运用到新的产品种类中,这虽然会使新产品的推出变得容易,但同时可能造成一些风险,如原品牌个性变得不再鲜明、原品牌与产品的一一对应关系被削弱等。例如,某一个房地产商突然将经营多年的地产品牌延伸到旅游产品开发上。由于品牌延伸具有多种可能性,策划人员应能结合具体的情形对其加以研究和判断。多品牌是指在同一种产品种类中采用几个不同的品牌。比如,同一家房地产公司在不同地区推出的各类商品房,都有各自不同的品牌。每个品牌独自针对各自的消费群开展营销活动。新品牌是指将一个全新的品牌使用到一个新产品上。这是最常见的一种情形,该品牌与该产品种类都是企业之前所没有的。合作品牌是指将两个或两个品牌使用在同一个产品上,每一品牌都希望与之合作的其他品牌可以强化品牌形象,以唤醒消费者的购买意愿。这在汽车行业内比较多见,如梅塞德斯与奔驰的合作。

不同的品牌战略决策可以帮助项目实现不同的品位诉求。对于那些拥有优秀品牌资产的项目发起人来说,可选择的机会比较多。而对一个刚刚出道的项目来说,它则需要从头开始，创建全新的品牌。目前，随着人们品牌意识的日益增强，策划人员在进行品牌决策时应充分考虑消费者的需要，强调项目不同的品位诉求，使其具有独特的市场地位。

6.3 项目策划中的价格策略

价格策略是项目市场营销活动的主要手段之一，也是项目向市场传递出的最强烈的价值信号。俗话说，"只有卖不出去的价格，没有卖不出去的产品"。因此，在项目产品推向市场之前，策划人员必须考虑产品成本与利润，对其进行科学而合理的定价。

6.3.1 定价的基本方法

当市场趋于成熟时，尽管影响购买决策的因素有很多，但价格仍然是最主要的因素之一。由于不同消费者收入上的差异，消费者对相同商品的价格敏感度并不一致，加上企业成本、利润及品牌因素都会影响项目的价格，因此就形成了许多定价方法。为了方便策划人员掌握其原理，这里将这些定价方法归为3大类。事实上，它们也可组合在一起加以运用。

1. 成本导向型定价法

成本导向型定价法，包括成本加成定价法和目标收益定价法两种形式。

成本加成定价法是最简单的定价方法，就是在产品成本上加一定的目标利润率。在这种定价方法下，策划人员应将所有为生产某种产品而发生的耗费计入成本的范围，然后统一核算单位产品的变动成本，合理分摊相应的固定成本，最后按一定的目标利润率来决定项目产品价格。其计算公式为：

$$单位产品价格=单位成本\div（1-目标利润率）$$

采用成本加成定价法时，确定合理的成本利润率是一个关键问题，而成本利润率的确定，必须考虑市场环境、行业特点等多种因素。某一行业的某一产品在特定市场以相同的价格出售时，成本低的企业能够获得较高的利润率，并且在进行价格竞争时可以拥有更大的回旋空间。很大程度上，成本加成定价法主要适用于市场价格可比性较小、市场竞争相对较小的情况。

目标收益定价法是企业依据目标投资收益，结合成本来确定产品价格的方法。这种定价方法一般多为公共投资类项目所运用，因为这些单位因受到某种政策上的限制，只能获得一个公平报酬的收益率。目标收益定价法的计算公式为：

$$价格=单位成本+（目标利润×投资成本÷销售量）$$

与成本加成定价法相类似，目标收益定价法也很少考虑市场竞争和需求的实际情况。这种方法只是从保证生产者的利益出发制定价格。另外，由于先确定产品销量，再计算产品价格的做法完全颠倒了价格与销量的因果关系，把销量看作价格的决定因素，因此在实际操作中很难行得通。

2．顾客导向型定价法

成本加成定价法和目标收益定价法都是从产品成本出发来制定价格的，没有考虑到消费者的接受程度，但价格最终需要消费者的认同才有意义，因此顾客导向型定价法得到了广泛的运用。

认知价值定价法是从顾客角度出发，把顾客对产品的价值认知作为定价基础。价值定价法的关键和难点，是获得顾客对有关商品价值理解的准确资料。如果企业过高估计顾客的理解价值，其价格就可能过高，难以达到应有的销量；反之，若企业低估了顾客的理解价值，其定价就可能低于应有水平，使收入减少。因此，策划人员必须通过广泛的市场调研，了解顾客的需求偏好，根据产品性能、用途、质量、品牌、服务等要素，判定顾客对商品的理解价值，制定初始价格。然后，在初始价格条件下，预测可能销量，分析目标成本和销售收入，在比较成本与收入、销量与价格的基础上，确定该定价方案的可行性，并制定最终价格。

一些项目也会用较低的价格推出高质量的产品，这就是所谓的价值定价法。由于价值定价法所制定的价格很低，产品往往可以迅速地占领市场，获得较大的市场份额。例如，某些高档品牌开发商为了占领更大的市场份额，推出了超低价的房产，以吸引消费者关注。从企业的实际做法来看，价值定价法的一个创新就是与顾客忠诚计划结合在一起，为忠诚顾客提供"天天平价"的产品。

策划人员也可以结合消费者心理进行定价。一般来说，消费者通常会将价格和质量对应起来，价格越高则质量越高，反之亦然。如果项目产品在市场上拥有可比较的对象，这时策划人员就可以利用消费者因为比较而产生的参考价格来给产品进行定价。比如，选择质量最高的品牌作为产品定价的上限，或选择较差的品牌作为产品定价的下限。在细节问题上，心理定价经常使用尾数定价的策略，让消费者对数字产生不实的判断。

3．竞争导向型定价法

根据市场竞争需要，针对相应竞争产品，采取随行就市定价，称为竞争导向型定价法。这种定价方法风险比较小，尤其对那些中小投资项目，由于竞争能力有限，采取这种方法相对比较稳妥。竞争导向型定价法主要依据相近产品或附近区域的竞争状况而定。在市场竞争激烈时，若条件相当的项目之间，定价不能高于竞争对手。策划人员在定价时可以将竞争对手价格和估算价格进行比较，分为高、中、低3个档次，然后结合生产条件、服务状况、成本费用、产品质量等，与竞争对手进行比较，分析造成价格差异的原因，从而找出项目的特色和优势，然后依据自身竞争实力、产品成本和供求状况来确定产品价格。

拍卖式定价法和团体定价法因为运用了竞争机制可以看作竞争导向型定价法。

拍卖式定价法运用范围比较广泛，大量工程类项目都采用此种方法来解决工程发包问题。由于招投标工程造价是由参加竞拍者所出的价格决定的，因而拍卖式定价法的最后成交价格并不是完全确定的，但项目发起人可确定一个价格，用来考察并选择最终的合作者。由于拍卖式定价法引入了购买者竞争机制，因此可在很大程度上降低项目发起人与委托人之间的信息不对称，让委托人在竞争中自动透露底细，从而使发起人处于一个较为理想的竞争地位。

项目发起人在采购和卖出自己的产品时也可运用团体定价法。因为团购价往往比单购价低，而且降价或打折幅度有时候还比较大，因而团体定价法越来越受到消费者的青睐。事实上，团体定价法是消费者通过集中来提升自己竞争能力的一种方法。而对卖方来说，团体定价法实际上是规模效应的一种应用，因为商家销售的产品数量越多，则售出价格也会越低。而在房地产销售中，许多企业都运用团体定价法来吸引大批顾客同时购买。

6.3.2 价格修订策略

通常，策划人员不是要制定一种单一的价格，而是要建立项目产品的价格体系。这种价格体系可以反映地区需求与成本、市场细分需求、购买时机、订单水平、交货频率、保证、服务合同和其他因素等的变化情况。事实上，一个项目很难从不同经销商那里获得同样的利润，为了适应经销商之间的差异，则有必要重新修订价格。接下来，我们将讨论比较常见的价格修订策略，分别是价格折扣、促销定价、差别定价及产品组合定价等。

1. 价格折扣

为了尽早回收资金，或在淡季销售更多的产品，策划人员可采用各种各样的价格折扣来促进销售。常见的折扣类型主要有现金折扣、数量折扣、功能折扣和季节折扣。其中，现金折扣是对及时付清账款的购买者的一种价格折扣。例如，一次性付清房款的消费者可以享受9.8折的优惠。数量折扣是给予购买数量多或金额大的消费者的一种折扣。例如，一次性购买几套住房的享受9折优惠。功能折扣是给予消费者更多功能的一种奖励性折扣。例如，购买别墅、赠送入户花园等。季节折扣则是在销售淡季时，向消费者提供的一种折扣。由于价格折扣可能会使项目利润受到影响，因此要充分考虑到其必要性和折让幅度。

2. 促销定价

通常，为刺激消费者的购买热情，策划人员可采用一些促销定价的方法，修正消费者的价格感知。促销定价的方法有以下几种：

（1）牺牲品定价。策划人员可把某些商品价格定在成本价之下，以招徕顾客，然后通过其他产品的销售来获得补偿。例如，在销售房子时，房产价格相对较低，但是配套的车库却卖得很高。

（2）特别事件定价。商家在产品销售时经常会利用法定节假日，做一些促销活动或事件来吸引消费者。例如，将房地产开盘时机与某个节日结合在一起，然后做促销活动。

（3）现金回扣。某些商家会在特定时期内向顾客提供现金返还或赠送优惠券等活动，以刺激购买。例如，在开盘时，向购房者奉送现金大礼包等。

（4）提供低息贷款。这类似于房地产按揭贷款的交易模式。例如，在家电卖场购买大宗家用电器时，一些商家会联合银行为顾客提供贷款，然后顾客以分期支付方式在一段时间内还清贷款，银行一般只收取很低的利息，甚至免息。

（5）较长的付款时限。一些商家考虑到消费者每月付款金额过大可能难以支撑，便会主动提出延长分期付款的时限，而将每期的金额降低。例如，购房时一次付款的金额可以在1年内支付完。

（6）提供保修与服务合同。策划人员可以通过增加保修与服务的项目、内容或者时间，吸引消费者。例如，免除消费者一年或两年的物业费等。

（7）心理折扣。商家故意将产品标价提高，然后进行降价或折扣处理。虽然这种方法抓住了消费者的心理，却是不合法的行为。

3. 差别定价

策划人员可适时对产品价格做出修正，以应对时间、地点和人物的变化，这就是差别定价。差别定价具体形态有以下几种：

（1）顾客细分定价。同样的产品或服务，提供给不同的消费者会收取不同的费用。例如，对持有教师资格证的购房者提供优惠价。

（2）产品式样定价。产品式样与价格有时不成比例。比如，同一小区内的不同房型，其价格就有差异，一般来说购买大户型会优惠一些。

（3）形象定价。同样的产品由于包装不同，所销售的价格也会有差异，如精装修房和毛坯房。

（4）地点定价。同样的产品，由于处在不同地点，其身价也会有差别，如不同楼层、不同朝向的套房价格就不一样。

（5）时间定价。由于销售时段的不同，产品或服务的价格也不同，如开发商制定的楼花和现房价格就不一样。

4．产品组合定价

策划人员也可以通过产品组合定价方式来调整产品价格。产品组合不同于单个产品或几个产品的简单相加，产品组合虽然由两种或两种以上的产品构成，但这些产品同时也构成了一个整体。所以，产品组合定价并不能简单地将两者价格相加，而是分为以下几种情况：

（1）产品线定价法。策划人员可为同一条产品线上的不同产品制定各自的不同价位，以形成一种档次或目标顾客群上的区分。例如，由于功能设置的不一样，同一款外形的汽车价格呈现出不同的档次。

（2）选择特色定价法。策划人员在设计产品时，提供了多种可选方案。例如，对于购车者来说，既可购买标准配置，即只包括基本配件，也可以配置天窗、真皮座椅、倒车雷达等。一般来说，标准配置的价格较低，而要一部装备齐全的汽车，则要付出比较高的费用。

（3）互补产品定价法。策划人员可利用产品之间的互补性来调整价格。例如，在相机与胶卷、电池充电器与电池销售中，就可将相机与充电器的价格定得很低，而胶卷与电池的售价则定得较高。

（4）两段定价法。一些公共服务项目经常采用两段定价法，即包括固定价格与可变价格。其中，固定价格是每个消费者都要支付的相同费用，如手机月租费；可变价格则是每个用户的各自话费。

（5）副产品定价法。如果在生产主要产品的同时会得到一些副产品，而这些副产品可能对某群消费者有价值，那么企业通过销售副产品而得到的收益可以用于降低其主要产品的价格，以提高其市场竞争力。

（6）成组产品定价法。策划人员可以将一组产品捆绑在一起销售。对消费者来说，组合购买会比分别购买的价格要低一些。例如，电视台将不同时段的广告打包到一起，以较低价格进行销售。

6.4 项目策划中的渠道策略

当项目产品生产出来以后，必须通过一定的渠道才能送达消费者手中。通常，营销人员将这一过程称为通路或销售渠道设计。随着科学技术的不断进步，渠道的类型也在不断发生变化，项目策划人员必须结合具体项目，选择恰当的渠道形式。

6.4.1 渠道的内涵与类型

营销渠道，又称贸易渠道（trade channel）或分销渠道（distribution channel），是指在制造厂商与终端消费者之间执行营销任务的中间机构。这些中间机构的营销任务主要是促成产品或服务被消费者接受并购买。其类型主要有以下几种：

（1）买卖中间商，如批发商和零售商等。它们并不生产产品，而是专门靠买卖商品，从中获利。在一些大型生产加工业中，批发商与零售商之间还有其他类型的中间商。

（2）代理商，如经纪人、制造商代理人和销售人员等。由于这些渠道成员并没有获得商品的所有权，因此一般是为企业寻找客户或代表企业与客户进行谈判。

（3）其他辅助机构，如物流公司、银行和广告代理商等。它们只提供支持性的分销活动。企业使用这些中间机构的目的是更有效地将产品销售给消费者。事实上，由于这些机构因长期从事专业销售，比企业拥有更多的经验与更广泛的关系网络，因此能够获得更好的销售业绩。从当今"互联网+"发展的实际状况来看，网络渠道或者是依赖于电子商务平台开展销售已是大势所趋。对项目策划人员来说，如何利用互联网渠道将成为渠道策划的重点。事实上，网络渠道因直接面对消费者而具有成本低、传播速度快等优点，正使其成为项目销售的全新选择，很多耐用品（如汽车甚至房地产）都可通过它来销售。

6.4.2 渠道的选择与设计

当项目的产品想要进入某个地区时，策划人员通常会选择当地代理商作为合作对象。因为它们不仅熟悉当地的市场与环境，而且拥有较强的地域优势与市场拓展能力。然而要选择一个合适的渠道成员，仅考虑上述问题还不够，策划人员还必须重点考虑以下几个问题。

（1）消费者价格承受能力。由于不同渠道要求的利润并不相同，再加上消费者对当地中间机构或渠道存在不同的依赖性和信任度，从而产生了不同的购买习惯。因此，在进行渠道选择与设计时，必须关注消费者所能承受的中间费用，以及他们的购买习惯。

（2）渠道目标与结构。渠道目标是指消费者所期望获得的服务水平，不同细分市场上的消费者可能会有不同的渠道目标，因此企业可以选择不同的渠道组合来满足不同类型的消费群。而在制定渠道组合结构时，不但要考虑消费者的期望，还要结合产品特性、项目销售政策、各种渠道的成本与优势、竞争对手情况及环境等因素进行综合考虑。

（3）主要渠道的选择方案。当策划人员确定了项目的渠道目标与结构之后，就可以从众多的组合方案中，选择最适合本项目的渠道设计方案。一般来说，渠道选择方案由3个要素构成，即渠道中间机构类型、中间机构数目及各个渠道成员的条件与责任。

事实上，项目产品可选择的渠道方案主要有3类。第一类是自建渠道，如培养销售人员或自己建立分销机构与网络。第二类是借助他人的代理机构和各类经销商进行销售。第三类是上述两种方式的结合。例如，对一个房地产项目而言，开发商既可以选择自行销售方式，也可以委托专门销售公司来进行销售，甚至可以同时使用上述两种方式。

6.4.3 渠道控制的基本策略

对于项目策划人员来说，在选择渠道时，不仅要考虑建设渠道的成本，还应该考虑渠道的可控性。如果项目销售受制于某个渠道成员，那么将会导致渠道的砍价能力过强，从而影响产品的销售。因此，为了实现对渠道的管控，策划人员必须了解渠道评估的标准。

1. 渠道评估的标准

策划人员可以在多个渠道方案中挑选合适的渠道计划。一般来说，对渠道的评估可从3个方面进行，即经济性（economic）标准、可控制性（control）标准和适应性（adaptive）标准。

（1）经济性标准。选择不同的渠道方案将会产生不同的成本费用。大部分策划人员一厢情愿地认为，使用自己的销售队伍会比利用代理商产生更大的销量。在他们看来，销售人员往往训练有素，而且他们的薪资与项目利润有直接关联。但事实并非完全如此，因为代理商有自己的销售网络，可迅速帮助项目打开当地市场，而且代理商的销售人员也有丰富的推销经验，只要企业愿意出较高的佣金，他们一样会卖力工作。此外，企业利用代理商来销售产品，就没有必要设立庞大的销售部门，但代理销售人员的佣金则比企业自己的销售人员的佣金高。在确定了各种渠道的预期的销售量与成本后，就要进行比较，一般在销售量较小的情况下使用代理比较合算，而在销售量很大的情况下，一般使用自己的销售机构与销售队伍。

(2)可控制性标准。不同渠道的可控制性并不相同。如果项目采用自己的销售队伍，则在管理与控制上比较得心应手。如果使用代理商和零售商，则这些中间机构会拥有产品的部分营销控制权。通常代理商关心的是自己代理的所有产品的销售情况，而不会特别关注某种产品。因此，这就要求企业能制定一些控制标准，定期对代理商与零售商进行考核，以奖励优秀者，并且淘汰不合格者。某种程度上，渠道的可控制性标准比其他的标准都重要。

(3)适应性标准。策划人员应该清楚，由于市场形势的瞬息万变，项目的渠道成员与结构不可能一成不变，需要根据环境变化而随时做出调整。因此，渠道必须保持一定的灵活性与适应性，只有这样才能满足不断变化的市场需要。

2．渠道成员的激励

企业必须不断对其渠道成员进行激励，以促进其更有效地完成销售任务。渠道成员的激励方案包括积极的激励措施和消极的激励措施。积极的激励措施，如奖金等额外酬劳、较高的利润提成、合作广告、折让、展销折让和销售竞赛等。一些希望与中间商建立长期合作伙伴关系的企业还为其提供优质的免费服务(如市场营销的相关培训课程)，以改进其工作绩效。某些企业偶尔还会采取一些消极的激励措施(如威胁减少利润提成、推迟交货或中止关系等)，但这些措施可能会产生不良后果，严重影响企业与中间商的合作关系。

6.5 项目策划中的传播策略

一个项目的成功不仅需要推出好的产品，还要有好的传播策略，以便使更多的潜在顾客关注并购买项目的产品。由于现有营销理论在促销和传播的理解上存在一定的混淆，因此在某种程度上也导致了人们对两个概念的混用。从目前的现状来看，大部分营销著作都开始使用传播来代替传统的促销概念，因此本书也使用传播策略来代替促销策略。然而必须指出的是，就内容来看，两者之间并没有本质上的区别。只不过，传播比促销来得更中性、更贴近消费者。此外，随着整合营销传播的兴起，传播策略也有了更好的操作框架。当然，对于项目策划来说，整合营销传播中既有项目产品的促销方案，也有品牌、形象的传播策略。例如，通过广告来传递房地产的品牌价值，通过促销来吸引消费者购买等。

6.5.1 整合营销传播的内涵

现代项目传播一般都会采用整合营销传播（Integrated Marketing Communication，IMC）策略，它是20世纪90年代由舒尔茨等人提出的，目的是用来代替传统的促销理念。IMC理论的发源地——美国西北大学的研究组认为："IMC把品牌等与企业的所有接触点作为信息传达渠道，以直接影响消费者的购买行为为目标，是从消费者出发，运用所有手段进行有效传播的过程。"舒尔茨则认为："IMC是一个战略经济过程，用于与消费者、客户、潜在客户和其他相关的内外部受众交往的过程中计划、发展、执行和评估协同的、可测量的、有说服力的品牌传播过程。"作为一种新型的传播方式，整合营销传播主要有以下4个特点：

（1）整合营销传播追求各种传播工具步调一致地传播信息，从而极大地提高了传播效果。而传统传播中的各种传播工具常常有不一致的表现，甚至存在相互冲突的信息。

（2）整合营销传播工具组合以营销传播活动的总体成本效益最优为衡量标准，使组合效率得到极大提高。而传统传播工具的组合缺少明确的衡量标准，在很大程度上受个人偏好或部门利益的影响，从而使营销传播的结构效率大大降低。

（3）整合营销传播计划的设计、管理以目标受众的需求和依存于受众反应的企业目标为出发点和归宿；而传统营销传播往往只从产品或企业出发，是传统的产品或推销导向的延续。

（4）整合营销传播强调营销传播过程的连续性和一致性；而传统传播往往将营销传播过程当作孤立的事件来对待。

6.5.2 整合营销传播组合的工具

在IMC的理念中，企业各种能够接触到消费者的行为，都可以看作整合营销传播的重要组成部分，如产品的包装、品牌的设计、企业活动的安排等。但是，从目前的营销策划来看，其组合工具与促销组合工具基本相同，主要包括以下几大类传播方法。

（1）广告。广告是产品促销的主要形式，也是最常见的传播工具。广告的主要作用包括介绍新产品，劝说购买以及提醒消费者该产品的存在。在现实生活中，广告已成为传播产品信息的最普遍的方式。事实上，不论何时何地人们都会被各种各样五花八门的广告所包围。从近年来的调查看，人们对广告已开始产生厌烦的情绪，广告正渐渐丧失其魅力。

（2）销售促进。销售促进就是人们通常所说的"促销"概念，也翻译成营业推广。尽管销售促进有很多形式，但是策划人员常常用它来刺激短期销量的增长。一般来说，销售促进的各种工具都具有两个明显的特征。一个是时间限制，如促销只在当周、当月有效等；另一个是提供一定的物质激励，如提供打折以及免费的赠品等。

（3）公共关系与公共宣传。公共关系是项目常用的营销传播手段之一，它通过参与一些公益事件，制造新闻由头，进而树立企业或项目的良好形象。例如，捐款给慈善机构，吸引新闻报道，树立企业的高度责任感，进而在博得消费者赞誉之机，促进销售。策划人员经常使用公共关系来拉近与公众的距离，并与客户建立良好的关系。此外，公共关系还可以用来处理突发事件，宣传企业的理念。事实上，与公共关系相近的还有公共宣传，主要是通过建立良好的媒介关系，利用媒体、新闻报道等手段，吸引免费的宣传报道等。例如，微软公司推出新产品时就会受到媒体的关注与报道。与公共关系是由策划人员自己策划的不一样，公共宣传常常受制于媒体的需要，有时项目的弊病也会成为公共宣传的对象。

（4）事件营销和赞助营销。这也是目前各类项目所热衷的传播工具。事件营销就是通过各类事件制造营销机会，传播企业理念和产品的活动总称。从某种程度上来说，公共关系也是事件营销的一种，而赞助营销又是其最重要的手段之一。事件营销中的事件可以分为两类。一类事件是企业自己设计创造的。例如，某房地产公司举行了盛大的向城市低收入者提供的大幅度让利活动。另一类事件则不是企业所拥有的。例如，某房地产公司赞助"住交会"提升企业的知名度，其中的"住交会"就不是企业自己的事件，而这时的事件营销就是赞助营销。事实上，赞助营销已经成为项目传播的重要手段。

（5）人员推销。对于某些适合人员推销的项目来说，策划人员也可以设计派出销售人员，一对一地进行营销活动，以满足顾客个性化的需求。对于策划人员来说，他们必须懂得人员推销的基本要领。一般来说，所选择的人员应该具有一定的专业知识；对于高科技含量的项目来说，要实行专家营销。此外，必须为所选择的人员提供一套科学的激励方案。由于人员推销与渠道设计存在很大的重叠，且内容广泛，因此本书只做简单介绍。

（6）直接营销。除了人员推销等直接销售方式外，策划人员也可以采用邮寄、电话、电子邮件或互联网的方式，向广大消费者传递项目与产品的相关信息。

6.5.3 整合营销传播预算的编制

为了更好地利用有限资金开展整合营销传播活动，策划人员必须就自己所选择的组合传播方案进行总体的预算。一般来说，编制 IMC 预算的常用方法有以下几种。

（1）财力承受法。策划人员根据项目发起人的自身财力水平量力而行，小企业做小预算，大企业做大预算。当然，这是在长期营销规划的视角下，策划人员对项目年度整合营销传播费用的综合考虑，否则将会导致预算不足，使传播达不到预期的效果。

（2）销售额百分比法。一些策划人员以项目产品销售额的一定百分比作为整合营销传播预算的基准。虽然这种方法简单易行，但也存在一定的缺点。比如，不能根据市场形势的变化而及时做出调整，而且这一百分数并非绝对准确、科学，其确定的随意性过强。

（3）竞争均势法。这是策划人员根据竞争对手的整合营销传播费用来制定预算的一种方法。当然，策划人员所要关注的不仅仅是一两个竞争对手的情况，而是要了解整个行业的情况，并估计本行业整合营销传播费用的平均水平，以此作为编制预算的参照。

（4）目标任务法。这是编制整合营销传播预算的最合理的一种方法。策划人员可以根据项目期望目标来制定相关的预算。这种预算法过程包括，明确具体的 IMC 目标、确定达到目标所需完成的任务，以及估计完成任务所需的传播成本。然而这种预算方法在操作上也具有一定难度，策划人员无法准确预测投入多少资金可以实现预定的目标。

6.5.4 广告策略

广告作为一种被证明能够创造差异化的传播方式，一直受到策划人员的器重。由于项目形象、品牌及产品的传播都需要广告来完成，策划人员要熟悉其关键工作流程。一般来说，策划人员可利用 5M 来制订广告的初步方案，这 5 个 M 也就是任务（Mission）、资金（Money）、信息（Message）、媒体（Media）与绩效衡量（Measurement）的总称。下面将分别介绍广告的流程。

1. 建立广告目标

建立广告目标，即确定广告所要实现的效果以及意欲达成的任务，是制定广告策略所面临的最基本的问题。广告目标是指在某个特定时期内，针对特定目标顾客所设定的一项特殊传播任务。广告是有针对性的，广告目标必须与之前所确定的目标市场以及营销组合相匹配。由于广告基本类型并不相同，因此要分门别类来确定其目标。一般来说，广告可划分为宣传性广告、劝说性广告和提醒性广告三大类。其中，宣传性广告的主要目的是向市场介绍企业的新产品，因而其目标可能是刺激初期的市场需求；劝说性广告是建立品牌优势，说服消费者更换品牌，其目标一般是在市场成长与成熟期刺激大量购买；提醒性广告则是为了时刻提醒消费者该产品的存在，其目标是在市场成熟期，甚至衰退期，也能获得稳定的销售量。

2. 编制广告预算

在确定了广告目标之后，接下来就可以编制广告预算了。广告预算的编制方法可借鉴前面提到的 IMC 预算编制方法。这里主要讨论编制预算时应该考虑的几个因素。

（1）项目产品生命周期阶段。产品生命周期一般分为市场导入期、成长期、成熟期和衰退期。策划人员应能根据项目产品所在的生命周期阶段，确定投入不同的广告费用。一般认为，在市场导入期，对新产品的广告投放量是比较大的。

（2）市场份额。项目产品在市场上所占份额不同，所投入的广告费用也可能不同。占市场份额大的项目，可能只需投入少量广告以维持现有状况；而市场份额小的项目可能要投入大量广告费用来争夺市场份额，吸引竞争对手的顾客。

（3）竞争与噪声。由于众多竞争者都在市场上投放广告，消费者会感到眼花缭乱，因此策划人员要想让自己的广告能够被消费者所留意，就必须以更大的投入来精心设计广告，并超越其他市场竞争者的广告噪声干扰。

（4）广告频率。广告投放次数的多少将直接影响到预算金额，如一个广告要在某电视台哪些时段播放多少次都需要经过仔细斟酌。

（5）产品替代性。如果一种产品在市场上存在众多品牌，那么策划人员为了使自己的产品脱颖而出，必须投放一些品牌广告，使自己的形象鲜明，以区别于竞争对手。

3. 确定广告信息

一个好的广告创意一般只传达一个销售主题，因此策划人员必须筛选适当的广告信息，而不是将大量信息包含在广告中，使消费者如坠云里雾里。特威塔（Twedt）建议，广告信息必须具备期望性（desirability）、独占性（exclusiveness）和可信性（believability）3 个特点。项目的广告策划一般都是请专业的广告公司来完成的，但策划人员也要事先准备好广告策略说明书，以便向广告公司说明该广告所要传达的信息，广告的目的、内容、背景和语气等。而广告公司必须选择适当的形式来表达信息，以完成项目发起人托付的广告策划任务。

4. 选择媒体与媒体组合

选择媒体与媒体组合就是寻找向目标受众传达信息以达到预期效果的途径及其组合方式。选择广告媒体，并进行组合式投放的过程主要包括以下几个方面：

（1）确定广告涉及的范围、出现频率和效果。在投放广告时，策划人员必须考虑广告的预期覆盖面、播放频率及该媒介的影响度。覆盖面是指在特定时间内暴露在广告宣传下的目标市场人数，通常用百分数来表示。播放频率是指在广告影响下目标市场的每个人平均接收到该广告信息的次数。影响度是指该媒介对目标受众的影响能力强弱等。

（2）选择主要的媒体形式。在确定广告所要达到的范围与效果之后，策划人员必须帮助企业选择合适的媒体。目前主流媒体的形式既包括传统的报纸、电视、直邮、广播、杂志和户外广告等，也包括新兴的依附于网络和手机之上的新媒体。每种媒体都各有优缺点。比如，报纸的优点是在当地的覆盖面较广、可信度高，但报纸广告的时效较短；电视广告覆盖面大，制作效果好，但是费用较高，且各时段宣传的效果差距较大；网络媒体具有成本低、信息量大、互动性强等优点，但在有效传播上还需结合其他手段才能实现；而手机媒体则在微信等社交媒体的带动下，目前正在成为企业发布信息、加强与消费者沟通的重要阵地。因此，策划人员在确定选择何种媒体时，要考虑到目标顾客的媒体习惯。策划人员必须帮助项目寻找最有效到达消费者的媒体。事实上，策划人员一般都会选择2~3种媒介方式，形成一个媒体组合来共同推出广告，以达到整合营销传播的效果。

（3）选择特定的传媒载体。策划人员经常需要在一种或几种具体的媒体中进行权衡，选择特定的媒体。例如，选择电视媒体时，既可选择中央台，也可选择地方台。策划人员必须能计算不同媒体广告费用与其效果之间的关系，最后挑选出性价比最高的进行投放。必须指出的是，随着自有媒体的兴盛，如何借助项目发起人自有的门户网站、网上商城、微信平台，以及其他诸如画册等平面媒体，综合传播项目的卖点，也是媒体选择的关键。

（4）媒体时间的选择与安排。策划人员还必须确定在什么时间进行广告投放。例如，是在旺季投放，还是在淡季时就开始投放，或者选择全年投放。电视广告在一天当中的播放时段与播放次数的选择也是必须考虑的重要问题。由于各个时段的播放效果不同，所以费用也不同，策划人员同样要权衡不同时段广告的效果与费用之间的关系。

5. 进行绩效衡量

在投放广告之后，还有必要进行广告的绩效衡量。其实，广告绩效测量方案的制订有助于更好地执行广告计划以及采取过程控制。策划人员对广告绩效的衡量主要有两个方面的内容：一是广告的预测试；二是产品销售量方面的衡量。其中，广告预测试的方法有3种。

（1）直接评分法。这种方法要求消费者对广告进行打分，采用评分表来评估广告的注目度、可读性、认知力和影响力等方面的强弱。例如，考察5个项目，每个项目满分20分，总分是100分，让消费者给每个项目打分，然后把所有项目得分相加，所得的分数即广告效果得分。虽然这种广告绩效衡量方法过于粗糙，但也能在一定程度上说明广告的有效性。

（2）组合测试法。组合测试是请一批消费者来观看广告，然后让其回忆所看过的广告，记录他们所能记住的内容。采用这种方法可弄清楚广告中哪些是最能被消费者所接受的信息。

（3）实验室测试法。策划人员可运用科学仪器来测量消费者对广告的心理反应情况，如心跳、血压、瞳孔放大等。但这类仪器只能测量一些生理反应，并不能测其对产品的态度。

无论采取哪种方法进行广告效果的测量都具有一定的难度，而依据产品销售量来测定广告效果则具有更大的难度。因为产品销售量的变化还受到除广告之外的其他营销手段与促销方式的影响，而要完全排除或控制这些因素来准确测定广告效果，几乎是不可能的。相对来说，直邮广告的销售效果最易测量，而品牌广告的销售效果最难测量。一种方法是将现阶段的广告费用及销售量与上一阶段的广告费及销售量进行纵向对比；另一种方法是在两个地区投入相同的广告投放量，然后进行各个地区销售量的横向对比。但是，使用这两种方法的前提条件是其他因素应基本相似，至少不能相差太远，如市场与营销环境等。

6.5.5 销售促进策略

销售促进是针对消费者的一种短期激励行为，其目的就是鼓励消费者多购买或实现品牌转换，常见的销售促进手段与方式大概有以下几种形式。

（1）试用品。试用品是提供给消费者的试用产品，如商场的化妆品专柜通常有贴着"试用品"标签的产品。一些商家的促销活动还采用赠送小型装样品的方式，免费向消费者提供试用机会。这些样品在大街小巷发送，或直接送上门，或以邮寄的方式进行。

（2）优惠券。优惠券一般分为购买前与购买后的。企业在消费者购买产品之前赠送优惠券是为了刺激消费，消费者可凭借优惠券获得一些折扣或现金抵让。而一些企业为了吸引消费者的再次光顾，在其购买一定金额产品之后会赠送一张优惠券，可以在下次购买时使用，届时消费者同样可以获得价格折扣或直接的现金优惠。

（3）捆绑销售。一种情况是，一些企业在进行促销活动时，经常把两种相关的产品或消费者经常一起购买的产品捆绑在一起进行销售。另外一种情况是，相同产品的捆绑销售，如服装店经常做"买一送一"的促销活动，消费者以一件衣服的价格可以获得两件相同或不同的衣服。

（4）奖品。为吸引消费者，企业会利用抽奖活动来刺激消费者的购买。奖品既可以是现金，也可以是其他的实物。但我国法律规定，奖品的价格不能超过5 000元。

（5）礼品。礼品包括广告特制品与一般赠送物，广告特制品是企业精心为消费者准备的礼品，购买产品的同时可以获赠该礼品，一般赠送物上则没有该产品的品牌标识。

当然，以上销售促进工具也可进行组合使用。对于一个诸如商铺的商业项目而言，开发商可以在刚开盘发售的前几天采用折价优惠的促销方式，以便在短期内吸引众多客户。由于一些商家有可能会购买多个铺位，如果是这样，开发商也可采取捆绑销售的策略。

本章小结

营销组合是企业为满足目标市场的需要，对自己可控制的各种营销变量进行优化组合和综合运用，以便更好地实现营销目标而制订的综合营销方案。营销组合理念大致经历了4P（产品、价格、渠道、促销）、4C（消费者欲求、成本、便利、沟通）、4R（关联、反应、关系、回报）及4V（差异化、功能化、附加价值、共鸣）的发展过程。

产品是能够提供给市场，以满足需求和欲望的任何东西。产品有核心利益层、基础产品层、期望产品层、附加产品层、潜在产品层5个层次，策划人员可以依照层次的改变来提升项目产品的附加价值。此外，产品线设计和品牌创造对项目产品的销售同样重要。如果说产品层级分析是考虑消费者不同价值需要的结果，那么产品线决策则是考虑不同消费者欲求与功能需要的策略设计框架。而品牌则是产品走向市场的通行证。

项目产品的定价有成本导向型定价法、顾客导向型定价法、竞争导向型定价法3种基本方法。此外，策划人员还可根据实际情况采用修订价格的方法来适应市场的需要。比较常见的价格修订策略有价格折扣、促销定价、差别定价及产品组合定价等。

渠道类型有买卖中间商、代理商、其他辅助机构等。渠道的选择必须考虑消费者价格承受能力、渠道目标与结构、主要渠道的选择方案3个问题。对渠道的评估可从3个层面来进行，即经济性（economic）标准、可控制性（control）标准和适应性（adaptive）标准。

整合营销传播是一个战略传播过程，包括广告、销售促进、公共关系与公共宣传、事件营销和赞助营销、人员推销、直接营销等传播工具，整合营销传播追求各种传播工具步调一致地传播信息。编制IMC预算的常用方法有财力承受法、销售额百分比法、竞争均势法、目标任务法。广告流程包括建立广告目标、广告预算编制、确定广告信息、媒体选择与媒体组合、绩效衡量等。销售促进是针对消费者的一种短期激励行为，其目的就是鼓励消费者多购买或实现品牌转换，常见的销售促进手段与方式有折扣、礼品、优惠券、试用品捆绑销售、奖品等。

复习思考题

1. 不同的营销组合强调的重点分别是什么？它们之间有哪些主要区别？这些差异对项目策划有什么启发？
2. 结合产品的层次，分析你所在城市房地产产品的结构与差异。
3. 结合产品线的设计原理，谈一谈它在项目产品设计中的运用。
4. 项目品牌塑造对项目市场拓展有什么好处？
5. 项目产品定价有哪些方法？这些方法各自有什么优点和缺点？
6. 渠道选择的标准有哪些？为什么说渠道的可控制性标准非常重要？
7. 项目传播组合工具有哪些？广告绩效衡量的方法有哪些？
8. 整合营销传播有什么特点？结合具体的项目传播计划谈一谈 IMC 的运用。

案例分析题

百威啤酒的营销运作

百威英博（Anheuser-Busch InBev）既是全球领先的啤酒酿造商，也是世界 5 大消费品公司之一，拥有包括百威（Budweiser）、时代、贝克等全球知名品牌在内的近两百多个啤酒品牌。2015 年，公司总收益达 407.38 亿美元，位居全球啤酒行业第一位。

百威啤酒是百威英博旗下最具代表性的品牌，1876 年开始投放市场。该啤酒采用世界上独一无二的榉木酢工艺，从选料、糖化、发酵、过滤、直到罐装的每一个工序，都有严格的质量控制标准，生产出来的啤酒具有"格外清澈、格外清爽、格外清醇"之品质。经过 140 多年的成长壮大，百威啤酒已成为世界最畅销同时也是销量最多的啤酒。数据显示，在 2009—2014 年，百威啤酒在中国区的销量就达到了 17.8 百万升、20.5 百万升、26.3 百万升、34.2 百万升、44.4 百万升及 53.3 百万升。事实上，巨大的销量也为该品牌赢得了"啤酒之王"的市场口碑。

百威啤酒于 1995 年正式进入中国市场，此后其卓越的品质也帮助它在中国高档啤酒市场占据了绝对的主导地位。然而在进军中国市场的过程中，百威并非一帆风顺，曾经出现的很多问题也让该品牌走了一些弯路。这些问题主要表现在以下几个方面。

第一，中国高档啤酒市场竞争非常激烈，百威产品线及价格设计存在很多的问题。在中国市场上，本土几大啤酒巨头如青岛、燕京和华润纷纷推出高档品牌啤酒来抢占高档啤酒市场。在各类娱乐场所、大型超市及 KTV 等高档啤酒销售场所中，百威啤酒受到本土啤酒的猛烈夹击。在竞争中，百威啤酒产品线狭窄的问题日益突出。数据显示，在啤酒市场的纵向延伸上，尤其在占据中国啤酒市场80%以上的中档啤酒市场上，几乎没有百威啤酒产品。在价格方面，百威啤酒一般是中国高档啤酒的4~8倍，因此与本土其他高档啤酒价位相比，不具有竞争力。对本土的消费者而言，购买价格较低、质量又有保证的青岛、华润、燕京等高档啤酒，不仅情感上可以接受，而且非常实惠。这种消费观念也在一定程度上影响了百威啤酒的销售量。综上所述，百威啤酒必须根据市场的变化不断调整自己的价格策略。

第二，渠道争夺是消费品营销的重要战场。由于渠道成员对利润的追逐，以及竞争对手的渠道政策更加优惠，百威啤酒营销渠道链条过长、宽度有限的弊端愈发凸显。综合来看，存在渠道稳定性差，渠道费用高，客户忠诚度不高，市场控制难，市场产品整合能力差等问题。究其原因，主要与总经销能力和资源有限，终端市场的开拓主要是靠二批或三批市场来开拓，销售网络过长导致物流和信息流不畅，总部与渠道成员没有建立合作关系等现有策略有关。而这也要求百威必须在销售渠道尤其是网络控制方面做出更好的改进。

第三，由于销售渠道同时受到不同的本土品牌和国际品牌的攻击，单一品牌策略的问题也显露出来。随着竞争压力的加大，百威啤酒在高档场所的销售业绩都受到了影响。一方面，在大型中餐厅，百威啤酒包装老化使其逐渐丧失了高档形象的优势。另一方面，受包装同质化的影响，再加上百威啤酒的包装缺乏创新性，消费者已经产生出厌倦的情绪。此外，在一些小型中餐厅，百威啤酒的定价过高也将中国消费者推向了价格偏低的地方品牌。

为了解决上述问题，2011年，百威管理层开展了细致的市场调查，并期望通过调查得出更好、更可行的营销策略。调研结果显示，2011年，中国啤酒产量达4 898万千升，同比增速9.3%，行业在驶入快车道的同时也进入了平稳发展时期。而在巨大销量的背后，中国人均啤酒销售量也在不断增长，尽管与新兴市场国家相比还存在一定的差距，但2011年这一数值已达到35.14升。很大程度上，随着人均收入的不断增长，人均消费在未来还会呈现出更快的增长趋势。不仅如此，中高档啤酒市场也将成为中国啤酒行业发展的主要市场。在中国，消费者选择购买啤酒主要受以下一些重要因素的影响。一是啤酒是否著名品牌、品质口感是否好、购买是否方便；二是包装是否精美、是否受大众认可；三是绝大多数消费者都有自己的品牌偏好，消费者在啤酒品牌的选择上最看中的是啤酒的品牌、口感及购买的便利性；四是随着消费者生活水平的提高，价格对消费者的影响正在逐渐减小；五是消费者购买和饮用场所，主要集中在餐饮店，其他依次是副食店、大型超市和各种娱乐场所；六是消费者了解啤酒的信息主要通过电视和户外媒体,特别是随着城市公交电视的兴起,许多消费者会通过公交电视了解与啤酒相关的广告。根据各类数据的汇总分析,百威啤酒的管理者发现自己产品的主要消费群体主要是年龄在25~45岁、学历和收入均比较高、对啤酒有一定的品牌偏好、喜欢流行事物、懂得享受生活、注重生活品质的男性群体。

基于上述对中国消费者的深层认知,百威公司对营销组合策略进行了调整。一方面,明确了更接地气的定位,即将自己定位为全国性品牌,并将市场定位于中高档啤酒市场。品牌的目标顾客主要是以家庭月收入3 000元以上,年龄在18~50岁、具有较高学历的、喜欢独具风格和流行事物、享受生活、注重生活品质、经常跟朋友、家人聚会或者有一定应酬的消费群体。此外,这些消费群体还是市场舆论的制造者和领袖。另一方面,在中高档啤酒市场上,利用百威啤酒强大的品牌优势,加快品牌延伸及产品多元化,推出"百威纯生""百威淡啤"等延伸产品,使百威在巩固和提高高档啤酒市场份额时,迅速扩大中档啤酒市场。使用品牌延伸策略不仅减少了营销费用,同时可以迅速扩大延伸产品在市场上的知名度。

考虑到百威啤酒不是本土啤酒,因此应该根据品牌在中国的生命周期来制定不同的产品策略。第一,鉴于公司产品在高档啤酒市场上已经被消费者接受,且销量处于快速上升、利润不断增加的状态,因此将根据高档啤酒市场的特点,扩大百威啤酒在高档啤酒市场的产品线,推出纯生和淡啤等产品,迎合高档啤酒消费者的需求,确定"百威纯生"和"百威淡啤"在高档啤酒市场的主导趋势。第二,在中档啤酒市场,由于新推出的啤酒还处于成长导入阶段,因此在这一阶段应推出适合中档啤酒市场的产品,利用百威啤酒在高档啤酒市场的品牌优势,打通中档啤酒市场的销售渠道。同时,扩大广告宣传,提高产品在中档消费群体中的知名度,树立百威啤酒在中档啤酒市场的形象。第三,百威啤酒是具有强烈个性的高档品牌,应坚持单一品牌的不同识别架构,根据目标市场不同的销售渠道和消费者的习惯,生产和销售不同规格的产品。在容量方面,生产500ml、330ml、600ml、473ml、460ml、580ml等;在规格方面,生产24瓶/罐装、12瓶装/箱、拉管啤酒六连包等,满足中国消费者的不同偏好;在产品方面,百威啤酒将采取向中档啤酒市场扩展的路线,即在原先的产品线上增加中档啤酒产品的项目,使产品线更加丰满,在高、中两个档次上向对竞争对手施压。

为了进一步提升渠道效率,在高档啤酒市场上,百威啤酒通过自建终端或者与酒店、各类娱乐场所等终端直接对接,在终端配备专门的销售人员,进行直销服务。此举意在通过减少中间环节,进一步提高品牌对终端的掌控力,并借助人员推销,提高消费者的黏性,借此提高市场份额。事实证明,采用上述销售模式不仅可以提升物流速度,还可以提高终端控制力和中间利润。不仅如此,百威啤酒还可以依靠其强大的品牌优势和雄厚的资本优势，在中国各地设立自己的酒吧，让消费者无论在何地都可品尝到百威啤酒。

在价格方面，百威也开展了一系列的变革。考虑到百威啤酒占据中国高档啤酒市场高达 50%的市场份额，因此在高档啤酒市场的定价目标是维持和提高市场份额，即将保持和提高企业的市场占有率作为百威啤酒在一定时期的定价目标。调研显示，在中国高档啤酒市场上，啤酒价位一般在 10 元以上。百威啤酒可继续制定较高的价位，保持其高档品牌的形象，从而保持和提高市场份额，进而获取最大利润，为百威啤酒扩展中档啤酒市场提供资金支持。此外，百威啤酒在中档啤酒市场应以迅速扩大销售为定价目标，在定价策略上应采用以成本加成定价和利润定价相结合的方法，按照价值定价法的规律，迅速推出新产品并提高市场占有量，最终形成规模效应。由于在中档啤酒市场，一般啤酒的价位 4~10 元，因此百威新产品应以优质高价为卖点，以 10 元价位冲击中档啤酒市场，并坚持零售终端 10 元价位不妥协的做法，依靠优质高价来撬动百威啤酒在中档啤酒市场的销售。

尽管上述营销方法只是百威成功的冰山一角，但是我们都很想知道，为什么开展准确的定位，并实施更好的价格、渠道和产品策略，就能帮助百威啤酒获得如此大的成功，并最终将众多竞争对手远远地甩到了身后，以上这些都值得我们认真地去思考。

问题：

1. 百威在扩大中国市场份额的过程中主要采用了哪些营销手段？
2. 百威品牌的营销组合有什么特点？
3. 百威品牌成功的秘诀在哪里？你认为这对中国啤酒企业有什么启发？

第7章

项目策划中的组织结构设计与人力资源管理设计

> 战略决定组织，组织决定人事。
> ——彼得·德鲁克

📖 **引导案例** 联想终于成为奥运会的 TOP 赞助商

2004年3月26日，随着联想董事局主席柳传志与国际奥委会执行委员海博格的握手，国际奥委会全球合作伙伴（The Olympic Partnership Programmer，TOP）中第一次出现中国品牌。其实，国际奥委会一开始对联想很冷淡。2002年10月底和11月初，身为公司高级副总裁的俞兵两次主动与国际奥委会沟通，但都只得到执行层面的人接待。2002年11月底，俞兵再度致电对方，以召开 Legend World 的名义，邀请国际奥委会和都灵奥组委技术部到联想参观，这也成为双方沟通的转折点。为给对方留下好印象，联想可谓煞费苦心。以往联想接待国外来宾，一般都是由一个英语好的人一带到底。但这次，联想决定在每个参观景点都设置一个人负责介绍，这给国际奥委会和都灵奥组委的人留下了相当深刻的印象。参观之后，由俞兵主导双方会谈，对方当时就口头对联想发出了邀请。当月，联想收到了来自瑞士洛桑的书面邀请。2003年6月23日，正是一年一度的奥林匹克日，当晚，在联想最高级别的3048会议室内，柳传志及7名资深副总裁、几名项目小组的负责人一起进行了最后一轮论证。尽管两年来，联想内部已进行了二十余轮论证，但没有一次像此次这样兴师动众。3名项目小组人员进行了 TOP 项目简介、技术可行性评估、财务可行性评估 3 个汇报,其结论都对联想成为 TOP 表示乐观。几天后,联想正式向 IOC(国际奥委会)提出 TOP 申请。

管理大师彼得·德鲁克曾经说过:"战略决定组织,组织决定人事。"正如引导案例中所叙述的那样,为了实现全球化战略,保证奥运 TOP 赞助计划的申请成功,联想集团专门为此成立了一个由副总裁挂帅的项目管理小组,进行项目的公关、论证、技术评估和财务分析。事实上,联想集团 TOP 计划对小组成员能力的要求也非常高,他们一方面必须了解与国际奥委会合作的规则,另一方面还必须了解体育赞助营销设计与品牌管理的知识。事实上,在项目实施过程中,组建什么样的管理团队及选择什么样的人,是项目成败的关键。

📂 本章学习目标

- 正确理解项目策划与项目管理对接关系,了解项目策划对项目管理水平提升的重要作用。掌握全程策划的特点,了解项目策划对项目管理阶段性指导的具体内容。
- 掌握项目组织的定义,了解项目组织的特点,熟悉项目组织生命周期的特点。掌握项目组织结构设计的基本原则,掌握项目组织结构设计的方法及不同方法的优缺点。
- 了解项目团队建设的必要性,熟悉高效项目团队的基本特征及项目团队建设的基本类型。掌握构建高效项目团队的基本步骤,了解外部团队管理的核心问题和基本原则。
- 了解项目经理的作用与地位,熟悉项目经理岗位职责及能力和素质要求,明确项目经理绩效考核和薪酬设计的一般技巧。理解项目人力资源管理的内涵,了解项目人力资源管理的基本特点和主要内容。掌握项目人力资源绩效考核的基本方法。

7.1 项目策划与项目管理的对接

从现实来看,大多数项目策划只涉及战略规划和营销策略设计的内容。然而从项目的实现过程来看,企业还必须进行必要的组织结构设计和人力资源管理策划。事实上,正如本书在第 1 章中所指出的,这是项目策划与项目管理实现对接的现实基础和必然要求。

第 7 章　项目策划中的组织结构设计与人力资源管理设计

7.1.1　项目策划中的管理诉求

作为企业管理学科中成长最快的一个分支，项目管理为项目的实现提供了一种高效的组织形式，它改善了对人力和各种资源利用的计划、组织、执行和控制的方法，对管理实践做出了重要的贡献。随着市场全球化、信息化的发展，全球经济组织对有限资源的争夺越来越激烈，客观上要求经济组织对资源进行最大限度地利用，对资源在成本、时间、质量 3 个方面进行全方面、全过程的控制，同时以目标导向的价值观指导项目的经营管理活动。鉴于项目管理的上述发展要求，项目策划也开始步入"全程策划"的时代。一方面，项目策划是确立项目系统目标的具体方案，是项目设计和计划的依据；另一方面，项目策划又是项目实施的依据，它在为项目管理提供组织设计和人力资源管理模式的同时，又成为项目后评价的依据。因此，任何投资者、项目管理者及策划人员都要重视项目策划中的管理诉求。

1. 项目管理需要科学的全程策划

正如本书在第 1 章中所介绍的，全程策划包括项目决策和实施策划两个关键的环节。作为一种以消费者需求为中心，整体性和战略性都很强的策划理念，全程策划将项目管理模式的选择纳入整个策划过程之中。以房地产为例，全程策划将与房地产开发相关的各种社会专业服务有机地结合在一起，将项目发起企业内各部门的运作置于整个策划系统之中，策划内容涉及市场调研、项目区位选择、目标市场确定、概念设计和产品定位、项目包装、项目营销策划、媒介宣传与公关活动、项目销售及物业管理、项目管理等诸多层面。策划部门则成为开发商与建筑规划单位、园林设计单位、施工单位，以及销售公司、广告公司、物业管理公司等中介服务部门的桥梁和纽带，成为项目战略意图的制定者和贯彻者。

由于全程策划模式是以消费者的需求满足为中心的，因此它更加注重整个项目实施过程中的资源整合及战略目标的实现。全程策划通过组织设计和科学安排，将项目发起企业的风险分散到各个相关社会部门之中，在充分运用社会资源实现高效开发的同时，提高了企业的抗风险能力，增强了项目的市场竞争力。可以说，全程策划模式在一个全新的层面上阐述了项目策划的内涵，它是对项目经营模式的创新与发展，是对项目管理现实需求的一种积极回应。事实上，在全程策划执行过程中的不同阶段，策划人员可以针对市场需求和项目的发展，提出不同的工作要求和工作重点，而这对项目总体目标的实现是非常有利的。

2. 项目管理需要阶段性的策划指导

项目策划对项目管理的指导可划分为立项、设计、开发、实施与评估等不同阶段。这里以房地产为例。

（1）在立项阶段，项目策划为项目立项提供了可靠的市场和财务依据。它既可以是项目的前期策划，也可以是项目的可行性研究报告、项目评估等。

（2）在设计阶段，项目策划为项目提供了价值创造和思维创新的依据，使项目设想变成可实现的蓝图。其内容包括项目初步设计、技术设计与施工图纸设计等。

（3）在开发阶段，策划人员根据市场情况制订项目开发计划。该开发计划经有关部门批准后，由销售部门制订销售计划。项目部则根据开发计划、销售计划、国家标准、项目组织结构、项目管理团队能力、施工单位能力等拟定施工计划。销售部门和项目部在计划中必须详细列明需要其他部门配合的阶段及要求，经确认后，其他部门再以此为依据制订各自的计划。当然，这些计划也将成为项目发起人和项目经理加强项目管理的依据。

（4）在实施阶段，策划人员在考虑建设周期、资金需求、人员需求等因素的基础上，为项目建设准备、组织施工和生产准备等提供行动方案，并做好动态调整的准备。

（5）在评估阶段，项目策划设立的目标成为检验工程质量和功能，以及是否满足预定目标和要求的主要依据，成为衡量各工作单位和个人绩效评估的基本依据。

3. 项目管理需要恰当的管理模式

项目管理的模式设计依照不同的项目有不同的要求。从项目策划所涉及的内容来看，它至少可以在以下几个层面为项目管理提供模式选择的标准与参考依据。

（1）项目策划为项目管理确定了标准。一是准时，即保证项目在规定的时间内完成；二是预算控制，即保证项目在既定的预算范围内完成；三是质量要求，即保证项目能得到甲方和用户的赞许。项目经理必须能按照项目策划所提供的标准，逐一核对和分解各项工作，力争使项目小组的每一位成员都按这个标准开展工作，从而在规定的条件下完成项目。

（2）项目策划要求项目经理必须懂得先规划再执行的基本原理。项目策划为项目经理提供了工作规划的依据，只有详细而系统地对项目策划加以理解，才能与小组成员共同协商，达成实现项目目标具体的规划。当出现不适应旧规划生存的环境时，项目经理还可以依据项目策划所提供的应急预案，立即启动或指定一个新的计划来适应环境的变化。

（3）项目策划要求项目组成员必须始终关注项目的目标。由于项目在时间、资源和资金上都是有限的，项目经理应让项目小组成员明确项目的目标和截止期限。例如，可以通过定期检查，召开例会，制作一些醒目的标志并置于项目现场等方式。项目经理应当经常提醒项目小组成员该项目必须满足的业务需求是什么，以及该怎样工作才能满足这些业务需求。

（4）项目策划确定了项目的生命周期。策划提供的开发模型可使专业标准和成功的经验融入项目计划，这类模型不仅可以保证质量，还可使重复劳动降到最低程度。因此，当遭遇时间和预算压力需要削减项目任务时，项目经理可根据它来确定最佳的项目生命周期。

（5）项目策划为项目实施提供了渐进实现的阶段目标。事实上，如果项目经理试图同时完成所有的项目目标，只会造成重复劳动，这样既浪费时间又浪费金钱。项目目标只能一点一点地去实现，并且每实现一个目标就进行一次评估，确保整个项目得以控制。

（6）项目策划为项目管理过程中的责权分配提供了依据。依照责权对等的原则，项目经理应当对项目的结果负责，与此相对应，项目经理应被授予足够的权利以承担相应的责任。当然，与项目有关的其他部门或组织也要依照责权对等的原则进行组织结构的设计。

（7）项目策划为获得最佳人力资源提供了依据。最佳人力资源指受过相应的技能培训，有经验、高素质的人才。人的道德水平高，自律水平高，管理的成本就会比较低，内部交易的成本也会比较低，反之亦然。项目经理与项目小组成员之间，实际上是用货币资本与人力资本在进行交换。但货币资本在明处，人力资本在暗处，投入的货币资本是可以清点的，而投入了多少人力资本是不可清点的，需要通过管理，激励项目小组成员好好干，将人力资本完全贡献出来。项目经理应当为这些最佳的项目成员创造良好的工作环境，如帮助他们免受外部干扰、提供必要的工具和条件等，以充分发挥他们的聪明才智。

7.1.2 项目管理水平提升的主要途径

提升项目管理水平的方法有很多种，而项目策划则为其提供了以下 3 个主要途径：

（1）向项目发起企业和项目经理灌输项目管理的意义和价值。在项目策划过程中，策划人员有必要通过与项目发起人合作的各种途径，加大项目管理意义的宣传力度。虽然项目管理的成功案例在我国已有近 20 年历史，但知道的人不多，了解其意义的人也较少。策划人员既要宣传项目管理的专业知识，还要宣传国内外项目管理的成功经验和典型案例。

（2）为项目管理寻觅一流的人力资源。不同的项目需要不同的专业性人才，策划人员既需要为项目设计独到的人力资源招聘计划，同时需要设计必要的人力资源培训工作，开发内部员工成为项目小组成员。在培训过程中，既要系统传授有关理论知识，也要注重具体操作技能的培训，使项目管理人才队伍在不断扩大中持续提高理论素质和实际工作的水平。

（3）为项目设计恰当的组织结构。组织结构设计是保证项目按时、保质、保量完成的基础，而加强成本控制则是实现项目盈利最大化的基础。策划要以效益监控为重点，利用网络技术，加强核算信息传递、分析和汇总；要细化项目人员配备、项目预算、中间控制、事后分析和债权回收等管理办法，确保财务会计核算的及时性和准确性，确保项目实现盈利。

7.2 项目管理中的组织结构设计

项目组织形式与一般企业组织存在一定的差异。项目组织结构设计为提高项目管理的组织决策能力和反应速度提供了新的思路。项目组织结构具有高度的灵活性，强调团队协作的精神，是应对变化、实现资源快速优化配置、提供经营和管理效益的有效武器。

7.2.1 项目组织的定义和特点

组织是一切管理取得成功的基本要素。项目组织的目的就是充分发挥项目管理的功能，提高项目管理的效率，实现项目管理的目标。而了解项目组织的定义和特点，是了解项目组织和一般组织差异，以及进行项目组织结构设计的基础。

1. 组织和项目组织

组织是对人员的一种精心安排，以实现某些特定的目的。组织内部存在有意识形成的职务或职位结构。组织是存在分工协作、不同层次权利、责任制度的人群集合。从组织的定义来看，所有的组织都具有3个重要特征。首先，每一个组织都有一个明确的目的，这个目的通常被表述成一个目标或一组目标，它反映了组织所希望达到的状态。其次，每一个组织都是由人员组成的，一个人不能构成组织，因此组织内部的分工协调是必不可少的。最后，所有组织都发展出一些精心设计的结构，以使人员能够从事他们的工作。一方面，组织结构可能是开放或灵活的，没有明晰的岗位描述，也不用严格遵守某些明确的职位安排；另一方面，组织结构也许具有清晰的界定、规则制度或者职位描述，其中某些人被定义为管理者或领导者。

组织的过程一般可以分为3个阶段。第一阶段是将组织要承担的任务按照目标一致性及高效性的原则进行分解的工作划分阶段。第二阶段是将分解得到的诸多工作进行归类的阶段。第三阶段是基于工作归类，结合组织中人员、岗位职务需求、职责和权力，以及信息传递与沟通的需要，进行组织设计的阶段。组织设计一般包括结构设计和工作关系设计两个部分，具体内容主要包括组织结构图、岗位说明书和组织手册的制定。其中，组织结构图用图形的方法表示出组织的内部结构、职权关系和主要职能；岗位说明书则详细介绍了岗位的具体责权利、工作要求及绩效考核等内容；组织手册则通常包含组织结构图、岗位说明书、组织的管理制度和政策。组织设计一般应遵循目标一致性、有效管理层次和管理跨度、责权利对等、合理分工和密切合作、集权和分权相结合、环境适应性等原则。

现代项目组织作为一种新型的管理方式，其组织和传统的组织既有共同之处，也有不同之处。两者最大的差异在于现代项目组织具有临时性，更强调项目负责人的作用和团队协作的精神，其组织也具有更大的灵活性和柔性特征。从项目实现的角度来看，项目组织是为完成项目而建立的组织，是指为完成项目任务而由不同部门、不同专业人员组成的一个临时性的组织。它不完全受项目发起企业现存职能组织构造的束缚，但也不能完全替代各种职能组织的职能活动。项目组织中的业务流、知识流、信息流、物流更多地表现为横向流动，而职能组织中更多地表现为纵向流动。从以上分析中可以看出，项目需要特殊的组织设计。

2．项目组织的特点

针对不同的项目类型和项目管理模式，项目组织存在多种形式，各种形式之间也有着很大的差异性。但与传统的政府、公司等职能制组织相比，项目组织也具有一定的共性。

（1）为适应项目的一次性要求，项目组织具有临时性的特征，通常为任务而设。项目组织与项目一样，也具有生命周期，拥有一个独特的建立、发展和解散的过程。

（2）项目组织具有适应柔性生产需要的特征。项目组织通常没有明显的组织边界，在大多数情形下，它就是一个团队。项目利益相关者之间的契约关系决定了项目具有机动、灵活的组织形式和用人机制，它追求人才专业化和复合化的高度统一。

（3）项目组织强调协调和沟通。由于项目具有较高的不确定性和风险性特征，因此需要组织内部进行大力协作和充分沟通，发挥集体的智慧，以减少突发性问题带来的灾难。

（4）为了追求必要的效益和效率，项目非常注重借助外部资源。项目发起企业经常通过外包的方式，从事大型的项目工作，这事实上也是项目规避风险的一种手段。

（5）项目需要团队精神，需要项目成员之间的高度合作和团队忠诚。

（6）项目具有跨职能部门的特点。项目是一个综合的系统，项目组织内部需要多领域专业人员的协作和分工，其成员一般来自多个部门或单位，因此需要充分的横向协调。

3. 项目组织的工作内容

一般来说，项目组织有以下几个方面的工作内容：
（1）为项目寻找、招聘一个项目经理。
（2）为项目提供规划，确定项目的目标，界定项目的范围，进行必要的组织设计和分工，进行资源需求设计和安排。
（3）对项目进行监控，控制项目的进度、资源使用、费用和质量等。
（4）利用效率、效益，以及其他财务、技术等指标，进行必要的绩效评定与考核。
（5）实施人力资源管理，加强项目小组成员的培训，并培育和谐的项目文化等。

7.2.2 项目组织的生命周期

项目组织最显著的特征就是临时性，根据项目周期的长短，项目组织可能存在一天、一年甚至数年。在上述引导案例中，联想公司的 TOP 项目管理组织就有可能存在好几年。通常来说，项目组织的生命周期包括形成、磨合、规范、执行和解体 5 个阶段。

项目组织形成阶段是不同组织、成员为了一个共同的目标而走到一起的阶段。这个阶段最重要的就是要统一思想，形成成员的定位。在这一阶段，项目经理要进行项目组织的指导和构建工作，帮助项目成员了解项目目标以及其他计划。项目磨合阶段是项目成员因个人理解等问题，经常会因为工作内容而发生矛盾的阶段。在这个阶段，项目经理要努力创造一个和谐、相互理解和包容的环境。项目规范阶段是项目组织开始步入正轨、成员之间开始形成良好的合作关系的阶段。在这一阶段，项目经理要鼓励成员之间的信任和合作，并提供必要的激励。项目执行阶段是项目进入按部就班阶段。在这个阶段，项目经理的主要任务就是要承担起协调的重担，帮助成员制定合理的工作进度。解体阶段是项目结束、完成任务、项目组成员各自回到原先部门或单位的阶段。从既往的项目管理经验来看，随着项目组织的不断磨合，它的团队精神、合作意识及工作绩效将会越来越高、越来越强。

7.2.3 项目组织的结构设计

组织结构是反映生产要素相互结合的结构形式，即管理活动中各种职能的横向分工与层次划分。由于生产要素相互结合是一种不断变化的活动，所以组织也是一个动态的

第 7 章 项目策划中的组织结构设计与人力资源管理设计

管理过程。就项目这种一次性任务的组织而言，客观上同样存在着组织设计、组织运行、组织更新和组织终结的寿命周期，因此要使项目组织活动有效地进行，就需要建立合理的组织结构。

通常情况下，由于项目一次性和独特性的特点，项目组织都是以项目小组形式出现的，它们负责项目的实施、费用、时间、质量的控制及管理工作。项目结束以后，项目小组就完成了自己的任务，被解散而不复存在，如联想公司 TOP 计划小组、蒙牛超级女声赞助小组等。项目管理的组织结构从根本上决定了项目组织实施项目获得所需资源的可能方法及相应的权力。一般的组织结构设计原则同样适用于项目组织，但是项目组织结构必须关注项目管理工作的特征，而不同的组织结构将会对项目的实施产生不同的影响。

1．项目组织结构设计的基本原则

任何项目都有两个基本要素，即一定的范围和合理的组织结构。项目的费用、质量和进度控制都与这两个基本要素有关。策划人员必须针对项目特点，设计出一个能够适应环境的项目组织结构类型，把实现项目的目标任务与管理组织的职能、职权和规范有效地配合起来，通过团队组织的努力，汇集个人的才智和能力，以达到最佳的效果。

设计项目组织结构时，必须注意 5 个基本原则：一是组织结构必须反映项目的目标和计划；二是必须根据工作任务需要来设计组织结构；三是必须能保证决策指挥的统一；四是必须有利于对项目全过程及全局的控制；五是必须考虑各种报告、汇报的方式、方法和制度。

事实上，除上述一般组织的设计原则外，项目组织结构还必须遵守以下特殊的组织原则：一是项目的性质和规模。项目组织结构是为了有效地实施项目的任务而采取的一种组织手段，所以它必须适应项目的性质与规模要求。二是项目在企业中的地位与重要性。由于企业拥有的资源是有限的，而且一般都要同时承担多个项目，每个项目对企业效益的影响不同，所以对于特别重要的项目，企业需要调用各方面的力量来保证其目标的实现，而对于那些相对重要性不大的项目，则可以委托某一部分人或某一部门自行组织。

2．项目组织结构设计的基本类型

对于不同的项目来说，并没有适用于所有情况的万能结构。通常，影响项目组织结构设计的因素有很多，策划人员需要重点考虑项目规模、专业化程度、分权程度和管理跨度等问题。项目组织结构设计的基本类型有职能型、项目型、矩阵型及混合型组织结构。

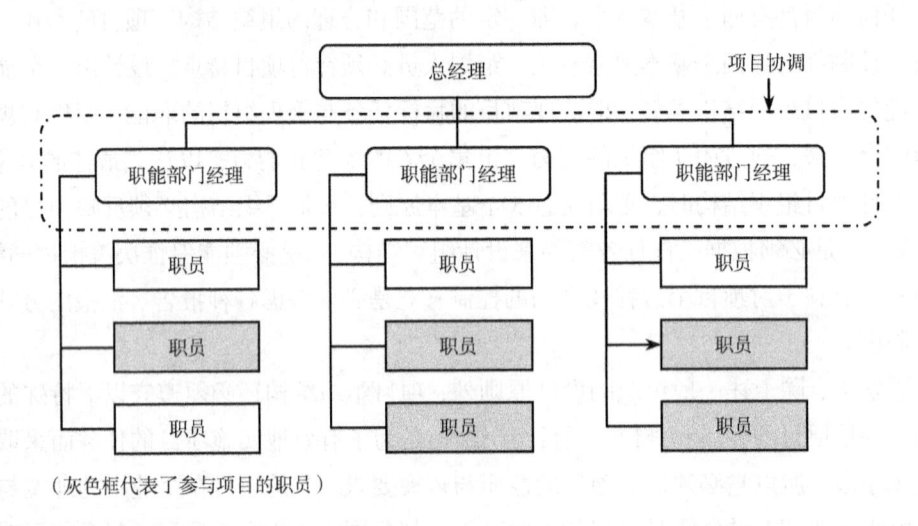

（1）职能型组织结构。职能型组织结构是按管理职能及职能相似性来划分工作部门而组成的阶层制管理组织。其组织结构如图7-1所示。这种组织类型属于纵向划分的组织结构。在项目管理中，职能型组织结构是在项目发起人目前的职能型等级结构下加以管理的。项目一旦开始运行，项目的各项工作就由项目发起人各职能部门承担，各职能部门负责完成对其分管的项目内容，职能部门的职员也接受所在职能部门经理的领导。在这种组织结构中开展项目工作，需要各职能部门承担各自职能范围内的工作，密切协作，共同完成任务。

在职能型组织结构里，每个项目工作部门都有唯一的一个上级领导或部门，上下级之间形成直线型的领导和被领导的关系，上级部门在所管辖范围内对直接下级行使指挥权，下级部门必须绝对服从。如果项目性质既定，某一职能领域对项目的完成发挥着主导性的作用，那么该职能领域的高级经理将负责项目的协调工作，具体如图7-1中的虚线部分所示。

（灰色框代表了参与项目的职员）

图7-1 职能型组织结构

一般来说，职能型结构适用的条件是，项目实施小组的组织并不十分明确，项目发起人各职能都承担项目的部门工作，而涉及各职能部门之间的项目事务和问题可由各职能部门经理去处理和解决，发生问题时可由职能部门经理进行协商解决。该组织结构的特点是项目组织的成员不脱离原来所隶属的部门，项目没有明确的项目负责人。

由于上述条件所限，职能型组织结构适用于规模较小、偏重技术的项目，而不适用于不确定性高、规模较大、复杂性较高、时间限制性强或要求对变化进行快速响应的项目。例如，如果企业需要在某类设备或厂房上进行投资，那么最好采用职能型组织结构。

（2）项目型组织结构。当前很多组织都在推行一种它们认为更先进的项目型组织结构，其组织结构如图7-2所示。项目型组织结构的工作部门一般是综合的，它按项目来配置组织的所有资源，属于横向划分的组织结构。一般来说，采用这种模式的项目发起人内部，其组织经营业务多由一个一个的项目所构成，而且每个项目之间相互独立，如建筑公司、咨询公司、广告公司的业务就属于此种类型。在项目管理过程中，部门隶属于项目，项目有明确的项目经理或项目负责人。项目经理的责任明确，直接对项目发起人的决策层负责。项目经营团队与发起人组织其他单位分离，有自己独立的技术人员与管理人员。发起人分配给项目团队一定的资源，然后授予项目经理执行项目的最大权限，其组织协调如图7-2中的虚线部分所示。

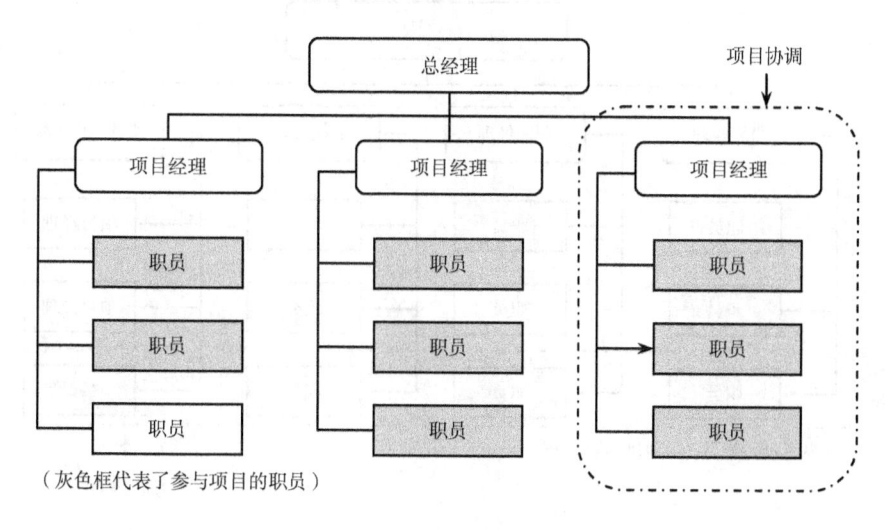

图 7-2 项目型组织结构

项目型组织结构适用的条件是，项目发起企业拥有多个独立或者相似的项目，每一个项目都需要有能力的、全能型项目经理来执行，都需要一套相对完整的组织体系和人员构架来完成，需要简单而便捷的管理，项目可以按照独立的目标进行成本、利润核算等。项目型组织结构适用于不确定性高、规模较大、复杂性较高、时间限制性强或要求对变化进行快速响应的项目。例如，建设三峡大坝、实施铱星计划都需采用项目型组织结构。

（3）矩阵型组织结构。矩阵型组织结构是一种混合形式，它在常规的直线型职能组织结构之上"加载"了一种水平型的项目管理结构。矩阵型组织结构由于吸收了职能型和项目型组织结构的各自优点，从而有效地解决了组织内部纵向控制和横向沟通的矛盾。目前，矩阵型组织结构已经被大多数项目管理所运用。根据横向划分和纵向划分，即项目经理与职能经理相对权力强弱的差异，实践中还存在不同种类的矩阵体系，分别是权力明显倾向于职能经理的职能矩阵（弱矩阵型）、权力明显倾向于项目经理的项目矩阵（强矩阵型）和传统矩阵安排的平衡矩阵。

若需要一个强矩阵形式，则它类似于项目型组织，但项目并不从项目发起组织中分离出来作为独立的单元，其具体组织结构如图7-3所示。项目经理向项目经理的主管汇报工作，项目经理主管同时管理着多个项目，项目组人员根据需要分别来自不同的职能部门，他们全职或兼职为项目工作。在这种组织结构下，项目经理决定什么时候做什么，而职能部门经理决定将哪些人员派往哪个项目。与此同时，职能部门又可从事它们各自的工作。

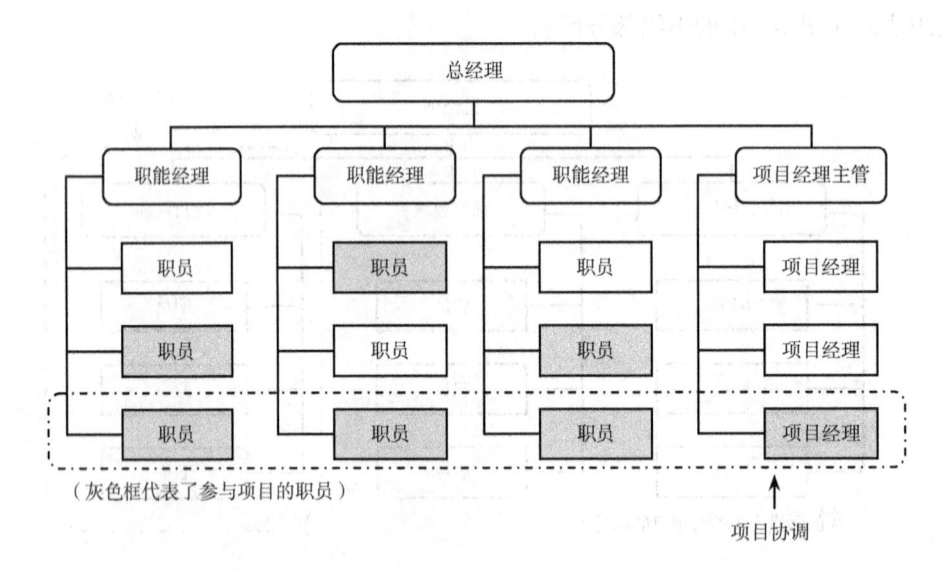

图 7-3 强矩阵型项目组织结构

矩阵型组织的另一极端是与职能型组织类似的弱矩阵形式，其组织结构如图7-4所示。弱矩阵式结构保留了项目职能结构的主要特征，但为了更好地完成项目，项目发起人专门成立了项目管理团队，但没有委派独立的项目经理。项目管理团队可能只有一个全职人员，项目经理和项目组成员都不是从职能部门直接调派过来，而是利用他们所在的职能部门为项目提供服务。项目所需要的资源及其他的服务，都可由相应的职能部门提供。对项目管理而言，由于缺乏强有力的项目经理，因此当部门之间发生矛盾时，很难进行协调。

平衡型矩阵项目组织结构是对弱矩阵型项目组织结构的改进。为了强化项目管理，在项目团队中，从参与项目的成员中选择一位项目经理，赋予一定的权力，对项目的总体目标进行负责，具体组织结构如图7-5所示。由于有了项目经理，因此有利于调动和

第7章 项目策划中的组织结构设计与人力资源管理设计

指挥相关职能部门的资源。

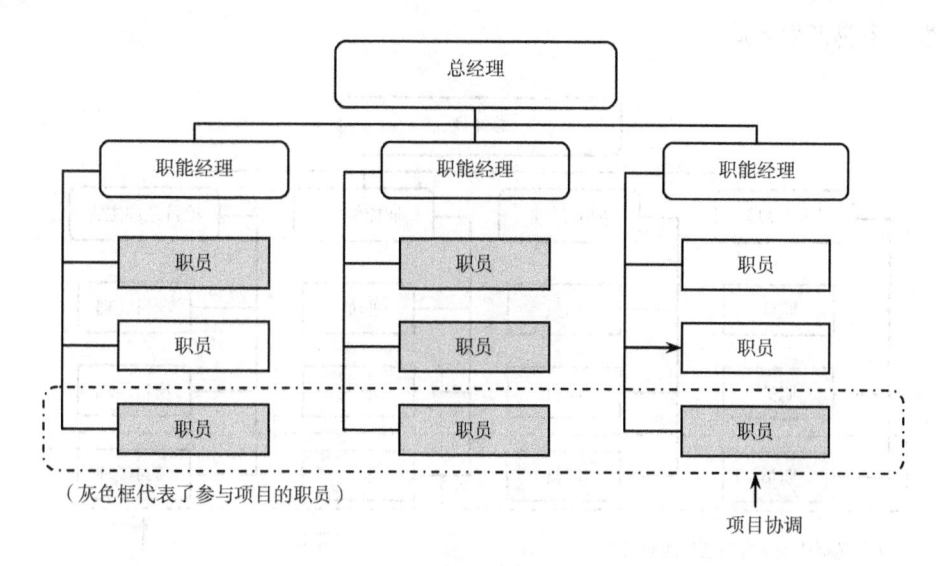

图 7-4 弱矩阵型项目组织结构

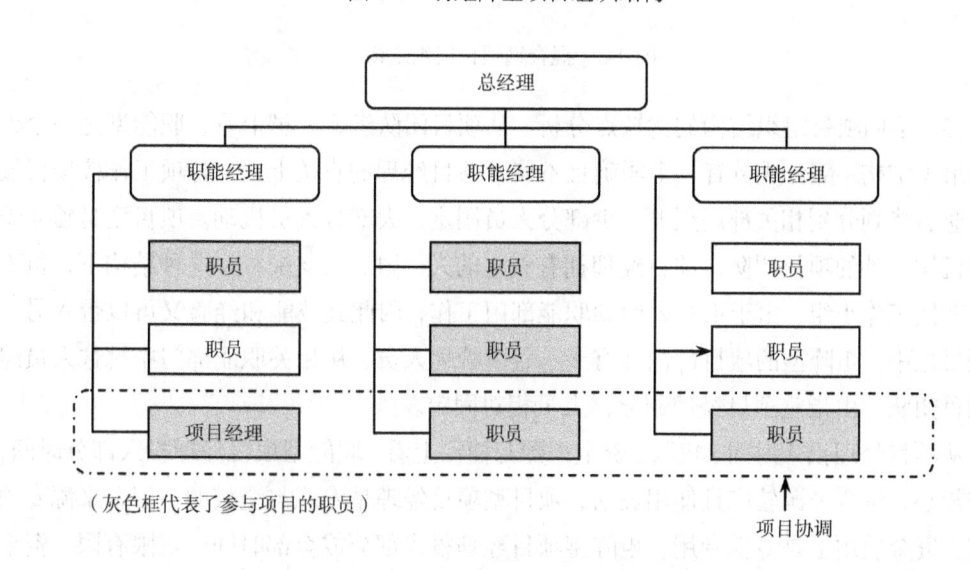

图 7-5 平衡矩阵型项目组织结构

（4）混合型组织结构。一些项目发起企业中，同时存在职能型组织的项目和纯项目型组织的项目，这就是混合型项目组织结构，具体如图 7-6 所示。在混合型组织结构中，项目发起人可先将刚启动但尚未成熟的项目放在某个职能部门之下，当其成熟并具有一定地位以后，再将其作为一个独立的项目来经营，最后也有可能发展成为一个独立的部门。混合型组织结构使项目发起人在建立项目组织时具有更大的灵活性，但它也有一定

197

的风险。如果同一项目发起企业为若干项目采取不同的组织形式，由于利益分配上的不一致性，容易产生矛盾。

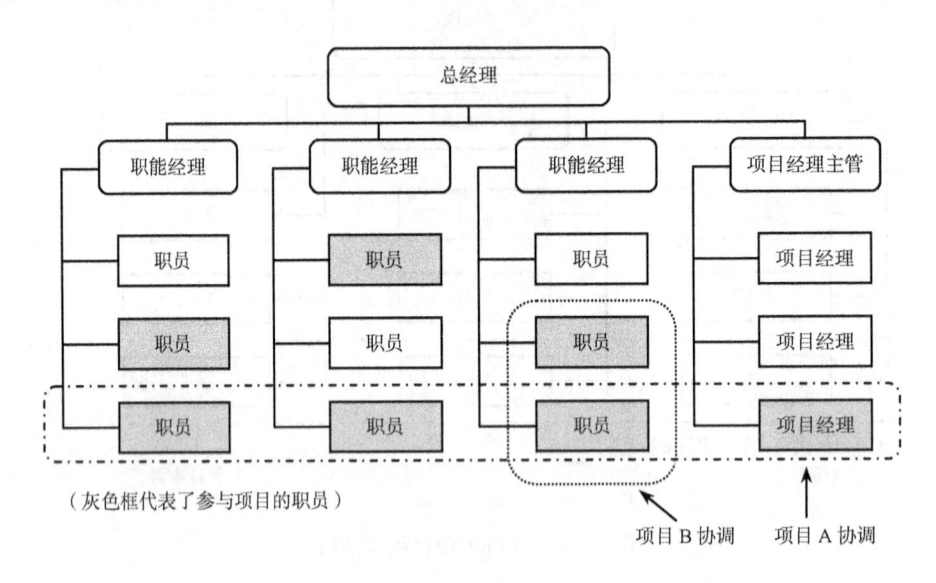

图 7-6 混合型项目组织结构

（5）不同项目组织结构的优缺点分析。从项目团队组成人员上看，职能型是一个松散的组织结构，部分成员有一个明确且不属于项目经理的直接上司，各项工作按项目发起企业职能划分到相关部门展开，少部分人员固定，大部分人员机动。项目型是独立于常设机构之外的项目团队，项目经理拥有独立的人、财、物支配权。这种结构下，员工持续变换工作小组，由于不需要回到职能部门工作，因此其技能和经验又可以带入另一个项目之中。矩阵型的项目部内拥有专、兼职管理人员，从相关职能部门中挑选人员组成项目团队，由指定项目经理领导，人员相对固定。

从项目经理投入时间、权限、资金来源与使用上看，职能型项目经理投入部分时间，权限较小，资金来源较广且使用灵活；项目型项目经理是专职与全权的，资金来源专项稳定，资金使用上是专款专用；矩阵型项目经理投入部分或全部时间，权限有限，资金来源和使用灵活。从项目性质上看，职能型依附于发起企业或上级部门，不具备独立的法人资格；项目型是完整独立的或独立法人；矩阵型则可以采用多种形式。

从各自优点来看，职能型拥有较强的人力资源支持，项目前期物资采购和施工管理等工作可以分解到现有各对口部门，人员使用灵活。它对于重复性工作的管理是非常有效的；项目型的每个项目中都拥有独立的项目前期、物资采购与施工管理等工作机构，整个组织目标明确单一，团队精神得到充分发挥，沟通方便，反应迅速，权力集中在项目部，便于责、权、利统一和考核；矩阵型具有资源配置优势，人员使用灵活，项目团队成员在项目完成后仍在原来对应职能部门中工作，减少人员冗余，同时组织结构严谨，管理层次分明，能与高层保持高度一致，对跨职能管理较多的项目及同时实施的多个项目来说优势明显。

从各自缺点上来看，职能型的项目部与发起企业部门之间的横向联系，协调较难，责任不明确，项目之间有利益冲突时，会影响成员的工作积极性；项目型的建设期管理成本高，资源配置效率低，项目与项目之间相对封闭的环境，让相当一部分员工缺乏一种事业上的连续性和保障；而矩阵型的组织内部，因为有一部分人员要受双重的领导，当领导者之间的力量不均衡时，都会直接或间接产生不必要的影响，因此会对项目经理的要求较高。

3．项目组织结构选择的技巧

项目组织多属于有机式组织，与传统的机械式组织强调高度专门化、集权化、正规化、明确的指挥链及较窄的管理跨度不一样，它更关注跨职能团队的建设，强调信息自由流动、宽管理跨度、分权化及低度正规化。因此，项目组织结构也显现出灵活与高度适应性的特点。而在为特定项目选择组织结构时，应重点关注以下3个重要问题。

（1）选择能够平衡项目与项目发起人目标的组织结构。项目管理是一种多层次的目标管理方式，项目目标与项目发起人的战略与目标有着千丝万缕的联系。为了保证项目与企业目标的同时实现，发起企业负责人根据项目实施的目标和情况来考核项目经理；项目经理要求项目成员在约束条件下实现项目目标；而项目成员则根据协商确定的目标、时间、经费及工作标准等限定条件，独自完成具体工作，灵活选择有利于实现各自目标的方法。项目管理以目标为导向逐一地解决问题，它在企业目标和项目目标之间寻求一种平衡，通过有效地组织设计与目标分解，最终来确保项目总体目标的实现，保证企业战略与目标的实现。

（2）选择与项目发起人组织文化相融合的组织结构。项目管理作为一种新型的组织管理形式，可以借助不同领域的人员构成临时的团队来运作和管理项目，提升并改善企业对各种资源利用的效率。项目管理中存在的跨职能、跨单位的管理需求，也带来了项目团队内部的文化冲突。为了解决不同部门或不同单位之间的利益冲突，项目管理过程中应形成与项目发起人组织文化相融合的文化氛围，在保证项目与企业目标一致的基础上，形成项目内部和谐的文化，提升项目管理的团队精神，提升内部成员的凝聚力。

（3）关注项目规模、技术需求及环境不确定性的影响，选择恰当的组织结构。项目规模明显地影响着项目的组织结构。项目策划人员可以根据项目规模和实际工作量的多寡，衡量组织需要多少人，需要设置多少岗位，进而确定项目组织的基本结构。与此同时，策划人员要关注项目对特定专业技术的需求，从而确定项目投入、产出的过程和方法，设计相应的管理结构。最后，为了控制环境带来的不确定性，策划人员还应采取更加灵活的管理模式，通过计划、预算、费用控制、绩效监测、风险管理、价值管理、协调、沟通、领导等管理功能的考量，追求交易成本更低，速度更快捷，运行更好的组织结构。

4．项目组织结构设计的主要流程

项目组织结构设计的主要流程包括工作专门化、部门化、指挥链、管理跨度、集权和分权、正规化6个步骤。

工作专门化是组织结构设计的第一步，它是项目内部分工的结果。策划人员可利用工作分解的方法，将项目工作分解为许多小的责任单元，然后进行综合、汇总，确定各项专门及其对应的工作岗位。当然，策划人员应该懂得，项目管理团队的专门化会因项目不同而有很大差异，而大多数项目工作的专门化程度相对较低。也就是说，项目中工作的分工并非严格的，不同岗位之间有可能存在一定的交叉。

部门化是把若干岗位结合到一个部门开展工作的依据和方式。通常来说，部门化设计有5种方法：① 按照项目的职能需要进行部门设计。例如，以房地产开发为例，其组织架构可划分为营销部、工程部、采购部、企划部、财务部及人力资源部等部门。② 按照产品线的差异进行部门设计。例如，房地产公司可能会依据别墅和普通商品房的差异，而专门设立不同的营销部门。③ 依据不同的地区进行部门设计。例如，面向全国销售的房地产公司专门成立东南销售部、西北销售部等。④ 按照项目生产或管理的过程进行部门设计。例如，对于汽车项目来说，项目组织结构可分为油漆部、抛光部、成品部、检验部等。⑤ 按照顾客的差异组织工作。例如，对于房地产商来说，可以专门设置大客户部来服务和接待大客户。

指挥链是指从高层延伸到基层的一条持续的职权线，它确定了项目组织内各个岗位的职权和职责，界定了上下级之间的关系及汇报工作的方向。例如，在房地产项目中，营销经理负责房地产营销工作，同时接受项目经理的指挥，并及时向其汇报营销工作情况。

管理跨度是对组织内部的工作层级及一个管理人员能够管理多少人的总称。一般来说，项目管理层级越少，管理人员管理跨度越大，则效率就越高。而从目前项目管理实践来看，其组织结构一般都有扁平化的趋势，这也就意味着项目的管理跨度比较大。

项目组织的权力分配既可采用集权化的模式，也可采用分权化的模式。当然，对于项目团队管理模式来说，通常会采用分权化管理模式，从而提高团队成员的决策能力和参与热情。

正规化是指项目组织中各项工作标准化，以及员工行为受规则和程序约束的程度。任何项目管理都需要制定必要的规范，以约束员工的行为。例如，房地产公司可以通过制定岗位说明书，以及设置各种规章制度的方法，严格规定营销、财务、采购经理的行为。

7.3 项目策划中的人力资源管理设计

项目人力资源管理设计包括项目团队管理、项目经理选择和项目人力资源管理3个部分。其目的就是通过组建高效的团队，聘请一流的项目经理或开发人力资源，以提升项目团队的合作意识和奉献精神，提升项目经理和员工的绩效，为项目的成功提供保障。

7.3.1 项目团队管理

团队是一种先进的组织形式和运作方式。20世纪70年代，当沃尔沃、丰田等公司率先把团队概念引入公司生产过程的时候，曾经在企业界轰动一时，以至于成为新闻热点。现在，情况却不同了，不愿意采用团队管理方式的现代企业倒有可能成为人们的笑谈。一份调查报告中显示，在《财富》500强的公司中，所有的公司都通过建设一支高效的项目团队来实施成功的项目管理。很大程度上，项目团队管理已成为项目人力资源管理的重中之重。

1. 创建项目团队的原则

团队是一种为了实现某一个共同目标，而由遵循同一规范的、相互协作的若干个体组成的正式群体。团队工作是团队成员为实现共同目标所从事的具体活动。项目团队是为适应项目管理而建立的团队。建设一个团结、和谐、士气高昂、工作高效的项目团队，对最终完成项目目标具有至关重要的意义。团队建设是项目管理的一项重要内容及必要技能。项目团队能够促进多领域专家的合作，能够促进团队内部的信息与知识共享，能够激发成员的创造力和凝聚力，对项目的成败具有重大意义。一个高效率的项目团队不一定能决定项目的成功，但一个效率低下的团队则必定会导致项目的失败。创建项目团队应遵循一些基本原则。第一，每个团队成员都具备项目所必需的知识和技能。第二，每个团队成员都应具备主人翁的精神和合作的态度。第三，选择合适且管理能力很强的项目经理。第四，在项目策划阶段，要花时间和精力进行团队建设。第五，明确项目目标并促使团队成员共享目标。第六，充分沟通并选择简化的沟通模式。第七，明确责任，建立合作型组织。

2. 高效项目团队的特征

只有高效的项目团队才能保证在规定时间内，以较低的成本，高效地完成项目目标。因此，建设一支高效的团队是非常必要的。项目团队不应是被分配到一起的乌合之众，它应该是一个相互支撑、齐心协力、共同工作的群体。一般来说，一个高效项目团队应具备下列特征：

（1）明确而清晰的共同目标。目标激励是高效项目团队的特色。团队成员必须对项目目标有明确而清晰的理解，明确自己的工作范围、质量标准、预算和进度计划。每个成员都应该清楚地知道自己在做什么，坚信这一目标具有重要的价值和意义。明确而清晰的目标激励有利于建立项目团队成员的共同愿景，激发团队成员的工作热情，对促进项目成功具有重大的意义。

（2）合理的技能与角色定位。高效的团队是一个有机而精干的集体，每一个成员都具备实现目标的特定技能。一般来说，一个人在项目组织中可能有多个角色，这些角色还会根据情况的变化做相应的调整。在项目成员必须执行的所有行为中，最重要的就是工作任务，这是构成项目团队所必需的，也是团队成员角色定位的最基本内容。因此，在目标明确以后，进行合理的分工与协作关系界定，使项目团队成员明确自己的角色和技能需求，是十分必要的，也是十分有益的。

（3）共同遵守的行为规范。高效的项目团队必定有自己的行为规范，它是所有团队成员都必须接受的各种规定和纪律，如具体工作指标、出勤率、工作进度及工作中相互配合的范围和要求等。只有行为规范的团队才可以健康地存在，才可能保证工作高效、正常地运行。

（4）高度的凝聚力和归属感。"虽然累点，但我喜欢在这里工作。"高效团队可以满足成员更多的社会需要。凝聚力是项目团队成员在项目内的相互团结与吸引力，人们喜欢与团队的其他成员在一起工作和相互交流，这种工作中的相互激励和作用，是满足团队成员归属感的主要手段。对绝大多数人来讲，工作团队有助于满足他们的友谊和社交的需求。因此，建设一个高效的项目团队，关键问题之一，就是要充分提升其成员的凝聚力和集体归属感。

（5）高度信任、合作与沟通。高效项目团队是一个高度互动的群体。项目成员之间存在着高度的信任，每个人对团队内其他人的品行和能力都确信不疑，承认团队中每个成员都是项目成功的重要因素。此外，项目团队集中了与项目有关的来自不同部门的人员，他们具有不同的专业知识、专业经验，集中在一起共同为实现项目的整体目标而努力，并经常进行开放、坦诚而及时的沟通，彼此交流信息及想法，相互接受彼此的反馈及建议性的批评。基于这样的合作，团队成员才能对复杂问题进行集中讨论、集中解决、集中攻关，保证项目的完成质量和进度。

（6）高度的民主与有效激励。项目团队的组织形式给项目成员提供了一个参与管理和决策的平台，这种参与性将极大地增强组织内部的民主气氛。在参与过程中，项目成员能够充分感受到自己的价值，这是一种十分有效的激励，它会最大限度地调动项目成员的工作积极性和创造性。

（7）选择优秀的团队领导。项目需要多种技能和经验，高效项目团队的领导往往起到教练或后盾的作用。他们积极地为团队成员提供指导和支持，而不是试图去控制他们。优秀的团队领导必须保证团队是有目标的，他们能够确保团队成员不偏离目标，并能激励成员具有责任感和自制力，增进成员的团队忠诚度，有效地处理团队与外部人员的关系，保证团队的工作效率。

（8）良好的内部与外部支持。从内部看，项目团队应该拥有一个合理的基础结构，具体包括一套易于理解和操作的绩效评估系统、及时的培训及一个起支撑作用的人力资源管理系统。从外部看，项目发起人应该给予项目团队必要的资源条件。高效团队鼓励其成员与其他组织、部门进行充分交流，这样既可减少猜忌，同时也促使其他部门员工了解本团队，促进相互间的合作。

3．项目团队建设的类型

根据组建团队的目的，可以对项目团队进行分类。在实际的团队组织中，有3种类型的团队比较常见，分别是问题解决型团队、自我管理型团队及多功能型团队。

（1）问题解决型团队。这是团队管理理念形成初期的模式。一开始，该团队类型主要存在于生产项目中，团队一般由来自同一部门的5~12人组成。团队每周用几小时的时间，讨论如何提高产品质量、生产效率和改善工作环境等。在问题解决型的团队里，成员仅就工作范围内的工作（如怎样改进工作程序、改进工作方法等问题）互相交换看法，并提出改进建议。但是，这种团队因为没有得到授权，几乎无权根据建议立即采取行动。后来，很多项目为解决质量问题，把8~10名职责范围部分相互重叠的员工和主管人员组织起来，定期相聚，共同讨论存在的质量问题。调查分析问题产生的原因，提出解决问题的方案，并采取有效的行动。

（2）自我管理型团队。问题解决型团队对解决问题行之有效，但在调动团队成员参与决策的积极性方面还存在不足，这就引发了人们去努力创建新型的团队形式。自我管理型团队通常由10~15人组成，这种团队承担了以前自己的主管所承担的部分责任，其责任范围包括设置任务目标、制订团队的工作计划、控制工作的进度、确定成员角色并分配任务。彻底的自我管理型团队还可以挑选自己的成员，让成员相互进行绩效评估，建立与能力相关的薪资标准，甚至解雇同事。这种新型的团队模式是真正独立自主的团队,不仅注意问题的解决,执行解决问题的方案,而且具有设立规范、处理人事和薪资分配的权利,对工作过程和工作结果承担全部责任。它对于提高员工的满意度、降低生产成本、提高生产效率、起到了积极的作用。据统计,到 20 世纪末,美国大约有一半的公司采用过这种团队的管理形式。然而根据管理体制专家综合调查表明,自我管理型团队固然有很多长处,但有些组织采用后并不一定能带来积极的效果。例如,一些采用了自我管理型团队的组织中,员工的缺勤率和流动率却偏高。

(3)多功能型团队。多功能型团队,也称跨职能型团队,是一个独立的、能够自我调节的、相互约束的工作团队。其成员来自不同领域并有着不同的能力,目的是共同完成某项任务。多功能型团队综合了上述两种类型团队的全部功能。一些企业与科研部门经常成立项目组或科研攻关组,这些小组成员人数不等,来自不同部门或岗位,可能有设计人员、技术能手、维修人员、推销人员、财务人员及客户等。这种把设计、试验、生产、销售、使用和维修看作一个有机整体的团队类型,打破了传统按流程依次类推的生产方式,不仅能使生产部门的意见及时反馈到设计人员那里,甚至使客户意见都能得到极其迅速的反馈。它可以集体攻关,解决很多在传统的方式下很难解决或不能解决的难题。最重要的是,这种模式可降低生产成本,提高生产效率。总之,多功能团队是一种有效的生产和管理方式,它能使组织内部甚至组织之间或不同领域人员之间交换信息,激发出新的创意,解决问题,完成复杂的项目任务。

如果对上面所描述的 3 种类型的团队做进一步的综合分析,就会发现其中包含两种逻辑含义。一是这 3 种团队类型分别是 3 种相互独立的团队模式;二是这 3 种团队类型也是一个不断递进、提高的阶段性组织形式,不论从管理形式或管理功能上看都是一个不断健全和完善的动态过程。目前,大多数项目都在采取多功能型团队模式。

4. 构建高效项目团队的步骤

(1)评估阶段。这一阶段的主要任务是,收集潜在团队成员的基础数据,然后运用各种先进的评估工具,对潜在成员的思维方式、问题解决能力、决策制定能力、冲突解决能力等,进行个人层次与团队层次上的评估,从而确保优秀成员能够进入团队,并保证该成员在入选后能够得到最佳的使用。

(2)形成阶段。选择合适的团队成员,不仅要考虑团队成员在团队中的角色,还要结合项目本身的特征来考虑成员的用途。只有项目团队与执行任务能够相互匹配时,才能算是建立了一个高效的项目团队。因此,创建的团队与项目之间应保持一致性。另外,团队的规模也是一个考虑因素。随着团队规模的扩大,团队会丧失一些个体特征而拥有一些群体特征。

(3)开发阶段。这一阶段要结合项目任务的需求,在成员能力和偏好的基础上,给团队成员分配具体的任务，同时要利用工作或业余时间对团队成员进行培训，开发团队成员的能力，保证成员更好地完成任务。

（4）部署阶段。随着项目的进展，团队成员工作需要部署和重新部署。在部署阶段，项目团队应该做好几个方面的工作。第一，在团队成员之间形成共同的价值观、共同的目标，形成项目团队凝聚力。第二，创造条件，促进团队成员之间有效地交流与沟通。第三，注重团队学习，建立一个学习型的项目团队。第四，培养团队创新意识。第五，有效授权，使成员感受到在实施项目过程中能够实现自身的价值。但要注意授权也要适度，过度的授权行为可能会引发项目成员的道德风险，反而不利于项目的顺利实施。第六，引入团队奖赏机制，以团队为整体进行奖励会增强团队成员的社会认同感；但是成员的个人贡献是不可或缺的，承认个人的贡献并进行奖励，可以激发个人的积极性。最有效的奖励机制是在两个层次上同时进行。

5．管理外部团队

通常情况下，项目团队工作范围都会跨越组织的界限，需要在一个由团队本身、承包商、合伙人、供应商、社区、客户、上级组织等复杂项目环境中工作。而在激烈国际竞争中，随着技术更新，以及跨国公司的联合兼并和战略联盟的兴起，跨组织的项目团队日益增多。在项目组织和实施过程中，项目团队将与发起企业内部及社会的各方面发生各种各样的关系，能否有效地处理好这些关系，直接影响到项目实施的效率和效益。影响项目工作关系内容和性质的因素主要有以下几个：项目承包形式与承包合同内容；项目种类、规模及对社会经济生活的影响程度；国家宏观经济管理环境，特别是与项目有关的管理制度；企业的组织管理制度，特别是公司管理项目的方式。为解决好上述关系，策划人员应考虑以下两个问题：

（1）项目同企业外部各单位的工作关系。首先，要处理好产品或劳务的买卖交易关系，主要指与委托人（投资者、发包单位或使用单位）的关系；其次，要处理好行政监督与管理关系，主要指与社会主管部门（行政监督、质量监督等部门）的关系；最后，要处理好竞争与协作关系等，主要指对其他单位（竞争单位、合作单位、分包单位、供应单位及银行等）的关系。

（2）项目同公司内部有关部门的关系。首先要处理好隶属领导关系，主要指与公司经营班子和公司内各种综合管理部门的关系；其次要处理好经济协作关系，主要指与公司内某些独立核算的职能部门的关系。

在设计并解决上述工作关系时，策划人员应该注意以下一些有意义的原则：

（1）根据不同工作关系采取不同的处理方法。经济关系主要依靠经济办法来处理；行政管理关系就应在明确责任的基础上采取必要的强制手段；公司内部的经济协作关系就需要公司内部分工、分责、分权、分利来解决。

（2）树立一切为用户服务的观念。项目最终成果的评价主要取决于用户对项目的满意程度，所以项目必须根据一切为用户服务的观念来处理与委托人的关系，强调为用户创造价值，加强与用户的沟通。

（3）强化协作的原则。现在很多项目都特别强调分工，处理好各个部门在项目中的协作关系是项目管理的重要内容，也是提升项目管理效率的必要条件。策划人员在外部团队管理策略设计时，要充分考虑项目合作中可能会出现的各种矛盾，并通过契约或者制度的方式将其规范化。

7.3.2 项目经理选择

项目管理中，人是最重要的因素。由于项目经理对项目的成败承担责任，因此也就决定了项目经理的选择在项目管理中的重要作用和地位。项目经理的管理、组织与协调能力及其素质与知识结构对项目的成败有决定性影响。项目经理作为一种职业，是人才市场稀缺的资源。策划人员必须对其职责、岗位要求、能力、素质要求、绩效薪酬进行必要的设计。

1. 项目经理的作用与地位

项目经理在项目管理中起着关键的作用，是项目发起企业执行项目活动并实现项目目标的责任人，对企业负责。同时，他们也是项目团队工作的指挥者，领导项目组成功完成项目，对项目成员负责。此外，他们还是项目所对应的客户关于该项目活动的正式接洽人，对客户负责。项目经理的作用决定了项目经理所处的地位，特别是全球经济逐步迈向"后工业化时代"的今天，越来越多的企业业务模式已经或正在从产品导向型转向服务导向型，因而需要一大批专业化的项目经理。项目经理备受高层经理重视，深受企业其他员工的尊敬。

项目经理在公司体制中是管理人员，但其管理工作与公司常设的其他管理职位又有很大差异。公司其他管理人员（如部门经理），专门负责公司日常业务的管理，或某一职能部门的管理，从整体上计划、组织、控制该部门的业务，以达成公司的业务目标。而项目经理负责的业务，通常以项目的方式进行，即获得并完成各个项目来完成任务目标。项目经理作为管理人员，只在指定的项目中承担管理责任。一般来说，项目经理在行政上受其部门经理的领导，高级别的项目经理则直接受总经理领导。虽然项目经理是职业生涯的一个方向，但在公司中并不是常设的职位。如果项目经理没有被指派到项目中，则没有权利对公司资源进行调配和管理。但是，对于他们所负责管理的项目及其所分配到的人力、物力资源等，则可以拥有很大的权力，往往比自己的行政上司（如本部门经理）拥有更大的支配权。

2. 项目经理的责任与权力

项目经理的任务就是要通过对项目的全面管理，在计划时间内充分利用所获得的各种项目资源，实现项目所设定的目标。项目的全面管理工作包括：了解项目设立的背景；评估项目可行性；制订项目计划；组建项目团队；获得项目其他的相关资源；根据计划使用和配置项目资源；报告和控制项目进展；调整项目管理计划；处理各种影响项目的问题；达成项目的目标。

3. 项目经理对上级组织的责任和权力

项目经理对上级组织负责，保证项目的目标与企业的业务目标相一致。项目经理应了解企业业务的市场状况、企业的市场定位和战略目标。在选择和评估项目时，项目经理要确保企业选择正确恰当的项目；在执行项目时，项目经理要与企业其他项目组协调，充分利用企业的资源，并与企业高层经理保持沟通，解决项目过程中的冲突和变更，使相关调整符合企业的战略。

4. 项目经理对具体项目承担的责任

项目经理对具体的项目承担责任，通过项目实施计划、监督与控制，确保所执行的项目按照计划的时间，在给定的项目预算内，达到项目预期的目标。项目经理必须明确项目目标，明确项目的资源和预算，明确项目相关的组织和领导关系。项目经理必须保证项目的整体性和一致性，在项目的实施过程中始终以实现项目目标为中心，面对项目过程中的冲突和矛盾，权衡利弊、化解矛盾。项目经理必须组织和管理好项目团队，才能有效地进行项目管理工作。项目经理作为项目的负责人和协调人，他们必须促使项目团队成员形成一个集体。

虽然项目经理对项目的成败负责，但项目经理在企业中的正式权力并不大，往往没有直接的财务权和人事权。在领导项目时，一方面，要靠项目经理的影响力，即来自项目成员对项目经理过去的经验、说服能力、大局观念、果断的决策能力的信服；另一方面，要靠企业对项目经理的授权，对项目涉及的人、财、物提出要求和分配。大型项目的项目经理直接向企业高层经理汇报，将有更多、更直接的授权。这些授权在项目完成后终止。

项目经理通过自身的影响力和企业的授权，在项目中的权力表现在3个方面。一是对项目进行组织，拥有挑选项目成员的权力。项目经理对项目成员的挑选和任务分配有决定权。虽然项目经理对项目成员的升迁没有决策权，但可将该成员的工作表现反馈给成员的直接经理。二是项目实施过程中有关的决策权力。三是对项目所获得的资源进行分配的权力。

5．项目经理的素质与能力要求

项目经理是一个商业人士，类似总经理的角色。在超大型项目中，项目经理所管理的业务比部门总经理还要大，项目经理的职位也相当高，因此项目经理应该是总经理式的人才。

（1）项目经理的素质要求。项目经理应具备的素质特征：有管理经验，是一个精明而实干的管理者；成熟，有人格魅力，能够团结和激励项目成员；与高层经理有良好的关系；具有技术背景和行业知识；有丰富的工作经验，有广泛的人际关系，便于开展工作；具有创造性思维；具有灵活性，同时具有组织性和纪律性。项目经理应具备的性格特征：诚实、正直、热情；遇事沉着、冷静、果断；善于沟通；敏感，反应迅速；多面手；精力充沛、坚忍不拔；自信，具有进取心；善解人意。

（2）项目经理的能力要求。项目的唯一性和复杂性特点迫使项目经理在项目的实施过程中，始终面临着各种各样的问题和冲突，要求项目经理在很短的时间内做出决定并执行。项目经理几乎每天都要做很多艰难的决定，这是项目经理面临的巨大挑战。项目经理应具备以下几种能力：

1）总体把握项目目标的能力。项目经理在没有充分了解项目时就接任工作，这是非常危险的。因此，项目经理应在设立项目过程中，参与项目的前期工作，充分了解项目的时间目标、交付结果、成本预算、技术目标等。如果项目存在特别的风险，或者项目经理认为项目必须具备一定的前提，则在项目设立前就与企业高层领导沟通，在项目执行时才能得到相关支持。项目经理管理项目的目标是多样化的，项目经理必须同时完成多个目标，在这些目标之间权衡利弊，保证项目在预算范围内按照计划时间完成，并让客户满意。

2）获得项目资源的能力。企业的资源总是相对有限的，项目经理通常都面临项目资源短缺的问题。项目经理必须分析所负责项目需要的资源，关注紧缺的和特殊的资源。在制定项目预算时，适当的预算可以帮助项目经理获得资源。但是，资金并不一定能解决资源紧缺的问题。项目经理还需要借助各种关系和高层领导的支持，获得项目所需的资源。

3）组织和建设项目团队的能力。项目经理依靠项目团队执行项目。首先，项目经理必须明确项目所需要的人才，并获得这些人才。然后，在部门内、企业内或者企业外部落实这些人员。项目人员安排是一个复杂的问题，往往不能与理想一致。刚刚组建的项目团队是没有战斗力的,像一盘散沙,项目经理要把这组人员建设成一个高效的项目团队。在此基础上,根据工作任务的分解,将项目的任务落实到项目的每位成员手中。

4)应对危机和解决冲突的能力。项目执行过程潜伏着各种各样的危机,如资源危机、市场危机、人员危机等。项目经理必须了解危机的存在,并具有对风险和危机的评判能力,尽早预见问题,发现问题。此外,项目成员之间,项目组与企业其他部门之间,企业与合作伙伴之间,项目组与客户之间,必然存在各种各样的冲突。如果冲突不能有效解决,将影响项目的实施。了解冲突发生的缘由并有效地解决是项目经理日常工作的内容。

5)谈判和广泛沟通的能力。项目经理的主要工作方式就是谈判和沟通。项目中各种各样的冲突需要项目经理以谈判或进行沟通来解决。项目经理需要进行大量的沟通,如与企业的高层管理人员、企业的相关部门、项目的合作伙伴、客户和项目组成员。

6)领导和管理能力。项目经理作为项目的管理者,必须具备领导和管理的能力。项目经理必须清楚项目的目标是什么;必须很明确地与项目成员沟通,激励项目成员完成在项目中承担的工作;必须有快速决策的能力,在动态环境中收集和处理相关信息,做出有效的决策。管理能力是项目经理的核心能力,包括计划、人力资源管理、项目预算、进度安排及其他控制技术。计划能力是对项目经理最基本的管理技能要求。在项目开始之前,项目经理必须制订一份项目的总体管理计划,作为项目整个实施过程中的指导性文件。授权也是项目经理管理项目的重要管理手段之一。通过授权,项目经理明确项目成员在项目实施过程中的地位和角色。而在大型项目中,项目经理可通过授权从项目管理的细节中摆脱出来。

7)行业和技术的综合协调能力。与早期不同,今天的职业项目经理不一定是相关行业和技术领域的技术专家。随着项目涉及的技术层面越来越多,项目经理已不可能掌握所有的技术细节,而必须依靠各个方面的技术专家来处理技术问题。此时,项目经理需要综合各个方面的技术专家的建议并进行项目决策,项目经理的行业和技术的综合协调能力是一个关键。

6. 项目经理的挑选与培养

选择合适的项目经理与选择合适的项目一样,是项目管理工作中最重要的工作之一。项目经理的挑选应注意几个原则:一是在挑选项目经理以前,要充分考虑项目的特点、性质、复杂程度及重要性等因素对项目经理能力和素质的基本要求;二是对项目经理候选人的能力、素质和经验等方面进行客观而全面的考察,必要时可请人力资源招聘专家设定权重,进行量化打分。在挑选程序上,主要有几个步骤:一是分析项目要求;二是确定选聘标准;三是发布选聘信息;四是登记候选人;五是组织评定;六是候选人录用。

在项目经理培养上，一般要经过几个过程。一是基本知识培养。这主要是对涉及项目管理的基本知识进行学习，包括管理学、经济学、行为科学、系统工程、价值工程、计算机、英语等基础应用学科的学习，可通过在职培训或学历教育方式来培养。二是项目管理共性体系培养。这主要包括项目管理知识体系、工作职能体系和工具方法体系的学习，可通过在职培训、学历教育和专业资格认证方式来培养。三是项目实践培养。从事项目管理实践，先以项目管理者助理的身份进行一个时期的基层工作实践，再独立主持单项专业项目或小型项目的管理工作，最后视其发展情况，决定是否录用其成为项目经理。

7．项目经理的激励和薪酬设计

激励机制对发挥项目经理创造性、激发其责任感具有重要的意义。激励机制不仅要有有形的薪酬系统提供动力，还要有行为规范和企业文化来深化有形的薪酬的影响，在给予项目经理合理报酬、福利的同时，以企业文化的培养、渗透、融合、创造来增强项目经理的内在薪酬满足。具体激励措施一般包含目标激励、精神激励和薪酬福利激励3个方面。

（1）目标激励。在共同的组织目标激励下，组织成员会形成统一的思想和价值观。项目经理作为复合型的管理人才往往具有强烈的事业心和成就动机，他们希望能够发挥自己的专长。因此，明确组织战略与经营目标，规划组织共同愿景，使项目经理产生与组织目标相一致的价值观和追求，对激发项目经理事业心和创新精神具有重要作用。目标激励分为组织发展目标激励与个人发展目标激励两个方面。目标激励能够使项目经理准确掌握自己岗位责任，自我实现感、信心、参与感，有利于项目经理进行职业生涯设计和自我实现的规划。

（2）精神激励。对于具有自我实现追求的人员，采取精神激励是很有效的方式之一。精神激励通过给予项目经理各种精神奖励和荣誉，理解与支持项目经理的工作，对项目经理给予应有的信任和宽容，关心和体贴项目经理的困难，充分认同项目经理的价值，并鼓励他们进行创新，从而达到对项目经理激励的目的。对项目经理来说，精神激励的效果往往优于薪酬激励。

（3）薪酬福利激励。薪酬是企业留住员工并调动员工积极性的一种重要手段。一套良好的薪酬体系可以让企业在不增加成本的情况下提高员工对报酬的满意度。随着薪酬福利激励体系的不断更新，项目经理的薪酬福利激励体系可以使组织与项目经理的利益紧密地结合在一起，同时建立在公正、互惠原则基础上的项目经理薪酬福利激励体系，也可以促使项目的成功与组织的均衡、快速地发展。项目经理的薪酬福利体系是企业从人力投资和激励机制的角度出发为项目经理提供有形的与无形的酬劳的总和,除了静态工资、动态工资、各种福利,还有项目经理相应的股权效益,即股份期权、人性化的企业文化、良好的工作环境、发展的机会等。

(4)项目经理的薪酬设计。项目经理薪酬设计一般原则是对外具有竞争力,对内具有公平性,对个人有激励性,易于管理性。对于项目经理的薪酬福利设计还应在注重绩效考评的基础上,充分考虑项目成果对组织的重要性和项目成果的运行价值。除了考虑适当的货币形式收入以外,可以针对项目收益实行股权、期权分配机制,实行项目股份化,具体有收入股份化、设置管理股、设置股份期权等手段。虽然项目具有实施的一次性特点,具有一定的"短期性",但项目成果往往具有"长期性",因此实施项目股份化是激励经营管理者与员工共同努力、克服各种困难、达到项目目标、实现企业的长期发展目标的有效手段。实行项目股份化能使委托人和代理人的目标达到最大程度的一致;能减轻公司日常支付现金的负担,节省大量营运资金,有利于公司的财务运作;能避免公司人才流失,并能为公司吸引更多的优秀人才。

7.3.3 项目人力资源管理

一个项目的实施需要多种资源,其中人力资源是最基本、最重要、最具创造性的资源。项目人力资源是项目的第一战略资源,是影响项目成败的决定性因素。

1. 项目人力资源管理的内涵

项目人力资源是一个涵盖甚广、较为抽象的范畴,它涉及项目管理层、策划与实施层、合作者以及项目客户等层面的不同人员,如项目经理、项目团队所属人员、进度计划人员、费用控制人员、质量管理人员、项目资金投入者及项目建成投产后的使用者等。

项目人力资源管理,就是要在对项目目标、规划、任务、进展情况及各种内、外因变量进行合理、有序分析、规划和统筹的基础上,采用科学的方法,对项目过程中的所有人员,包括项目经理、项目团队其他成员、项目发起企业、投资方、项目业主及项目客户等予以有效的协调、控制和管理,使他们能够同项目管理团队紧密配合,在思想、心理、行为等方面尽可能地符合项目的发展需求,激励并保持项目人员对项目的忠诚,最大限度地挖掘项目队伍的人才潜能,充分发挥项目人员的主观能动性,最终实现项目的战略目标。

2. 项目人力资源管理的特点

项目人力资源管理是组织人力资源管理的具体运用,然而由于组织的存在相对于项目来说是长期的、稳定的,而项目是临时性、突发性的、独特的和短期的,因此与组织人力资源管理相比,项目人力资源管理具有如下特点:

(1)管理的短期性。项目人力资源管理仅针对项目生命周期中对人力资源的需求,实施必要的管理。

(2)工作内容的多样性。由于项目进展过程中的工作负荷不断发生变化,人力资源工作内容呈现多样性的特点。

(3)选聘与解聘的非正式性。组织中的人力资源选聘与解聘往往严格依照程序进行,然而在项目方面往往具有一定的权变性。

(4)注重绩效考核。项目的绩效考核具有明确的成果导向,注重短期结果。

(5)注重物质激励。项目中的普通人力资源往往是临时雇用,缺乏忠诚度,物质激励的效果更直接、更有效。

(6)培训开发针对性强。主要针对项目的具体需要,实施项目的人力资源培训和开发,其内容也多是与项目相关的方法与管理规范的培训。

3. 项目人力资源管理的主要内容

项目人力资源管理是有关项目人力资源获取、培训、保留和使用等方面所进行的计划、组织、指挥和控制活动。其主要内容有项目组织规划、建立项目组织和项目组织建设3个方面。

(1)项目组织规划。这是指根据项目的目标,确定项目管理所需的工作,进行工作分析,确定具体岗位,明确岗位责任,确定各岗位角色之间的从属关系,进行项目人力资源预测。

(2)建立项目组织。这是指根据项目实际需要,为实际和潜在的职位空缺找到合适的候选人,按组织规划形成的文件,将各个角色的责任和权力分派给项目成员,明确协作、汇报与隶属关系。

(3)项目组织建设。项目组织建成以后,最迫切的任务就是形成管理能力,需要培养、改进和提高项目组织成员个人及项目组织的整体工作能力,使项目组织成为一个有机协调的整体。项目组织建设包括职责、流程、计量、考核、文化建设等多个层面。

4. 项目人力资源规划

项目人力资源规划是通过对未来项目人员供需关系情况和调配关系的预测,确定项目的人力资源管理目标,制定短期或中长期项目人员管理策略,做出科学的人力资源获取、利用、保持和开发策略,确保项目对人力资源在数量和质量上的需求,保障项目战略目标实现的谋划过程。项目人力资源规划的终极目标是为了合理配置和开发人力资

第7章 项目策划中的组织结构设计与人力资源管理设计

源,最有效地利用、激励人才,形成高绩效、强凝聚力的项目团队,最终实现项目战略目标和总体规划。

项目人力资源规划依赖于对项目组织内部和外部环境的预测和分析,从内容上可以分为广义和狭义两种。广义的项目人力资源规划包括预测项目组织未来的人力资源供求状况、制订行动计划及控制和评估计划等过程。狭义的项目人力资源规划是指提供具体的项目人力资源的行动计划,如项目人员招聘计划、项目人员使用计划、辞退计划等过程。

制定项目人力资源规划有4个阶段:

(1) 调查分析阶段。获取规划所需的信息资料,注意对项目人力资源流动的调查分析,确认项目管理团队获得项目人员的供需关系及具体要求。

(2) 预测阶段。在分析所有收集到的信息基础上,依据主观经验判断,或者其他线性或非线性的方法对人力资源需求加以预测。

(3) 制定规划阶段。依据需求预测制定项目人力资源开发与管理的总规划,根据总规划制定各项具体的业务计划及相应的人事政策。

(4) 反馈阶段。在项目实施过程中,依据实践反馈对人力资源规划进行调整。

5. 项目人力资源招聘

项目人力资源既可从项目发起企业内部获取,也可从外部获取。项目人力资源招聘应把握两个原则:一是要有与岗位相对应的专业知识和素质,能完成交付的任务;二是要有合理的层次结构,不可一味地追求高学历和经验丰富的高素质人才。项目人力资源招聘一般包括以下几个步骤。

(1) 招聘准备。按照人力资源年度规划,进行招聘安排;或根据岗位突然空缺,按照用人部门的需求,进行临时性安排。招聘信息的发布应该视情况决定,要求选择恰当的媒体,按照岗位要求,刊登招聘信息。

(2) 组织实施。此阶段主要包括选择招聘机构、招聘地点、组织面试等内容。

(3) 甄选阶段。对应聘者进行面试、考核,选择合格的人员。

(4) 检查、评估和反馈阶段。跟踪招聘的各个环节,加强控制,提高招聘质量。

6. 项目人力资源的培训和开发

虽然在招聘配备过程中已经注意到项目成员的基本素质和能力,但是它们与岗位目标任务的知识、技能要求之间可能还存在一定的差距,因此有必要对项目成员进行相应的培训。特别是一些特殊岗位,必须通过培训,取得合格证书后方可上岗。虽然对人员进行培训可能会增加项目的成本,但是这远比由于人员缺乏技能给项目造成的损失要小得多，培训同时也是鼓舞团队成员士气、留住人才的有效方法。首先，应进行工作分析，确定培训目标。工作分析提供每一项工作任务的信息，确定完成任务必需的技能和最低限度的接受水平，针对成员业务水平状况，确定员工培训的目标。其次，要制订培训计划，并选择培训方式。培训方式有很多种，按有无资格证书可分为普通业务知识培训和资格证书培训；按时间可分为在职培训和脱产培训；按地点可分为"请进来"和"走出去"。最后，要对培训的效果进行评价。在培训结束后，应总结培训的收获，并进行纵向比较和横向比较，即受训者培训前后的工作效率比较，受训效果与投入的财力、人力和时间的比较，不同受训者之间的比较等，以判断哪种培训方式更为有效。通过总结和比较，不断改进员工培训工作。

7．项目人力资源的激励

项目组织成员在工作中位置不固定，项目结束后就面临解散，所以容易使员工产生临时观念，不利于其树立责任心。因此，要提高人力资源的工作效率，确保项目的顺利完成，就必须充分运用合理、有效的激励机制和方法，调动员工的积极性与主动性。

（1）激励效果的目标性。激励是否有效，关键在于其是否有利于项目目标的实现。一方面，项目目标本身作为一种诱导，具有导向和激励作用。当个人的目标强烈并迫切需要实现时，他们就会对项目的发展给予热切关注，对工作产生强烈责任感，不用别人监督也能做好。另一方面，项目经理对项目计划要全面设计，合理安排岗位，把握对人员的绩效期望。如果绩效期望过高，则会产生成员压力大、完成任务的时间拖延、人员不稳定等缺陷；如果绩效期望过低，则成员工作松懈、机构臃肿、项目成本增高。这两种情况都不利于激励项目成员。

（2）激励措施的阶段性。项目团队工作的积极性与团队的绩效对项目工期有重要的影响。因此，应根据不同时期的工作积极性设置相应的阶段目标，适当激励，提高工作效率。另外，在项目周期内，阶段性激励并不一定完全兑现，如果成员仍在团队中，也可以期权方式进行激励。在有条件的项目中，项目经理或项目主管部门对已经考核合格的项目指标给予成员股票期权激励。项目成员拥有的期权可以转让或在项目结束后兑现。通过项目员工持股制度，将项目成员特别是骨干队员的利益与公司利益紧密联系在一起，更有利于项目成员以主人翁的姿态完成项目任务。

（3）激励方式的多样性。激励在于满足项目成员的需求，由于成员需求不同且在不断变化，项目管理人员在采用激励方式时应先调查了解，根据成员的不同需求区别对待，采用物质激励、精神激励、环境激励、群体激励等措施，提高项目人员的积极性，顺利完成工作目标。

8. 项目人力资源绩效考核

绩效考核是按照一定的标准，采用科学的方法，检查和评定项目员工对职务或岗位所规定职责的履行程度，以确定其工作成绩的一种项目管理工作。绩效考核以项目员工的工作业绩为考核对象，通过对项目员工工作的评价，判断其是否称职，并以此作为采取激励措施的依据和项目人力资源管理的基础。项目人力资源的绩效受到多种因素的影响，包括各类资源和利益相关者。由于项目管理工作的创造性特征，项目人力资源的绩效表现在交付的成果和技能的提高两个方面。由于在项目实施过程中，项目员工的绩效不仅受到技能、激励等内在因素的影响，还受到环境、机会等外在因素的影响，因此管理者应选择那些重要的、并能真正得以实现的特定指标作为绩效考核目标。在建立目标之后，员工和团队必须了解他们各自的任务。最后，评价者与员工一起，审查工作业绩，并根据所建立的标准进行评价。

（1）确定绩效考核指标。绩效考核指标是进行绩效考核的基本要素，制定有效的绩效考核指标是绩效考核取得成功的保证，是建立绩效考核体系的中心环节。确定绩效考核指标，应进行以下工作。

1) 工作分析。工作分析也称岗位分析，是根据考核目的，对被考核对象的岗位工作内容、性质及完成这些工作所具备的条件等进行研究和分析，从而了解被考核者在该工作岗位所应达到的目标和采取的工作方式等，初步确定绩效考核的各项要素。

2) 工作流程分析。绩效考核指标必须从流程中去把握，根据被考核对象在流程中扮演的角色、责任及其同上游、下游之间的关系，确定其衡量工作的绩效指标。此外，如果流程存在问题，还应对流程进行优化或重组，以提升其工作绩效。

3) 绩效特征分析。可以使用图标标出各指标要素的绩效特征，按需要考核的程度分档。例如，可以按照"非考核不可、非常需要考核、需要考核、需要考核程度低、几乎不需要考核"5档分类，对各指标进行评估，然后根据少而精的原则按照不同权重选取指标。

4) 理论验证。依据绩效考核的基本原理与原则，对所设计的绩效考核要素指标进行验证，保证其能有效和可靠地反映被考核对象的绩效特征和考核目的要求。

5) 要素调查，确定指标。根据上述步骤所确定的要素，可以运用多种灵活的方法进行要素调查，最后确定绩效考核指标体系。在进行要素调查和指标体系的确定时，往往将多种方法结合起来运用，使指标体系更加准确、完善与可靠。

6) 修订。为了使确定好的指标更趋合理，还应对其进行修订。修订分为两种，一种是考核前修订，即通过专家调查法，将所确定的考核指标提交领导、专家会议及咨询顾问，征求意见、修改、补充、完善绩效考核指标体系。另一种是考核后修订，即根据考核及考核结果应用之后的效果等情况进行修订，使指标体系更加理想和完善。

（2）项目人力资源绩效考核方法。项目人力资源绩效考核的方法主要包括以下几个方面：

1）直接排序法。项目人力资源管理者按照项目人员的工作表现优劣，依次排序。这种绩效表现既可以是整体绩效，也可以是某项特定工作绩效。

2）关键事件法。关键事件法，是项目人力资源管理者将项目人员在项目活动中所表现出来的非同寻常的行为记录下来，将工作态度、缺勤率、投诉率、违纪行为发生率、加班率与项目组织绩效的考核指标"直接的工作效率"和"项目开展质量"相联系，并根据所记录的特殊事件来评估项目人员的工作绩效。

3）等级分配法。等级分配法，是由评估小组先拟定有关的评估项目，并按评估项目对项目人员的绩效做出粗略的排序，然后设立一个绩效等级并在各等级设定固定的比例分配，再按每个项目人员的绩效排序分配绩效等级。这种方法得出的绩效评估结果不再着重于具体排序，而着重于每个人的绩效等级。

4）目标管理法。目标管理具有较强的针对性。通常，绩效目标是特定的，并与项目组织总体战略目标相辅相成。这种评价法的最大优点是为项目人员工作成果树立了明确的目标，能激励项目人员尽量向目标靠拢。绩效目标和标准制定得越精细，项目人员绩效评价中的偏见和误差就越少。

5）配对比较法。配对比较法，就是将每一个被考核者按照评价要素与其他被考评者一一配对，分别进行比较。每一次比较时，给表现好的员工记"+"，另一个员工记"-"。所有员工都比较完之后，计算每一个人"+"的个数，依次对员工做出评价。谁的"+"的个数多，谁的名次就排在前面。

（3）反馈绩效评估结果。绩效评估结束后要向被评估的成员说明评估结果，这需要良好的反馈方法与机制，才能通过评估发现问题、改进工作。开展绩效评估的战略目标之一就是借此使项目组织内部的管理沟通制度化和程序化。在绩效评估中，员工不仅关心自身工作绩效水平，而且关心上级主管人员对其工作能力、态度等方面的评价。绩效管理人员要采取合适的方式，及时有效地把评估结果反馈给员工，让他们能够从绩效评估中受益，从而明确自己的问题和努力方向。

本章小结

项目管理需要项目策划，需要全程策划的阶段性指导。项目策划是确立项目系统目标的具体方案，是项目设计和计划的依据。此外，项目策划又是项目实施的依据，它在为项目管理提供组织设计和人力资源管理模式的同时，又成为项目后评价的依据。

第 7 章 项目策划中的组织结构设计与人力资源管理设计

项目组织形式与一般企业组织存在一定的差异。项目组织结构设计为提高项目管理的组织决策能力和反应速度提供了新的思路。项目组织结构具有高度的灵活性，强调团队协作的精神，是应对变化、实现资源快速优化配置、提供经营和管理效益的有效武器。

在设计项目组织结构时，必须注意 5 个基本原则：一是组织结构必须反映项目的目标和计划；二是必须根据工作任务需要来设计组织结构；三是必须能保证决策指挥的统一；四是必须有利于对项目全过程及全局的控制；五是必须考虑各种报告、汇报的方式、方法和制度。对于不同的项目来说，并没有适用于所有情况的万能结构。通常，影响项目组织结构设计的因素有很多，包括项目规模、专业化程度、分权程度和管理跨度等。典型的项目组织结构设计的基本类型有职能型、项目型、矩阵型及混合型组织结构。

项目人力资源管理设计包括项目团队管理、项目经理选择和项目人力资源管理 3 个部分。其目的就是通过组建高效的团队，聘请一流的项目经理或开发人力资源，以提升项目团队的合作意识和奉献精神，提升项目经理和员工的绩效，为项目的成功提供保障。

项目团队管理是项目人力资源管理的重中之重。只有建立高效的项目团队才能保证高质量地完成项目目标。根据组建团队的目的，项目团队可划分为问题解决型团队、自我管理型团队及多功能型团队 3 种。项目团队需要加强对外部团队的管理与协调。

项目经理在项目管理中起着关键的作用，需要明确其责任和权力。项目经理需要一流的素质和管理能力，需要足够的培训，需要用科学的激励手段促进其努力工作。

项目人力资源管理包括人力资源规划、招聘、培训和开发、激励和绩效考核等内容。

复习思考题

1. 项目管理对项目策划的基本需求包括哪些内容？
2. 项目组织结构设计有哪几种形式？它们各自的优缺点有哪些？
3. 结合具体的案例，谈一谈矩阵型结构和项目型结构的优势。
4. 创建项目团队的原则有哪些？项目团队应具有哪些特征？
5. 项目团队具有哪些类型？这些类型分别适合哪些类型项目？
6. 项目经理应该具备哪些素质和能力？你认为哪些能力更重要？
7. 为什么说对项目经理的激励，精神手段比物质手段更重要，而对一般的员工，物质手段比精神手段更重要呢？
8. 阐述项目人力资源绩效考核所面临的关键问题与难点。

案例分析题

北京御园项目建筑质量之困

北京御园房地产项目(以下简称北京御园)的居住规划源于美国纽约中心的一个低密度文化居住社区——The Greenwich Village。该社区以华盛顿广场为中心,周围有湖泊、森林、湿地等自然美景,区内文艺荟萃,是艺术家、设计师、自由工作者的聚居之地。北京御园的设计概念是"精品家居"(boutique residence)。这个概念,起源于纽约、伦敦、巴黎、悉尼等国际大都会等流行的精品酒店(boutique hotel,这类酒店一般位于大型商业圈内,通常配置一整套高标准硬件设施和酒店服务系统,聘请专业酒店服务公司经营和管理,专门为城市高端人群提供便捷、高尚和适合生活居住的高端物业服务)。

北京御园位于CBD(Central Business District,中央商务区,指大城市里用以开展商务活动的核心地区)商务居住区朝阳路,处于东四环与东五环之间,小区总占地面积约为27万平方米,容积率低于1.5,整个项目规划分为三期。其中,一期建筑面积16.6万平方米,包括18栋楼,共769户。物业为自持物业公司模式,采取24小时安保监控管理,360°管家式物业服务。作为H有限公司地产业务在北方开发的第一个住宅地产项目,北京御园虽然比周边地产项目售价高出约25%,但在不到一年的时间内,楼盘就已全部售出,最终销售额约13亿元人民币。客户分析资料显示,在所有的小区业主当中,中国香港、中国台湾地区、海外华人和外籍买家占近1/4,他们非常看好北京御园的投资前景。

然而好景不长,对于所有的业主而言,一场危机正慢慢靠近。按照合同约定,H有限公司通知小区业主可在2006年12月23日至31日进行收房。交房第一天,前来收房的小区业主发现,H有限公司方面要求业主付清维修基金、物业费、契税及各项杂费后才能进行下一步收房工作。由于H有限公司的这一收房、验房程序与常规做法有出入,导致小区业主对收房流程的不满,但还是有一些小区业主交清了各项费用后得以进入验房程序。

在随后的验房过程中,部分小区业主的验房结果和感受被相继发布到业主论坛里。一些直观的照片也在业主之间传看,关于北京御园的房子质量存在问题的说法随即在业主中传开。很快,小区业主集体收房维权工作委员会(简称"工委会")宣告成立。

之后,业主集体参观了部分处于验房过程的房屋,发现质量问题普遍存在,且比原来预料的更加严重。其中很多问题,如空调安装、排污系统等很难整改。这些问题也让所有业主产生了巨大的心理落差。根据已经收房小区业主的总结,各种质量问题竟然有

25条之多。例如，房间楼板太薄，轻轻跺脚震动就很明显；中央空调管子非常多，而管子安装工艺很粗糙；房屋漏水现象严重，墙面已经被洇湿一大片；有的墙脚居然明显大于90°，墙是斜的。面对这样的房屋质量，再理智的人也很难不抱怨，更何况这些业主是花了大价钱的。尽管质量问题是引起纠纷的主因，但是开发商的态度也不容忽视。2007年1月9日上午，几位业主代表在售楼处与H有限公司总部的两位董事会面。经过商谈和实地调查，两位董事虽然承认项目存在一定问题，但并没有针对业主提出的问题形成任何解决方案。

2007年1月17日，H有限公司中国事务部总经理谭先生从总部来到北京并召开新闻发布会，承认北京御园房地产项目在服务和产品质量方面的问题，并表示会认真处理。随后不久，H有限公司先后向全体小区业主发出了《致北京御园房地产项目业主的函》和《致北京御园房地产项目业主的函之二》，就项目质量存在的问题向业主致歉并提出了整改措施和赔偿方案。但两封公开信迎来的是业主更加强烈的抗议，因为提出的"更换监理公司"和"必须由业主与H有限公司双方共同制定整改标准，并且整个整改工作要在业主的监督下进行"的建议被拒绝。2007年1月25日，北京御园100多位业主再次召开媒体发布会，对存在的房屋问题及H有限公司在C城L项目的整改情况进行了详细介绍。会上，小区业主代表高调表示不接受H有限公司此前发出的《致北京御园房地产项目业主的函之二》中提到的整改方案，并对H有限公司"拒绝业主参与整改工作"表示声讨。同时，小区业主代表宣布，工委会已经收到H有限公司在C城开发的L项目维权委员会的声援，"希望北京业主不要重蹈覆辙，一定要坚持参与整改"。

2007年1月初，北京御园开始启动项目整改计划。此计划抽调了H有限公司在全国的各个分公司的200多人，参加北京御园的整改行动。具体的整改项目主要包括"室内墙体、地面抹灰层的拆除返工、空调系统的拆改、顶层房屋防水层的返工、室外园林景观及道路的完善"等，整个过程持续到2007年4月初完成。为了保证质量，根据H有限公司高层的要求，整改后的北京御园成立了由工程部、市场部、物业部人员组成的验楼小组和收楼小组，对工程部整改完成的单元户逐一验收，并在验收合格后交由市场部向小区业主交楼。

总体来看，小区业主对整改后的北京御园房屋质量普遍感到比较满意，2008年1月，H有限公司也完成了交楼工作。至此，北京御园画上了一个相对圆满的句号。

2008年4月，H有限公司地产业务部门召开内部经理级会议，对北京御园项目实施过程中存在的问题进行了总结。会上，H有限公司地产业务部门C总经理先发言。他说，"虽然通过我们公司地产部门的集体努力，北京御园事件得到了较为圆满的解决，公司负责人的态度也得到了部分舆论媒体的认可，但是这次事件给公司造成的各方面损失还是十分巨大的。这种损失不仅表现为项目整改资金的额外投入，而且对公司一直以来形成的良好商业口碑是一个极大的损害，特别是消费者对我们公司这一金字招牌的信任度下降，而这种损失是无法用金钱来衡量的。对于北京御园出现如此众多的问题并遭到小区业主投诉，虽然原因是多方面的，但毋庸置疑的是，在项目管理的具体实施层面出现了严重的管理漏洞。为了避免以后的项目中再次出现类似的问题，希望在这里听听大家的看法和意见。"

在接下来的讨论发言中，几位部门经理针对北京御园的实际情况，从各自的角度阐述了一些问题并表达了自己的看法。其中，A 经理认为，"北京御园项目组织结构的设置不当，以及由此导致工程任务分工不明确，是造成项目管理出现问题的主要原因。从总体来看，公司地产业务部采用的是矩阵式结构，而具体到单个地产项目上则采用的是'设计—管理结构'（在这一组织结构中，未来的业主不直接参与现场管理，质量管理意图由监理方来实施；进度、技术等管理意图由建筑师来实施。建筑师，即建筑设计顾问，被视为业主驻施工现场的代表，由其负责督促各施工方实施业主的大部分工程项目管理指令，并统辖工程项目所涉及的其他专业设计顾问，由此建筑师成为了项目工程施工管理组织结构中的核心。建筑师对上协调业主、结构顾问、园林顾问、精装顾问、机电顾问，对下协调总包、机电、精装、园林、幕墙等工程承包商，业主和各顾问的意见、指令都是通过建筑师向下传达的）。虽然该结构能够较好地控制成本，但很难在多个地产项目并存时做到及时响应，保证具体地产项目的施工进度。此外，由于建筑师承担了具体地产项目的核心工作，明显超出了建筑师的权责范围，容易导致各类问题的出现。"

而 B 经理则认为，"北京御园项目的工作流程安排非常不合理，由此导致的岗位权责不清晰是造成项目管理出现问题的关键。例如，项目招标流程中的业主主持招标邀请，不能很好地解决在保证施工质量的前提下兼顾成本的问题；现场管理流程中的双头正式管理指令会严重影响施工方的工作，这也导致信息处理流程中要经过多次讨论才能达成共识，并由此导致施工方的反馈等待时间过长，严重影响施工方的进度。此外，问题处理流程中由顾问提出的合同外 RAI 则可能会导致施工方的额外劳动等问题。"

问题：

1. 你认为北京御园项目管理中的组织结构设计问题出在哪里？
2. 请查一查建筑行业的相关资料，并谈一谈如果你是地产项目的经理，你所组建的项目团队应采用什么样的组织结构，从而可以有效地防止工程质量出现问题？
3. 就本案例来看，你认为有何种策略可以让现有建筑工程的监理机制变得更有效？

第8章

项目策划中的财务管理与策划的实施控制

> 没有财务分析的项目策划，就像一只跛脚的鸭子，很难走得更远。
> ——佚名

📖 引导案例　沙角火力发电厂项目的融资方案

沙角火力发电厂于1984年建设，总投资42亿港元，是中国最早使用BOT融资概念兴建的基础设施项目。项目合资中方为深圳特区电力开发公司（A方），合资外方是合和电力（中国）有限公司（B方），合作期10年。合作期间，由B方组织项目建设，提供全部外汇资金，负责电厂经营。作为回报，B方获得扣除经营成本、煤炭成本和支付给A方管理费后的全部项目收益。合作期满后，B方将电厂资产所有权和控制权无偿转让给A方。为保证全部外汇资金能够到位，B方充分利用了它在BOT建设方面的财务管理优势，为项目安排了一个有限追索的项目融资结构。首先，为满足项目贷款银行对项目现金流的预期，B方与A方签订了电力购买协议。其次，为降低燃料供应风险，B方与A方达成协议，要求A方负责按照一个固定的价格提供项目发电所需要的全部煤炭，同时还邀请广东省国际信托投资公司为协议提供担保。再次，由于贷款银行会要求更高一级机构提供某种形式的财务担保或者意向性担保，并有可能要求对项目现金流量和外汇资金的直接控制，广东省政府为该项目出具了支持信。虽然支持信并不具备法律约束力，但可作为一种意向性担保，在项目融资中具有相当的分量。在完成上述安排之后，B方与设备供应及工程承包财团签订了"交钥匙"

建设合约，并与中国人民保险公司签订了项目保险协议。

并不是所有项目资金都是项目发起人的自有资金，现代项目已发展出多种融资方式。众所周知，"没有财务分析的项目策划，就像一只跛脚的鸭子，很难走得更远"。如果你还在为巨人大厦资金链折断感到惋惜，那么看了上述案例之后，你会对项目融资多一些了解。而懂得利用各种条件撬动更多的资金，则是策划人员必须考虑的大事。尽管一再强调，企业在建设项目时要量力而行，但是在现代项目操作过程中，量力而行也包括对其他外部资源和资本的充分运用。项目财务管理既是对项目的评估，也是项目风险控制的基点，同时也是项目吸收其他资金的依据。项目账务管理是现代任何项目都必须面对的管理课题。

📂 本章学习目标

- 熟悉项目策划所需的财务管理知识。掌握财务评价的作用、主要评价指标及指标计算方式。了解财务指标设计应关注的问题，并学会在具体项目财务分析中加以运用。
- 了解项目财务预算编制的方法，熟悉两种专门面向项目的预算系统PPBS和ZBB。
- 熟悉项目融资的定义和特征，了解项目融资的发展历程和基本程序。熟悉项目成功融资的条件，重点掌握项目融资成本的计算公式及项目融资结构的概念。
- 熟悉项目融资的风险形式，重点掌握项目融资的基本方法。掌握贷款、债券、产品支付、远期购买、融资租赁、BOT、TOT、ABS、BT及PPP等融资方式的差异，以及各自的优缺点。熟悉融资担保的方式，熟悉项目融资所需文件的类型。
- 熟悉项目策划实施控制的方法与策略，了解项目进度、费用和质量控制的具体内容。

8.1 项目策划中的财务管理

为了实现项目利润最大化的目标，需要将财务管理的基础知识导入项目策划之中。项目策划中的财务管理既有对项目投资收益、风险评估与分析的内容，同时也包括对项目资金需求进行预测的内容。在此基础上，它还为项目融资方案设计提供了财务依据。

8.1.1 项目的财务评价及主要财务指标

在投资前期对项目进行财务评价[①],是减少企业投资活动的风险性和盲目性的有效工具,也是外部资金提供者了解投资项目盈利能力和清偿能力的重要材料。项目财务评价就是根据国家现行的财税制度和价格体系,分析、计算项目直接发生的财务收益和费用,编制一定时期的财务报表,并据此计算评价指标,考察项目盈利能力、清偿能力及外汇平衡等财务状况,以评判投资可行性的经济活动,其目的就是确保投资决策的正确性和科学性,避免或最大限度地减少投资方案的风险,明确投资方案的经济效果。财务评价的结论是决定项目取舍的重要依据,也是项目投资策划中经常使用的、重要的辅助决策工具。

1. 项目的市场调查与分析

要对项目进行财务评价与可行性预测,就必须在项目投资前期对其进行必要和充分有效的市场调查与分析。市场调查不仅可以使决策者了解市场现状及发展趋势,而且可以把握项目投资过程中可能遇到的各种问题,从而在投资前期对投资过程中的风险进行充分的估计和预测,是投资成功的程序保障。项目市场调查与分析主要是根据项目市场研究和技术研究的结果、现行价格体系及财税制度,对项目的投资额、产品在未来市场中的销售量或销售收入,以及价格、成本费用、利润、税金及项目计算期等一系列财务基础数据的分析和预测。

2. 编制基本财务报表

根据市场调查分析取得的数据及其他辅助数据,策划人员可分别编制反映项目盈利能力、清偿能力和外汇平衡情况的基本财务报表,如现金流量表、损益表和资产负债表等。而要编制出较为准确的报表,则需要策划人员在市场调查阶段尽可能准确预测反映盈利能力的现金流入量与流出量,主要包括生产负荷(销售量)、产品销售收入、材料费用、销售费用、经营成本、总成本费用、销售税金及附加、所得税、净现金流量、利润总额等;准确反映清偿能力的资金来源、利润总额、折旧费、摊销费、资金运用、借款成本、资产、流动资产总额、现金、存货、固定资产总额、负债等。当然,项目财务评价阶段所编制的财务报表与项目经营过程中的财务报表存在一定的差别。项目财务阶段编制的财务报表所依据的都是基于市场调查后的预测数据,而不是现成的历史数据,

---

[①] 项目财务评价是项目评估和项目可行性分析的重要工具,是项目前期策划与项目选择的重要依据,也是确定项目战略和营销方案的基础。策划人员应懂得财务评价与战略决策、营销策略设计之间的关联。

但在编制方法上完全可参照经营过程中的报表来编制。

3. 设计项目财务评价指标

根据财务报表就可设计出项目财务评价指标。项目财务评价指标有动态指标和静态指标之分。其中,动态指标主要有内部收益率、净现值、外部收益率及动态投资回收期等。动态指标要考虑资金的时间价值,计算比较复杂。静态指标主要有静态投资回收期、投资利润率、投资利税率、资本金利润率、资产负债率、流动比率、速动比率、平衡点生产能力利用率与产量等。

（1）内部收益率。内部收益率是指项目在计算期内,各年净现金流量的现值累计等于零时的折现率。也就是说,在这个折现率条件下,项目现金流入的现值总和等于其现金流出的现值总和。内部收益率不仅能反映项目所占用资金的盈利率,还可以明确地给出项目的投资回报率,使投资者对项目有非常直观的判断。内部收益率的表达式为

$$NPV(IRR) = \sum_{t=0}^{n}(CI-CO)_t(1+IRR) = 0$$

式中,NPV 为净现值;IRR 为内部收益率;CI 为现金流入量;CO 为现金流出量;$(CI-CO)_t$ 为第 t 年的净现金流量。

一般而言,内部收益率大于行业基准收益率的项目可以考虑投资,低于行业的基准收益率的项目不宜投资,低于银行贷款利率的项目则不能投资。

（2）净现值。净现值是反映投资方案在计算期内获利能力的动态评价指标。投资方案的净现值是指用一个预定的基准收益率（或设定的折现率）I_c,分别把整个计算期内各年所发生的净现金量都折现到投资方案开始实施时的现值之和。其计算公式为

$$NPV = \sum_{t=0}^{n}(CI-CO)_t(1+I_c)^{-t}$$

式中,NPV 为净现值;I_c 为基准收益率;CI 为现金流入量;CO 为现金流出量;$(CI-CO)_t$ 为第 t 年的净现金流量。

净现值是评价项目盈利能力的绝对指标。当 NPV>0 时,说明该方案在满足基准收益率要求的盈利之外,还能得到超额收益,故该方案可行;当 NPV=0 时,说明该方案有满足基准收益率要求的盈利水平,方案勉强可行或有待改进;当 NPV<0 时,说明方案不可行。在计算净现值时,基准收益率是项目发起企业或投资者以动态的观点所确定的,项目可接受的最低收益水平是一个重要的经济参数,其确定一般以行业平均收益率为基础,同时还要综合考虑资金成本、投资风险、通货膨胀及资金限制等影响因素。

（3）外部收益率。外部收益率与内部收益率近似,所不同的是要假设投资过程每年

的收入，都以相当于标准折现率的收益进行再投资，到项目的有效期末必有一笔本利和，这是投资过程中的收入。在投资过程中的每一年都有一笔投资支出，把这些支出按照某一利率折算到项目有效期末，若其本利和等于投资收入的本利和，则对该投资过程的折算利率来说是不盈不亏的，这个利率就叫作外部收益率。此种方法适用于净现金流序列符号变化多次的非常规项目，用外部收益率可以避免非常规项目IRR方程可能出现多解的问题。其计算公式为

$$\sum_{t=0}^{n} \mathrm{NB}_t(1+i_0)^{n-1} = \sum_{t=0}^{n} K_t(1+\mathrm{ERR})^{n-1}$$

式中，ERR为外部收益率；K_t为第t年的净投资；NB_t为第t年的净收益；i_0为标准折现率；外部收益率的评价标准是ERR>i_0，等于时则需要修正，小于时则不可行。

（4）投资回收期。投资回收期是指以项目的现金流入量累积到与全部投资额相等所需要的时间。投资回收期可分为静态投资回收期和动态投资回收期。前者是在不考虑资金时间价值的条件下，以项目的净收益回收其全部投资所需要的时间；后者则是把投资项目各年的净现金流量按基准收益率折成现值之后，再来推算投资回收期。静态投资回收期计算公式为

$$T = 1/E = K/R$$

式中，T为静态投资回收期；E为投资收益率；K为原始投资；R为每年净收益（利润）。

动态投资回收期属于动态指标系列，其计算公式为

$$\sum_{t=0}^{t_d} (\mathrm{CI}-\mathrm{CO})_t (1+i_0)^{-t} = 0$$

式中，t_d为动态投资回收期；t为期数；CI为现金流入量；CO为现金流出量；$(\mathrm{CI}-\mathrm{CO})_t$为第$t$年的净现金流量；$i_0$为标准折现率。

投资回收期为项目投资者提供了直观的判断。一般来说，回收期越短，项目越好。而项目投资回收期还在一定程度上显示了资本的周转速度。回收期对于那些技术上更新迅速的项目，或资金相当短缺的项目，或未来的情况很难预测而投资者又特别关心资金补偿的项目，是十分有用的。然而，由于静态投资回收期忽视了资金时间价值，因此无法体现回收期以后的收益好坏。事实上，具有发展前景的项目往往是前期收益比较低，而在中后期才能显示出项目的优势。投资者如果仅用静态投资回收期来评价项目的优劣，极易放弃在将来才会成功的项目。因此，如果面对需要考虑货币时间价值的项目，最好选用动态投资回收期作为评价指标。但从总体来看，两者都需要与其他指标结合起来使用。

(5) 投资利润率。投资利润率是指项目达到设计生产能力后的一个正常生产年份的年利润总额或年平均利润总额与项目总投资的比率。它表明投资方案在正常生产年份中，单位投资每年所创造的利润额，是考察项目单位投资盈利能力的静态指标。在财务评价中将投资利润率与行业平均投资利润率做比较，可以判别项目单位投资盈利能力是否达到本行业的平均水平。其计算公式为

$$投资利润率 = \frac{年利润总额或年平均利润总额}{项目总投资} \times 100\%$$

式中，项目总投资=固定资产投资及方向调节税+建设期利息+流动资金。

投资利润率指标经济意义明确、直观，计算简便，在一定程度上反映了投资效果的优劣，可适用于各种投资规模的项目。但不足的是，它没有考虑投资收益的时间因素，同时指标的计算主观随意性太强，因此以投资利润率指标作为主要的决策依据不太可靠。

(6) 投资利税率。投资利税率是指项目达到设计生产能力后的一个正常年份的年利税总额或项目生产期内的年平均利税总额与项目总投资的比率。将该指标与行业平均投资利税对比，可知道该项目单位投资对国家积累和贡献水平。其计算公式为

$$投资利税率 = \frac{年利税总额或年平均利税总额}{项目总投资} \times 100\%$$

式中，年利税总额=年产品销售（营业）收入−年总成本费用。

(7) 资本金利润率。资本金利润率是指项目达到设计生产能力后的一个正常年份的年利润总额或项目生产期内的年平均利润总额与资本金的比率。该指标反映了投入项目的资本金的盈利能力。其计算公式为

$$资本金利润率 = \frac{年利润总额或年平均利润总额}{资本金} \times 100\%$$

(8) 资产负债率。资产负债率反映项目各年所面临的财务风险程度及偿还债务能力的指标。其计算公式为

$$资产负债率 = \frac{负债总额}{资产总额} \times 100\%$$

(9) 流动比率。流动比率又称营运资本比率，是项目全部流动资产对全部流动负债的比率，表示项目营运资本的能力，用以衡量项目偿还债务的能力。其计算公式为

$$流动比率 = \frac{流动资产总额}{流动负债总额} \times 100\%$$

(10)速动比率。速动比率是项目速动资产对流动负债的比率。速动资产包括现金、应收账款、应收票据和有价证券,它们可以立即变现,用来偿还流动负债。速动资产不包括存货。其计算公式为

$$速动比率 = \frac{流动资产总额 - 存货}{流动负债总额} \times 100\%$$

(11)平衡点生产能力利用率。平衡点生产能力利用率是以项目设计生产能力利用率表示的盈亏平衡点 BEP(L)。设某项目的年设计生产能力为 R,盈亏平衡点产量为 BEP(X),则计算公式为

$$\text{BEP}(L) = \frac{\text{BEP}(X)}{R} \times 100\%$$

BEP(L)表示项目保本时必须达到的最低限度的生产能力利用率。如果保本时生产能力利用率越小,项目抗风险能力就越大。而平衡点产量是以产量表示的盈亏平衡点。假设某项目的固定成本为 F,产品销售收入及销售单价为 P,单位产品可变成本为 V,盈亏平衡产量为 BEP(X),盈亏平衡的收入为 BEP(Y),盈亏平衡成本为 BEP(C),则

$$销售收入\ \text{BEP}(Y) = \text{BEP}(X) \cdot P$$
$$生产成本\ \text{BEP}(C) = F + \text{BEP}(X) \cdot V$$

只有在收入等于成本时,才能实现盈亏平衡,所以有 BEP(Y)=BEP(C),则 BEP(X)·P = F+ BEP(X)·V。

整理后得到盈亏平衡产量公式为

$$\text{BEP}(X) = \frac{F}{P - V}$$

8.1.2 项目财务指标设计应关注的问题

1. 有选择地使用财务评价指标

项目财务评价结果的好坏,不仅取决于基础数据的完整性和可靠性,同时取决于选取的评价指标体系的合理性。前面讲述的几种财务评价指标在使用时各有优劣,因此企业要结合项目的实际情况有选择地选用财务评价指标。一般来说,静态评价方法不考虑货币的时间因素,因此没有动态评价方法可靠,但对方案进行粗略评价,或对短期投资项目进行评价,以及对逐年收益大致相等的项目进行评价时,静态评价方法具有简便易行的优势。而动态指标是把现金流量折现后来计算的评价指标,它考虑了投资方案现金流量所发生的时刻及时间价值,能较全面地反映投资方案整个计算期的经济效果。但相

对静态评价方法而言，动态指标在计算时要复杂得多，且在选择折现率时也难以避开主观判断。因此，很难说哪一种评价方法就是十全十美的，策划人员在使用时既要有所选择，又要注意综合使用，这样做会更可靠一些。

2. 设计可行的项目还款计划

偿还借款能力的强弱是判断项目经济是否可行的重要标志之一。项目投资的回收情况实际反映项目的盈利水平。对于贷款的偿还计划，可以根据项目运行初期产品的市场开拓形势、销售情况、盈利能力等，设计出等额还款、等本金还款、最大还款能力还款等不同的贷款偿还计划，以减轻项目在运行初期的还款压力，同时节省下来的资金还可用于项目的新发展。合理的还款计划可以最大限度地使用资金，节约资金成本费用，提高企业信用。

3. 加强财务指标敏感性分析

由于项目财务评价是预测性的工作，会受到许多不确定因素的影响，所以在预测中有必要对各种可能发生的情况多加考虑。这样做一方面可以提高投资者对未来不确定事件的应变能力，减少不利事件可能带来的损失；另一方面体现了项目财务评价的真正意义，达到对项目进行多方案预测和比较的目的，从而降低决策风险，提高决策的准确性和可靠性。

项目敏感性分析是项目决策中常用的一种寻找不确定影响因素的分析方法。它通过分析项目现金流动情况发生变化时对项目财务评价指标的影响，从中找出敏感因素及其影响程度，明示风险，为必要的风险防范措施提供依据。在具体运用中，该方法主要侧重对单因素敏感性分析的考核[①]。该方法在进行敏感性分析时，每次都假定只有单一的一个因素是变化的，而其他的因素均不发生变化，从而分析出该因素对其他评价指标的影响程度及敏感程度。敏感性分析可帮助决策者了解不确定因素对财务评价指标的影响，从而提高预测的可靠性。

---

① 单因素敏感性分析的做法如下：第一，确定敏感性分析的对象，也就是确定要分析的评价指标。往往以净现值、内部收益率或投资回收期为分析对象。第二，选择需要分析的不确定性因素。一般取总投资、销售收入或经营成本为影响因素。第三，计算各个影响因素对评价指标的影响程度。这一步主要是根据现金流量表进行的。首先计算各影响因素的变化所造成的现金流量的变化，再计算出所造成的评价指标的变化。第四，确定敏感因素。敏感因素是指对评价指标产生较大影响的因素。具体做法是，分别计算在同一变动幅度下各个影响因素对评价指标的影响程度，其中影响程度大的因素就是敏感因素。第五，通过分析和计算敏感因素的影响程度，确定项目可能存在的风险的大小及风险影响因素。

4. 合理处理通货膨胀

在通货膨胀期间，无论项目收入还是项目支出，都会发生很大的变化。在计算项目财务评价指标时，对通货膨胀的影响可通过两种方法进行调整：一种是调整投资项目的现金流量；另一种是调整折现率。其中，调整现金流量法在理论上受到好评。此外，对通货膨胀处理可按以下方法进行：一是在编制计算内部收益率时使用不变价格，由此计算出来的内部收益率不受通货膨胀率变化的影响；二是在制订融资计划或编制借款还本付息表时使用市场价格，由于采购材料、偿还债务都用现金，所以这些指标的计算必须进行价格换算，以便计划人员胸中有数，当投资要求提出时有足够的现金可供支配；三是在建立和分析企业财务活性（流动性、营利性）时，不变价格和现行价格都可使用。

8.1.3 编制项目财务预算

项目财务计划编制是策划人员准确了解项目发起人资金实力和融资需求、编制项目概算、将项目的投资控制在合理的范围内、评价项目建设资金使用情况的重要步骤。

1. 制订项目财务计划

项目财务计划规定了项目需要运用的预算细则、成本核算范围、财务信息和成本控制的技术方法，以及遇到财务危机时采取的解救措施等。财务计划的主要内容之一是成本控制计划。为了建立项目预算，策划人员必须预测项目需要耗费的资源种类、使用量、需要时间及成本等。当然，也要考虑通货膨胀的影响。任何预测都带有不确定性，不确定性会随所涉及内容的不同而不同。有些时候，可做出比较准确的预测，如建筑项目中所用到的钢筋有多少；有时则无法做到，如开发软件所耗费的人力、物力等。有时，一些复杂的项目会利用一些经验公式做出相当简明的估计（如建筑项目中，一定建筑面积的成本往往可通过建筑面积乘以一定的调整系数来获取），但这种方法得到的只是近似值。

2. 项目财务预算的编制方法

编制项目财务预算通常有自上而下和自下而上两种基本方法。

（1）自上而下的预算。这种方法是收集中高层管理人员的经验和判断，并运用以往类似活动的历史数据，估算项目整体的成本，然后再将估算结果给基层的管理人员，在此基础上让基层管理人员对组成项目和子项目的任务进行成本估算，直到最底层。这种预算的缺点是，上层管理人员根据经验进行的成本估算分解到下层时，可能会出现下层人员难以完成任务的情况，而下层人员即使发现成本估算不合理，也很少自动报告上级，从而容易导致项目失败。其优点是，总体预算比较准确，中高层管理人员的丰富经验使他们能够较为准确地把握项目整体的资源需要，从而使项目预算控制在有效的水平上。此外，由于项目管理过程中总是将一定预算在一系列任务之间进行分配，从而避免了有些任务被过分重视而获得过多的预算，同时由于涉及任务的比较，所以也不会出现重要任务被忽视的情况。

（2）自下而上的预算。这种估算要求策划人员必须对所有任务的时间和预算进行仔细考察，尽可能精确地加以确定。首先必须对资源进行估算（如工时和原材料），然后转换为所需的经费。有关预算意见上的差异可通过上下层管理人员的协商加以解决。如有必要，项目经理可参与到协商中，以保证估算的精度。而最终得到的预算被综合起来，作为项目整体成本的直接估计。项目经理在此基础上，加上适当的间接成本，如一般管理费用、应急准备及利润目标等。自下而上的预算在子任务级别上更为精确。由于要保证考虑到所有的任务，因此它比自上而下的预算方法更困难。其缺点是，高层管理人员会认为预算结果高于实际值，需要加以削减。优点是，比起高层管理人员，直接参与项目建设的人员更清楚项目涉及活动所需要的各种资源量。

自上而下的预算比自下而上的预算更为常见，原因是高层管理人员往往认为后者的风险较大。他们对下级人员并不十分信任，认为他们会夸大数目，并片面强调自己的重要性。另外，资金分配是一项重要权力，上层管理人员不会轻易授权。

除了上述两种方法外，这里还将介绍两种专门面向项目的预算系统。事实上，在预算思想分类中，通常有面向活动与面向项目的区别。传统的组织预算方法是面向活动的，也就是综合各方面的情况，分门别类地确定每一种资源的需要量，如动力、原材料等。其缺点是，各个项目的收入和支出被分散到各种活动之中，很难看出项目本身的财务状况。而项目导向的预算是以项目为单位编制收入和支出预算的体系，它并不是替代面向活动的预算，而是附加在其上的方法，以便全面掌握项目的财务状况。面向项目的预算有两个系统：一个是计划—规划—预算系统（Planning-Programming-Budgeting Systems，PPBS）；另一个是零基预算系统（Zero-Based Budgeting，ZBB）。

（1）PPBS。PPBS是在20世纪60年代后期美国国防部处理其预算中发展起来的方法。作为一种项目预算系统，PPBS的目的是识别、计划和控制能够最大化公司长期目标的项目，从而为企业集中资助能够创造更大效益项目提供了依据。PPBS预算过程包括4个主要步骤。第一，识别每一个主要活动领域内的目标，即计划阶段。第二，对能够达成目标的项目进行分析，对持续多年的项目和短期项目均进行考察。这一步要求对每一个项目的特性进行明确描述，以便使其意图和影响得到掌握，即规划部分。第三，估算每个项目的总成本，包括间接成本。对多年项目成本的时间分布进行细致考察。第四,对替代性的项目和项目集在期望成本、期望收益和期望项目寿命方面进行最终分析。对每个项目进行成本—效益分析,以便为在一系列项目中进行选择而对各个项目进行比较。PPBS 曾经被认为一种有效的方法,但随着 20 世纪 60 年代末"成本-日程控制系统"标准的出现,其效力开始受到怀疑。

(2) ZBB。ZBB 是在 20 世纪 70 年代受到重视的一种方法,其目的是将资金提供水平和特定的项目所达成的结果直接关联起来。ZBB 的思路是每一年在每一个项目在得到资金之前,均对其意义和价值进行评价和检查,目的是减少浪费,避免实际上已无必要的项目因为政策制定者的惰性而延续下去。ZBB 的工作过程包括,对每一个项目进行描述和评价,将它们按照成本、效益或者其他量度进行排序,然后根据排序决定每个项目资金的提供量。

8.1.4 项目融资概述

通过项目策划,策划人员可将用于融资的信用结构规划得相当灵活和多样化,可将融资的信用支持分配到与项目相关的各个关键环节。能够在项目的初始阶段,同项目关联机构与实体达成某种资信承诺和商务合同,以提高项目的配资信用和债务承受能力。增加正效益,减少负效益,减轻投资者与参与者的财务压力,尽快进入风险安全平衡体系。

1. 项目融资的定义和特征

项目融资即项目资金的筹措,按照美国财务会计标准手册的定义,是指对需要大规模资金的项目所采取的金融活动。借款人原则上将项目本身拥有的资金及其收益作为还贷资金来源,而且将其项目资产作为抵押条件来处理。根据定义可看出,项目融资不是以项目发起人的信用或有形资产的价值作为担保来获得贷款,而是依赖项目本身良好的经营状况和项目建成、投入使用后的现金流量作为偿还债务的资金来源,同时将项目资产而不是项目发起人资产作为借入资金的抵押。与传统融资方式不同,项目融资具有以下几个特点。

(1) 项目导向。项目融资是以项目为安排主体的融资形式,依赖于项目现金流量而不是项目发起人的资信来安排融资。其借款的数量、融资成本及融资结构等,与项目资产价值和现金流量有关。

(2) 有限追索。追索是指借款人未按照规定偿还债务时,债权人要求借款人用除抵押资产之外的其他资产偿还债务的权力。有限追索的实质是由于项目自身的经济性不足以支撑一个"无追索"的要求,因此需要项目借款人在项目的特定阶段,提供项目以外的其他形式的信用支持。有限追索的程度根据项目的性质、现金流量的强度和可预测性、项目借款人的信誉、素质、知识与能力，以及借贷双方对未来风险分担方式等多个综合因素，通过谈判来确定。

（3）风险分担。为实现项目的有限追索，对于与项目有关的各种风险要素，需要以某种形式在项目债务人（项目发起人）与项目开发有直接关系的其他参与者和债务人之间进行分担。项目债权人要能识别并评估项目涉及的各种风险，充分利用与项目有关的优势，设计出对项目投资者来说具有最低追索的融资结构，由项目众多利益相关者承担相应的风险。

（4）非公司负债型融资。非公司负债型融资，又称资产负债表外融资或债务屏蔽，是项目的债务不表现在项目债务人的公司资产负债表中的一种融资形式。项目债务人对债务所负的有限责任仅限于融资的项目，项目债务人在项目之外的其他公司仍然能够以较好的资产负债表平衡状况，开展其他融资活动。

（5）信用结构多样化。成功的项目融资用于支持贷款的信用结构安排是灵活多样的。项目的各个利益相关者都可以用自身的优势介入其中。例如，在市场方面，可以要求对项目感兴趣的买方提供一个长期合同作为融资的信用支持；在项目建设方面，可以要求承包商签订"交钥匙"工程；在项目原材料供应上，可以要求原材料供应商确保价格和数量。这些都是项目融资信用支持的表现形式，也是引导案例中的主要方法，可以降低融资风险，提高融资的成功概率。

（6）融资成本高。由于项目风险高，涉及面广，结构复杂，需要进行风险分担、税收结构、资产抵押等一系列的专业性工作，需要大量的契约规制，周期长，人员投入大，融资成本相对较高。

2．项目融资发展历程

项目融资方式最早出现在20世纪50年代。然而，项目融资真正开始广泛受到人们的重视，并被看作国际金融的一个独立分支，在20世纪60年代中期是以英国在北海油田开发中使用有限追索权的项目融资为标志的。20世纪80年代中期以后，BOT项目融资方式取得了长足的发展。这种融资方式在得到国际金融界广泛重视的同时，被认为代表国际项目融资发展趋势的一种新型结构。20世纪90年代以来，融资证券化又成为金融市场的一种新趋势。在这种趋势的推动下，项目融资的一种全新操作模式，资本证券化在美国兴起并逐渐向全世界扩张。项目融资经过数十年的发展，目前国际上项目融资的种类有贷款、债券、以"产品支付"为基础的项目融资方式、以"远期购买"为基础的项目融资方式、以"融资租赁"为基础的项目融资方式、BOT项目融资方式、ABS项目融资方式、TOT项目融资方式、BT项目融资方式、PPP项目融资方式等。

3. 项目融资的程序

从项目选择与确定投资决策，到选择采用项目融资方式为项目建设筹集资金，一直到最后完成项目融资，共有4个阶段。第一，项目投资决策分析。该阶段包括项目的提出和可行性分析，确定项目的投资结构，判断项目债务资金偿还的可靠性和安全程度，制定出可以被投资方所接受的共同承担风险的项目融资方案。第二，融资决策分析。该阶段包括融资方式选择，聘请融资顾问，进行融资结构与融资方案设计。第三，项目融资谈判。向一些金融机构发出项目建议书，组织贷款银团，着手起草各种融资文件，通过商谈，达成意向，签订协议。第四，项目融资的实施。按照协议规定，借债人偿还本息，贷款银团对项目进行监督。

4. 项目融资成功的条件

成功的项目融资需要将所有项目参与者与项目利益很好地结合在一起，从而达到控制风险、增强项目债务承担能力的要求。成功的项目融资条件主要有以下5个方面：

（1）做好项目选择与风险分析工作。严格而科学的项目选择是项目成功的前提。项目选择时，必须进行细致的风险识别与评估。好的项目能够吸引到条件优厚的贷款，而对项目风险做出正确的分析，能够制定出有效的项目风险应对策略，设计出可行的项目风险分担结构和项目融资结构。在项目融资过程中，项目参与各方谈判的核心问题之一就是各方对项目风险的合理分配和严格管理，项目风险各要素与项目融资密切相关。项目风险存在于项目的各个阶段，包括系统风险和非系统风险。其中，系统风险与政治、经济和市场环境有关，主要是市场和金融风险；非系统风险有项目实体自身控制和管理的风险，主要有完工风险、生产风险、环保风险等。

（2）确保项目融资法律结构严谨无误。项目参与者在融资结构中的地位、权利、责任与义务是通过一系列法律文件和合同确定下来的。法律文件和合同能否准确无误地反映出项目各参与者在项目融资中的角色，以及各个法律文件之间的结构关系是否严谨，是保证项目融资成功的必要条件。作为投资者，要注意知识产权保护、贸易公平保护及生态环境保护等方面的法律保护；作为贷款机构，要考虑到担保履行及实施接管权利等有关法律保护结构的有效性问题。

（3）尽早确定项目资金的来源。项目主要投资者的股本资金投入的数量和方式，以及投资者对风险分担方式的要求，对贷款机构和其他项目参与者的态度有着直接的影响。项目融资各方的态度不仅与项目风险高低、风险分担形式有关，还与项目所需的绝对资金总量有关。项目的资金结构和来源，应与融资结构的设计同步进行，争取尽早确定主要的金融机构作为贷款的提供者。

（4）保证项目管理结构的合理性。设计合理的项目管理结构，保证项目主要投资者有充分的利益需求而投入足够的资源，并承担起项目的管理责任，建立一支有经验的、尽职的项目管理队伍。同时，建立相应的责权利制约机制，明确规定项目的决策程序，保护其他利益相关者的利益。

（5）充分调动项目利益相关者的积极性。项目在融资阶段可能会遇到多种困难，策划人员应注意调动所有项目利益相关者，包括投资者、产品购买者、原材料供应者、贷款银团、融资顾问等在项目中的积极性。

5. 项目资金成本和项目资本结构

（1）项目资金成本。项目实体为筹集和使用资金而付出的费用称为项目资金成本，对于新筹集的资金成本又称筹资成本。项目主要包括以下几种资金成本：

1）债务成本。这包括贷款成本和债券成本。其中，贷款成本通常以贷款的年利率来计算贷款资金成本。贷款成本还包括出口信贷、国际金融组织贷款通常收取的管理费和承诺费。若有担保，担保机构还要收取担保费。这些费用无论在贷款前期一次支付还是分期支付，都可以按其贷款年限和费用所占贷款额的比例折算为年费率加到贷款利率上，作为贷款的总资金成本。由于贷款利息是在税前支付，因此利率为贷款的税前资金成本，其税后资金成本应为 $i(1-T)$，其中 T 为税率、i 为利率。而债券票面利率是固定的，通常与债券发行时的市场利率一致。但债券在二级市场流通后，其价格会随着债券持有人对该债券的期望收益率而变化。根据债券当前市场价格、债券面值和息票利率，可求出债券期望收益率，即债券税前资金成本。对于新发行的债券，还应计入发行费用。

2）权益成本。这主要有股本成本和利润留存成本。股本成本是指股票持有者投资股票所得的收益率。利润留存成本是指项目发起人将利润用于再投资。虽然此种方式不必支付利息和股息，但还是存在筹资成本。因为企业若不将利润留在企业而分给股东，则股东可得到股息。利润留存用于投资的资金成本是由于再投资而造成的股东损失的投资收益，可用留利的机会成本来衡量。因此，利润留存成本等于现有普通股的资金成本。

项目所筹措的资金往往有多种来源，每种资金来源的成本不同。为了比较不同项目的各种融资成本方案，策划人员可以用加权平均资金成本来衡量。加权平均资金成本（Weighted Average Cost of Capital，WACC）的计算公式为

$$WACC = \sum_{i=1}^{n} W_i K_i$$

式中，W_i 是第 i 种资金在总筹资额中所占的比例；K_i 为第 i 种资金的资金成本。

例如，某项目的普通股成本为17%，优先股成本为12.5%，债务成本为13%。总资

本中债务占 30%比例，优先股占 10%比例，普通股占 60%比例，项目所得税率为 33%，则该项目的税后加权资金成本为 13%×(1–33%)×30%+12.5%×10%+17%×60%=14.063%。

（2）项目资本结构。所谓项目资本结构，是指投资项目的资本构成中各类资本所占的比例。资本结构的变化会引起项目加权平均资金成本的变化，因此会直接影响项目的财务风险和收益。

6. 项目财务风险控制

财务风险是指与资本结构有关的风险。不同来源的资金对项目收益的影响是不同的。借款筹资必须支付利息，这会影响项目的利润。如果项目盈利能力很强，它的全部投资收益率（项目无借贷资金，全部为股本时的收益率）高于贷款利率，则项目收益除支付利息外尚有较大盈余，可以提高股本（或自有资金）的收益率；如果项目盈利少，贷款利率又较高，其收益还不足以偿还债务，则贷款就会成为沉重的包袱，使股本收益率降低，甚至导致项目发生资不抵债的财务危机，这就是财务风险。因此，项目策划人员要充分关注各种项目资本结构可能带来的财务风险。项目财务风险主要包括以下几大类。

（1）投资风险。对大型工程项目来说，特别是固定资产投资是一项长期事业。在市场供求关系经常发生变动的情况下，影响投资收益的不确定因素较多，风险较大。

（2）利率风险。利率风险是指由于无法准确预测利率变化引起还贷负担加重而带来的风险。如果项目负债较多，而市场利率与协定利率相比呈现下降趋势，那么就会出现利率风险。

（3）汇率风险。汇率风险也称外汇风险，是由于汇率变动而出现的风险。汇率风险主要有 3 类：一是买卖风险，即外汇买卖后所持头寸（多头或空头）在汇率升降时出现损失的可能性；二是交易结算风险，即以外币约定交易时所发生的风险；三是汇价风险，即会计处理中某些项目需要在本币和外币之间换算时因所用的汇率不同而承受的风险，主要是交易发生日汇率同财务决算日汇率之间的差异，会造成现金债权债务及其损益和分配上利益的不确定性。

（4）政策风险。政策风险是指项目投资所在地的政府更迭或首脑更替带来的政策变化的风险，或一个国家政策、法规的调整给项目融资、经营带来的各种各样的风险。

策划人员应结合具体情形，根据控制措施费用应当与风险相平衡的原则，对所选择融资方案中存在的风险进行严格测度。通过各种融资风险规避方案的设计，力争做到有效地避免风险或进行必要的风险转移，以减少风险威胁，将可能发生的影响降到最低。

7. 项目融资的方式

针对项目的特点，选择适合项目的融资方式是每个项目投资者都非常关心的问题。因此，对各种不同的项目融资方式的优点、缺点及适应范围进行分析，有着重要的现实意义。

（1）贷款。贷款有担保贷款、无担保贷款和从属贷款3种类型。

1）担保贷款。担保是为了保证债权的实现和债务的履行。项目融资中担保主要有抵押贷款和保证贷款两种。其中，抵押贷款是指债务人或第三方将某一特定财产作为债权的担保。债务人不能还债时，债权人有权依照法律规定，以该财产或将其拍卖所得价款优先受偿。在项目融资中，借款人以项目资产做抵押取得银行贷款的有担保贷款。但项目获得抵押贷款的前提条件不是项目将来可以形成的资产，而是项目资产运营后的经济效益。保证贷款是指由第三方为债务人的债务履行作担保。由保证人和债权人约定，当债务人不履行债务时，由保证人承担责任。担保不是用具体财产作担保，而是以保证人的信誉和不特定的财产作担保。

2）无担保贷款。无担保贷款的获得凭的是借款人的信用，因此也称信用贷款。项目融资中的项目出资人、所有者和管理者在金融与产业领域的信誉，是项目获得无担保贷款的重要保证。无担保贷款的贷款协议会对项目的其他筹资方式和行为进行约定。无担保贷款通常由项目出资人提供，经过设定，可具有转换为项目股本的权利。

3）从属贷款。从属贷款又称引导性贷款，是由项目发起人或其他出资人为了提高项目主要贷款者的信心，促使他们出资或放宽贷款条件而为项目提供的资金，主要用来改善项目流动资金状况。对项目发起人来说，从属贷款具有改善财务杠杆的作用，可以享受利息免税。从属贷款也可由项目供应商以货物的方式提供，从而节约项目资金支出，增加项目流动资金。从属贷款可附有认股权或债转股权，可在风险转化、股权收益与债权收益之间权衡选择。

（2）发行债券。债券是债务人为筹集资金而发行的，承诺按期向债权人支付利息和偿还本金的一种有价证券。相对于发行股票，发行债券的筹资成本低。对投资者而言，债券风险比股票风险小，通常有境内发行债券和境外发行债券两种。其主要形式是资产证券化，即以项目所拥有的资产为基础，以项目资产可以带来的预期收益为保证，通过在资本市场上发行债券实现目标。

1）境内发行债券。项目发起人为项目建设和经营发展而向国内公众发行的债券称为境内发行债券。它主要有国家发行的境内债券和企业发行的境内债券，主要用于项目中长期资金的筹集。对于企业债券，按有无担保主要分为有担保债券和无担保债券。有担保债券指有指定财产作担保的债券，按担保品的不同可分为不动产抵押债券、动产抵押债券和信托抵押债券等；无担保债券又称信用债券，由历史较长、规模较大、资信情况较好的企业发行。国内债券发行一般由投资银行等金融中介机构承购包销，由中介机构帮助项目主体确定发行规模、发行价格、发行方式及发行费用，并把债券推销给投资者。项目的风险和收益等级决定了项目债券的筹资成本和筹资成功率。发行后的债券可以在债券市场上流通。

2）境外发行债券。在国外向外国投资者发行的外币债券称为境外国际债券，发行后可以在债券市场上流通。在发行境外债券之前，发行人首先要经过国外评级机构的评级，然后委托承销商确定发行条件，包括规模、偿还期、利率、发行价格、发行费用等。后面介绍的 ABS 项目融资方式与此种融资方式有着密切的联系，但做了一定的修正。

（3）产品支付项目融资方式。产品支付项目融资方式是针对项目贷款的还贷方式而言的。借款人在项目投产后，不用产品的销售收入偿还债务，而是直接用项目产品计价来还本付息。在贷款得到清偿前，贷款方拥有项目部分或全部产品的所有权。产品支付只是产权的转移，而不是产品本身的转移。

产品支付项目融资方式的优势包括：① 它是以产品销售收入的所有权作为担保品融资，而不是用担保和抵押方式进行融资的。② 项目产品是用于支付各种经营成本和债务还本付息的唯一来源，因此比较容易将融资安排成有限追索或无追索的形式。③ 还贷期限通常会短于项目的实际经济寿命周期。在偿清项目贷款之后，项目实施方可获得继续经营的资产。

产品支付项目融资方式的劣势包括：① 银行贷款对该种融资方式有限制，贷款银行只为项目建设和资本费用提供融资，而不承担项目生产费用的贷款。② 大多数采用产品支付项目融资方式进行融资的项目，其产品转让权仅限于许可证允许的范围，不能将该产品生产地区其他储量用于产品所有权的转移，也就是说有一定的储量限制。产品支付项目融资方式主要应用于石油、天然气、矿产资源项目的开发，其产品所有权能转移给贷款方。

（4）远期购买项目融资方式。远期购买项目融资方式是在产品支付项目融资方式的基础上发展起来的一种更灵活的项目融资方式。其灵活性主要表现为，贷款方可以成立一个专设公司，该公司不仅可购买事先商定好的一定数量的远期产品，还可直接购买这些产品未来的销售收入。专设公司买卖项目公司将来支付产品所获得的收入，正好可用来偿还银行贷款。该方式的结构类似于产品支付项目融资方式，但需要有担保信托方对产品的销售和产品所有权的购买进行担保。

（5）融资租赁项目融资方式。融资租赁项目融资方式是一种创新性的融资方式，主要形式有卖方租赁、杠杆租赁、第三方租赁 3 种。这里主要介绍杠杆租赁融资方式。

杠杆租赁融资方式一般由出租方融通资金，为承租方提供所属设备，具有融资和融物双重职能的租赁交易。它主要涉及出租方、承租方和供货方三方当事人，并由两份或两份以上的合同所构成。出租方订立租赁合同，将购买的设备租赁给承租方使用。在租赁期内，由承租方按合同规定分期向出租方支付租金。租赁期满，承租方按合同规定选择留购、续租或退回出租方。

杠杆租赁融资方式对于缺乏资金的企业来说，好处显而易见。第一，租金支付安排灵活，承租用户可以通过延期支付、递增或递减支付，安排自己的资金，确定支付款项。第二，全部费用在租期内以租金方式支付，从而减少了承租用户一次性固定资产大量投资的筹资负担。第三，承租方可以在税前支付租金，并且不用承担折旧，这样可使承租人大大降低经营成本。第四，以融资租赁项目融资方式取得的资产一般不作为公司债务进入总负债，它只将租金作为公司的经营费用进入成本，因此不影响公司的资产负债比例。

杠杆租赁融资方式与直接购买设备方式比较，其支付的租金包括设备价格、租赁公司为购买设备的借款利息及投资收益，因此总价会高于直接购买。

杠杆租赁融资方式常用于以实物资产为基础的项目，如大型设备、成套设备、飞机、轮船、建筑机械和电信设备等通用性、易于移动的设备。大型发电厂也可采用该融资方式。对于特大型项目来说，在由一家租赁公司无法承担整个项目融资租赁时，可由几家租赁公司分别购置资产出租，或者由几家出租人合伙经营，共同占有资产向承租方出租。近年来，融资租赁项目融资方式在我国得到了较快的发展。我国国际租赁规模最大、效果最好的是民航系统。

（6）BOT项目融资方式。BOT是英文Build-Operate-Transfer的缩写，中文直译为"建设—经营—转让"。BOT项目融资方式的基本思路包括，由项目所在地区的政府或其所属机构将基础设施项目建设及经营特许权授予项目公司，然后由项目公司负责项目融资、设计、建造和营运。项目公司在项目特许经营期内，利用项目的收益偿还投资，支付营运支出，并获得利润。特许期满后，项目公司将项目产权完全移交给项目所在地区的政府或其下属机构经营。

BOT项目融资方式的优势很明显。第一，投资者多以竞标方式获得项目，程序虽复杂，但透明度高，可有效地防止豆腐渣工程，提高基础设施质量。第二，项目风险由项目公司大部分或全部承担，然后通过一系列契约安排将风险转嫁出去。第三，虽然项目前期准备阶段参与方众多，协调各方法律关系的难度较大，但是后期管理相对简单。特许权协议届满，该项目不允许清算，由政府无偿获得该项目的全部资产。第四，项目有限追索。贷款偿还以项目自身的经济收入为基础，不需要政府和其他机构提供任何形式的融资担保。

由于 BOT 项目融资方式的实施需要具备一些基本条件,这也给项目带来了一定的风险。第一,项目环境风险,包括项目所在地政治风险、经济风险、国际金融风险。第二,项目建设风险。如果项目管理组织内部产生不协调,则容易导致财务状况不佳、工程设计不当、物资采购与供货不力等弊端。第三,项目经营风险,即容易出现劳资纠纷、政府限制、经营不善、经营观念与当地文化难以融合的风险。第四,项目产品价格高,对配套法律制度要求较高。

BOT 项目融资方式适合技术比较成熟、投资回报率比较稳定的项目。此外,由于 BOT 项目融资方式具有完善合理的风险分散机制、灵活多样的结构形式、复杂严密的协议约定,以及对外融资的债务屏蔽作用,使 BOT 项目融资方式适合资金规模大、风险高的中长期基础设施建设,主要可运用于发电厂、煤矿、石油、天然气田、石油与天然气运输管道、桥梁、高速公路及公共交通设施、港口、机场、通信系统、供水工程、污水处理等。

(7) TOT 项目融资方式。随着经济的发展,项目融资又出现了许多新的方式,而 TOT 项目融资方式就是其中的一种。TOT 其实是 BOT 的一种变通形式。TOT 是英文 Transfer-Operate-Transfer 的缩写,中文翻译为"移交—经营—移交"。TOT 项目融资方式是通过出售现有投产项目在一定期限内的现金流量,从而获得资金来建设新项目的一种融资方式。具体来说,是项目所在地区政府部门把已经投产运行的项目在一定期限内移交(T)给外资经营(O),然后以项目在该期限内的现金流量为标的,一次性地从外商那里融得一大笔资金,用于建设新的项目。外资在经营期满后,再把原来的项目移交(T)给项目所在地区的政府部门或下属机构。

TOT 项目融资方式的优势包括:① TOT 项目融资方式只涉及已建的基础设施项目经营权的转让,不存在产权、股权的让渡,可以避免不必要的争执和纠纷,避免国有资产流失,保证了政府对公共基础设施的控制权。它将开放基础设施建设市场与开放基础设施经营市场、基础设施装备市场分割开来,使问题尽量简单化,因此成本低、风险小、项目引资成功率高。② 因为 TOT 项目融资方式不涉及项目建设(B)过程,所以不存在项目建设风险。项目风险明显降低,又能尽快取得收益,双方容易合作,引资成功的可能性大大增加。③ 项目成本和项目产品价格相对较低。一方面,由于 TOT 项目融资方式投资风险小,投资预期收益率会合理下降;另一方面,TOT 项目融资方式涉及环节少,新建项目建设和营运时间大大提高,评估、谈判等方面的从属费用也势必降低,因而成本和产品价格也会有所下降。④ 受体制因素的制约少,方便外资和国内民营资本参与基础设施和国企投资。TOT 项目融资方式无须特别的立法,现有的外资法、外资管理法规能解决 TOT 项目产生的大部分问题，具有很强的可操作性。

TOT 项目融资方式的劣势包括：① TOT 项目融资方式的环境风险较大，项目所在地的政治风险、经济风险、国际金融风险会影响项目投资与预期收益。② TOT 项目融资方式的经营风险。TOT 项目容易导致与原企业人员产生劳资纠纷，容易导致政府限制经营，以及经营收入预测有误的弊端。对政府而言，要注意的是尽量避免项目投资者的垄断经营。

TOT 项目与 BOT 项目融资方式有很大的相似之处，只是在第一阶段不同。TOT 项目融资方式和 BOT 项目融资方式的适用范围大部分相同，都以基础设施项目筹资、盘活资金、出售部分专营权为核心。近年来，TOT 项目融资方式在我国也有了较多的运用。1993 年河南省新乡电厂新厂项目是以 TOT 项目融资方式进行建设的一个较早案例。近年来，上海市徐浦大桥、沪嘉、沪宁高速公路上海段，也都采用了这种融资方式。实践证明，这种方式避开了 BOT 项目的风险和复杂性，易于达成合作，有利于盘活资产存量。它既为拟建项目引进了资金，又为建成项目引进了管理经验和技术，是一种比较适合中国国情的项目融资方式。

（8）ABS 项目融资方式。资产支持证券化（Asset Backed Securitization，ABS）是以项目所拥有的资产为基础，以该资产的未来收益为保证，通过在国际资本市场上发行债券筹集资金的一种项目融资方式。ABS 项目的目的在于通过其特有的提高信用等级的方式，使原本信用等级低的项目可以进入高档级的证券市场，利用该市场信用等级高、债券安全性和流动性高、债券利率低的特点，大幅度降低发行债券筹集资金的成本。其运行过程主要包括，按照规范化的证券市场运行方式、在证券市场上发行债券、对发行债券主体进行信用评级等。

ABS 项目融资方式的优势包括：① 原始权益人的股东结构不会改变，不收购股权，不会出现控制权等敏感问题。② 由于 ABS 项目融资方式割断了项目原始权益人自身的风险和项目资产未来现金收入的风险，使其清偿债券本息的资金仅与项目资产的未来现金收入有关。由于在国际高档级证券市场发行债券且由众多的投资者购买，从而分散了投资风险。③ 由于 ABS 项目融资方式是通过发行高档级投资债券来募集资金的，这种负债避免了原始权益人资产质量的限制。同时，利用成熟的项目融资改组技巧将项目资产的未来现金流量包装成高质量的证券投资对象，充分显示了金融创新的优势。④ 作为证券化项目融资方式的 ABS，债券的信用风险得到了 SPC（Special Purpose Corporation）的信用担保，是高档级投资证券。它还能在二级市场进行转让，变现能力强、投资风险小，因而具有较大的吸引力，易于债券的发行和推销。⑤ 由于 ABS 项目融资方式是在国际高档级证券市场筹资，利息率一般比较低，从而降低了筹资成本。由于国际高档级证券市场容量大，资金来源渠道多，因此 ABS 项目融资方式特别适合大规模筹集资金。

ABS 项目在实施过程中会存在风险，其劣势包括：① 建造风险。建造阶段的主要风险是施工风险，即项目不能以规定标准按时完工。这主要有两种情况，即费用超支和推迟完工，这将对还本付息产生很大的影响。② 经营风险。在项目运营阶段，由于经营管理层面不到位、市场波动等原因，可能导致项目运营受阻、收益受到影响。③ 货币风险。这主要指不同国家的货币汇率变化或销售所得的货币与筹资货币不同，不能赚取硬通货币，货币风险就会增大。④ 政治风险。在安排 ABS 项目融资时，特别信托机构和投资人最关心的是项目所在地政府采取的政治行为，将影响到项目的建设、经营和收益。

ABS 项目融资方式由于能够以较低的资金成本筹集到期限较长、规模较大的项目建设资金，因此对于投资规模大、周期长、资金回报慢的城市基础设施项目来说是一种理想的融资方式。它主要适用于电信、电力、供水、排污、环保等领域的基本建设、维护、更新改造及扩建项目。1998 年 4 月，我国以获得国际融资为目的的 ABS 证券化融资方案率先在重庆市推行，这是我国第一个以城市为基础的 ABS 证券化融资方案。中国建设银行重庆市分行获准与香港豪升 ABS（中国）控股有限公司达成合作协议，并将首批项目定为航空等领域。

（9）BT 项目融资方式。BT 是政府利用非政府资金来承建某些基础设施项目的一种投资方式。BT 是 Build（建设）和 Transfer（转让）两个英文单词的缩写。其含义是，政府通过合同约定，将拟建设的某个基础设施项目授予企业法人投资，在规定的时间内，由企业法人负责该项目的投融资和建设，建设期满，政府按照等价有偿的原则向企业法人协议收购的商业活动。

BT 项目融资方式的优势包括：① 通过 BT，使未来的财政性收入即期化，可扩大内需，拉动地方经济增长；而通过吸引社会资本的加入，既引导了民间资本的合理投向，又提高了资本利用效率。② BT 模式能缓解政府财政性资金的暂时短缺。一般而言，政府项目的公共品特性及资金需求量大、回收期长等特点，使得必须由财政性资金建设的项目必然出现财政资金供应的暂时缺口，而 BT 模式的分期回购正是弥补财政资金供给缺口的有效方式。③ 政府强大的资信能力，为投资者、金融机构、工程承包公司等提供了稳定可靠的收益预期。④ 优化资源配置，合理分散风险。BT 项目投资巨大，建设周期长，通过引入社会资本，可以多方共同承担风险，获取收益。

BT 项目融资方式存在的问题包括：① 法律环境的缺失。在国内，BT 等相关方面的法律还不完善，也没有可供参考的合同文本。② 建设期中的产权界定模糊。业主和

BT方签订合同之中有一个"回购协议",即在项目移交时候是属于回购的性质,因此在签订合同后项目移交之前的这段时间内,项目产权是属于BT方还是属于业主方难以界定。③ 项目活动谈判时间长,消耗大。BT项目大多没有先例可循,项目的发起人(BT方)和政府机构要花相当长的时间相互阐明各自的意愿。其中涉及在如何分担项目中风险问题上,往往难以达成统一意见。④ 涉及环节多,成本高。BT模式的项目准备、招标、谈判、签署与BT有关的建设合同,移交、回购等阶段,涉及政府的许可、审批及贷款担保等诸多环节,操作的难度大,人为障碍多,而融资成本也会因中间环节增多而急剧上升。⑤ 项目相关方多,协调沟通难度大。BT模式中,涉及的项目相关方很多,很多参建方均出于个体利益考虑而损害项目整体利益。⑥ 融资监管难度大,融资风险大。由于缺乏必要的法律法规框架,再加上BT模式中法律关系、合同关系的特殊性和复杂性,因此导致融资监管难度大。⑦ 分包现象严重,质量难以得到保证。由于业主只直接与BT方发生业务关系,项目的落实可能被细化,导致项目分包现象严重;BT方处于自身利益的考虑,在项目的建设标准、变更及施工进度等方面存在问题,使得项目质量得不到应有的保证;业主方聘请的专业咨询公司也可能存在道德风险而没有起到实质性的作用。⑧ 应用前提缺失,政策风险加大。BT项目建立的前提是未来政府财政收入的真实增长,而在地方政府的财政收入的增长无法支撑BT项目时,BT项目属于盲目扩张固定资产投资规模的行为,既会扰乱国家的宏观建设环境,又会极大损害投资人的经济利益,破坏市场秩序和市场环境。

(10)PPP项目融资方式。PPP是Public-Private-Partnership的字母缩写。PPP是一种公私合营的融资方式,是指政府与私人组织之间,为了提供某种公共物品和服务,以特许权协议为基础,彼此之间形成一种伙伴式的合作关系,并通过签署合同来明确双方的权利和义务,以确保合作的顺利完成,最终使合作各方得到比预期单独行动更为有利的结果。

PPP项目融资方式的优势包括:① 消除费用的超支。公共部门和私人企业在初始阶段共同参与项目的识别、可行性研究、设施和融资等项目建设过程,保证了项目在技术和经济上的可行性,缩短前期工作周期,使项目费用降低。由于PPP模式只有当项目已经完成并得到政府批准使用后,私营部门才能开始获得收益,因此有利于提高效率和降低工程造价,能够消除项目完工风险和资金风险。研究表明,与传统的融资模式相比,PPP项目平均为政府部门节约了17%的费用,并且建设工期都能按时完成。② 有利于转换政府职能,减轻财政负担。政府可以从繁重的事务中脱身出来,从过去的基础设施公共服务的提供者变成一个监管的角色,从而保证质量,也可在财政预算方面减轻政府压力。③ 促进了投资主体的多元化。利用私营部门来提供资产和服务,能为政府部门提供更多的资金和技能，促进了投融资体制改革。同时，私营部门参与项目还能推动在项目设计、施工、设施管理过程等方面的革新，提高办事效率，传播最佳管理理念和经验。④ 政府部门和民间部门可取长补短，发挥政府机构和民营机构各自的优势，弥补对方的不足。双方可形成互利的长期目标，以最优的成本配置为公众提供高质量的服务。⑤ 将项目参与各方整合组成战略联盟，对协调各方不同的利益目标起关键作用。⑥ 风险分配合理。与 BOT 等模式不同，PPP 在项目初期就可以实现风险分配，同时由于政府分担一部分风险，使风险分配更合理，减少了承建商与投资商风险，从而降低了融资难度，提高了项目融资成功的可能性。政府在分担风险的同时也拥有一定的控制权。⑦ 应用范围广泛，该模式突破了引入私人企业参与公共基础设施项目组织机构的多种限制，可适用于城市供热等各类市政公用事业及道路、铁路、机场、医院、学校等项目的建设。

PPP 项目融资方式的劣势包括：① 法律保障体系不健全。由于法律法规的修订、颁布等，会导致原有项目合法性、合同有效性发生变化，因此会给 PPP 项目的建设和运营带来不利影响，甚至直接导致项目失败和终止。② 审批、决策周期长。政府决策程序不规范、官僚作风等因素，会造成 PPP 项目审批程序过于复杂，决策周期长，成本高。而且，项目批准后，难以根据市场的变化对项目的性质和规模进行调整。③ 政治影响因素大。PPP 项目通常与群众生活相关，关系到公众利益。项目运营过程中，可能会因各种因素导致价格变动，遭受公众的反对。④ 政府信用风险高。地方政府为加快当地基础设施建设，有时会与合作方签订一些脱离实际的合同以吸引民间资本投资。项目建成后，政府难以履行合同义务，直接危害合作方的利益。⑤ 配套设施不完善。一些 PPP 项目，通常需要相应的配套基础设施才能运营，如污水处理厂需要配套的管线才能生产。实际工作中，有些 PPP 项目配套设施不完善，使生产经营陷入困境。⑥ 项目收益无保障。一些 PPP 项目建成后，政府或其他投资人新建、改建其他项目，与该项目形成实质性竞争，损害其利益。

8. 项目融资担保

对于需要融资的项目来说，风险的合理分配与严格管理是项目成功的关键，也是项目各参与方谈判与协作的核心问题。项目融资一般离不开担保活动，项目融资担保是通过特定合同、协议等文件合理分配项目风险，落实项目责任，使项目顺利实施的有效手段。

（1）项目融资担保概述。担保在民法上是指以确保债务或其他经济合同得到履行或清偿为目的的保证行为。它是债务人对债权人提供履行债务的特殊保证，是保证债权实现的一种法律手段。项目融资担保是指借款方或第三方以自己的信用或资产向贷款人做的还款保证，具体可分为信用担保和物权担保。项目融资担保的贷款方要求的担保目标是保证项目按期保质完工，正常经营，获取足够的现金流来回收贷款。通常，项目主办方会因为项目公司的资产或信用不足以获得足够的贷款资金，而由项目发起方为项目筹集贷款而提供担保。此外，项目发起人为保持其资产负债表的良好状况，也可以不直接为项目出资，寻找第三方充当担保人为项目筹集贷款。第三方担保人通常有政府、供应商、设备经营商、产品或服务用户、承包商 5 类。

（2）项目融资信用担保。项目融资中的信用担保是当事人之间，由担保人为某一项目参与方向贷款人提供担保。当该项目参与方无法履行合同义务时，由担保人负责代其履行义务或承担赔偿责任。

1）完工担保。完工担保许诺在规定的时间内完成项目，若在预定工期内出现超支，则担保方承担全部超支费用。一般由项目主办方提供完工担保。当项目完成以后全部出资人撤出担保，贷款人仅靠项目的产出和无货亦付款合同来收回贷款的情况下，需要进行完工担保。在进行完工担保时，项目承包商的资质及实力极为重要。

2）无货亦付款合同。这是一种长期项目融资合同。采用该合同时，所收货款应足以为提供服务或产品的项目还债，并支付项目营业费用，即使实际不能提供产品或服务时，也得支付。这种担保主要有 3 种方式：① 原料供应商为给项目融资，要求项目公司或项目发起人出具的无货亦付款合同；② 产品或服务购买方同项目公司签订的无货亦付款合同；③ 用户的"包产量"协议。项目公司可以依据这些协议进行项目融资。无货亦付款合同是无条件的、不可撤销的，任何不可抗拒的因素（如设施全毁、爆炸、没收、征用等）都不能构成拒付的理由。贷款方可以直接向无货亦付款负有责任的有关方直接追索。

3）安慰信。安慰信一般是由项目主办方或权威机构写信给贷款人，对其发放贷款表示支持的信函。它通常是担保人不愿接受法律约束时所采用的一种担保形式。对贷款人表示支持一般体现在 3 个方面：① 经营支持。声明在权力范围内将"尽一切努力保证按有关政策支持项目公司的正常经营"。② 不剥夺资产。项目所在地政府保证不会没收项目资产或将项目国有化。③ 提供资金。表示同意向项目公司提供一切必要手段使其履行经济责任，声明在项目公司遇到财务困难时提供帮助等。安慰信一般仅具备道义上的约束力，不能产生实质性的权利义务。安慰信中各种承诺的履行及效力能够反映出具者的资信状况。

4）政府的支持。项目会跨越地区甚至国界，需要当地政府的支持，虽然政府在项目融资中的角色是间接的，但很重要。政府颁发的有关项目开发、运营的特许权及执照是项目实施的前提。此外，在对项目各种监管与利益分配方面，政府的支持至关重要。

（3）项目融资物权担保。项目融资物权担保指项目公司或第三方以自身资产为履行贷款债务提供担保。在国际项目融资中，由于贷款方不易控制跨国担保物，而且项目融资追索权有限，物权担保的使用较少、作用不明显。但必要的物权担保，能够有效地控制项目的经营活动，有利于贷款的回收。项目融资物权担保主要有不动产物权担保、动产物权担保和浮动设押。① 不动产物权担保。不动产是指土地、建筑物等难以移动的财产。项目融资中，项目公司一般以项目资产作为不动产进行担保，如果项目公司违约或项目失败，贷款方可通过接管项目公司，进行重新经营或拍卖来弥补贷款损失。贷款方会充分考虑项目资产的沉没成本问题。② 动产物权担保，是指项目公司以自己或第三方的动产作为履约的保证。动产可分为有形动产或无形动产两类。有形动产包括船舶、车辆、设备、材料、商品等；无形动产包括合同、品牌、商誉、特许权、专有技术或专利、股票或其他证券、应收款、保险单、银行账户等。无形动产涉及多个参与方，其权利可依据有关合同文件进行追溯。③ 浮动设押，是以借款方所拥有的某一类现在或将来的资产作为最终的还款保证。这种担保方式不以特定的动产或不动产作为担保标的，借款方作为还款保证的资产不是固定的，只有在某特定事件发生时才能最后确定受偿资产，所以被形象地称为"浮动设押"。

9. 项目融资文件

项目融资使用的文件一般分为基本文件、融资文件和专家报告与法律意见书3类。

（1）基本文件。基本文件是项目融资文件起草的依据，包括各类物权凭证，贷款人与项目发起人或其他有关方签署的各类合同。第一，各项政府特许、批准文件。第二，各种与项目有关的产权、经营权等证明文件。第三，股东协议。第四，项目公司的组织文件与项目管理、技术文件。第五，承包商与分包商的担保及预付款保函。第六，项目投保合同。第七，项目产品销售合同。第八，原材料供应合同。第九，能源供应协议。第十，项目经营协议等。

（2）融资文件。通常是一些基本融资协议，主要包括贷款协议、担保文件与支持性文件。其中，贷款协议包括融资目的、利率与还本付息计划、各种佣金及费用、贷款前提条件、还款能力、责任权利与义务等。担保文件主要是贷款人和担保权益托管人之间的信托、协调或共同贷款协议。它主要包括：对各种不动产、动产、债务及在建工程抵押的享有权；对项目基本文件及保险的权利；对项目经营、原材料供应等方面的享有权等。支持性文件主要包括：项目发起方对项目的直接支持，如偿还担保、完工担保、运营资金保证协议、超支协议和安慰信；项目发起方的间接支持，如无货亦付款合同、产量合同、无条件的运输合同、供应保证协议等；地方政府的支持，如经营许可、项目批准、特许权利、不收归国有的保证、外汇许可等。此外，还有项目保险、出口信贷担保及多边机构担保等。

（3）专家报告与法律意见书。项目融资活动涉及技术、经济、金融、法律及社会风俗等诸多领域。为降低风险，专业性意见书和报告所起的作用很大。在决定进行项目融资以前，贷款人应坚持得到如下报告与法律意见书，即关于项目可行性的报告、环境评价报告、保险专家关于项目保险问题的报告、会计师关于项目发起人财务状况和项目公司股东结构的报告、法律顾问的法律意见书等。

8.2 项目策划的实施控制

项目策划的实施控制就是将策划的基本理念完全贯穿到项目实施过程中，并结合实施情况，调整策划中不适合项目实施的内容，实现项目策划的动态管理，保证项目的顺利完成。

8.2.1 项目策划实施控制的原理

1. 项目策划存在偏差

项目策划是对项目全过程的一种设想、预测、谋划和主观安排，而项目的实际过程在规划时不可能都预料到。由于其独特性，项目难以完全按照计划实现。策划人员在制定项目策划时，不得不做出种种假设。这些假设在项目实施过程中有可能成立，也可能不成立。例如，在编制费用计划时，策划人员在无法确定原料价格的情况下，只好将前一年的价格乘以通货膨胀系数来假定其价格的上涨幅度，而这种假设与现实可能存在较大差异。此外，项目的环境总是变化的。随着项目的开展，项目相关各方对项目的要求和期望会越来越具体，有些要求甚至会使项目策划发生颠覆性的变化。由于项目策划团队在制订计划时不可能像数学方程那样精确，事实上，即使同一个项目，不同的人也会做出不同的项目策划。

2. 项目策划实施需要监控

项目策划付诸实施后，由于种种原因，项目会不能按照原计划进行。正因为如此，项目策划团队就需要对项目的过程进行监督控制。所谓监督控制，就是监视和测量项目进展的过程，若发现实际情况偏离了目标，就要找出原因并判断这种偏离是否会最终影响目标的实现。若会，则应采取行动，使过程回到策划的轨道上来。此外，在项目实施过程中，项目策划团队必须定期测量项目的实施情况，找出偏离计划之处，并实施有关的控制子过程。如果偏差很显著，则须通过有关的规划子过程，对计划做出调整。控制还包括采取相应的预防措施。例如，某项活动的结束时间若拖延了，就可能需要调整人员的安排计划，或者要求现有人员加班。而一旦加班，或增加其他资源，就必须在预算和进度之间进行权衡。

3. 项目策划实施控制的内容

项目策划实施控制的内容包括：① 项目整体变更控制。即协调贯穿整个项目的变更。② 范围核实。即正式认可项目的范围。③ 范围变更控制。即控制项目范围的变更。④ 进度监督控制。即控制项目进度计划的变更。⑤ 费用监督控制。即控制项目预算的变更。⑥ 质量监督控制。即监督具体的项目结果，确定它们是否符合有关的质量标准，找出能够消除不满意后果的方式。⑦ 进展报告。即收集和分发进展情况信息，包括状态报告、进展测量和预测。⑧ 风险监视与控制。即跟踪已识别的风险，监督残余风险，识别新风险，确保执行风险应对计划，评价其减轻风险的有效性。

8.2.2 项目策划实施控制的形式

1. 正规控制和非正规控制

项目控制可采取正规和非正规两种方式。正规控制可通过定期的和不定期的进展情况汇报和检查会，以及项目进展报告加以实施。根据项目进展报告，与会者讨论项目遇到的问题，找出并分析问题的原因，研究和确定纠正与预防的措施，决定应当采取的行动。正规控制要利用项目实施组织或项目团队建立起来的管理系统进行控制，如项目管理信息系统、变更控制系统、项目实施组织财务系统、工作核准系统等。非正规控制是项目经理频繁地到项目管理现场，同项目管理人员交流，了解情况，及时解决问题。非正规控制也称"走动管理"。

2. 预防性控制和更正性控制

预防性控制就是在深刻地理解项目各项活动、预见可能发生的问题的基础上，制定出相应的措施，防止不利事件的发生。制定规章制度、工作程序、进行人员培训等都属于预防性控制。更正性控制是由于未能或者根本无法预见项目会发生什么问题，只能在问题出现后采取行动，纠正偏差。对于项目控制，更正性控制比预防性控制用得多。利用反映过去情况的信息来指导现在和将来，即（信息）反馈控制。更正性控制往往借助信息反馈来实现，其关键是信息准确、及时、完整地送达项目经理或其他决策者手中。

3. 预先控制、过程控制和事后控制

预先控制是在项目活动或阶段开始时进行，可以防止使用不符合要求的资源，保证项目的投入满足规定的要求，如对进场的材料和设备进行检查。过程控制对进行过程中的项目活动进行检查和指导，一般在现场进行。过程控制一定要注意项目活动和控制对象的特点。很多项目活动是分散在不同的空间和时间中进行的，如何进行过程控制，需要项目经理多下工夫。事后控制在项目的活动或阶段结束后或临近结束时进行。生产企业的质量控制可以采取事后控制，但项目控制不宜采取事后控制，因为不利的偏差已经造成损害，再也无法弥补。

4. 直接控制和间接控制

直接控制着眼于产生偏差的根源，而间接控制着眼于偏差本身。项目活动的一次性常常迫使项目团队采取间接控制。项目经理直接对项目活动进行控制，属于直接控制；不直接对项目活动而对项目团队成员进行控制，具体活动由团队成员去控制，属于间接控制。

8.2.3 项目实施控制的方法和策略

1. 项目管理软件

使用项目管理软件是项目控制的高效办法，尤其对于比较复杂的项目管理，软件几乎是不可缺少的工具。一方面，项目管理软件可以极大地降低项目管理工作的复杂性，减轻工作量，提高项目管理的质量和可靠性；另一方面，可以在某种程度上指导人的工作，提供参考意见与经验借鉴，从而帮助项目管理人员提高工作水平，使管理人员如虎添翼。

2. 加强控制权管理

项目实施过程中，具体工作由团队成员去做，把必要的权限交给他们。但是，在他们完成任务后应把相应的权限及时收回。把工作委托给下属，将权限交给他们时，下属的自我控制能力就变得非常重要。遇到难题或不利的局面时，需要请项目团队和有关的利害关系者讨论，并提出建议。有些人有可能企图控制局面，要求按照他们的建议进行，这时项目策划人员或项目经理一定要保持清醒的头脑，不要在咄咄逼人的气氛中放弃控制。为了保持对项目的控制，一定要有多种备选方案，对于团队成员的工作应多给予指导和帮助。

3. 让决策者及时了解情况

项目管理团队可支配的资源及权限都是有限的。对于一些重大问题，必须争取项目实施组织上层决策者的支持，提前将重大问题通报给他们，使其能够根据及时、准确和可靠的信息做出决定，不能事先不通气，临时搞突然袭击。需要上层决策者批准的问题，也要提前准备好有关资料和文件，包括问题的来龙去脉和有关背景，这样他们就能够及时地给予批准，不影响项目的进展。向他们通报情况时，务必实事求是，不能弄虚作假。在进行控制时，通常需要项目团队以外的有关职能部门的配合，项目团队可以同他们商量，请其协助。许多情况下，邀请项目实施组织的决策者出面，可以加强对项目的控制。

4. 根据修改计划进行控制

加强项目内外和上下的沟通，顺畅信息交流，做到下情上达、上情下达。项目团队应当建立起完善的沟通网络、信息反馈环和定期报告评价系统。控制的基本依据是项目策划，但项目策划随时可能修改，所以项目控制标准、方法和策略也要不断更新，不能固守不变。

8.2.4 项目进度控制

在项目实施过程中，要随时控制进度计划。项目结束时，必须将最后项目进度计划整理好，存档备查。具体来说，进度控制应有如下成果：① 进度计划适时更新。就是对用于管理项目的进度资料所做的修改，必要时将变更通知给有关的利害关系者。进度计划更新可能要求对项目策划的其他方面进行调整。② 纠正行动。为了将项目预期的实施情况控制在项目计划范围内而采取的所有行动都称为纠正行动。在时间管理方面的纠正行为通常就是加快进度。纠正行动常要求分析、查明变差的根本原因。③ 总结教训。变差的原因、选取纠正行动时所依据的理由，以及从进度控制中所吸取的教训都应形成文件，作为本项目或实施组织的其他项目历史数据库的组成部分。

8.2.5 项目费用控制

费用控制就是对造成费用变化的因素施加影响，在变化不可避免时要取得所有利害关系者的一致认可。测量实际开支，与项目费用基准比较，当实际开支偏离计划时，实施管理。必须牢记，费用控制必须与控制过程紧密配合。项目费用控制的工作内容包括：监督费用实施情况，查明实际开支偏离计划之处及其原因；将所有的有关变更都准确地记录在费用基准之中；阻止不正确、不合理或未经核准的变更纳入费用基准中；将核准的变更通知有关利害关系者；采取行动将以后预期的费用限制在可以接受的范围之内。费用控制的成果包括：① 修正费用估算。就是对用于管理项目的费用资料所做的修正。② 预算更新。这是一种特殊类型的修改费用估算，就是对批准的费用基准所做的改变。这些数字一般只在范围变更之后才做修改。某些情况下，费用偏差可能很严重，需要重新确定基准才能作为测量进展的现实尺度。③ 项目结束。应当制定结束或取消项目的过程和程序。例如，状况报表要求失败项目的所有费用都在取消项目的那一季度勾销。④ 吸取教训。造成变更的原因、所选纠正行动的理由都应形成文件，作为项目实施历史数据库的组成部分。

8.2.6　项目质量控制

质量控制是质量管理的一部分，是在项目进展过程中对项目各个过程产生的结果进行监视，判断是否符合事先选定的质量标准，并识别和消除产生不满意结果的原因。质量控制应当贯穿项目的始终。项目的结果包括：① 项目成果，如各阶段和最终可交付成果，建设项目建成的建筑物、土木工程或其他设施，软件开发项目研制出的软件，培训项目的学员；② 项目管理结果，如制订的项目计划、绘制的网络图、编制的费用预算、签订的各种合同文件、费用的实际开销和进度的实际进展等。对于质量控制，有些人仅仅理解为制造过程中的材料验收、工序控制、产品检验和缺陷分析，这种理解是不全面的。一般而言，项目的质量控制首先应当考虑项目管理的结果，只有项目管理的结果符合有关的质量标准并消除了产生不满意结果的原因时，才能为项目成果的质量控制创造必要条件。很难想象，项目管理的质量一塌糊涂，而项目的成果却达到了质量标准的要求。质量控制常常由专门的质量控制人员或部门实施，项目成员应当具备足够的统计和质量控制知识。

本章小结

项目策划中的财务管理既有对项目投资收益、风险评估与分析的内容，同时包括对项目资金需求进行预测的内容。在此基础上，它还为项目融资方案设计提供了依据。

所谓项目财务评价，就是根据国家现行的财税制度和价格体系，分析、计算项目直接发生的财务收益和费用，编制一定时期的财务报表，并据此计算评价指标，考察项目盈利能力、清偿能力及外汇平衡等财务状况，以评判投资可行性的经济活动。财务评价是决定项目取舍的重要依据。项目财务评价动态指标主要有内部收益率、净现值、外部收益率、动态投资回收期等。动态指标要考虑资金的时间价值。静态指标主要有静态投资回收期、投资利润率、投资利税率、资本金利润率、借款偿还期、资产负债率、流动比率、速动比率、平衡点生产能力利用率与产量等。

项目财务评价结果的好坏不仅取决于基础数据的完整性和可靠性，同时取决于评价指标体系的合理性。敏感性分析可帮助决策者了解不确定因素的影响，从而提高预测的可靠性。

编制项目财务预算通常有自上而下和自下而上两种基本方法。面向项目的预算有两种系统：一种是计划—规划—预算系统；另一种是零基预算系统。

项目融资是指对需要大规模资金的项目所采取的金融活动。借款人原则上将项目本身拥有的资金及其收益作为还贷资金来源，而且将项目资产作为抵押条件来处理。项目实体为筹集和使用资金而付出的费用称为项目资金成本。项目资金成本主要包括债务成本和权益成本。项目融资的方式有贷款、发行债券、产品支付、远期购买、融资租赁、BOT、TOT、ABS、BT 和 PPP 等。

风险的合理分配与严格管理是项目融资成功的关键。项目融资担保是通过特定合同、协议等文件合理分配项目风险，落实项目责任，使项目顺利实施的有效手段。

项目策划的实施控制就是将策划的基本理念完全贯穿到项目实施过程中，实现项目策划的动态管理。项目实施过程中，要随时控制进度计划，对造成费用变化的因素施加影响，并按照一定的质量标准控制，对项目各个过程产生的结果进行监视。

复习思考题

1. 项目策划为什么需要财务管理？项目策划中的财务管理有哪些内容？
2. 评价项目的财务指标有哪些方法？它们各有什么优缺点？
3. 项目融资的方式有哪些？它们各有什么优缺点？
4. 结合中国的国情，讨论安慰信对项目担保的重要价值。
5. 项目融资担保有哪些类型？不同的类型分别适合哪些项目？
6. 项目策划实施控制的内容有哪些？
7. 项目策划实施控制的形式有哪些？
8. 结合具体的项目，谈一谈项目策划实施控制的重要性。

案例分析题

项目融资工程风险重重：印度大博电厂失败的教训

以美国安然公司为主投资近30亿美元的大博电厂始建于20世纪90年代初，是当时印度最大的外商投资项目、融资项目和独立发电厂（那些以营利为目的，独立从事发电业务，电力产品卖给电力批发市场或其他公用事业公司的发电厂）。2000年年底，有关该电厂电费支付纠纷的报道屡见报端。2001年年初，大博电厂与马哈拉斯特拉邦的电费纠纷进一步升级，虽然该项目由印度中央政府对"购电协议"提供了反担保，但当大博要求兑现担保时，政府开始食言，电厂只好在无奈中停止运作。而纠纷引起的直接效应就是，几乎所有印度境内的独立发电厂都因该项目的失败而陷于停顿，印度吸引外资的能力也受到了沉重打击。

安然公司总部设在美国休斯敦，是当时世界上最大的能源商，业务涉及天然气、电力及其他能源产品、工程、投资、服务、网上交易等。2000年，该公司资本市值达700亿美元，销售收入接近2 000亿美元。然而，安然公司在大博电厂投资上的失败和其他一系列经营失误，使该公司股票价格由2000年的90美元下跌到2001年的不足1美元。随着经营的恶化，安然公司不得不申请破产保护。这也成为当时规模最大的公司破产案。那么，到底是何原因让具有丰富市场经验的安然公司在如此重大的项目融资工程上遭受严重挫折的呢？分析该项目的成败，将有助于我国从事国际工程承包的公司在今后开展项目融资工作时避免重大的失误。

1. 项目背景

20世纪90年代，亚洲各国兴起了利用项目融资方式吸取外资搞基础设施的浪潮。与其他国家一样，为了提高电力系统效率，满足国内电力需求，印度也通过了推行市场自由化改革来吸引外资的方案。当时的印度国大党政府不顾一切地批准了一系列利用外资和新技术的重大能源项目。也许是缺乏经验，也许是为了尽快促进项目的开展，有关大博电厂的可行性研究、成本分析、产品消费、资金回收和风险分散问题都未得到认真的考虑。为获得投资，政府还承诺项目有高的回报率，而对项目开发中出现的不同声音，并没有认真去分析。

面对优厚的条件，安然公司迅速做出响应并启动了大博电厂工程。按照规划，电厂建成后将运行20年。由于电厂所在地是拥有印度最大城市孟买的马邦（相当于上海市），经济非常发达，当地的承包商、经济与市场预期都是最好的，因此项目前景似乎很棒。

尽管预期很好，但举行合同谈判时还是引发了一场激烈的政治争论。在20世纪90

年代的印度，多数其他类似的项目都已在这样一种政治气候中走向失败。这些争论的焦点在于，尽管新能源政策由中央政府制定，可根据印度宪法，能源供应则是由各个邦政府自己负责。这也导致大博电厂工程合同从1983年开始谈判，直到1995年国大党被人民党联盟取代后，才与马邦政府达成协议。尽管新政府也曾试图取消这项合同，但是考虑到该项目的特殊性，在经过一系列谈判后，印度政府最后还是批准了项目合同，大博电厂开始建设。

2．合同特点

同任何一个标准的项目融资工程一样，安然公司为大博电厂设立了独立的项目公司，并通过其与国营的马邦电力局签立了售电协议，安排了相应的融资、担保、工程承包合同，并建立了相应的资金回收系统。由于印度政府提供的优惠和安然公司及其合伙人的丰富市场经验，从已公开的资料看，合同条件对大博电厂是十分优厚的，具体来说有如下特点。

（1）完备的法律条文。在该项目最关键的"政府特许合同售电协议"中，大博电厂与马邦电力局签订了完备的法律条文。该条文规定，大博电厂建成后发出的电力将由马邦电力局收购。马邦电力局将保证购买最低的购电量，以确保达到预先设定的投资人最低投资收益和电厂的正常运行。不仅如此，该协议还由马邦政府提供担保，并由印度政府对马邦政府提供的担保进行反担保。遇到特殊情况时，大博电厂可以在不中止售电协议的情况下，立即启动这些担保程序，以保证自身利益。现在来看，这些条文只能用完美来形容！然而，印度政府为一期工程提供的反担保却成了舆论的焦点。由于该国同类项目的投资者并未得到类似的保证，况且印度政府通常也不提供类似担保，因此这也使得该担保看上去似乎成了照顾外商的不合理措施。尽管印度政府的反担保为项目去除了经营风险，但在后续电厂二期建设合同中，就没有反担保的规定了。即便如此，售电协议仍是一份对大博电厂有利的政府特许合同。

（2）有利的电价条件。协议规定，电价以美元结算，按成本电价进行核算。所谓的成本电价，是指在一定条件下，电价将按发电成本进行调整以确保投资商的利润。表面上看，这一原则是公平的，因为电价波动与成本直接相关。然而若加入对当时发展中国家汇率和物价变动变化较大的考量，这一定价原则就只能理解为政府对安然公司的优惠了。事实上，这一定价原则在后来危机中极大地保护了安然公司的利益，但使购电方马邦电力局几近破产。

（3）仲裁地的选择。协议约定，伦敦为合同争议的仲裁地，这对双方都是有利的。因为印度既熟悉英国的法律制度，也没有语言障碍。而美国同英国的传统关系，也使仲裁工作易于开展。因此一旦项目出现问题，在英国这样的环境中，双方容易找到解决方案。除此之外，英国一家对项目融资有深厚研究和丰富经验的法律公司，为该项目提供咨询。

3．项目进展

合同文本充分反映了协议双方希望把项目搞好的意愿。在这种气氛中，项目开始动工。然而遗憾的是，项目开工后不久，1997年的东南亚金融危机波及了印度，卢比对美元的汇率迅速贬值40%以上。这一次的金融危机对印度经济造成了严重的冲击，既使其经济增长无法按预期发展，同时导致大博电厂推进速度受到了巨大的影响。此外，印度国内政策的变动也拖延了工程进度，从而造成电厂建设方费用的大幅度增加。合作各方都苦不堪言。事实上，直到1999年，项目一期才投入发电，而二期到2001年才刚刚接近完成。

应该看到，正是由于对印度经济发展的乐观预期才使马邦电力局签订了大博电厂的售电协议。然而，金融危机造成的汇率变动使马邦电力局不得不用接近两倍于其他来源的电力价格来购买大博电厂的电。不仅如此，按合同规定，如果不按协议购电，马邦电力局将仍按固定费率支付大博电厂。当2000年世界能源价格上涨时，这一价格差进一步扩大到近4倍。到2000年11月，这个印度最大邦的电力局已濒临破产，因此不得不拒付大博电厂当月的电费。自此之后，大博电厂进入了一个混乱期。尽管马邦政府及联邦政府先后拨给了部分临时资金，兑现了担保，但是巨额的资金要求使它们都不得不拒绝继续拨款。在这期间，工程承包商巴克蒂、供货商通用电气也被迫陆续停止了二期工程最后阶段的工作。虽然印度政府曾尝试解决该问题，打算通过全国电网为大博电厂的电力寻找马邦以外的用户，然而就连印度总理瓦杰帕依2001年6月在孟买谈到该项目时也说："谁会购买如此昂贵的电力呢？"

4．问题分析

从上述过程说明可以看到，造成大博失败的原因主要有以下几点：

（1）经济周期和突发事件对经济发展造成影响。项目融资工程多集中在基础性行业，它们具有建设期长、资金投入量大、涉及行业部门多和专业性强的特点。通常，这些项目都由政府承办。然而，为了减少政府大规模投资的风险，很多国家会鼓励企业或私人开展项目融资工程，并通过提供"特许合同"及"保障较好收益"的做法，吸引投资者的关注。在这些项目中，融资产生的债务可以是无追索权的，也可以是有限追索权的。此外，举债不一定计入国家外债，而债务偿还只能依靠项目的收益实现。因此，承包商必须承担项目的全部风险，自行安排从项目可行性研究到建设的所有工作，并通过利用在特许期内拥有的项目所有权和经营权来获利。基于上述原因，这类工程所需的融资、项目建设成本一般会比常规投资项目高。为抵御风险，项目发起人必须对项目开办后相当长时期内的国际及所在国的国内政治经济发展趋势有一个准确的预测。对一家公司来说，如果逆政治经济大势而动，不论项目管理多细、财务风险如何分担、政府提供何种优惠，都有可能导致因收益无法实现而出现项目失败。在这里，项目失败不是指项目建设本身的失败，而是指项目建成后因缺乏好的政治经济发展形势配合而造成的项目生产力过剩或无法获利。安然公司在大博电厂项目的失败上有力地说明了这一问题。

（2）缺乏法律和政治体制保障的影响。项目融资工程受政策影响大，各级政府的稳定支持非常重要。尽管印度素以法制完备著称，但政党利益和传统的中央地方分权制，使地方政府在具体项目上有更大的控制权。这种互不买账和扯皮造成了政令不统一的不断出现，因此即使有完善的法制也无法保证合同的顺利执行。除此之外，印度政府为农业提供了大量补助，电价仅为正常价格的 1/3，而这一差价按规定必须由电力局承担。另外，执政党也对重要选区给予特定的电费补贴。综合来看，上述政治化的定价政策进一步降低了电力局的盈利能力。虽然邦电力局掌握了大部分输配电系统，但这些机构不仅效率不高，而且用户偷电、欠费问题严重，这些问题也导致当时的印度全国电力系统累积债务已超过 250 亿美元。这种情况下，就算经济正常发展，大博电厂也很难收到电费，更何况面临经济危机了。事实上，大博的高电价及马邦电力局不堪一击的财务状况最终成为压倒项目的最后几根稻草。

（3）项目准备和实施中存在矛盾。项目前期准备往往会导致一连串的矛盾。首先，可行性研究和经费的矛盾。为减少项目风险，需要开展全面深入的分析，而这需要大量的费用。其次，为使项目迅速得到批准，需事先安排好诸如原料、土地和资金，而这要足够时间和大量资金的保证。最后，项目成功的时间通常是有限的，因此必须在出现机会的时候果断快速，而不能思考再三、错失良机。事实上，对大型项目而言，一旦前期投入很大，那么就意味着没有任何退路，只能勇往直前。而纵观大博项目，求大求全不仅使项目准备时间加长，让其错过了 1997 年金融危机以前的好时光，而且使项目变得无法停止、不得不做。

（4）"完美"的合同条件。大博为争得可使马邦电力局破产的最优合同条款，使其丧失了宝贵的时间和成功的机会。正如前文所说，项目融资工程要想取得成功，就必须得到强有力的政府支持，以及可靠的经济体制保障。但是，盲目地争取条件，不仅会让政府为难，而且可能导致以政府为主导的各级部门的毁约。在大博发电项目中，汇率风险和电费收取是工程成败的关键，虽然汇率风险可以依靠技术手段加以控制，但电费的收取就只能依靠整个经济系统的正常运行及有效的政府担保。实际上，如果安然公司不信任这个经济系统，那么就没有必要进行项目融资，因为此时再好的条款对项目都毫无助益，事实也证明了这一点。

问题：

1. 大博电厂财务风险控制的关键点是什么？为什么？
2. 与政府合作的融资项目有什么特点？应该注意什么？
3. 请说明大博电厂失败与"苛刻的合同条件"之间的内在关联。

第9章

项目策划书的撰写与策划陈述

> 笨拙的方式卖不出你的产品,精彩却不相关的方式同样无效。
> ——伯恩巴克

📖 引导案例　蓝彩明珠房地产项目策划纪实[①]

　　房地产若仅靠区位差异,根本无法形成很大的利润空间,因此对中小房地产公司来说,它们需要不断地创新。管理学认为,局部优化的简单叠加并不一定导致整体结果的优化,因此最好在做好各个方面的前提下,在一两处做出最优,从而给消费者整体优化的印象。在上述理念指导下,为了体现创新性,特将项目取名为"蓝彩明珠",定位于"有一定环境、有相当品位和品质、位于商务社区里的小套型公寓式的自助酒店",以与区域内其他地产项目严格区分开来。项目目标客户群主要是投资型消费者,均价为 4 500 元/平方米,但单套总价控制在 25 万元以内。对那些由于层高等因素造成总价超过 25 万元的,则把目标市场对准商住两用的中小套型住宅。项目引导"用买住宅的钱买酒店""用买住宅的钱买办公用房"的消费概念。策划重点是"有一定环境、实用、经济、时尚的小套型"。开发策略是"把最好的做在外面,看不见的满足规范和使用要求即可,以求成本最低"。在平面布置上,将两幢 L 形房屋呈"⌐⌐"

[①] 蓝彩明珠房地产项目是在××房产公司成立 3 年还没有开发一个项目,且在项目投资方运作资本金较少的前提下完成的。它是项目策划人员运用市场营销基本原理和 10 余年房地产从业经验,以及对成都房地产发展趋势正确判断的结晶。案例中的文字是该项目策划的主要思路,在遵循原意的基础上有改动。

> 样式进行布局，单体户型主要采用中内廊走道、两边分户的布局，50~90平方米的户型考虑复式、错层等形式。建筑外观设计上，整个建筑外形要求时尚、雅致。外部建筑材料和设备的选用上，着力考虑消费者品位和身份的要求，而隐蔽工程则满足使用即可。建筑环境设计上，采用"开敞借景"等园艺手法，物业配套上，要求服务达到三星级标准。

作为展现策划人创意和整合能力的最终载体，项目策划书也是一种需要得到发起人认可的"产品"。蓝彩明珠案例中，虽可清晰地看到策划的精彩理念、逻辑分析与基本构架，但如何将策划思维过程用文字详细表达出来，并形成可供操作的策划书，则还有很长的路要走。尽管项目策划书与策划过程的理念分析有很大的关联，但是策划书中有很多的东西并不需要表达出来，只有在面对项目发起人进行陈述时才有存在的必要。因此，如伯恩巴克所说："笨拙的方式卖不出你的产品，精彩却不相关的方式同样无效。"要想使项目策划书得到认可，优秀的策划人员则必须懂得它的撰写与理念陈述的包装技巧。

📂 本章学习目标

- 了解项目策划书所独有的说明文特征，明确项目策划书的创作规范和写作要求。
- 熟悉项目策划书撰写格式的要求，掌握封面、目录、正文编排和格式设计的基本方法。
- 掌握项目策划书的基本框架，根据具体项目选择恰当的文本内容和逻辑结构。
- 了解项目策划陈述准备的内容及陈述PPT制作的一般技巧，懂得根据逻辑顺序和策划卖点来设定策划陈述的主要内容，陈述过程中应掌握倾听和回答的技巧。

9.1 项目策划书的撰写要求

项目策划人员在对项目运作过程的每一部分做出分析和评估，并制定出相应的实施策略和计划后，形成的一个纲领性的总结文件，这就是项目策划书。项目策划书是根据项目策划理念和结果而写的，是提供给项目发起人加以审核、认可，用来指导项目实施的策略性文件。通常情况下，项目策划书是以书面语言叙述的。这种把项目策划意见撰写成书面形式的项目计划，虽然没有项目实施计划那样详细，但也要求具有极强的操作性。事实上，随着市场竞争的日益激烈，好的项目策划早已成为企业及策划人员创造品牌、决胜市场的利器。

9.1.1 项目策划书的文体要求

不同的项目需要不同风格的策划书。例如，文艺类偏重抒情，工程类则有可能偏重平实。但是从总体上来看，项目策划书一般宜采用说明文的文体格式。

所谓说明文，就是以说明为主要表达方式来解说事物、阐明事理而给人以知识的文章。它通过对实体事物的解说，或对抽象事理的阐释，使人们对事物的形态、构造、性质、种类、成因、功能，关系或对事理的概念、特点、来源、演变、异同等有所认识，从而获得有关的知识。以说明为主是说明文与其他文体在表达方式上相区别的标志。社会生活中，说明文逐渐显示出它的重要作用和实用价值，是运用范围极为广泛的常用文体。它与人们的生产、工作和生活密切相关。由于社会生活的需要，说明文大量出现。

说明文一般具有 3 个重要的特点，即知识性、通俗性和条理性。其中，知识性是就说明的内容而言的，"说明"指通过解说使读者明白。因此，写说明文必须实事求是、言必有据。无论说明事物还是事理，都应客观、如实地进行解说。通俗性是就说明文的语言而言的。人们常说，说明贵在一个"明"字。这里的"明"是指语言的简洁明了、通俗易懂。而条理性是就说明文的结构而言的。由于人们接受知识按一定的认识过程，由浅入深、由简到繁、循序渐进而逐步深化的，所以说明文在结构方面，必须突出事物内在的条理性，力争做到"言而有序"。事实上，只有做到上述 3 点，才是一篇合格的说明文。

综合说明文的上述特点来看，项目策划书是关于项目实施战略、营销策略、项目管理等层面的内在发展规律的一种说明。项目策划人员通过项目策划书的有效阐述，务必使项目发起人明了项目实施的具体策略和计划，以及在此方案下项目的可行性和收益前景。因此，结合说明文的文体特点和写作要求，项目策划书的撰写必须满足以下要求。

1．抓住项目特征，把握说明中心

任何项目都具有自身的质的规定性，一个项目的特征是区别于其他项目的标志。例如，文艺类项目策划和工程类项目策划的最大差异，就在于此类项目更加偏重于对消费者内心感受的影响和触动，因此其重点是关注消费者娱乐需求的特征。事实上，项目策划书只有抓住项目的特征，才能把被说明的项目准确清晰地介绍给项目发起人，使他们对项目的发展战略、营销策略和项目管理有确切的了解。由于项目策划的范围大小不一，使其具有多方面的特征，因此介绍过程中要根据需要，选择重点或关键因素加以详细介绍。然而，对于项目特征的准确把握，还有赖于策划人员在创作前对被说明项目做深入细致的研究。就像在引导案例中所看到的，只有熟悉被说明的蓝彩明珠项目的区域特点，认识并掌握酒店式公寓经营管理的内在规律性，才能做到这一点。

2. 针对具体情况，选好写作角度

项目策划书要求具有极强的可操作性，因此写作过程中要注意有的放矢。写什么、怎样写，要根据项目和项目发起人的实际情况来定。例如，在偏重于项目评估的前期策划中，要加强项目的财务收益分析；而偏向于实施过程中的策划，则应加强项目管理的内容设计。只有这样，才能做到策划目的清楚，针对性强。此外，尽管项目策划的文本内容具有很多程式化的东西，但这并不是说写项目策划书就不需要选取特定的角度。事实上，从特定角度进行阐述，不仅可以体现项目策划创意的新颖性与独创性，而且有利于随后的策划陈述。例如，在蓝彩明珠项目策划书的撰写过程中，可以选择从自助式公寓酒店发展态势入手，吸引发起人的关注，然后逐步进入营销分析、财务分析与格局设计等内容。

3. 务求叙述清楚，做到条理分明

项目策划书撰写的目的是使项目发起人获得与项目实施相关的知识和技能，只有叙述清楚，才能实现这个目的。而要做到叙述清楚，则要讲究说明的方法，注意项目策划书的结构安排。由于说明方法较多，这里只介绍结构安排的条理性问题。策划书的条理性是项目自身特点、发展规律及项目策划人员创意架构在文章结构上的反映。在项目策划书叙述过程中，按照叙述项目计划、阐释事理的逻辑顺序来安排内容的次序，从而使整个文本达到层次清楚、主次分明的要求。例如，在蓝彩明珠营销策划方案中，首先假定建设条件，交代策划背景，分析市场现状，然后把策划中心目的全盘托出；其次进行具体策划内容的详细阐述，交代项目定价，以及消费者如何获得收益等具体事宜；最后明确提出解决问题的对策，交代酒店式公寓的设计风格与管理方法。当然，在流程非常明晰的全程策划中，说明层次和逻辑顺序的安排，可以时间变化和流程先后为序，从而突出项目的过程管理。

4. 语言准确简明，文字通俗易懂

选用准确的语言，精确地叙述项目策划的内容，是项目策划书的基本要求。项目策划书可能会涵盖项目实施的各个层面，因此从整个文本来看要注意突出重点、抓住项目所要解决的核心问题、避免冗长、力争做到简明扼要。例如，在描述市场调查时，调研方法及样本采集只做简略的说明就可以了，关键的是突出结论。策划人员可通过概述与分类的方法，删除多余的文字，避免概念与文字的重复。一般来说，项目策划书不要超

过3万字。如果篇幅过长，可将图表及有关材料用附录的形式加以处理。此外，由于项目策划书是以介绍项目前景与实施为主的，只有如实地反映被说明内容的客观情况，才能保证项目策划的科学性。语言不准确或存在过多的浮夸行为，就会失去必要的科学性。因此，撰写项目策划时，力求文字易读、易懂，要注意少用生僻的术语，不要使用太多的代词。

5. 实事求是，寓创意于操作之中

项目策划书的撰写要科学、认真、实事求是，避免任何不符合实际情况的主观杜撰。项目策划的决策者和执行者不在意是谁的观念、谁的建议，他们需要的是事实，有关这一点在前文中已强调过。由于阅读能力和时间的限制，项目策划书每一部分的开始最好有一个简短的摘要。必要的时候，每一部分都要注明使用资料的来源及政策依据等，从而增加策划书的可信度。此外，要注意在突出策划创意的同时，将观点融入项目实施的每一个环节。编制策划书主要用于指导项目活动，其指导性涉及项目活动中每个人的工作及各环节关系的处理，因此可操作性非常重要。不能操作的方案，即使创意再好也无任何价值；而不易于操作的策划，也必然要耗费大量的人力、财力和物力，造成管理复杂，效率低下。

9.1.2 项目策划书的格式要求

项目策划书并没有一成不变的格式，它依据项目或具体活动的不同要求，在策划的内容与编制格式上也有变化。但是，从项目策划活动的一般规律及文本制作要求来看，项目策划书具有一些共同的要素。下面介绍项目策划书的一些基本编制格式。

1. 封面设计

从包装的角度来看，项目策划书的封面非常重要。一方面，它既是文本的外层保护；另一方面，它还具有积极的促销作用。在必要的情况下，策划人员应注重封面的格式和色彩的选择。项目策划书的封面是阅读者先关注的对象。优秀的外形、色彩和图案设计，能产生醒目的效果，使阅读者一眼就能看到项目策划者的创意能力，并产生浓厚而强烈的兴趣。这在房地产策划、广告策划、文艺类项目策划中尤为重要。项目策划书封面格式和色彩的选择，应根据项目标志、主题定位而定。一般来说，封面的图案要以项目发起人品牌为主，充分显示品牌的特征，使阅读者从商标上立即识别项目策划的对象。封面纸张的材质也可以根据项目而定，而独具特色、质地雅致的材料，比一般的纸质封面更具艺术性。

项目策划书的封面应为阅读者提供的信息包括：① 策划书名称；② 项目策划发起企业；③ 策划机构或策划人员的名称；④ 策划完成日期或本策划适用时段。在封底左下角还可以用较小的字号标示项目策划机构的联系方式及主要的业务范围等。

2．目录设计

目录是对正文内容的简要概述。通过阅读目录，阅读者能够迅速地领会项目策划书的逻辑顺序和内容架构。要做到这一点是非常困难的，它要求策划人员必须对正文中的每一个标题都进行认真的设计，并强化标题之间的逻辑关联。项目策划书的目录一般只列到正文的二级标题即可。特殊情况下，如果内容不多，也可以有三级标题。

目录生成可以借助 Word 目录自动生成程序加以实现，也可以通过手工操作来实现。由于手工操作很难控制文本的一致性，因此操作过程中要注意文字大小、缩进和页码的对齐。此外，目录页码一般是单独标示的，与正文页码不存在先后的次序。

3．正文编排

正文是项目策划书的核心部分，其制作要符合阅读者的习惯。正文一般都用前言（引言）、第×章（第×部分）、附录的顺序。其中，前言主要介绍项目的实施背景、策划目的和宗旨等；第×章则介绍章节的具体内容；而附录一般都是特殊材料和文件的说明。此外，在有特殊需要的报告中，还要附上策划所使用的参考文献。

正文内容每一页一般都会设置篇眉，其内容主要包括具体章节、项目策划名称、策划机构 Logo 等，篇眉格式的设置根据策划人员的个人习惯而定。精致一点的，一般奇偶页上会存在一定的差异。若遇特殊需要的，也可以使用页脚，以便添加引文文献的出处。

正文标题次序编号一般采用"1、1.1、1.1.1"的递进方式展开。这种序号设计可使阅读者对具体章节之间的关系一目了然。而相应的图表编号，也按照其所在的章节来标示。值得一提的是，由于目前文字处理软件一般都具有自动编号、编排的功能，但是从中文文字编排的习惯来看，目前文字编辑软件的编排格式既不美观，也不符合中国人的阅读习惯，因此正文标题次序编号建议手工操作。现在，越来越多的策划机构已开始使用 PPT 来提交项目策划书，一些大型策划机构甚至专设 PPT 制作部门，以满足正文编排的美化需求。项目策划人员应对此进行必要的研究，以符合时代发展的需要。

4．格式要求

项目策划书正文的标题一般采用黑体标示，而正文文字部分一般采用宋体。字号的大小一般视内容多少来定，篇眉、页脚一般采用小五号宋体。由于字体太多会使整个页面看上去显得很混乱，因此一份项目策划书中最好不要超过3种字体。从中文编排习惯来看，段落前要缩进两个字，每行之间的行间距以及标题和段落之间的行间距设计，要以美观大方为依据。此外，还要注意标点符号的准确使用，尤其在复制别人的文字时，更要注意。

大部分项目策划书都包含很多的图表，图表在传递策划理念中发挥着重要的作用。图表的颜色、大小等设计要符合正文编排的需要。一般来说，图表要尽量放在同一页上。对于较长的表格，也一定要通过"续表×"的标记加以标示，以方便阅读者查阅与核对。

9.1.3 项目策划书的基本框架

项目策划书的基本框架是包容策划所有内容的"容器"，它会因项目的不同而不同，但同一类项目会有一定的相似性。例如，网络项目策划主要包括项目市场分析、项目建设目的及功能定位、项目技术解决方案、项目内容及实现方式、页面设计、费用预算、项目维护、项目测试等；房地产营销策划主要包括营销环境与市场机会分析、营销目的与目标设定、营销策略设计、费用预算、方案调整等。从上述两种不同项目来看，两者之间也存在许多共同之处。因此，为了满足大多数项目策划的需要，结合本书第1章提出的策划出路，下面给出项目策划书撰写的大致框架，供策划人员组合使用。

1．策划目的介绍

此部分内容多集中在前言或项目策划概述中，是项目策划的开始，属于整个策划的纲领性文字，对统一思想、协调行动、共同努力、保证策划高质量地完成有着积极的推动作用。此部分内容不宜过多，主要包括以下3个部分，或者视具体项目策划的要求而定。

（1）项目策划背景的介绍。包括项目发起人的一般情况、发展战略及本项目对企业的作用介绍，项目所在地的政治经济发展趋势，以及本项目的社会价值与现实意义介绍等。

（2）项目策划范围的介绍。包括项目自身的范围、项目策划的具体范围及适用时间的介绍，以及为限定项目策划工作内容、交代策划时点及适用范围提供依据。

（3）项目策划目的的介绍。主要包括项目策划所要达到的目标、主要理念及执行本项目策划基本要求的介绍等。项目策划目的多种多样，但主要包括4个：一是制定项目发展的战略；二是制定项目的营销策略；三是制定项目管理的依据；四是通过上述几种策略的综合，体现项目发起人通过项目创造最大价值的要求。

2. 政策依据介绍

一些特殊的项目策划（如旅游项目策划），就需要交代项目策划的政策依据。这些依据主要涉及国家相关的法律、法规，地方政府的政策规定、特殊行规及国家标准等。项目政策依据的主要内容也可放在项目策划书的前言或概述中以罗列的形式加以介绍。

3. 理念方法介绍

可在项目策划的前言或单立一章来介绍项目策划的构思理念，也可分别放在策划的有关部分。策划理念既可以是项目策划构思的逻辑基础，也可以是项目策划的卖点或独特的视角。比如，在引导案例中，酒店式公寓就是项目构思的逻辑基础。若遇到有特殊要求的项目，还要介绍策划的一般方法，供阅读者加以检验和判断。例如，通过介绍市场调研、主要收益测算或项目融资的方法，可以使阅读者对这些结论进行判断和分析，增强其可信度。最后，为了使阅读者能够清晰地了解项目策划的基本内容，策划人员还可用图表的方式来介绍项目策划的基本框架，这个框架一般以项目策划的具体章节标题或内容来展示。

4. 内外环境分析

无论是项目战略制定，还是营销策略设计，都需要进行内外环境的调查和分析。一般来说，内外环境分析主要用 SWOT 分析框架来阐述。由于不同的项目面临的环境并不相同，因此从第 4 章的介绍来看，外部环境分析一般会涉及宏观环境和产业环境的介绍，内部环境则是对企业和项目的分析。其中，宏观环境主要涉及政治、经济、文化、社会、自然、技术等；产业环境主要涉及竞争对手、消费者、产品、价格、渠道、促销方式等。

企业分析需考虑企业的实力、能力和资源的现状等。项目分析需考虑项目的自身特点和卖点等。通过内外环境分析，策划人员就可在此基础上进行综合的 SWOT 分析，从而找出在各种环境组合下的项目战略和营销策略制定的依据。从策划的内在逻辑来看，该部分是项目策划书的关键章节，是阅读者进一步了解项目的策划背景、亮点和事实依据的基础。

与内外环境分析相关联的还有项目市场细分、目标市场选择和定位分析，三者是以消费者调查为基础的，因此需要严格的事实依据。内外环境分析是项目定位和营销策略制定的基础。

5. 战略方案分析

根据 SWOT 分析的结果，策划人员可进一步交代项目的战略实施框架。其主要内容包括项目使命、目标、具体策略及实施控制的介绍。其中，具体策略是主要的内容涉及项目人力资源、组织架构、市场营销、财务管理、现场管理等内容。大多数情况下，战略方案设计还涉及项目定位、主题定位以及品牌定位等内容。

6. 营销方案分析

根据项目发展战略以及 STP 分析的结果，策划人员就可以交代具体的营销方案了。营销方案设计是实现项目利润的重要策略，在项目策划中显得越来越重要。其内容如果涉及市场调查，则有必要对调查方法和调查结论进行介绍。在此基础上，再给出具体的营销理念与营销目标，以及针对市场竞争状况而进行的产品、价格、渠道和促销策略设计。其中，产品和促销策略设计在大部分房地产策划书中占据了重要的位置。尽管产品设计因项目的不同而存在极大的差异，但在促销策略设计上却有很多的相似性。其内容主要集中在营销主题设计与传播、广告创意与制作、媒体安排和选择、促销工具选择和策略设计上。大型项目（如房地产项目）还会利用公共关系和营销活动手段来增进消费者对项目的理解与接受。

7. 组织结构分析

对涉及项目实施环节的项目策划书来说，还应有必要的组织结构设计。组织结构设计一般与人力资源管理结合在一起，具体内容包括项目组织结构分析、组织结构设计、团队建设、项目工作分解、岗位职责分工、选择项目经理，以及项目人力资源管理中的人力资源规划、预测需求人数、组织招聘、薪酬设计、绩效考核等管理模式的设计等。

8. 项目财务分析

项目财务分析涉及项目财务管理的各个层面。其中，既有项目预算、成本控制、融资分析的内容，也有项目财务预测和风险管理的内容。由于项目策划面对的读者并不相同，因此对上述内容的关注也就不一样。但是对于任何项目来说，对项目的盈利能力和投资回报进行估算，都是必需的。此外，对涉及融资的项目策划，则要注重项目风险的分析。项目财务分析可以通过现金预算表、预计利润表、预计资产负债表等进行介绍。

9. 进度控制分析

对涉及项目管理的项目策划书，则有必要编制项目计划，并设计进度控制的基本策略。项目计划和进度控制一般都采用特定的时间分期，分阶段设定各种目标，保证项目按时、按质地完成。进度控制分析主要内容包括进度控制、质量控制和费用控制 3 个部分。

9.2　项目策划书的陈述

大多数情形下，并不是向项目发起人提供一份项目策划书的文本，就意味着项目策划可以顺利地结束了。策划人员在提交项目策划书的同时，还须准备必要的陈述。作为一种面对面的沟通形式，陈述不仅要向对方阐述自己的观点，更重要的是说服对方接受己方的观点，在解释策划理念与选择目前策略原因的同时，使项目发起人真正了解项目策划的意图及执行的重点。项目策划书陈述有很多的技巧，将在下面分别进行介绍。

9.2.1　陈述的准备

陈述对项目策划书得到认可有着重要的意义，因此必须进行精心的准备，以增进其效用。由于在第 3 章中已介绍过陈述准备的意义，这里将重点介绍陈述准备的内容。

1. 选择恰当的陈述人

选择恰当的陈述人是陈述准备的关键。很大程度上，陈述人的素质将决定策划汇报的成败。陈述人不仅要熟悉项目策划，还要具备一定的亲和力，善于陈述，懂得陈述所必需的沟通技巧、倾听技巧及回答技巧。在大多数项目策划机构中，策划书的最终陈述一般由策划团队的负责人或由专人负责。陈述人要清楚陈述必须达到 3 种效果：① 能激发听众的注意，并为听众创造听取陈述的欲望；② 能清晰无误地传达策划书的信息，使听众明确地了解；③ 说服听众，促使听众接受策划书，并采取相应的行动。想要取得上述 3 种效果，不仅需要陈述人具有优秀的素质，还需要陈述人在陈述之前做好充分的准备，并在陈述过程中能够准确地运用陈述技巧、视听器材及其他物品展示的技巧。

2. 陈述人的准备工作

陈述人在陈述前必须做好准备工作。至于准备时间的长短，则要视个人陈述经验的多少及对陈述主题的了解程度而定。一般来说，陈述之前的准备应包括以下内容：

（1）了解听众。陈述人应设法了解参与陈述人员的知识背景，了解他们对陈述主题的理解与接受能力，他们的兴趣与习惯，以及他们对策划书的初步态度。当然，陈述会议召开之前，应将策划书送到参会人员的手中，让他们事先熟悉策划书的内容。如果策划书太长而又涉及诸多不宜透露的商业机密，则可通过简报的形式加以解决。简报要以结构化方式来呈现项目策划书的内容。好的简报是一场事先准备的促销会，对陈述的成功具有重要的促进作用。好的简报能使还不算成熟的观点得到重视，而规划不佳的简报则会使好点子被埋没。策划人员最好利用图表与逻辑结构来呈现想法，要避免简报的内容令人太过意外。事实上，简报也是一种沟通工具，并非目的。一般人都不喜欢令人吃惊的事情，特别是那些可能会迫使决策者改变计划或程序的消息。此外，还要根据不同听众，调整简报形式。

（2）熟悉策划书。陈述人应对策划理念和策略设计具有高度的认识和理解。他们可以不参与项目策划，但必须懂得策划的全过程，懂得策划书文本叙述的逻辑及策划设计的事实依据。唯有这样，才能回答听众的疑问，才能使听众感到言之有理。

（3）设定预期目标。陈述人应明确陈述的目标。一般来说，一次陈述不可能使项目发起人完全接受策划书，听众有可能还会提出一些修改意见。但是，对于整个策划来说，最怕的就是理念或根基完全被否定。因此，对于陈述来说，首先要使听众接受策划的理念；其次要使听众接受项目策划的大部分策略设计，少部分的分歧则是完全可以接受的。

（4）论据准备。为了使听众能够完全或大部分接受策划书的效果，陈述人应将有助于理念阐述和策略分析的各种论据罗列出来。这些论据可以是一般性的消息、研究成果、理论、案例、个人经验或其他项目策划人的观念等，但它们都必须具有一定的权威性。

（5）根据陈述时间，合理安排陈述内容。陈述的时间最好不要超过一个半小时，时间太长不仅会分散听众的注意力，还会使听众感到疲乏甚至厌倦。此外，由于还要为听众留下足够的讨论、提问以及沟通的时间，因此陈述人必须根据所能运用的时间，对策划书汇报及论证的内容进行认真的规划，从中选择听众最感兴趣的、最重要的内容加以阐述。

（6）陈述纲要准备。陈述纲要可分为引言、正文与结论3个部分。其中，引言部分旨在准确告知陈述目的，阐述理念，交代项目策划背景来吸引听众注意。例如，在陈述开始时，陈述人就把会议目标、进行方式及对与会者的期望，做简明扼要的说明。正文部分旨在将策划书的内容，按一定的逻辑顺序，分为几个部分进行阐释或剖析。这里所指的逻辑顺序，既是策划思考的逻辑顺序，也是使听众准确掌握信息的逻辑顺序。例如，由现实到理念，由理念到策略，由策略到收益，由收益再到融资等，就是一个很好的介绍顺序。结论部分是对整个策划的总结，旨在强调执行本策划的价值和意义，强调项目策划的准确性，以及它为项目发起人带来的巨大收益，为陈述的认可和接受做最后的总动员。

（7）选择恰当的辅助器材，营造良好的沟通环境。陈述前应准备好各种视听器材，如挂图、投影片、录音带、幻灯片、影片及讲义等。由于陈述是一场正式的会议，因此要选择适宜陈述的会议场所，必要时要悬挂横幅、标语来突出陈述的严肃氛围。当然，也要适当地布置鲜花，摆放饮料、水果和点心，为与会者创造宽松、舒心的沟通环境。

（8）预先演练。对于重大项目策划书的陈述，若陈述人对自己信心不足，也可以借助录音机或录像工具，对所做陈述进行自我演练和剖析；还可以邀请策划团队的其他成员作为听众，进行实战演练，让同事找出陈述中的不足，并加以改进。

3．制作精美的PPT

现代项目策划陈述已经离不开PPT了。PPT作为陈述的重要辅助手段，有必要对其制作技巧做一些简单的说明，以帮助那些刚刚入门或者对PPT制作一知半解的策划人员。

一般来说，大型项目策划机构都有自己的专业模板，策划人员只要按照固定的格式进行必要的填空或调整就可以了。而对于小公司来说，它们应积累经验，加强PPT模板制作方面的管理，从而形成企业策划产品的统一形象，彰显企业品牌文化和策划的实力。

（1）PPT制作的核心是"逻辑"。由于观众在多数情况下要用"看"来弥补"听"的不足，因此PPT页和页之间、标题和标题之间应做到层次分明、逻辑清楚。要做到这一点，则必须根据前面介绍的陈述纲要，按照引言、正文与结论的内在逻辑顺序，设定陈述内容，构建逻辑清晰的陈述框架，划分带有目录性质的一级标题和二级标题。

（2）有了逻辑清晰的结构性提纲，策划人员就可根据策划书的内容选择要点并填到相应的标题下。事实上，一个半小时的陈述需要的页数也不算太多，以每5分钟介绍一页计算，也就是30页左右。为了让听众能够把握要领，最好在每一部分的开始，做一个简明扼要的概述，而结构性框架最好在引言中加以必要的介绍。

（3）仔细研究陈述的内容，选择恰当的形式来展示。一般来说，如果是带有数字、流程、因果关系、趋势、时间、顺序等性质的，可考虑用图来展示。如果上述内容过多或无法用图来表现，那么就用表格来展示。只有在图表都不能展示时，才考虑用文字加以说明。图表的制作及文字的展现，也要根据内容的关系和页面的空间，选择合理的布局。

（4）选用合适的母版。由于特定色彩会带来特定的感觉，因此在选择PPT母版时，要考虑色彩搭配的问题。如果觉得Office自带的母版不合适，可在母版视图中进行调整，添加合适的背景图、公司Logo或装饰图等。陈述用的PPT文件除应每张加上公司Logo外，还要把客户公司标志列在其中，从而给客户一个良好的暗示，使陈述更具针对性。

（5）母版设计好之后，策划人员根据母版调整标题、选择字体和文号，并确定具体的位置。一般来说，同一页面尽量使用一种字体，而整个文档最好不要超过3种字体。根据母版色调，将图表进行美化，通过调整颜色、阴影、立体、线条等，突出文字。在此过程中，要注意整个PPT的颜色不要超过3种。为美化页面，还可选择适当的装饰图，但装饰图要符合当页主题，其大小、颜色不能喧宾夺主。考虑观众的习惯，策划人员还可以进行必要的动画设计，插入音乐，链接其他文字和材料，使页面变得更加活泼。

（6）细心检查，严防疏漏。PPT制作完成后，在放映状态下，精读一遍，找出问题，加以修改。当然，最重要的是要防止错别字。错别字一般会使客户怀疑策划人员的专业精神和工作态度，如果文本过多、时间较紧，应请策划团队的其他成员帮助检查。

9.2.2 陈述重点的设计

陈述具有推销的意味，因此可以像推销产品一样来设计项目策划书陈述的重点。当然，对于陈述人来说，要注意"策略"这类无形产品的推销与有形产品推销的差异。项目策划书的"推销"更注重陈述人员的安排、陈述的流程设计及其他实物的证明等。

1. 找对问题次序

对客户来说，项目策划人员是某个领域的专家，陈述人提出的任何观点都应具有一定的权威性。陈述人在陈述过程中，必须解决两个问题，即客户的问题和策划团队的问题。其中，客户的问题是从策划书中找到项目成功的依据，而策划团队的问题是通过陈述使纸质的文本体现出巨大的商业价值。只有上述两个问题都解决了，才算大功告成。

陈述人要多问问自己，客户为什么要认可你的策划。这是一条极其简单的建议，但也是最有效的建议。很多策划人员在写策划书时往往会忘记这个问题，但是当一个人坐在你对面突然发问时，你会怎么回答呢？正如前面所强调的，项目策划书不但要消除项目发起人在投资上的疑虑，而且还要明确项目的收益。在此基础上，他们才会考虑用什么战略、营销方法和管理工具来实现这个计划。因此，从项目发起人所关注的重点来看，策划的重点应围绕项目所面临的具体问题来展开，重点强调项目策划方案为项目带来的投资收益。

最后，围绕上述收益来阐述实现收益的策略设计，包括融资策略设计、营销策略设计、项目管理策略设计及与项目发起人长期利益相关的战略设计等。当然，对于不同的项目策划书来说，由于策划阶段或要求的不同，上述内容也有相应的变化。但是，陈述重点次序设计的原则是，一定要让客户先明白项目策划书的价值，以及它对项目成功的作用。

2. 找出策划卖点

每个项目策划都有自己的理念基础，它是项目策划的差异所在，也是该策划的卖点。举例来说，客户可能并不在乎策划过程中策划人员花了多少精力去做市场调查，但是他们一定会关注调查的结论。因此，如推销产品一样，要找到能够打动项目发起人内心的那一点，则是项目策划能够为项目带来更多经济附加价值的那一点。例如，引导案例中，策划人员采用公寓式酒店的想法，不仅使项目呈现出唯一性的特征，还使项目销售进入了无竞争的状态。策划人员还通过有效的营销策略设计，使普通的投资者都具有购买实力，从而解决了销售的后顾之忧。当然，必要的市场调查与物业管理模式的分析，又解决了购买者对未来酒店收益与管理的怀疑。从财务分析来看，上述策划可以使投资方在占用较少资金的基础上，顺利完成项目并获得较大的收益。这就是该策划的卖点。

对于策划陈述人来说，可以尝试利用"电梯测试"的方法，对项目策划的卖点进行概述。如果陈述人能在 5 分钟之内，将项目策划的独特之处加以详尽的阐述，加上项目策划人员的专家权威，就一定能打动项目发起人，直至使项目发起人完全认可项目策划书。

9.2.3 陈述的基本技巧

陈述是与项目发起人之间的深度沟通，因此在陈述过程中必然会有交流与沟通，也会有一定的碰撞。对于项目策划陈述人来说，他们必须掌握陈述、倾听和回答的技巧，以便适时地、准确地与听众进行沟通和交流，增进听众对陈述的理解。

1. 陈述技巧

陈述的成败主要取决于陈述人是否拥有自信心与热忱。充分的准备与丰富的陈述经验，可为陈述者带来高度的自信心。因此，陈述人应尽量把握陈述的机会，培养自己的自信心。至于热忱，除了受陈述人天生的资质所决定外，还要看陈述人对策划书的内容是否具有高度评价而定。若陈述者认为自己所陈述的信息不但是正确的，而且值得听众听取，则其热忱将油然而生。因此，为使自己对陈述产生热忱，陈述者应谨慎选取有益于听众的信息，作为陈述的内容。除了自信心与热忱，陈述人还需掌握以下 8 种技巧：

（1）与听众保持视线接触。有效的目光接触可以与客户产生良好的沟通和交流。为了达到这一目的，陈述人必须对策划书陈述的内容高度熟悉。用投影片、幻灯片、挂图或派发的讲义充当讲稿时，切忌一边陈述，一边翻阅。因为这样做不但浪费时间，而且很容易使听众丧失兴趣与耐性，认为陈述人在照本宣科，对策划书的内容不太熟悉。

（2）灵活运用停顿技巧。短暂的停顿一方面能给陈述人稍事休息的机会，另一方面也能给客户留下思考问题的时间。停顿是一种强调，可让客户对信息做出判断，并做出反应。

（3）涉及分析论证，采用案例来证明自己的观点时，陈述人应抓住客户对项目策划的心理预期，尽量使用客户有切身经验的、对其有帮助的、能够产生共鸣的实例。

（4）注意陈述的抑扬顿挫，适当地改变音量、音调或语气。陈述也是一次重要的演讲，声调的抑扬顿挫不但有助于消除听众的沉闷感觉，而且还使陈述显得更加生动。

（5）尽管陈述需要庄重的氛围，但是陈述人也应善用幽默性的话语。项目策划陈述需要既诙谐又不失庄重的话语来调节现场气氛，活跃客户的思维。值得注意的是，幽默性话语并不等于轻佻或浅薄的话语，应严格避免任何轻佻与浅薄的话语。

（6）尽量避免足以令客户分心的各种行为举止。尽管这些行为举止的特征很难界定，但是陈述人完全可以从客户的现场反应中看出来。陈述人要注意陈述过程中的各种肢体语言的准确运用，要让自己的一切行为都能使陈述变得极度精彩，以便使客户全神贯注地聆听。

（7）注意措辞，强调谦恭。一方面，陈述人要用符合客户文化程度与要求的语言来组织陈述的措辞；另一方面，则要注意言语谦恭，对与会者表示足够的礼貌与感激。

（8）适当地访问，设法用发问的方式使客户介入，提高客户的注意力。有技巧的陈述人会注意避免从头到尾都唱独角戏，他会通过不需要回答的提问、反问等方式，提醒听众注意。

2. 倾听技巧

为了保证与客户的良好沟通，及时掌握客户对项目策划书的意见，陈述人有必要掌握倾听的技巧。积极的倾听有许多好处，它既可防止因沟通能力差引起的误会，同时有助于陈述人了解陈述沟通的重点，听出提问者的弦外之音，甚至可以增进提问者的好感。

（1）倾听是一种主动的过程，倾听客户的意见时要保持高度的警觉，随时注意客户意见的重点；要保持价值中立，站在对方的立场上，仔细地倾听客户所说的每一句话。

（2）鼓励客户开口，虚心听取客户的意见。倾听是一种礼貌，而愿意听会使提问的人觉得陈述人很尊重他的意见，有助于建立融洽的关系。此外，鼓励对方开口可以降低沟通中的竞争意味，而只有对方先提出看法，陈述人才有机会进一步地阐述自己的理念。

（3）切勿多话，切勿耀武扬威或咬文嚼字。陈述人在沟通阶段应该多听少说。此外，为了避免造成沟通压力，使客户感到胆怯或害羞，陈述人即使某一个领域的专家，也要保持低调和沉默。

（4）表示兴趣，保持视线接触。聆听时，必须看着对方的眼睛，让对方感觉到陈述人对他的关注。此外，要全神贯注，必要时还要表示赞同，心不在焉会伤害客户的感情。

（5）让人把话说完，切勿打断谈话。陈述人应该在确定知道对方完整的意见后再做出反应，别人停下来并不表示他们已经说完想说的话。让人把话说完整并不插话，这表明你很看重沟通的内容。事实上，人们总是把打断别人说话解释为对别人的不尊重。

（6）听取关键词。所谓关键词，指的是描绘具体事实的关键字眼，这些字眼可透露出某些信息，同时也显示出对方的兴趣。而在一些语气助词上，还可看出对方的情绪及说话者对人的信任程度。另外，找出对方话中的关键词，也可以帮助陈述人找到响应对方的方法。

（7）让别人知道陈述人在听。偶尔说"是""我了解"或"是这样的吗"，可以告诉对方你在听，你有兴趣。当然，有时也可用无声的停顿。如果你在谈话中一直回答或点头，偶尔暂停反应或许可激发出更宝贵的信息，这是想要获得重要信息的惯常方式。

（8）观察肢体语言，注意非语言性的暗示。对方说的话可能与非语言表达互相矛盾，要学会解读特定情境下肢体语言的含义。事实上，当人与人交流时，即使对方还没开口，也可以通过对方的肢体语言，清清楚楚地看到对方的态度。陈述人如果态度封闭或冷淡，说话者自然会注意自己的一举一动，也不愿意敞开心扉。

（9）重复对方谈话并做出回应。要确认自己所理解的就是对方所讲的，则必须使用重复的技巧。陈述人必须重点重复对方所讲过的内容，以确认自己所理解的意思和对方一致。例如，"您刚才所讲的意思是不是指……""不知道我听得对不对，您的意思是……"

（10）暗中回顾，整理出重点，并提出自己的结论。倾听的过程中，可以在心里回顾一下对方说的话，整理出其中的重点，删去无关紧要的细节，并熟记于心。回顾并整理出重点，可以帮助我们继续分析问题，找到有效的说服对方接受项目策划书的策略。

3. 回答技巧

陈述过程中，必然会碰到客户的发问。有问必有答，陈述沟通就是这样进行的。但是，问有艺术，答也必须有技巧。答得不好，不仅会使自己陷入被动，而且有损策划机构的形象，甚至不利于策划的接受。陈述人员对每一句话都负有责任，都有可能被客户看作一种承诺，因此陈述水平的高低还取决于陈述过程中回答问题的技巧和水平。

陈述中的回答是一次证明、解释、反驳或推销己方观点的过程。为了能够有效地回答好每一个问题，策划人员在陈述前可以假设一些难题来思考，考虑得越充分，所得到的答案就会越完美。通常，在陈述中应当针对客户提出的问题实事求是地回答，但是项目发起人的提问可能会千奇百怪、五花八门，而且多是客户积极思考、精心设计之后才提出的，如果对所有的问题都正面地提供答案，并不一定是最好的策略。

（1）回答问题之前，要给自己留有思考的时间。回答问题时，不是速度越快越好，陈述沟通与竞赛抢答是截然不同的两回事。有些人在客户提问声音刚落，就立即回答问题，以显示自己早有充分准备，强调自己的实力。其实并不需要这么快，经验告诉我们，在客户提出问题之后，陈述人可通过喝水、调整坐姿、整理桌上资料、翻一翻笔记本等动作来延缓时间，考虑一下客户提的问题。这样做既显得自然得体，又可消除客户的疑虑。

（2）针对提问者的真实心理做出答复。客户提问的目的往往是多样的，动机也往往是复杂的，如果在没有深思熟虑、弄清客户动机之前，就按照常规来回答，效果往往不佳。如果经过周密的思考，准确判断客户的用意，便可做出高水准的回答。

（3）不要彻底地回答问题，因为有些问题不必回答。并非任何问题都要回答，有些问题并不值得回答。在沟通过程中，客户提出问题或想了解陈述人的观点、立场和态度，或想要确认某些事情，对此，我们应视情况而定。对于应该让客户了解或者需要表明己方态度的问题，要认真回答；而对那些可能会有损己方形象、泄露机密或无聊的问题，则应不予理睬，但要注意礼貌。当然，用外交辞令来拒绝回答，是解决这类问题的好办法。

（4）逃避问题的方法是避正答偏，顾左右而言他。有时客户提出的某个问题，陈述人可能很难直接从正面回答，但又不能拒绝回答。这时，陈述人可采取避正答偏的办法，即在回答这类问题时，故意避开问题的实质，将话题引向歧路，借以破解客户的进攻。

（5）对于不知道的问题不要回答。陈述人并非全知全能，尽管陈述人对陈述准备得非常充分，也经常会遇到难解的问题，这时陈述人切不可为了维护自己的面子而强做答复，这样有可能损害自己或公司的利益。经验和教训一再告诫我们，对不懂的问题，应坦率地告诉客户不能回答，或告知客户暂不回答，需要加以研究之后，再来回答。

（6）有些问题可以答非所问。答非所问是一大忌，然而从沟通技巧来看，却是一种对不能回答问题的一种行之有效的答复方法。有些问题可通过答非所问来给自己解围。

（7）以问代答。以问代答是用来应付那些一时难以回答或不想回答的问题的方式。此方法如同把客户踢过来的球又踢了回去，请客户在自己的领域内反思后寻找答案。例如，客户问："你对合作的前景怎样看？"如果这个问题在此时很难回答，那么善于处理这类问题的陈述人可以采取以问代答的方式反问一下："那么，你对双方合作的前景又是怎样看呢？"这时双方自然会在各自的脑海中加以思考和重视，对于打破窘境会起到良好的作用。

（8）可以采取推卸责任的方法。陈述人面对毫无准备的问题，往往会不知所措，或者即使能够回答，但鉴于某种原因而不愿意回答。对这类问题通常可以如此回答："对这个问题，我虽没有调查过，但曾经听说过。"或者"某某先生的问题提得很好，我曾经在某一份资料上看过有关这一问题的记载，就记忆所及，大概是什么什么样的情景。"

（9）重申和打岔有时也十分有效。沟通过程中，要求客户再次阐明其所问的问题，实际上是为自己争取思考时间的好办法。在客户再次阐述问题时，陈述人可以根本不去听，而只是考虑如何做出回答。当然，这种心理不能让客户有所察觉，以防其加大进攻的力度。有人打岔，那将是件好事，这可为陈述人赢得更多的时间来思考问题。有些富有陈述经验的陈述人员估计沟通中会碰到某些自己一时难以回答而又必须回答的、出乎意料的棘手问题，为了赢得更多的时间，他会事先在策划团队内部安排好某个人，在关键时间打岔。打岔的方式多种多样，如借口有重要的事情等来争取问题的思考时间。

本章小结

项目策划书是提交给项目发起人的文字产品，不仅需要较高的写作技巧，还需要良好的陈述技巧，只有这样才能增进发起人对策划书价值的认知，并认可策划人员的工作。

项目策划书是策划人员在对项目运作过程的每一部分做出分析和评估，并制定出相应的实施策略和计划后，最终形成的纲领性文件，是对项目战略、营销策略、项目管理等层面所需具体措施的一种说明，具有说明文的特征。项目策划书要求语言简洁，逻辑清晰，言必有据与极强的可操作性。项目策划书封面是策划产品的外包装，需要加以精心设计以体现策划机构的实力。项目策划书的目录应能使阅读者迅速领会其逻辑顺序和内容架构。项目策划书正文编排既要清晰明了，同时也要符合读者的审美需要，必要时可采用PPT格式。项目策划书正文字体的选择及图表设计也要遵循规范，避免杂乱无章。项目策划书的基本框架一般包括策划目的、政策依据、理念方法、内外环境分析、战略方案、营销方案、组织结构分析、财务分析、进度控制等内容，策划人员可根据具体项目选择恰当的框架和表述方式。

大多数情况下，要想让项目发起人接受项目策划书，还需要与其进行面对面的沟通，这就是项目策划书的陈述。陈述具有推销的作用，是项目策划书能否被接受的一个重要环节。陈述人应在陈述之前充分了解听众、熟悉策划书、设定预期目标、进行论据准备、合理安排陈述内容与时间、准备陈述纲要、选择恰当的辅助器材、营造良好的沟通环境，必要时还必须进行预先演练。陈述人必须懂得PPT制作的一般技巧，学会根据问题的逻辑顺序和卖点来设计陈述的内容。陈述过程中，陈述人不仅要善于陈述，还要懂得倾听和回答的技巧，以便适时、准确地与听众进行沟通和交流，增进听众对陈述的理解并接受。

复习思考题

1. 从文体上来看，项目策划书的写作要求有哪些？
2. 项目策划书的格式有哪些要求？为什么说项目策划书的封面设计很重要？
3. 结合具体的案例，粗略地写出项目策划书的主要框架。
4. 为什么说项目陈述对项目策划书被认可有着重要的意义？

5. 项目策划书陈述要事先进行哪些准备?
6. 结合具体项目案例,谈一谈陈述要点的设计。
7. 为什么倾听对陈述具有重要的价值?
8. 结合具体项目,阐述陈述、倾听和回答三者之间的关联。

案例分析题

F市某房地产项目的营销策划方案[①]

1. 序言

11年的开发经验奠定了××公司作为F市主流开发商的地位。在F市房地产快速发展、竞争不断升级的今天,××公司必然要站在更高的战略高度上去超越,用更前沿的地产智慧去创新,打造里程碑式的地产项目。因此,本策划的目的就是在认真分析F市房地产发展趋势的基础上,利用公司赖以扬名的"速度",以新的标准再次引领市场潮流。

本次策划,我们将以独特分析视角,建立严密的策划体系,从宏观市场分析、区域发展概况、竞争对手动态、项目营销环境、消费者特点、开发商期望及项目自身条件等诸方面进行多维诊断,从而实现为项目"找魂"的目的。项目开发理念、定位、营销策略及执行计划也将以此为基础按顺序开展,甚至项目命名等"细节"也将在此严密体系下水到渠成地出台。

2. 分析篇

2.1 宏观市场检视

近几年来,F市房地产基本呈快速发展的态势,只是在2005年房地产新政策之后上半年的速度有所放缓,但2005年下半年至2006年上半年,被压抑的市场又被释放出来,呈现较大的增长趋势。F市房地产的市场供需两旺,且商品房自住型消费仍占绝大部分比重,将对商品房销售形成稳定的需求支撑。F市房地产地价竞争激烈,开发商互相哄抬,导致房价快速上涨,只是在市场出现短暂观望的时候上涨有所放缓。2007年1月,F市市区商品房合同登记平均价格为每平方米4 049元,比2006年年底增加了251元。F市楼市在一定程度上存在着高档次、大面积、高价位住房投资开发过多、扭曲住房需求的情况,这种情况一方面造成不能合理利用土地,另一方面也不能满足有效需求。高价位同时也快速损耗市场的买方资金,使市场的可持续性需求面临挑战。未来几年中

[①] 这是编者所教授的"项目策划"课程的期末作业,在此向案例的作者表示感谢。由于篇幅所限,编者在尽可能维持原貌的情况下,对其中的内容、文字和格式进行了部分调整,特此说明。

小户型的供应量将大幅增加。2006年10月,F市捆绑挂牌出让6幅社会保障房建设地块的国有土地使用权,这些地块将全部建成90平方米以下住房。从该举措可以看出,F市控制房价贯彻"国六条"政策的决心很大,同时可看出政府在把户型需求向更广大的房产需求者转移。F市将在3年内推出单价为每平方米2 700元的限价房600万平方米。F市于2006年已制定在JS区投入60万平方米限价房的设计方案,2007年上半年可能开盘。如果限价房得到落实,将可能对房价上涨起到缓解作用。

从以上分析来看,可得出以下几个结论:第一,F市房地产市场总体运行比较平稳,发展速度仍保持惯性增长。第二,市场供求基本平衡,供应量略大于需求量,房价上涨幅度较大。第三,政府通过调整商品房供应结构以释放有效需求,同时推出限价房以缓冲房价上涨。

2.2 区域发展分析

从现状来看,项目所在地是发展中的新区,目前大型的道路网络都已基本建成使用,交通十分便利。该区这几年房地产发展快速,成熟楼盘正在增多,各方面的配套也在陆续完善,但总体上居民生活配套建设速度偏慢,这也是导致JS区域目前入住率不够高的主要原因之一。从未来发展来看,它是未来的新市中心。本土超市巨头YH集团首次在JS区域买地建超市;融信赞助投资融信麦顶小学;中天金海岸则在社区内部规划了大型的商业广场,包括生活超市、时尚购物广场及商业风情街。种种迹象表明,JS新区生活配套正一步步地走向完善。按政府规划,大JS区域将是F市一个30万人口的卫星城,区域发展潜力和前景非常可观。从消费者角度来看,人们对区域的认知越来越高,客户覆盖面也更广。事实上,随着区域全面建设的推进,JS区域早已不再是"郊区"的概念,而是一个快速发展的新兴市区,广大市民对该区的认知度越来越高,理所当然成为消费者购房区域的重要选择之一。JS区域客户覆盖面也更趋广泛,除了本地客户外,市区客户及外来客户也日趋增多。

JS板块连续几年的开发量占全市的40%,是近几年来F市房地产的热点板块。2005年,JS板块以项目多、开工面积大、新产品多、集中放量、交易活跃等特点成为F市楼市的"第一市场"。众多实力开发商抢滩JS区域,土地拍卖火暴,市场竞争越来越激烈。在2006年10月各板块可售套数排行榜上,JS板块名列榜首,可见房地产开发之热、楼盘之多。

从以上分析来看,可得出以下几个结论:第一,JS板块正在朝新兴市中心的方向发展,市民对区域的认知度和认同度越来越高,前景广阔,潜力极大。第二,JS板块是近几年来房地产发展的热点,是各开发商抢占市场的重心,而且这种趋势将持续多年,竞争将会越来越激烈。第三,日常生活配套发展的滞后性成为区域房地产发展的主要制约因素之一，但是随着市政建设的推进、配套商的进驻及大楼盘的成熟，这种状况将在未来几年内得到较大的改观。

2.3 竞争对手分析

除好景城之外，其他楼盘普遍是以 110~140 平方米的三室、四室为主的户型，均价都在 4 000 元/平方米左右，部分楼盘高达 5 000 元/平方米以上，户型面积和总价都偏向于中高端市场。JS 区域楼盘的未来价格仍有上升空间，但在较高的整体均价水平和宏观调控背景下，今后的上涨空间将比较有限。不少楼盘采用带有欧陆建筑符号的新古典主义建筑风格，不加选择地进行攀比模仿，产品同质化严重。营销推广较多地集中体现在产品主张之上（如国际、上流、品位之类），流于产品概念的塑造，向倡导品牌消费和符号化消费的方向发展。好景城主打中小户型，瞄准的目标群体更多的是单身和两口之家，属于过渡型的产品，但同类产品较少。区域内项目产品类型呈现多样化特点，产品类型包括高端别墅类产品、多层洋房、小高层及高层产品，而且分布较为均衡，各有市场。在开发水平上，JS 区域楼盘有部分项目的规划设计及建筑设计水平代表了 F 市当前房地产开发的较高水平。因此，新项目要进行产品创新，必须付出更多，投入更多；反之，如果区域内项目在规划和建筑设计上缺乏创新，则将面临着较大压力。本区域购房者中，客源丰富，覆盖面广，主要包括本地居民、在本地工作的人员、市区来的人员及外来人员 4 大类型。市区居民到 JS 区域购房的比例也逐年增加。

2.4 市场发展趋势解读

房地产业稳中有升的主趋势不会变。在宏观调控下，土地供应和投资将更有计划。因此，房价、开发量和成交量暴增的情况将不会再出现，未来两年市场将呈现平稳发展的态势。

中小户型已成为主流户型。今后符合新政精神、产品结构合理、户型面积适中的楼盘将会受到市场更多的青睐，但也造成这一市场领域成为竞争最激烈的领域。

随着中小户型开发刚性扩大，单套总价将得到合理控制，具有购房能力的群体会更加广泛，购房者年轻化将成为其中一个趋势。开发商必然要超越传统观念，对市场进一步细分。

2.5 项目环境审视

通过观察，对项目要点解剖如下。企业品牌是拥有 10 年开发经验、以"速度"享誉业界、拥有一批数量众多的老业主资源，具备较高的知名度和一定的认知度。项目区位的所在地段为政府"南进"战略重心，是正在全面建设和加速发展的 JS 新区的核心地带。项目离城市主干道较近，与市区距离不远，交通相对便利，具有一定的升值潜力。项目规模为用地面积 74 665.8 平方米，总建筑面积 153 282.8 平方米，属于典型的中等规模社区。其中，70~120平方米的户型占81%，是面积适中的主力户型。中等户型功能实用，总价适中，更适合主流消费群体的选择。一梯两户设计，私密性较好，但众多户型增值空间不多，卖相不足，需要进行特殊包装。项目价格属中等价位，均价为4 200元/平方米。按照比例最大的面积空间70~120平方米计算，总价值在29万~50万元，适合主流消费群体的承受能力。周边欠缺市政配套、教育配套、生活配套和商业配套，但随着周边新兴社区的不断建成和入住，各种相关配套将在未来几年内陆续完善。周边环境缺乏自然景观，工业区较为集中，对居住有一定影响。规划设计缺乏亮点。相对简单的排列式规划，只有一个集中式的以水景为主的景观中心，缺乏景观延续性和均好性，因此需要在景观设计上加强卖点设计。社区配套相对缺乏，仅有少量的社区商业，缺乏休闲、教育和医疗等配套，建议在社区内增设一定面积的会所，并将商业街包装成具有休闲风情的主题长廊。建筑外观不够明快爽朗，缺乏档次感和品位感，可在现有建筑形体及户型的基础上，从外立面的色彩和材质上进行调整，形成自己独有的风格。

通过分析，确定项目要卖给谁。为什么是卖给新家庭而不是个人？首先，购房行为家庭化。在消费者购房中，哪个因素最重要？综合最重要！购房者在购房时既要考虑价格因素，又要全方位考虑家庭各成员的生活、工作、教育、休闲、娱乐和购物的便利性等；同时，购房者购房前后往往会带不同的家庭成员前来考察，购房实际上是一种家庭行为而不是个人行为，所以我们的目标客户群体是家庭而不是个人。综合而言，新家庭的核心特征是，对家庭和谐与邻里和谐的关注度被提高到前所未有的高度，而在这种大背景下，重视家庭结构合理化和家庭经营的成功就是新家庭的"家道"。可以说，在和谐社会的主旋律下，中国当代精神和价值的坐标。既不是财富，也不是权利，而是"家道"。其次，家庭规模呈现小型化趋势。在当代城市生活观念的冲击下，在生活便利性和居住经济角度的现实冲击下，中国的家庭已经由过去的几代同堂的大家庭逐渐衍变成多种家庭结构并存的现状，这个过程中以"一对夫妇和一个孩子"构成的"核心家庭"成了主流的家庭结构。

如何成功地把房子卖给"新家庭"？必须以大的消费背景为基点，洞察新家庭的消费特征，与之建立情感上的沟通共鸣，使其在瞬间感受到"这样的房子正是自己一直在追求的理想之家、亲密伙伴，是自己对家负责的行动表现"。在消费方式转型——感动消费时代到来之际，借用消费者信任、满足、喜悦等所带来的情感互动，增进消费者体验，促进购买。

3．定位篇
3.1 开发理念——为新三口之家打造中户型当代人文社区

首先是 USP 提炼与体系建立。通过重新定义中户型，重点研究中户型为什么能够成为项目的 USP。长期以来，我们被传统观念和专家所误导。因为传统观念和许多专家都认为 90 平方米以下户型为小户型，目前中国家庭最理想的居室为两房半或小三房户型。按照人均居住面积计算，如果以小三口之家住 90 平方米计算，人均居住面积已达到 30 平方米，远远超过了中国通常所认为的小康水平。90 平方米左右面积已经可以设计成为具有一定舒适性的两房半或小三房户型，两间房带一间计算机房或者书房。中央宏观调控前，市场上盲目建造 120 平方米以上的大户型，而宏观调控后所倡导的 90 平方米住宅，其实是符合（以三口之家为特征的）中国多数主流家庭实际居住需求的中等户型而不是小户型。据此，我们认为，低水平卖产品，中水平卖品牌，高水平卖标准！面对市场的误解，作为 F 市的主流开发商，××公司应主动站出来，积极引导市场重新认识主流户型的标准，并以高姿态制定主流户型的标准，从而确立新的开发方向，推动最为广阔的市场庞大群体的购房欲望和购买力。

明白什么是"中户型"及"中户型"的 6 大标准体系。标准一，对象为新三口之家，其家庭结构普遍为出生于 20 世纪 70 年代的夫妻或父母带读幼儿园/小学的小孩。家庭结构简单而健康，科学而合理。标准二，面积适中，责任置业，理性居住。适中而合理的户型面积，以 90 平方米左右为核心区间，既符合国家新政策，又符合"新家庭"对居住的实际功能性需求且不失体面，体现了一种理性的居住观和置业观。标准三，功能包括基本功能+增值功能+外化功能，既满足了"新家庭"的基本家庭功能需求，保证主人房、小孩房或亲友偶居房/书房的需求，又在增值空间上创造了新的情趣体验。客厅已不再是真正的客厅，而是家庭厅，即家庭亲密成员的私密场所。而客厅的待客功能将被泛化和外化，PARTY 被安排在会所、泛会所和商业配套里完成。标准四，首次实现合理 7 大分区设计：动静分区、公私分区、洁污分区、干湿分区、内外分区、主次分区及卫浴分区。交通路线简洁而绝不交叉，形成井然有序的起居区、工作区、休闲区、就餐区和卫浴区等。完整而人性化的空间序列保证了各种家庭生活的顺利开展。标准五，尺度参照人体工程学标准，以有限尺度创造无限舒适的空间。严格按照人在各功能空间开展各种活动的理想尺度打造空间，从细节上全面照顾人的活动，确保人在室内的活动绝不受到空间上和心理上的约束；同时根据当地人的心理习惯，保证作为"脸面"的客厅尺度与体现主人尊贵的主卧的适度舒适尺度。标准六，人文缔造有情感的伴侣式艺术居所。以人为本，以当代人居文化、"新家庭"和睦及"新邻里"关系为理念，融入建筑与空间艺术，从设计、材料到工艺全程追求人文情感，倡导空间灵性与人的亲密沟通。

对项目理念进行重新锻造。项目提出针对中国新三口之家打造中户型当代人文社区，是在严格的市场推论的基础上提出的，符合国情和 F 市房地产发展趋势，是项目产品特性与目标群体心理需求的结合，因此具有广阔的市场空间。小家庭化的趋势催生了大量的以核心家庭为特征的"新家庭",这是中国当代的主流家庭形态。对于中国大多主流家庭而言,其现实生活目标并不是要追求大富大贵、扬名立万,而是追求稳定和安定,追求家人团聚的温暖与和谐。购房行为家庭化的趋势已经成为市场上的普遍现象。当浮夸的营销现象泛滥时,以家庭温情诉求为核心的营销将成为 F 市房地产市场上最令人注目的新现象和新风尚。中户型不仅满足了新家庭的居住需求,而且有效降低了生活成本,甚至还为其提供了更多的额外享受,体现了××公司对"新家庭"的关心、尊重和帮助,利于与其产生情感共鸣。

3.2 项目定位

第一,市场定位:中户型标准缔造者,新家庭生活创引者。以引领者、创新者和新标准奠基者姿态出现,体现出行业新风之锐气。配合项目所倡导的"新家庭"理念,构成独一无二的创新营销模式,既为消费者洗脑,又为行业建立了新的房地产开发标准和营销样板,并借机将项目不够突出的产品特点进行强化包装,将平凡的项目塑造成为明星项目。

第二,产品定位:中户型当代人文社区。作为第一个以中户型为核心产品卖点的社区,项目还从人文角度进行包装和挖掘价值,使项目产品的 USP 显得更为丰满、更具穿透力。

第三,形象定位:当代新三口之家的最佳生活解决方案。直接指明项目是当代新三口之家的最理想居住选择,奠定了项目在市场上的至高地位,实现了最好的"卡位"效应。"生活解决方案"则是把项目着眼于为新家庭的新生活打造包括住房、社区、配套和服务等一系列的便利体系,使新家庭在居住问题上真正实现"买得起,住得下,过得好"的目标。

4. 产品篇

由于目前项目总规划及户型已确定,因此将从项目特点及目标群体的实际需求出发,围绕建筑立面、会所、商业及园林 4 大部分进行优化建议,使之成为产品的亮点与卖点。

4.1 建筑外立面优化建议

温情建筑,即温和而不张扬,温暖而不冷峻。项目建筑应体现出与理念、定位一致的柔性和沟通性,即建筑立面以现代简约风格为基础,以人文情感为基调,倡导建筑、人及社区间的和谐与融合,从而形成独有的"温情建筑"。通过视觉来传达一种感性的东西,使人找到对建筑的归依感,对社区的归属感。建筑与人通过色彩、材质和形态形成了沟通。建筑立面设计强调简约、实用。用暖色调,轻快而柔和,建筑形式于亲和中体现品位。这种建筑风格成为与"新家庭"的重要情感共鸣点之一。

主色调为体现亲和感、档次感和品位感，建议建筑立面色调数要少、彩度低、明度较高，以轻快、明亮（但不艳丽）、淡雅、柔和的浅色系为主色调（基本色），体现简洁爽朗的建筑风格；不宜选用鲜艳的色彩。辅助色用于外墙面其他配色对象的颜色。决定外墙的颜色时，为了防止颜色的紊乱，使整个墙面颜色简洁和谐、统一协调，使用颜色的色调数不宜过多，一般是 2~3 种最好。同时要尽量使颜色调和，其中包括色调、亮度和对比度的调和。基座要从色彩上体现稳健、成熟的感觉，反映到立面上一般是选用褐色、浅灰的颜色较多。建议本项目可考虑以浅灰的中性色调为基座的用色。使社区居民经过或儿童在玩耍时不觉得冷峻突兀和有压迫感，以体现社区生活的邻里尺度感。建筑外墙的附属建筑体块、构件、栏杆扶手及空调机箱等尽量采取木质材料代替金属及水泥等冰冷的工业感材质。

4.2 会所设计建议

项目规划中并没有会所，但从项目的规模、定位和目标群体的需要来说，项目应建设一定面积的会所，并将之进行包装和功能上的优化，以提升项目的产品力；同时，项目应在架空层及社区的公共区域内因地制宜设计各种休闲运动设施，形成第二会所——泛会所。

会所主题界定为"休闲运动，邻里会馆"。会所功能与设计包括"主题会所"，面积建议为 500~800 平方米，楼层两层，建筑以特殊造型建设，形成社区地标之一。会所主要功能为会客、休闲、运动，主要业态为茶艺馆、棋牌室、健身中心。而"生活泛会所"则充分利用架空层和社区休闲绿地，打造适合家庭休闲、小孩玩乐、邻里沟通的社区文化生活泛会所。

4.3 商业设计建议

商业主题为"人文商业，现代街坊"。商业主题与项目的核心主题"家庭"及"温情"相呼应。街坊是中国传统都市生活的商业形态，是最具人情味的人文生活模式，以较理想的空间尺度、更多的休闲空间及宜人的建筑形态构筑商业购物和休闲平台，成为邻里沟通的重要场所。通过街坊式的商业为社区业主营造和谐融洽的邻里沟通环境，成为家庭放松、休闲、购物与邻里交流的场所，让居民在这里找回久违而熟悉的街坊生活回忆，使之具有强烈的场所归属感和鲜明的场所精神。街坊由此成为"家"的延伸空间。

商业建筑在现代中体现传统的亲切感，通过廊、柱等的材质和造型变化，弱化大面积玻璃所造成的纯现代感和距离感。通过趣味雕塑、情趣小品及休闲设施等的设计，增加项目商业的亲和感。在地铺、灯饰、廊、柱及店铺装修装饰上引进木质与石材，增加厚实与古朴之意。

商业功能为休闲、娱乐、餐饮、购物。主力业态为中小型超市，建议营业面积在 400~

500平方米，弥补周边生活配套不足，充分满足居民的日常生活需求。这既体现了开发商的人性化追求和项目的人文情怀，同时也增加了项目卖点，提升了项目的附加值。其他业态有面包屋、茶馆、书店、精品店、个性服装店、音像店、美容美发店、快餐店、特色主题餐饮、小型酒楼、家居家饰。

4.4 园林

园林主题为"邻里公园——营造温情、和谐、休闲的氛围"。园林设计原则为人文性、亲和性、休闲性，可沟通、可参与、可享受。园林设计要点将充分利用架空层和室外园林创造多重功能、多层意义的主题园林。园林分观赏区、休闲区、健身区、游乐区和综合服务区5个功能区。其中，观赏区风景怡人，注重观赏性和可享受性，以花、树、水、小品为主要元素；坚持"树多花多草少"的原则；局部采用面积稍大的水面，更多的则是运用蜿蜒曲折、连通流淌到各园林里的小面积水系，在较窄处可设计小桥或汀步。在园林各处设计一些与生活相关的有趣味的造型小品，增强趣味性，提高品位感。文化区是心灵会所，可设置阅览室、视听室、读报亭和文化栏等，创造社区丰富多元化的文化活动氛围。健身区是运动之家，可与草地、社区步行小径等结合，形成绿色跑道、蛇形跑道、养生步径、健康步径和儿童欢乐步径等；利用架空层设置乒乓球、健身器材区等。游乐区主要为少儿提供游乐场所，利用架空层或草地设置趣味篮球、趣味滑梯、沙池、平衡木摇摇、小海盗船、木马、秋千、木制游乐架和攀爬架等。服务区主要是休闲会馆，为业主提供会客和休闲功能，利用架空层设置茶吧、休闲网吧等；户外可结合景观设置休闲椅、凉亭等。

5. 卖点篇

理念，中户型标准缔造者，新家庭生活创引者。中户型当代人文社区，当代新三口之家的最佳生活解决方案。产品，6大标准中户型，为新家庭量身定造。温情建筑，情感社区。休闲运动，邻里会馆。人文商业，现代街坊。首创社区邻里公园。幼儿素质教育基地（品牌幼儿园）。服务，融侨物业管理全面保障。"新家庭"定制服务体系（具体措施待定）。品牌，11年品质保障，强强联合彰显实力。区位，雄踞JS区域热土核心区。

6. 营销篇

6.1 核心营销指导思想

营销的核心就是找到与消费者沟通的点、沟通的渠道与沟通的方式，并针对消费者的需求特点进行诉求，制定一整套能够引起其情感共鸣，并促使其产生购买行为的营销体系，即感动营销，以此在F市纷繁的营销环境中独辟蹊径并取胜。

6.2 营销目标

品牌目标包括两个层面。第一，项目品牌。认知度：项目的区位、产品特点、开发理念等被消费者深刻认知。美誉度：最适合三口之家居住的典范社区；F市的"中户型"经典。第二，企业品牌。认知度：消费者对××公司的企业追求和专业能力有充分的了解。美誉度："中户型"家庭人文生活的创引者；消费者及业界认同××公司在房地产行业的影响力和创造力，消费者对××公司后续项目充满期待。

项目共31栋，总套数为1 400套。一期推出17栋，共794套，计划分两次推出：第一次推出8栋，计350套；第二次推出9栋，计444套。因二期工程进度未定，暂不考虑。

6.3　营销节奏

营销阶段划分必须考虑项目工程进度。这里只对一期销售做出节点划分。预计2006年12月中旬取得一期8栋的预售许可证，以此为营销节点，开始内部认购。而按照房地产销售的一般规律，内部认购约两周之后开盘较为适合。从现在到项目正式开盘只有两个月左右的时间，必须通过强势营销手段，引导、强化消费者对项目的认知、认同与认购。

6.4　通路策略

××集团内部通路：通过内刊、公告形式发布消息，形成一定的讨论气氛，刺激员工购买欲。××各项目老客户：充分利用小区资源，利用致业主信、上门派发宣传单等，吸引老客户注意，激发潜在消费群；适当时机可考虑召开业主联谊会公布项目销售措施。专业人士群通路：利用专业网站、报刊或定向投递的方式，引起专业人士注意，产生兴趣。关系客户群通路：通过发送短信、打电话通知及发函的方式，直接联系客户，用诚意打动客户的心。周边区域客户：主要通过与当地企事业单位进行联系，在当地组织购房团等进行开拓。写字楼巡展：针对市区重点写字楼区进行楼宇大堂巡展活动，有针对性地拓展白领客户群体。

6.5　推广策略

计划从项目形象塑造开始到最后倡导生活主张和推广企业品牌，按以下节奏逐步发布项目各卖点：传播项目形象—强打产品USP—倡导生活主张。核心推广主题为"家庭生活万万岁"。主要沟通方式有3种。第一，大众媒介。户外、报纸（特色版面制作，有特点有创意）、杂志、海报、网络及电视等。利用××公司拥有2 000多平方米的户外广告牌，加强户外广告的力度，在开盘前两个月更新广告内容，扩大覆盖面，以起到推广项目和树立企业形象的双重作用。第二，活动。活动围绕家庭（三口之家）生活展开，注重参与性、趣味性和故事性，引起广泛关注和社会效应，既引发项目的持续热销，同时又提升项目的知名度和形象力。第三，项目现场。主要为销售中心和施工现场包装等。

6.6 媒介策略

1．营销费用估算

按照房地产行业的一般标准，项目的营销推广费用一般占项目预期销售额的1.5%～2%。据了解，××公司之前的项目推广费用基本控制在1%左右，但本项目的营销目的不仅仅是顺利实现快速销售，更需要在全新的营销理念上建立项目品牌和强化企业品牌，营销费用建议采用比以往稍高的标准，预期总销售额的1.5%。

2．媒介分析与选择

根据F市目前媒体的发展状况、使用率及广告效果，可将其划分为3个阵营。第一阵营为户外广告（户外牌、灯柱、车身）、报纸；第二阵营为杂志、网络与短信；第三阵营为其他，包括电台、电视、POP广告等。各类媒体分析如下：

（1）户外广告。户外广告牌、灯柱、车身是F市楼盘重要的广告媒介。由于户外路牌对项目形象和信息传递，以及企业品牌推广起到相当重要的作用，且××公司拥有丰富的户外路牌资源，应将其作为重要的媒介选择。灯柱制作方便，指示作用和展示效果较好，可作为辅助媒介。车身广告有利于项目形象的展示与广泛传播，可有选择地采用。

（2）报纸。建议F市晚报为固定阵地，从项目启动到后期形成持续性的宣传。以HX都市报为辅助媒介，作为重点销售节点的针对性宣传媒介。硬文策略以感性形象宣传为主，重点把项目理念和形象进行展示。软文策略以理性产品宣传、理念阐述及故事题材讨论为主，以极具震撼性、引导性和煽动性的标题和行文吸引市场关注，并形成话题，引发社会广泛讨论。

（3）杂志。深度合作包括，在房地产杂志上不定期做广告，特别是开盘前后一两个月左右，进行企业与项目的形象推广和信息传递。与时尚杂志如《家园》建立深度合作关系，共同举办家庭生活系列主题论坛并进行炒作。重点与发行量大的时尚杂志联合发行"新家庭、新生活、中户型"的主题专刊。广泛合作包括，在发行量大的主流时尚杂志、汽车及财经等杂志上"广撒英雄帖"，邀请记者采写专题，使项目理念成为一种深受社会关注的人文现象。

（4）网络与短信。建议利用××公司网站和项目网站，链接门户网站和专业网站（如新浪、搜狐网房产专栏、F市房地产信息网等），使项目的形象推广和信息传播更具针对性和有效性。借助短信平台，向大量使用手机的青年目标客户群体形成覆盖。

（5）电台。驾车一族都有听电台的习惯，特别是交通台。由于交通台的受众与本项目的部分目标客户群较为吻合，可采用直接投放广告、节目合作等方式。

（6）楼宇电视广告与海报。建议本项目的目标客户与楼宇电视广告的受众吻合度高（特指写字楼部分），但是考虑到推广费用的控制与分配，所以暂时不考虑采用楼宇液晶电视广告。可通过电梯间海报广告来传递项目与产品的大量信息。针对本项目有众多目标客户集中在写字楼内的情况，因此建议采取低成本高效率的巡展方式来拓展该群体客户。

（7）电视。F 市电视广告投放成本较高，但是对房地产广告受众具有一定效果。本项目面向的是年轻的家庭群体，因此电视广告更具效应。建议拍摄有创意的三维动画片在重要销售节点进行针对性投放，该创意还可在写字楼巡展等渠道上灵活使用。

（8）POP 广告。POP 广告是指现场售楼中心、其他展销点内部装饰与外部装饰、摆设的可以促进销售的宣传广告媒体。宣传资料包括售楼书、折页、单张、生活手册、自办发行宣传海报，可将楼盘的详细信息直接传递到客户手中。这些都是必不可少的媒介，费用也不高。

综上所述，在本项目中，建议以户外广告、报纸广告、杂志广告和活动为主，网络广告、电台广告、电梯间海报、电视及 POP 广告为辅。

6.7　各阶段推广计划

（1）形象推广及蓄客期（2006 年 11 月中旬至 12 月下旬）。推广策略是对项目整体形象进行整合推广，引发市场高度关注和期待；引导市场关注中户型产品，并开始蓄客；强化××公司品牌和知名度，建立品牌认知度，深化形象。营销目标是为一期产品内部认购做前期的蓄客和铺垫准备，为××公司进一步发展塑造更具人文魅力的品牌形象和口碑。推广主题是，2007 年，房子回归家庭！××可以证明，中户型最适合中国新家庭。家庭生活万岁！主要活动包括专家论坛——当代家庭与房地产开发。媒体组合为"户外+报纸+杂志+网络+短信"。另外，联合杂志出特刊《中国当代家庭主流户型专题》。

（2）内部认购期（2006 年 12 月下旬至 2007 年 1 月上旬）。推广策略是通过活动制造人气，提高市场的关注度；强调中户型和家庭生活的关系，提升项目的产品力和形象力。营销目标是树立"××"的项目形象，掀起认购热潮，为项目的强势入市做充分的铺垫。销售措施包括开盘前 15 天认购 VIP 卡（5 000 元/张），在开盘当天有优先选房权，并享有 5 000 元相当于 10 000 元购房款的优惠。媒体组合为"户外+报纸+杂志+网络+短信+电台+电视+海报"。

（3）第一次公开发售期（2007 年 1 月上旬至 2 月中旬）。推广策略是增加户外、报纸的投放力度和强度；通过开盘活动掀起热销的浪潮，并保持销售的热度。营销目标是完成一期推货量的 60%。销售措施包括付款折扣设计，其中一次性付款客户 98 折、按揭客户 99 折。老客户认购可享受额外 99 折的购房优惠。老客户介绍新客户每成交一套房，老客户可获赠全年物业管理费奖励，新客户可享受额外 99 折的购房优惠。媒体组合为"户外+报纸+杂志+网络+短信+电台+电视"。配合工作包括销售物料的补充和更新。

（4）持续期（2007年2月中旬至3月下旬）。推广策略是运用适度的广告攻势，保持市场关注度；销售状况持续平稳，开始二次推货的蓄客；强化项目的形象与认知度，建立项目与企业的美誉度。营销目标是完成首次推货80%~85%的销售量，为二次推货积蓄强大的销售势能。销售措施包括促销优惠设计，其中家庭成员中有一人生日为指定某天的可获额外99折购房优惠，结婚周年为当月的客户可获赠结婚周年摄影券一张（价值1 000元）。此外销售措施还包括常规优惠付款折扣设计，具体内容同上。媒体组合为"户外+报纸+杂志+网络+电台+海报"。

（5）第二次公开发售期（2007年5月上旬至6月下旬）。营销目标是完成二次推货的50%；首次推货进入清盘，完成90%~95%的销售量。销售措施包括付款折扣设计，具体内容同上。

（6）持续期（2007年7月上旬至8月下旬）。营销目标是完成二次推货75%~80%的销售量。销售措施包括付款折扣设计，具体内容同上。

（7）清盘期（2007年9月上旬至11月下旬）。营销目标是完成二次推货95%的销售量。销售措施包括付款折扣设计，具体内容同上。媒体组合为"户外+报纸+网络"。

7．结语

本项目策划并非仅着眼于如何把项目销售成功，更重要的是把项目策划当成××公司2007年品牌提升的奠基工程。品牌不是高高在上、假大空、高大全式的口号，而是与目标消费群体形成心灵上的共鸣。最好的沟通是用心打动消费者，形成信赖、认同和亲近的品牌内涵。对于拥有11年开发经验与广阔市场基础的××公司来说，重要的不是树立信心，而是体现亲近、亲和与亲切。本项目是××品牌提升工程的开始，借助项目独有而鲜明的人文理念与温情形象，为××品牌注入全新的、鲜明的品牌个性，塑造贴近市场、完全无距离感的企业品牌形象。我们相信，本项目将正式拉开××企业品牌提升工程的序幕！

问题：

1．如果你是项目发起人，你觉得本项目策划书还有什么欠缺的地方？
2．如果你是项目策划书的陈述人，你准备怎样来表述本项目策划书的逻辑和理念？
3．如果需要你制作陈述的PPT，你将准备重点阐述哪些内容？
4．你觉得本项目策划书对其他房地产项目策划书的撰写可提供哪些借鉴的地方？

参考文献

[1] 米尔顿·罗西瑙. 成功的项目管理[M]. 苏芳, 译. 北京: 清华大学出版社, 2004.

[2] 刘国靖, 邓韬. 21世纪新项目管理[M]. 北京: 清华大学出版社, 2003.

[3] 埃里克·韦如. 项目管理[M]. 邱琼译. 长沙: 湖南出版社, 2002.

[4] 哈罗德·科兹纳. 应用项目管理[M]. 徐成彬, 王小丽, 译. 北京: 电子工业出版社, 2003.

[5] 苏伟伦. 项目策划与运用[M]. 北京: 中国纺织出版社, 2000.

[6] 刘军, 张振轩. 成功项目管理文案[M]. 北京: 中国经济出版社, 2002.

[7] 罗布·托姆塞特. 极限项目管理[M]. 方海平, 魏青江, 译. 北京: 电子工业出版社, 2003.

[8] 黛博拉·凯兹伯, 凯瑟琳·爱德华. 动态项目管理[M]. 杨春, 李志超, 译. 北京: 人民邮电出版社, 2004.

[9] 史宪文. 现代商务策划管理教程[M]. 北京: 中国经济出版社, 2007.

[10] 严学军, 江涛. 广告策划与管理[M]. 北京: 高等教育出版社, 2003.

[11] 赵延军, 薛文碧. 房地产策划与开发[M]. 北京: 机械工业出版社, 2006.

[12] 罗伯特·K.威索基, 拉德·寿加里. 有效的项目管理[M]. 费琳, 李盛萍, 译. 北京: 电子工业出版社, 2004.

[13] 彭加亮. 房地产市场营销[M]. 北京: 高等教育出版社, 2006.

[14] 吴大军, 王立国. 项目评估[M]. 大连: 东北财经大学出版社, 2005.

[15] 菲利普·科特勒. 营销管理[M]. 梅清豪, 译. 上海: 上海人民出版社, 2005.

[16] 苏尼尔, 唐纳德. 关键价值链[M]. 王霞, 申跃, 译. 北京: 中国人民大学出版社, 2006.

[17] 迈克尔·波特. 竞争战略[M]. 陈小悦, 译. 北京: 华夏出版社, 1999.

[18] 斯蒂芬·P. 罗宾斯, 玛丽·库尔特. 管理学[M]. 孙健敏, 等, 译. 北京: 中国人民大学出版社, 2004.

[19] Joseph Phillips. 实用IT项目管理[M]. 冯博琴, 等, 译. 北京: 机械工业出版社, 2003.

[20] 德·迪尔洛夫. 主张: 驾驭世界最伟大的商业思想[M]. 逸文, 译. 西安: 陕西师范大学出版社, 2003.

[21] 项宝华. 战略管理——艺术与实务[M]. 北京: 华夏出版社, 2001.

[22] 加洛潘. 20世纪世界博览会与国际展览局[M]. 上海: 上海科学技术文献出版社, 1995.

[23] 王方华, 陈洁. 市场营销学[M]. 上海: 复旦大学出版社, 2005.

[24] 菲利普·科特勒, 凯文·莱恩·凯勒. 营销管理[M]. 梅清豪, 译. 上海: 上海人民出版社, 2006.

[25] 赵光波. 市场营销管理模板与操作流程[M]. 北京: 中国经济出版社, 2004.

[26] 曲云波, 高媛. 市场细分: 找对你的顾客[M]. 北京: 企业管理出版社, 1999.

[27] 许成绩, 林政, 王长峰, 肖文毅. 现代项目管理教程[M]. 北京: 中国宇航出版社, 2003.

[28] 彼得·圣吉, 第五项修炼[M]. 郭进隆, 译. 上海: 上海三联书店, 1998.

[29] 克莱尔·克明. 组织环境[M]. 周海琴, 译. 北京: 经济管理出版社, 2005.

[30] 寥灿. 金牌策划[M]. 北京: 中国经济出版社, 2003.

[31] 王化成. 财务管理教学案例[M]. 北京: 中国人民大学出版社, 2000.

[32] 毕星, 翟丽. 项目管理[M]. 上海: 复旦大学出版社, 2000.

[33] 菲利普·科特勒. 科特勒谈营销[M]. 高登弟, 译. 杭州: 浙江人民出版社, 2002.

[34] 艾略特·艾登伯格. 4R营销[M]. 文武, 穆蕊, 蒋洁译. 北京: 企业管理出版社, 2003.

[35] 马国丰, 尤建新. 房地产企业的项目策划分析[J]. 企业经济, 2005 (11).

[36] 张晓斌, 张声东. 试论我国房地产开发的项目策划模式[J]. 国外建材科技, 2004 (2).

[37] 李青松, 李菲. 项目管理方法研究[J]. 油气田地面工程, 2006 (6).

[38] 董方兴, 董致富. 项目管理在市场营销中的应用研究[J]. 商场现代化, 2006 (9).

[39] 杨达文. 建设项目的策划与管理[J]. 广州建筑, 2003 (2).

[40] 应毅军. 项目策划: 项目开发的重要一环[J]. 上海综合经济, 1999 (2).

[41] 王宇. 项目管理及控制的几点建议[J]. 广东科技, 2006（11）.

[42] 周家兵, 赵剑. 企业项目管理探析[J]. 现代管理科学, 2006（6）.

[43] 刘智砚. 浅谈在项目管理中知识的传播与开发[J]. 市场论坛, 2006（3）.

[44] 黄泽明, 汤卫平. 项目管理组织结构形式及其应用[J]. 江西冶金, 2005（1）.

[45] 许保荣, 何建敏. 项目管理组织结构的选择[J]. 现代管理科学, 2004（3）.

[46] 羌维立, 卢超, 赵普镒. 项目管理组织结构的类型及比较[J]. 航天工业管理, 2003（4）.

[47] 濮志峰. 论项目人力资源管理中的团队建设[J]. 镇江高专学报, 2006（1）.

[48] 吴承锋, 徐洪刚. 项目人力资源的绩效考核研究[J]. 价值工程, 2006（5）.

[49] 徐佩, 章仁俊. 如何创建有效的项目团队[J]. 统计与决策, 2005（3）.

[50] 喻立新, 孙有平, 申明浩. 高效项目团队及其构建[J]. 企业改革与管理, 2005（8）.

[51] 于丹, 徐云帅. 建设项目财务管理若干问题探讨[J]. 商业会计, 2005（12B）.

[52] 程虹. 施工项目现场管理的实施与控制[J]. 江汉石油职工大学学报, 2005（6）.

[53] 叶亚飞. 试论项目财务评价在投资决策中的作用[J]. 商场现代化, 2006（11）.

[54] 贾小燕. 对应用投资项目财务评价指标的探讨[J]. 中国工程咨询, 2006（9）.

[55] 裴军红. 项目融资方式的比较及应用[J]. 新疆社科论坛, 2005（6）.

[56] 张洲. 工程现场管理六种有效手段[J]. 四川建材, 2006（1）.

[57] 吴金明. 新经济时代的"4V"营销组合[J]. 中国工业经济, 2001（6）.

[58] 李振华, 王浣尘. 网络营销的营销组合策略研究[J]. 科学学与科学技术管理, 2002（4）.

[59] 魏中龙. 营销组合理论的发展与评析[J]. 北京工商大学学报, 2006（5）.

[60] 侯春江, 周游. 市场营销组合理论述评[J]. 哈尔滨商业大学学报, 2004（6）.

[61] 李永强. 品牌识别的动态管理[J], 商业研究. 2005（21）.

[62] 王燕茹. 企业整合营销传播的理论与实践[J]. 江南大学学报, 2006（4）.

[63] 卢长宝. 产业集群营销：空间创新与区域聚集力构建的新框架[M]. 北京：经济科学出版社, 2011.

[64] 周正祥, 张秀芳, 张平. 新常态下PPP模式应用存在的问题及对策[J]. 中国软科学, 2015（9）.

[65] 叶晓甦, 何雨聪, 吴书霞. 政府特许项目(BT)融资模式的设计与探索[J]. 管理工程学报, 2005（s1）.

[66] 曾晖. 大数据挖掘在工程项目管理中的应用[J]. 科技进步与对策, 2014（11）.

[67] 李涛, 曾春秋, 周武柏, 等. 大数据时代的数据挖掘——从应用的角度看大数据挖

掘[J]. 大数据, 2015（4）.
[68] 张爱国, 刘宏, 秦为庆. 北京御园项目建筑质量之困[J]. 管理案例研究与评论, 2010（6）.
[69] 张洋. 百威啤酒在中国市场的营销策略研究[J]. 中国海洋大学, 2013.
[70] 邓作玲. 案例研究：江苏卫视《非诚勿扰》营销传播策略[J]. 华南理工大学, 2011.
[71] 李晔东. 恩菲公司金铜综合回收技术改造项目过程管理研究[J]. 吉林大学, 2015.
[72] 翟勇. 新疆乌苏啤酒战略发展环境分析[J]. 对外经贸, 2013（6）.
[73] 美国项目管理协会. 项目管理知识体系指南：PMBOK 指南. 北京：电子工业出版社, 2005.